末弘嚴太郎
法律時観・時評・法律時評集
上

日本評論社［編］

◎法律時報創刊から太平洋戦争前夜

1929–1941

日本評論社

末弘嚴太郎博士（昭和15年）

刊行にあたって

本書は、小社の創業一〇〇年を記念し、末弘嚴太郎博士が法律時報に寄稿をした「法律時観」、「時評」、「法律時評」の全てを再録するものである。民法学、労働法学、法社会学等の発展に多大な功績を残した末弘博士は、法学の総合雑誌である法律時報の創刊者でもあった。

法律時報の創刊は一九二九（昭和四）年に遡る。末弘博士は創刊号の「発刊の辞」において、刊行の理由を概ね次のように述べている。第一に、法律に関する重要な時事問題に対して適時に適切な解説・評論を与えている雑誌が存在しないこと。第二に、新しい法令・判例、法律に関する著作・研究に必要な資料文献を集輯紹介する雑誌がないこと。第三に、法律問題は専門家の問題であると同時に社会全体の問題であるところ、法律雑誌のほとんどが専門家によって作られたものであり、ついては専門家以外の人びとも興味を持って読むことができる論説、また専門家以外の人びとから法律に関して述べられた意見を載せる雑誌が生まれることには大いに意味があること。その発刊の辞のとおり、法律時報では創刊号から現在まで続く「文献月報」が収録され、「法律時観」では「早いばかりが裁判官の能ではない」を皮切りに、末弘博士の生き生きとした法律論が展開されている。同じく「発刊の辞」で「正しき意味に於ける法律知識の普及はこの雑誌の使命である」と宣言された末弘博士の問題意識は、雑誌を通じた「法律の大衆化」に向けられていたのである。その背景には、創刊当時ならではの時代背景も指摘できよう。法律時報創刊の構想がなされた頃は、関東大震災（一九二三年）からの復興の途上であり、出版業界を取り巻く状況も厳しかった。そして、それまでの法学書といえば、多くが大著かつ高価なものであり、これを手にする者も一部の法律専門家、法学生に限られていたという。もとい法学書に限らず、本そのものが非常に高価だったのである。そこに突如として現れたのが「円本」ブームであった。いわゆる全集ものなどのシリーズ企画を、一冊一円の廉価で予約販売する円本は、文芸書を中心に多くの読者の支持を得、一時期に大量の本が普及することとなった。この円本の形を借りて一九二八年に小社は末弘嚴太郎責任編集として『現代法学全集』を刊行した。この全集によって、民法・刑法といった基本的な法律はもとより、種々の特別法にいたるまで数多くの解説書が刊行された。企画は「法律の大衆化」という趣意を存分に達し、当初の予約数は一〇万部を越えていたともいわれ、あたかも「乾天に慈雨の感で迎えられた」という。円本の隆盛はその後すぐに沈静化したようだが、この時期に得た読者に引き続き法律情報を提供するために構想されたのが、法律時報だったのである。そのモデルはドイツの法律雑誌であるDeutsche Juristen-Zeitung であったという[1]。

右の連載は、その法律時報誌において末弘博士が毎号筆を振るった随筆であり、掲載の年代によって「法律時観」(一九二九年から一九四〇年)、「時評」(一九四〇年から一九四五年)、「法律時評」(一九四六年から一九五一年)と名前を変えているが、時々の時事的話題を素材に末弘博士ならではの視点を提示してきた企画である。時事的なトピックが多くを占めるものの、司法のあり方や法教育、ひいては法学そのものへの根本的なまなざしにも溢れ、末弘博士の時代を超えた慧眼を感じさせるものも少なくない。連載は、法律時報創刊の一九二九年から末弘博士の没年である一九五一年までの間、ほぼ毎号掲載されてきた。

編纂に際し、法律時報創刊の一九二九年から一九四一年までの記事を上巻に、一九四二年から一九五一年までの記事を下巻に収録した。上巻は、法律時報の創刊から激しい戦禍への引き金となった真珠湾攻撃までの時代を、下巻は激化する戦争の悲壮から終戦、戦後の時代を切り取るものであり、それぞれ太平洋戦争前夜から戦後という激動の時代を映した構成となっている。

冒頭触れたように、小社は二〇一八年に創業一〇〇年を迎える。法律系出版は小社の出版事業の中核を担ってきた。その起源は『現代法学全集』刊行、「法律時報」創刊であることは言うまでもない。それらはいずれも末弘博士の責任編集によって世に出されたものである。つまり、末弘博士の存在なくして、今に続く小社の法律系出版は存在しなかったと言っても言いすぎではない。本書は、いわば、小社法律系出版の生みの親でもある末弘博士が「法律時報」で公表された言説を初めて一つにまとめたものである。時代に即した鋭い視点を示し、かつ時代を超えてもなお色あせない末弘法学の真髄を本書を通じて感じとっていただければ幸いである。

なお、右の連載が休載となった号については、収録をしていない。また、一九四五年は、法律時報は一七巻一号から八号（うち三・四号および五・六号は合併号）の刊行となり、この年の「時評」についてはわずか三篇の寄稿にとどまっている。本書は末弘博士の「法律時觀」、「時評」、「法律時評」を収録するものであるが、終戦という年の重要性に鑑み、一九四五年については「時評」のほか「巻頭言」も併せて収録をしている。このほか、一九五〇年二月号から四月号までは、末弘博士が渡米中に「時評に代えて」と題して寄稿した記事を収録している。晩年の一九五〇年、一九五一年には若干の中断があり、本書は遺稿となった一一月号までの記事を収録している。また、本書の刊行に際しては、明らかな誤字・誤植と思われる記載については編集部の判断で一部表記を改めたことをお断りしておく。

本書の刊行に際しては、広渡清吾先生、石田眞先生より貴重な解題をいただいた。本書の魅力、読み方を一層深い視点で提示いただいたことに深く感謝を申し上げる。また、末弘博士のご遺族である廣岡涛子氏からは口絵の写真を提供いただいた。ここに記してお礼申し上げる。

（1） 山本秋「法律時報創刊前後のこと」法律時報臨時増刊「昭和の法と法学」五〇巻一三号（一九七八年）二六三頁。

二〇一八年三月

日本評論社法律編集部

末弘嚴太郎
法律時觀・時評・法律時評集　上

目次

末弘嚴太郎　法律時観・時評・法律時評集　上

本書は、法律時報の誌面をもとに全ての記事を収録した。収録に際し、明らかな誤字・誤植と思われる記載は編集部の判断で修正をしている。合字はひらがなに改め、判読不明の箇所は□で示した。

一九二九（昭和四）年

法律時観

一九二九年一二月号（一巻一号／通巻一号）

一　早いばかりが裁判官の能ではない

訴訟遅延の除去を主たる目的として制定された新民事訴訟法が愈々去る十月一日を以て實施された。之によつて從來の病弊が――一掃とまではゆかなくとも――多少とも取り除かれるならば世の中の爲め非常に喜ぶべきこと、言はねばならない。

しかし此際吾々が同時に考へねばならないのは、訴訟は爭議解決の一方法に過ぎずして決して其唯一の方法ではないと言ふことである。訴訟だけのことを引き離して考へ、訴訟處理上に於ける裁判所の成績を上げることだけを考へれば訴訟が早く片付くことは無條件に善いことである。けれども、訴訟は畢竟爭議解決の一方法たるに過ぎないと言ふことを念頭に置いて考へると、訴訟を早く片附けることだけに專念して、爭議それ自身を最も良い結果に解決することを忘れるのは非常な誤りであると言はねばならない。元來訴訟は法律を規準として一刀兩斷的に事を裁斷することを特色とする爭議解決方法である。所が世の中の爭議の中には法律によつて一刀兩斷的に解決するに適しない種類のものが少くない。一刀兩斷することだけは容易だがそれによつて決して良好な結果を得ることの出來ないやうな爭議が少くない。今は兎も角爭つてゐるが一度それが解決した以上以後はまた永く平和な交通取引を續けてゆかうと言ふやうな關係は、法律によつて一刀兩斷的に事を片付けて跡に「勝つた負けた」と言ふことから當然起る氣まづい感情を殘すやうな方法では到底滿足に解決され得ない。當事者双方をして多少の讓歩をさせ相互の諒解妥協によつて勝つたとも負けたともつかない和解方法によらなければ眞に永續した平和的關係を恢復することは出來ないのである。例へば親族間の紛爭の如き若しも勝つた負けたで事が決つて仕舞ふならば、紛爭それ自身は成程片付くけれども、勝敗に伴ふ氣まづい感情が永く殘つて平和な親族關係の復活を妨げることゝなる。又例へば地主小作人間の爭議にしても當事者双方の考が今は兎も角爭つては居るものゝ爭議解決後は矢張永く小作關係を續けてゆかうと言ふのであれば和解妥協こそ最も良い解決方法であつて、法律による一刀兩斷は寧ろ不向きな解決方法、愈々これより外仕方がないと言ふ場合に執るべき最後の手段に過ぎざるものと言はねばならない。であるから訴を受付けた裁判官が爭はれてゐる事件の何たるかを實質的に考へ何が最善の爭議解決方法たるかを熟慮することなしに、唯まつしぐらに訴訟を早く片付けることだけに努力するのは非常な間違である。若しも裁判によつて一刀兩斷的に解決するに適せざる事件に付いて訴が提起されたならば、成るべく裁判をせずに和解に導いてゆくのが名判官の執るべき態度でなければならない。そうして爭を和解に導く最良方法の一は「時」であることを考へて見ると、訴訟を早く片付けるだけが裁判官の能でないことに氣付かねばならない。延びるべき訴訟は延ばすがいゝ。そうしてその間に自ら和解妥協の氣運を生まれしめねばならないのである。冬の寒い日に相爭ふ兄弟を長く一室に待たせて置きながら間に一の火鉢を置いた昔の名判官の心掛は今の裁判官にとつても必要である。

成程相爭ふ當事者の中殊に旗色の悪い當事者は兎角色々の方法で訴訟を延ばさうとする。無論その中には濫用的な不都合なものが多いに違ひないから、それを却けて訴訟をドン〳〵進めて行くのが多數の場合最も善いことであるに違ひない。けれどもそうした無理をしてまで訴訟を延ばさうとしてゐる當事者の側にも色々の事情があるに違ひない。其所を能く考へて延びるべきものは適當に延ばさせつゝ事を和解に導かねばならない。例へば地主小作人の爭議の如き現在の法律が極めて地主に有利に出來てゐる關係上、地主は多くの場合訴訟を提起して自己に有利な解決に到達しやうとする。そうして極力訴訟を早く進行せしめやうとする。けれども、それは多くの場合自ら鬪爭に當面してゐる人々に付きものな鬪爭心理の產物に過ぎないのである。爭に最善の解決を與へて平和關係の恢復を職とする裁判官までが、地主の此氣持に乘せられて濫りに訴訟を片付けることだけに專念するが如きは根本的に間違つた態度であると言はねばならない。

スピードをモツトーとする新民事訴訟法は訴訟を早く片付ける方法を裁判官に授けたけれども其授けられた方法を使ふ使はないは裁判官の自由である。使ふべき所に大に使ひ使ふべからざる所に極力其使用を愼むでこそ名判官の譽を得ることが出來るのである。早く〱とばかり宣傳されてゐる今日、これだけのことは誰れか一言言つて置く必要があるやうに思はれてならないのである。

二　簡易裁判所の必要

新民事訴訟法が旨く運用されゝば訴訟の進行は餘程早くなるに違ひない。しかし之だけで民事々件に關する司法制度改善の目的を達し得たと考へるのは甚しい誤りである。私は司法當局者が更に他の各方面に亙つて制度の改善を策されむことを希望して已まないものである。

此點に付いて私の何よりも第一に主張したいのは小額裁判所、夜間裁判所、巡回裁判所等簡易の裁判制度を設けてすべての人人に對して裁判所の門戶を開放せよと言ふことである。成程現在と雖も制度上裁判所はすべての者に向つて開放されてゐる。けれども、事實上――金がかゝり時間のかゝる――現在の「裁判所の扉は金の鍵でなければ開かない」、無產者には裁判所に訴へるだけの金もなければ時間もない、彼等は被告として裁判所の門をくゞる機會を與へられてゐるの外事實上全く裁判所の外に締め出されてゐるのである。新民事訴訟法は訴訟の進行を迅速ならしむる目的を以て制定されたと言はれてゐる。けれども訴訟の迅速によつて利益を受けるものは主として原告である。從つて若もすべての人に事實上均等に原告となる機會が與へられてゐるならば格別、現在の如く無產者が一般に訴を提起する力を持てゐない以上、訴訟の迅速も結局唯有產者を利するのみであつて無產者は何等の利益を受け得ない、否反つて被告としての彼等に事實上幾多の不利益を與へる結果となるのである。

此故に今日新民事訴訟法の實施によつて訴訟の迅速を實現せむとする當局者は別に速に簡易裁判所を設置せねばならない。或は普通の民事訴訟法手續によらずして手輕に事を片付け得べき少額裁判所を設けるなり、早朝若くは夜間に開廷する裁判所を作るなり、乃至は又手近に裁判所のない地方を巡回して簡易迅速に訴訟を取扱ふ巡回裁判制度を設ける等各種の方法によつて、從來權利を法廷に主張し得べくして事實上之を主張する機會を與へられなかつた人々に對して其機會を與へねばならない。かくしてこそ國民のすべてに對する權利保護の機會均等を保障し得るものと言はねばならない。

三　寃罪者國家賠償法の制定

司法省が寃罪者國家賠償法を制定する意向をもつてゐると言ふ噂は從來も屢々吾々の耳にした所であるが、その同じ噂が昨今更に一層確實なものとして傳へらるゝに至つたことは吾々の心より喜ぶ所である。

元來近世國家は中世的專制君主の後繼者に外ならない。專制君主のもつてゐた絕對無限の權力がそのまゝ近世國家の承繼する所となつて其所に國家無責任の原則を確立せしむるに至つたのである。けれども、無責任の楯に隱れて權威を振はむとするが如きは現代人の許し難い古い考である。吾々は飽くまでも自己の行爲に對して責任を負つてくれればこそ反つて其人に對して權威と親愛とを感ずる。國家は一の社會的存在として社會的に大きな活動をする。其活動が大きければ大きい程大なる責任を生ずるのは當然であつて、國家が進んで其責任を果してこそ國家は愈々大に活動し得るのである。

然るに、從來の法律學者は多く傳統的な國家無責任の原則を以て當然の理なりとなし、之に批判を加へむよりは寧ろ之に法理的根據を與へむとして色々の理窟を考へた。其中最も有力なものとして從來一般に受け取られてゐたものは「國家は法律上の存在なるが故に唯法律の範圍内に於てのみ存在する、從つて官吏の行爲中適法なるものは國家の行爲となり得るけれども、違法なるものは唯官吏其人の個人的行爲となり得るのみであつて國家の行爲となり得ない、故に國家には唯適法行爲のみあり得べく絶對に違法行爲存在し得ず從つて違法行爲に對して責任を負ふべき筈なし」と言ふ理論であつた。しかしながら、若しも此筆法を以て論ずるならば獨り國家のみならずすべて法人に不法行爲なしとの結論を認めざるを得ない。而かもこの結論は最早何人も之を容認し得ざる所であつて現行の民法々典も亦之を認めないのである（第四四條）。

判例に於ても國家に責任ありとする傾向は漸次に進展を續けつゝある。鐵道營業其他營業の主體としての國家に私的營業者と同樣の責任ありとする考は既に古くから認められてゐる。土地の工作物の占有者乃至所有者の責任（民法第七一七條）は國家其他公法人も亦之を負擔すべしとする考も亦既に認められてゐる。最近小學兒童に對する教員の暴行傷害事件に關して大審院は、小學校の物的設備は各市町村の施設經營する所であるが小學教育そのものは國家の事務であつて市町村の事務ではないから市町村に責任なしとして原告の敗訴を言ひ渡した。此判決は表面上直接國家に責任ありとは言つてゐない。けれども小學教育は國家の事務であつて市町村の事務ではないから市町村に責任なしと言つてゐる言葉の裏には不言不語の裡國家に責任ありとする考の藏されてゐることを見逃し難いのである。

之を要するに國家無責任の原則は社會の實際的必要に依つて漸次に破られつゝある。警察司法其他國家の權力行爲に付いても其行爲が適法の範圍を超ゆる限り國家自らが責任を負ふべきは當然である。かくしてこそ國家も他亦の社會構成員等と共に責任ある行爲を爲し得る。そうして反つて國家の權威を增進することが出來るのである。

四　正當防衞權の擴張計畫

司法當局者は强盜家宅侵入者等に對する正當防衞權を擴張せむとする計畫をもつてゐると傳へられつゝある。恐らくは之によつて昨冬說敎强盜其他强盜の跳梁に刺戟されて發生した輿論の要求に答へむとするものに違ひない。

しかしながら正當防衞權の擴張によつて强盜の被害を減少せしめむとする考は、一面に於ては全く的が外れてゐると言はねばならないし、他面に於ては反つて悪い反作用を惹起する虞があるやうに思はれてならない。暗夜他人の家宅に侵入して財物を強奪する行爲はそれ自身如何にも圖太い行爲のやうに思はれるけれども、行爲者その人の腹の中を割つて見れば恐らくは自ら甚だ戰々恟々たるものがあるに違ひない。幸ひに相手の熟睡中寢所に侵入して機先を制すればこそ相手を威壓して強奪の目的を達し得るのである。だから若しも一般人に許すに從來より強い正當防衛權を以てし強盗と見たらピストルで撃つても刀で切つても差支へないと言ふやうな法律を作り世人も事實之に從つて行動するやうになれば、強盗は今迄よりも一層武裝を充分にして侵入するに違ひない、そうして相手が未だ目醒めない內若くは相手が未だ抵抗を開始しない內に、自ら攻撃に出て相手の抵抗力を打破つてかゝるに違ひない、西洋や支那の強盗が一般に吾國のそれに比して遙に慘酷であり又侵入先づ相手を殺傷してかゝるやうな態度をとるのは恐らく彼の國々に於ては被害者が吾國に於けるよりも遙に自ら甚しく抵抗することの結果に違ひないのである。強盗を防ぐには戸締を嚴重にしさへすれば足りる。既に這入られた後に自ら實力を以て抵抗せむとするが如きは抑々拙なるもの、況んや彼等に強き防衛權を認め與ふることによつて強盗豫防の目的を達し得べしとするが如きは甚しき謬想と言はねばならない。

當局者は或は、從來被害者が多くの場合何等の抵抗を爲さずして見す〳〵強盗を取り逃がして仕舞ふ原因が、現行刑法の正當防衛權が狹きに失する、ウッカリ抵抗して強盗を殺しでもすると反つて自ら罰を受ける虞があると考へてゐることに存すると解してゐるのかも知れない。けれども法律の規定それ自身は今のまゝでも之を運用する警察、檢察の官吏が實情を充分に察して之を賢明に運用しさへすれば防衛權超越の故を以て被害者が不當に罰されるやうなことは事實恐らくは起らないであらう。要するにかうした問題は事件に當面した役人の常識と手心とに任せて置けば然るべく妥當に處理せられるのであつて態々法律を改正して抵抗を奬勵するやうな態度をとることは國家として寧ろ愼しむべきことのやうに思はれてならない。

幸ひ明治此方吾國人は一般に護身用の武器を私藏する弊風をもつてゐない。私は此改正法律が實施された曉或は此種弊風の發生を助長するの虞なきか、密にそれを恐れるものである。

五　口語判決文是非

名古屋控訴院の三宅正太郎判事が口語體を以て判決文を書かれると言ふ噂は從來屢々耳にした所であるが、それが最近はしなくも問題となつて上告の理由になつたと言ふことが新聞紙によつて傳へられた。

新聞紙によると上告人の主として攻撃する所は口語體それ自身ではなくして、「名古屋控訴院」と書くべき所を假名で「ナゴヤ控訴院」と書いてあるのがいけないと言ふのであるらしい。「名古屋」と書かずして何故に「ナゴヤ」と書いたものであるか理由は全く分らないけれども、同時に何故に『ナゴヤ』では惡いのか吾々には全く理解し難い。「ナゴヤ控訴院」の何たるかは誰にも明瞭に分る筈である。分りさへすれば漢字で書かれやうが假名で書かれやうが其效力に何等の差等があるべき筈がない。

其所に何等かの差等ありと感ずるのは畢竟理由なき漢字尊重思想の結果に外ならないのである。

判決文の文體を如何にすべきかも之を書く人の自由でなければならない。無論通常人に理解し得べき文體たることを要するや勿論であるけれども、文語體でなければならないと言ふ理由は少しもない。否寧ろ現在のやうに世上一般の書き物が口語體で書かれてゐる時代に判決其他官公署の書類のみが依然として難解な文章體で書かれてゐるのが反つておかしい位のことである。文語體に慣れた人々は口語體を何となく異樣に思ふけれども、それは丁度吾々が候文で書かれた明治初年の法律文を異樣に思ふのと同じであつて、全く唯各個人の習慣と好みの問題であるに過ぎない。法律家の中には今でも相當文語體に執着をもつてゐる人が少くないやうだけれども、法律家以外の人から見れば裁判所其他お役所が今でも文語體を使つたり「ヘカラス」とか「ヘシ」とか言ふやうな濁點拔きの文章を平氣で使つてゐるのが可笑しい位のものである。

私は寧ろ三宅判事が從來一般の慣はしを無視してまでも誰れにも最も分り易い且親しみ易い文體で判決を書かれ

る理想と勇氣とを賞讃すべきだと思ふ。之を問題にして「徒に新しがる」とか何とか難癖をつけたがる人々は徒に傳統に慣れて——飽くまでも民衆を相手とすべき——裁判そのもの、精神を忘れたものだと思ふ。人動ともすれば口語體文には威嚴がないと言ふ。しかし威嚴のありなしは畢竟書き方の問題であつて口語體なるが故に必然威嚴なしとするのは誤りである。假りに口語體文に威嚴がないとしても、徒に威嚴を飾ることに熱中して一般人に難解な文章を書くことを以て能事了れりと考へてゐるやうな役人の氣持を吾等は飽くまでも排撃したいのである。最近の大審院判例集を開けて見るとかう言ふ文章がある。

「……其ノ主張ノ動モスレハ彼此飃蕩模稜ヲ來スヲ免レス而シテ原裁判所又從ヒテ之カ爲メニ誤ラレ上告人ノ行爲ハ所有權ノ侵害ニモ非ス又抵當權ノ侵害ニモ非ス一種ノ利益ヲ侵害シタル不法行爲ニ外ナラスト言フカ如キ判斷ヲ下シタルモノ正鵠ヲ失ヘルニ似タリ然ラハ則チ本訴請求ハ竟ニ失當ヲ免レサルカ幵ハ爾リ或ハ爾ラス云々」。かう言ふ名文を書かれて得々たる判事の氣持こそ吾々若いものには全く理解出來ないのである。

一九三〇（昭和五）年

法律時観

一九三〇年一月号（二巻一号／通巻二号）

一　家賃値下問題と借家法の改正

家賃値下の要望は今や天下の輿論である。ともかく何等か値下の理由あることは萬人の殆ど均しく認むる所である。元來現在の家賃は世界大戰當時の好景氣によつて釣り上げられ、更に東京横濱等に於ては大震災による住宅の一時的拂底によつてせり上げられた不廉な家賃がそのまゝ續いてゐるのである。從つて經濟不況にして寧ろ家屋の過剩を見つゝある今日之を相當に値下するの必要あることは何人も之を爭ひ得ないのである。

しかし一歩進むで然らば何程の値下を妥當とすべきかの問題を考へて見ると之れに對して適確な解答を與へることは困難である。何となれば絶對的に見て何が公正の家賃であるかを決定することは公正小作料の何たるかを決すると同じく非常に困難だからである。けれども一般經濟の動きにつれて家賃を相對的に動かすべき合理的な規準を求めることは必ずしも不可能ではない。現に借家法第七條もその意味に於ける家賃增減の規準を與へて居る。けれども「建物ノ借賃カ土地若ハ建物ニ對スル租税其ノ他ノ負擔ノ增減ニ因リ、土地若ハ建物ノ價格ノ昂低ニ因リ又ハ比隣ノ建物ノ借賃ニ比較シテ不相當ナルニ至リタル時云々」と規定してゐる同條の規準は極めて不完全である。少くとも一般生活費の昂低を規準中に加へざるが如き明に許すべからざる缺點である。此故に私は一面右第七條を改正して家賃增減の規準を一層科學的且合理的ならしむると同時に他面其規準を運用して具體的に增減率を考究すべき委員會を設くべきことを要求したい。而して其委員會は英國の最低賃銀法に於ける賃銀委員會と同様利害の兩當事者を代表する者及び第三者として官吏たる專門家を加へて組織すべきであると考へる。かくするによつて家賃の增減に關する訴訟調停等は現在に比して遙に迅速且合理的に片付くに違ひない。又訴訟等を待つまでもなく世間が自ら委員會の決定に從つて行動する結果を導き出すに違ひないと豫想されるのである。

次に家賃に關聯して考へらるべきは敷金及び權利金である。敷金は家賃支拂の擔保である、而して家賃の支拂を確保することは、獨り家主にとつて重要であるのみならず、貸家の大部分が私營になつてゐる現狀の下に於ては社會の爲め良き住宅を確保する目的から考へても大切である。此故に敷金を禁止することは現在に於ては到底不可能であるけれども、之を相當程度に制限することは可能でもあり又必要でもある。尙敷金に一定の利息を附せしむること、敷金返還の確保手段を設くること等は敷金に關して家主が不當の利得を受くることを防止するに付き必要缺くべからざる制度である。權利金は借家權のプレミヤムである、若くは家賃の一部先拂の性質を有するのである。此故に公正家賃額の絕對的決定の不可能なること上述の如しとせば、權利金の禁止若くは制限も亦不可能であつて、結局は貸家に對する一般社會の需要供給關係に放任するの外ないのである。世論現在と雖も借地借家臨時處理法は敷金權利金等が「著シク不當ナルトキ」は其變更を請求することを認めてゐるけれども、此規定は大震災以來住宅の拂底に乘じて動ともすれば行はれた暴利行爲を抑止せむとするものであつて、暴利と認むべき場合は格別其の以外に於ては結局すべてを一般の需給關係に放任するの外ない。權利金に關して必要なる施設は寧ろ之を借家法第五條に所謂「造作」中に包含せしめ借家關係終了の際時の相場によつて之を返還せしめることである。現在借家法に所謂「造作」は獨り疊建具の如き有體物のみを含むものと解せられてゐるけれども、世上造作と稱するものの中には權利金を含むことを通例とし、有體の造作物の中に權利金が體化されてゐる場合が多いから、同法第五條の適用を有體造作物にのみ限定せむとするのは全く實狀に適しないのである。

次に現在借家法の規定せざる所にして實際上重要な問題は貸家の修繕に關する問題である。民法は特約なき限り家主は修繕義務を負擔するものと規定してゐる。然るに實際上家主の中には修繕義務を負擔せざる旨を特約したり義務の範圍を不當に制限するものが少くない、又事實上其義務を充分に履行せざるものも少くない。殊に貧民住宅に付いては其例が非常に多いのである。成程資力ある借家人は自ら必要なる修繕を爲し得る、そうして家主修繕義務を負擔する場合に於ても事實其修繕に要した資用の償還を家主に請求し得る。けれども貧困な借家人にはそれすら出來得ない。其結果衛生上極めて不良な狀態の下に居住を爲さしめられてゐる場合が少くない。此故に一般とまではゆかなくとも少くとも貧民住宅に付いては直接家主の修繕義務を强制監督すべき機關を設け、借家人の申立によつて簡易に現場に臨みて實情を檢査し必要なる修繕を命令强制し得ることとする必要が大にある。此事は不良住宅改善の問題に關聯し國民保健の見地より見て極めて重要である。

尙借家法に關しては專ら事務所店舗等の用に供せらるゝ大ビルデイングの類と一般住宅とを區別することが必要である。現在は全く之を一律に規定してゐるけれども、精細に研究して見ると二者を混同して規定することが實情に適せずと認むべき場合が少くない。

終りに借家法の適用地域は借地法と共に現在東京大阪其他特に勅令を以て指定する大都市のみに限られてゐる。けれども、現在の實情より推すときは最早之をかくの如くに限定すべき理由は薄弱である。よろしく法そのものを改正すると同時に其適用區域を全國に及ばしむべきである。

二　勞働組合法の制定と資本家の反對

現內閣は勞働組合法殊に可成り進歩的な勞働組合法を制定するに付いて相當の熱意をもつてゐるやうである。又現に社會政策審議會に於て議せられてゐると傳へられてゐる勞働組合法要綱は從來發表された幾多の法案に比すれば遙に時宜に適した進歩的な內容をもつて居り、輿論も亦大體之を支持する氣勢を示しつゝある。

勞働組合が今日の程度まで發達した以上一定の監督と保護とを加へて之に法律的地位を認め與ふることの必要なるは今更言ふを俟たざる所である。然るに新聞紙の傳へる所によると、資本家の參謀本部である日本工業倶樂部は相も變らず斯法の制定に對して反對の意見を表明しつつある。

資本家が自己の企業を飽くまでも自己の專制的經營の下に留め置かむことを希望する以上勞働者の團結を排斥せむとするのは當然である。けれども資本家的企業も畢竟は勞働者の心よりする協力によつてのみ成り立ち得るものであることを考へて見ると、溫情主義の美名に隱れた資本家專制によつて勞働者の自由と權利とを抑壓せむとする資本家從來の態度は結局資本家的企業の沒落を原因するものと言はねばならない。契約自由制の名の下に實は全く自由を奪はれてゐる勞働者等が其現實に目醒めたとき失はれた自由の奪還を要求するのは當然である。而して彼等自由の奪還は團結の力によつて之を達成し得べきことを考へて見ると、資本家が勞働者から心よりする善き協力を要求する唯一の手段は彼等に團結の自由を與ふることでなければならない、勞働條件の決定について彼等にも亦口をきゝ得べき自由を保證し與ふることでなければならない。

資本家は今日尙しきりに溫情主義を口にする。成程資本家と勞働者との間に溫情の行はれねばならないことは今更言ふまでもない事柄であるけれども、相手方に權利を認めず平等の立場を認めずして專ら溫情を以て臨まむとする彼等の溫情主義は畢竟勞働者に對して奴隷の道德を要求するものに外ならない。今の勞働者は決して徒に鬪爭と怠惰の權利とを要求してゐるものではない。唯溫情主義的愛撫の下に奴隷の道德を守ることを潔しとしないだけのことである。

成程勞働組合は其發達の過程に於て動ともすれば事每に反抗的態度を示す傾向がある。溫情主義的愛撫になれた資本家の目から見れば如何にも憎々しく見えるに違ひない。けれどもそれは恰も今まで兩親の愛撫の下に滿足しながら育つて來た少年が二十歲を越え二十五歲に達したとき頓て自己の人格の尊嚴に目醒めて兩親の溫情主義的覊束より解放せられむことを要求するのと極めて似た現象である。其際解放を要求する子供と溫情主義的愛撫になれた兩親との間には場合によつて可成り激しい反目と鬪爭とが行はれ勝ちである。けれどもかくして相爭つた擧句平等の立場と自由とを認められた子供と兩親との間に生まれ來たるべき美しい愛情と尊敬との關係を考へて見ると、鬪爭も亦其美しい關係を生ましめる過程として蓋し已むを得ないものであることを感ぜざるを得ない。

資本家も勞働者も平等の人でなければならない。前者が何時までも後者をその溫情主義的愛撫の下に置かうとするのが抑々の誤りである。勞働者にも亦平等の立場と自由とを與へよ。其時初めて彼等から心よりする協力を期待し得るであらう。勞働組合法の制定を阻止して何時までも勞働者を溫情主義の支配下に置かむとするが如きは、子供の成長を忘れて何時までも之を溫情主義的覊束の下に置かむとする親の態度と同じである。かくして勞資の平和的協調を望むが如き百年河淸を待つに等しい愚なる態度であると言はねばならない。

三　疑獄事件と檢察制度の獨立

次々へと疑獄事件が曝露されてゆく。その度毎に民衆の法律と司法官とに對する信賴が增大してゆく。けれども法律は畢竟司法官の動かす所であり司法官も亦人であることを考へて見ると、良き司法官を得ること及び之を得べき制度を確立することは非常に必要である。此意味に於て司法權獨立の制度は法治國の存立上必要缺くべからざるものである。けれども刑事々件に關する限り司法官が如何に獨立をもつて居り從つて又公正に振舞ふことが出來ても、檢事に對する行政の干涉壓迫が除かれない限り完全なる司法の獨立を期待するを得ない。吾々は從來政治關係の刑事々件に關して屢々此事を實感したが今回の疑獄事件に關聯して殊に其感を深くするものである。

私は嘗て原嘉道氏が司法大臣の職に在るの日檢察制度の獨立に努力されたことに向つて今更改めて敬意を表したい。そうして司法當局者が今後とも此問題を眞面目に考へ其解決に向つて努力を惜まれざらむことを希望して已まないものである。

法律時観

一九三〇年二月号（二巻二号／通巻三号）

一　收賄罪に關する雜感

最近吾々は收賄罪に關して實に色々のことを考へさせられる。結局は官吏道德の問題であつて法律を以て徹底的にどうかう出來る事柄ではないやうに思はれるけれとも、吾々法律家としてはともかく法律の力を借りて此弊害を多少とも除去するの途なきや否やを考へざるを得ない。以下此點について平素から考へてゐることを二三述べて見ようと思ふ。

先づ第一に考へられるのは賄賂を原因として爲された營業許可其他行政行爲を無效若くは取消し得べきものなりとする制度である。營業許可其他行政處分を受ける者の身になると、賄賂の爲め多少の金を使つても、又若くはそれが爲め刑罰を受けることがあつても、結局之によつて得る利益が多ければ差引き得である樣に思はれないこともない。從つて贈賄收賄の行爲を刑事的に制裁するの外賄賂を原因として爲された行政行爲に對して行政法的の制裁を加へ、之によつて贈賄者の利得すべき根源を押へさへすれば、贈賄行爲を禁遏するにつき少からざる效果があるやうに思はれるのである。

幸にも現在吾國行政法上の通說は行政行爲が不正の申告又は賄賂其他の不正行爲に因りて行はれたるときは之を取消し得べきものなりとしてゐる。而して其取消は當該の行爲を爲したる官廳自身又は其上級官廳に於て之を爲し得べきものとしてゐる。所がかくの如き職權に依る取消については內閣官制第四條の二、各省官制通則第六條、地方官制第九條等に多少の規定あるの外取消の手續について規定甚だ不完全なるのみならず、取消權を行使するや否やも亦取消官廳の任意に任されてゐる。けれども明に賄賂を原因として爲されたる行政行爲の如き之を取消すべきや蓋し必然的でなければならない。よろしく新に規定を設けて、例へば刑事裁判の結果收賄の事實確定したるときは檢事總長の如き多少とも獨立性を有する機關より之を行政裁判所に申告し以て法律上取消さるべきものはすべて必然に取消すこととすべき制度を確立すべきである。蓋し收賄に因る行政行爲の效力をそのまゝ持續せしむるが如きは公益上百害あつて一利も存在しないからである。

次に考ふべきは收賄の結果として爲された行政行爲によつて國家が損害を蒙つたならば官吏及び贈賄者に對して不法行爲上の損害賠償を請求し得べきではないかと言ふ問題である。成程國家は附加刑として贈賄物の沒收及び追徵を爲し得る。けれども之と收賄の結果國家の蒙つた損害を賠償せしむることゝは全然別問題であつて、追徵金の制度ある故を以て私法上の賠償責任を否定すべき理由は少しも存在しない。無論追徵と賠償との併課は制裁として餘りに苛酷に過ぐるの感があるから、特別の立法によつて旣に追徵された金額については賠償請求を爲し得ざるものとするのも一案ではあるけれども、さもない限り二者は理論上飽くまでも併存すべきである。而して其制度は贈賄額に比して國家の蒙つた損害が多額に達した場合に殊に其效能を發揮するのである。

大審院は嘗て一材木商の雇人が贈賄により林務官をして拂下以外の立木を引渡さしめたるにより國家より材木商に對して損害賠償を請求した事件に關して民法第七百十五條の解釋上材木商に責任なき旨の判決を爲したことがある（大正五年五月九日刑七一一頁）。しかしそれは右第七百十五條の解釋上使用人の贈賄行爲による結果に對して主人に責任なしとしてゐるだけのことであつて、贈賄によつて國家に損害を與へた者に對して賠償請求を爲し得べしとする根本の理論を排斥してゐるのではない。第七百十五條に關する判例も今では全く變つて居る。成程贈賄其他不正行爲が雇人の專擅を以て行はれたとしても畢竟それは雇主の爲めにする取引について爲されたのであるから其結果に對して雇主に責任ありとすべきは當然である。此故に大正八年二月二十一日の大審院第一民事部判決（三二一頁以下）は甲が乙の代理人として山林立木の買受を爲すに當り賣主代理人の背任行爲に加擔して過廉に賣買代金を定めて賣主に損害を加へたるときは甲に賠償責任ありと言つて居る（尙第七百十五條の新しい解釋については大正十五年十月十三日の民刑聯合部判決七八五頁參照）。此理を推せば官吏に贈賄して不正の利益を得た場合についても同じく雇主に賠償責任ありと解すべきこと勿論である。

既に贈賄者に賠償責任ありとせば收賄者たる官吏に賠償責任□□ことも亦當然でなければならぬ。彼等は共同不法行爲によつて國家に損害を與へたものであるから互に連帶して賠償の責任を負ふべきである（民法第七一九條）。官吏が其許されたる自由裁量を過つて國家に損害を加へたとしても――懲戒處分の問題は別として――それのみを以て賠償責任を負はしめられる理由はない。けれども收賄により自己の利益の爲めに自由裁量權を濫用して國家に損害を加ふるが如きは決して職務上正當の行爲ではない。例へば大臣が自己の主管に屬する國有財産を拂下げるに當り賄賂を受けて不當に低廉な評價を爲したる時は、其行爲は職權を濫用して故意に國家に損害を加へたものと言はねばならぬ。彼に損害賠償の責任あるべきは蓋し當然である。

かくの如く官吏が收賄によつて不當なる行政行爲を爲し之によつて國家に損害を加へたるときは、官吏及び贈賄者連帶して之が賠償の責に任ずべきこと現行法の解釋上極めて明白である。國家若し收賄事件に關して遠慮なく此責任を追求するに於ては收賄の防止に付き相當の效果を收め得るに違ひないのである。所が最近の如く大臣其他政黨關係の高級官吏の收賄が瀕々として行はれることを考へて見ると、事實上此種の責任を追求するに付いての手續は現行法上必ずしも完全と言ひ難い。よろしく國家會計の最高監督者たる會計檢查院長の如き獨立性をもつ機關をして此種訴の原告たらしむべき制度を確立し、以て責任追求の實施を確保すべき手段を講ずべきである。

二　勞働爭議調停法改正の必要

最近東京市電從業員によつて行はれた同盟罷業の企ては吾々をして勞働爭議調停法改正の必要を痛感せしめる。

勞働爭議調停法は實施後既に三年有半の歳月を經たるにも拘らずまだ一回も其適用を見ない。其原因は、一には同法實施以來其適用を必要とする程の公益企業爭議が殆ど行はれなかつたこと、二には私益企業の爭議については任意調停の制度がとられてゐること、三には同法實施と同時に置かれた調停官の活動によつて法律外の調停が事實上相當有效に行はれてゐること等に存するらしい。けれども今度の市電爭議に關聯して將來を考へて見ると、公益企業に關する限り同法の內容に尙多大の缺陷あることを感せざるを得ない。

缺陷とは何か。同法は一度爭議の起つた後に於て之を調停すべき手段及び調停進行中爭議の擴大を防止すべき手段を規定してゐるけれども、爭議の戰鬪化を事前に防止すべき何等の手段をも設けてゐないとが卽ちそれである。吾々は公益企業の從業者に對しても同盟罷業權を拒絕すべき理由は少しもないと考へてゐる。けれ共吾々の日常生活と緊密の關係ある公益企業については罷業權についても亦雇主側のロックアウト權についても其行使に對して一定の統制を加へる必要がある。蓋し此種の企業は吾々の日常生活と密接の關係を有し其中絕は直に吾々の日常生活を脅かすが故に爭議も亦成るべく公衆に對する脅威を少くする方法に於て行はれねばならない。無論勞働者の側から言ふと其脅威も亦彼等にとつての有力な一武器であるに違ひない。乍併公衆の理解と同情とを基礎とせず寧ろ反つて公衆に對する脅威を武器として戰はむとするが如き方法は公益企業に於ける勞働戰術として到底之を認容し難い。公益企業に於ける爭議は極力企業の中絕を避くる方法に於て戰はれねばならない。此故に、公益企業に關しては先づ第一に有力なる─統制ある─勞働組合を相手として平素より公正且合理的に勞働條件を調查決定すべき機關の成立してゐることを必要とする。企業者の側だけから一方的に勞働條件を決定して之を天降り式に言渡すやうな方法は極力之を避けねばならない。さもないと勞働者は罷業其他强力的手段を用ふるにあらざれば其目的を達し得ざるが如き窮地に置かれるからである。此意味に於て公正なる勞資混合の委員會を常置して常時勞働條件の合理化を硏究せしむべき制度を設くることは、公益企業について絕對的に必要である。第二に當事者は罷業その他强力手段をとるに先立つて必ず先づ批判の資料を公衆に提供せねばならぬ。其資料を供せずして突然罷業を爲すが如きは公益企業に關する限り絕對に之を許し難い。かくの如きは公衆に對して必要以上の生活脅威を課するのみであつて、公衆から公正な理解と批判とを受ける途ではない。此意味に於て私は此度の市電爭議に於けるが如き無警告罷業を絕對的に非なりとするものであつて、先づ公衆に考慮と批判との時間を與へた上でなければ罷業狀態に入り得ざるものとするの必要ありと信ずるものである。

公益企業に於ける同盟罷業を防止若くは解決するに付いて多大の效能を現はしたと言はれてゐるカナダの產業爭議調査法 Industrial Disputes Investigation Act, 1907は能く此問題を考へてゐる。其規定する所を見ると或は「雇主及ビ被傭者ガ賃金又ハ時間ニ關シ雇傭ノ條件ヲ變更セムトスルトキハ少クトモ三十日前ニ之ヲ通知セザルベカラズ、而シテ此變更ノ爲メ爭議トナリタルトキハ調停調査會ヨリ決定與ヘラル、マデハ當事者孰レモ賃金又ハ時間ニ關スル雇傭ノ條件ヲ變更スベカラズ云々」と云ひ、又或は「本法ノ規定ニ從ヒテ調停調査會ニ爭議ヲ附託スル前若クハ附託中ニ其爭議ノ爲メ雇主ガ工場閉鎖ヲ宣言シ若クハ行フコト及ビ被傭者ガ同盟罷業ヲ爲スコトハ之ヲ不法トス云々」と規定する等極力同盟罷業乃至工場閉鎖の豫防手段を講じ違反行爲に對して相當重い罰金を規定して居る。私は現在の如く公益企業に於ける雇主が一般に專擅的態度を以て勞働者に臨みつゝある狀態を極力非なりとすると同時に、勞働者が動もすれば奇襲以て奇功を奏せむとするが如き無謀の擧に出づることを防過することが公益企業に關する限り絕對的に必要なることを確信するが故に、吾國に於ても充分諸外國の事例を調査した上速にその趣旨の規定を設けむことを希望して已まないものである。

三　日本勞働總同盟の勞働立法要求

去る十一月十七日及び十八日の兩日日本勞働總同盟の全國大會に於て決議された勞働立法改正の提案中には注目すべきものが非常に多い。私は政府が之に鑑みて改正を速行せむことを希望して已まない。決議の中二三目についたものを擧げると次の通りである。

一　臨時雇制度に關する件

（理由）「資本家階級の典型的合法的暴虐を擧示するに臨時雇制度を以てすることは決して過誤ではない。資本家は臨時雇の名の下に法に依る自己の負擔を免れ、尙一般勞銀低下の因を釀し、勞働階級に對し極度の迫害を加へ、勞働者の生活を日常極端に脅かして居る。見よ、資本家は臨時雇職工として二年三年、長きに至つては七年も臨時雇として酷使しつゝある事實さへある云々」。

資本家が其企業の合理化を努めれば努める程その傭使する勞働者の成るべく多數を臨時雇となし之によつて必要の場合隨時に過剩勞働者の解雇を爲し得べき用意を爲すの傾向を生ずるのは當然である。乍併此傾向は頓て勞働者の地位を不安ならしめ其他勞働者に幾多の不利益を與へる結果となるから、國家は健康保險法が「三十日ヲ超エテ引續キ使用セラルル」以上たとへ「日日雇入レラルル者」と雖も之を常傭勞働者と同樣に取扱つてゐると同じくよろしく其他の關係についても同趣旨の規定を設けて彼等日雇勞働者の保護を計るべきである。

二　勞働賃銀先取特權に關する件

民法第三百九條は不完全ながらも雇人の給料質權を保護する爲めに先取特權を認めて居る。けれどもそれは質權抵當權に優先し得ないから例へば會社が破產した場合の如き、勞働者は實際上殆ど先取特權の恩惠に浴し得ない。さらぬだに少い賃金、僅に血と汗とを以てかち得た賃金が不拂に終る程勞働者にとつて悲慘なことはない。國家は一日も速に此不公正を除去する爲め適當なる改正を行はねばならぬ。第三百九條それ自身の實質的改正は勿論其順位を高むることによつて其實際的效果を發揮し得るやうにすることがどうしても必要である。

三　工場法施行令第七條に依る障害扶助料の標準日給は負傷當時と治癒せし時とを比較し其率の良きものを以てするやう工場法を改正する件

其「理由」中にも言つてゐる通り「現在行はれつゝある障害扶助料の支拂方法は負傷が治癒せし時に於ける健康保險の標準日額を以て爲しつゝある」。けれども「職工が負傷し休業加養しつゝある期間は收入激減するを常とす」

るから「此激減期間中たま〳〵健康保險の標準日額改訂期に遭遇」すると其者の標準日額が一二級低下するのは必然であつて、其結果彼の受くべき障害扶助料の金額も亦低減せざるを得ない。而してかくの如きは扶助制度の精神から考へても確に不當であるから、上記の改正が要求されるのは蓋し當然過ぎる程當然である。

尙以上の外大會は健康保險法に關する二三の改正、屋外勞働者其他一般勞働者に對する保護法の制定、最低賃銀法の制定等幾多の重大なる立法提案を議決してゐる。私は政府當局者が現在吾國に於て資本主義の是認を基調としてゐる唯一の勞働組合聯合が資本主義それ自身の自己調整策に外ならない勞働立法に關して此種の重要な提案を爲しつゝあると言ふ事實を輕視せざらむことを希望して已まないものである。

法律時観

一九三〇年三月号（二巻三号／通巻四号）

一　法律と人

昨年以來疑獄事件に關する報道が每朝の新聞紙を賑はしてゐる。最近又選擧革正の問題が輿論注視の題目になつてゐる。そうして此等の問題に當面する每に吾々は、法律は結局人によつて運用されるもの、從つて運用する人々それ自身に注目しない限り、如何に嚴重精密な法律を作つても實際上反つて不公正な結果を惹起するに過ぎないことを痛感せざるを得ない。

勞働爭議小作爭議其他社會問題的の事件に對して從來裁判官のとつた態度を見ても、其主觀的には極めて公明中正に判斷してゐると考へてゐる裁判官が不知不識の裡に特別の階級的イデオロギーに捉はれつゝあると言ふ事實を見逃がし難い。此事は私の從來屢々說いた所であつて、現に本來特に無產階級の抑壓それ自身を目的として制定されたのではない法律の適用から事實上屢々甚しい抑壓的裁判の生まれつゝある事實を看過し難いのである。

此故に、瀆職行爲を嚴罰する法律が如何に完備しやうとも、又如何に嚴重に選擧運動上の不正を取締る法律が出來やうとも、それ等の犯罪不正を事實上取締り檢擧し又裁判する人々が公正の態度を持し得ざる限り、法律が嚴重であればある程反つて不公正な結果を生むことゝなるに過ぎないのである。無論問題は「人」に關するが故に法律を以て直接之を如何ともし難いけれども、法律上此等の法律運用者をして出來る限り公正の態度をとらしめ得べき制度を設けることは決して不可能ではない。

此意味に於て私は先づ第一に檢察官の獨立保障制を確立すべきことを主張したい。第二には又知事其他行政官吏の地位を法律的に保障すべきことを主張したい。此事が實現せられざる限り如何に立派な法律が出來ても到底其公正な運用を期することを得ない。最近多數の疑獄事件に直面し又今選擧革正問題に當面して私は心より此事を痛感するものである。

二　證人の旅費日當

現行刑事訴訟法第二一八條によると「證人ハ旅費、日當及止宿料ヲ請求スルコトヲ得」ることになつて居る。然るに此規定の實際上の運用を見ると證人がそれ等の費用の支給を受け得るのは、事實證人として呼び出されてから相當の時日——例へば一二月——を經過した後になつてゐる。

所が證人として呼び出されるものゝ中には貧乏人も少くない。而かも其貧乏人が可成り遠方から呼び出される場合が少くない。彼等が呼び出を受けた場合に、召喚狀には之に應ぜざるときは拘引するなぞと嚇し文句が書いてある關係上、苦しい工面をしてまでも態々遠方から出て來るのであるが、大概はせめて歸りには旅費位呉れるものと考へるのが通例である。所がどう言ふものか今の裁判所は證人訊問の直後直に旅費日當をくれるやうな親切な取扱をしてゐない。其結果證人が非常な困難をすると言ふ話は吾々の屢々耳にする所である。

裁判官から見ると、僅な旅費や日當位と思はれるかも知れないが貧乏な田舎にとつては、其僅な金を工面するのに非常に骨を折る場合が少くないのである。其所で時には裁判官の內に其證人の窮狀を救ふ爲めに私財を以て旅費日當の立替拂をされる人があるとのことであるが、吾々の考からすると此問題は決してそうした裁判官個人の親切氣に任せて置いて然るべき事柄では斷然ない。元來呼び出した證人の旅費日當がどの位の金高になるかは前々から解り得る事柄なのであるから、裁判官乃至裁判所の會計官が少し親切氣を出しさへすれば、訊問の後直に之を拂ひ得る、否場合によつては往路の旅費を豫め送つてやることすら出來る譯なのである。然るに今の裁判所はそれだけの手數をも履まずに人民に迷惑をかけてゐるのである。

これは事柄それ自身小い事柄のやうであるが、證人の召喚に應ずることを國民の義務なりと主張してゐる國家としては相當愼重な考慮を拂つて然るべきことゝ思ふ、かうした小さいことが裁判所と民衆との間に大きな溝を掘る原因を爲して居るやうに思はれてならない。敢て司法當局者の猛省を促す次第である。

三　裁判官の責任回避？

新聞紙の傳へる所によると、最近大審院は防疫官の施したチフス豫防注射の結果死亡した者の遺族から橫須賀市に對して提起した損害賠償の訴を却下したとのことである。

事件の具體的內容について吾々はまだ詳しい精確な報道を得てゐないから、具體的批評は勿論之を差し控へねばならないけれども、傳ふる所によると大審院は例の通り防疫官は國家の官吏であり而して今被告となつてゐるのは公共團體としての市であると言ふやうな極めて形式的な理由によつて訴を却下してゐるやうである。それは丁度小學校教員の暴行に對して被害者より村を訴へたのに對して小學教育事務は國家の事務なるが故に村に責任なしとした判決と同じ筆法を用ゐたものである。

無論大審院は上告人の上告する所に従つて其採否を決することのみを仕事とするのであるから、上告人が如上の點のみを争つてゐる限り、判決亦その點のみに限られざるべからざるや素よりであるけれども、吾々局外の法律家から見ると、かうした形式的理由によつて國民一般の生活上極めて重要な案件が形式的に片付けられてゆくことが如何にも心外に思はれてならないのである。

法律の素人から考へると、村を訴へて悪いのならば國家を訴へさへすればよいのか、其所の所をはつきりして欲しい。市町村を訴へても駄目だと言はれたから改めて國家を訴へて見ると今度は何等か實質上の理由で却下されるかも知れない、さうした不安が残されることは非常に迷惑なのである。殊に小學校教員の暴行事件にしても今度の注射問題にしても國民一般にとつては可成り利害の多い大きな問題なのである。

私は此種の判決を與へられる大審院に何等か難問題に對して直接答へを與へることを避けると言ふやうな責任回避的の氣分があるやうに疑はれてならない。將來の爲めに一應の疑念を述べて置く次第である。

勞働法關係の諸問題

最近の深刻な經濟不況は幾多の勞働法に關する問題を惹起した。紡績操短と深夜業禁止に關する工場法第四條但書の許可取消に關する問題の如き、多數製糸工場に於ける賃銀不拂の問題の如き、其最も顯著な例である。蓋し洪水は堤防の最も弱い所を突き破つて汎濫すると同じく、現在の苦境を切抜けようとする企業者等が彼等の最も弱い對手である勞働者を先づ犠牲に供せむとするのは當然であつて、此等の問題も正に此傾向の現はれに外ならないのである。元來資本主義の下に於ける工場法其他勞働法の内容は常に其國の優勢なる企業者の堪え得べき程度に止まるものである。勞働法の發達と資本の集中とは交互に關聯するものであつて、勞働法の發達は必然に或るレベル以下の企業を崩壊せしめて資本集中の勢を助けると同時に、資本集中の傾向は又勞働法の發達に對して漸次に多少の餘裕を許し與へるものである。此故に好況時代には現在の――極めて內容貧弱な――勞働法に堪え得た小弱企業者が、深刻なる不況の襲來と共に漸次に法律の許すレベル以下に落る傾向を示すに至るのは當然であつて、彼等が崩壞の運命を切抜ける爲めに最も弱い相手である勞働者を犠牲にして勞働法違反を敢てするに至るのは蓋し之れが爲めである。

吾々は目下當面の問題としては當局者は勿論勞働者も亦結束して彼等企業者の勞働法違反を防止せねばならないことを主張すると同時に、これを機會に勞働法の發達と資本集中の過程との間に密接の關係あることを認識し、正に來らむとする產業合理化問題の解決に際して、勞働者の立場をも同時に考慮せざる合理化計畫が理論上不合理にして實際上破綻の運命に陷るべきことを覺悟することが資本家にとつても勞働者にとつても乃至は又當局者にとつても最も重要であることを此際特に聲を大にして言つて置きたい。

法律時観
一九三〇年四月号（二巻四号／通巻五号）

一　共產黨事件に關する大審院判決

共產黨事件に關して全國各地の裁判所が下した判決中最も吾々の注意を惹いたものは名古屋控訴院のそれである。蓋し同判決は他の諸裁判所のそれと異なつて懲役刑を排して禁錮刑を擇んでゐるからである。而して特に其禁錮刑を擇んだ所以を詳細に説明してゐることは、內容の當否を全然別問題としても、尙同判決の尊敬に値すべき特色と言はねばならない。

然るに大審院は去る二月廿一日同事件の上告審に於て破毀自判の判決を與へ被告の一人を懲役三年、他の二人を各懲役二年に處する旨を言渡した。私は今茲に同判決の當否を實質的に批判せむとするものではない。けれども、此際どうしても看逃し難いのは、同判決を與へるに付いて大審院の執つた態度の不公明である。先づ第一に名古屋控訴院が特に禁錮刑を擇ぶに至つた理由は同院判決の縷々詳說する所であるにも拘らず大審院は此點に關して何等の意見をも述べてゐない。原審があれ程まで力を入れて禁錮刑を擇ぶ所以を説明してゐる以上特に之に反對して懲役刑を課せむとする大審院は充分其理由を說明する必要がある。他の諸裁判所判決との釣り合ひをとると言ふだけでは何等合理的の理由となり得ないこと素より言ふを俟たない。從來大審院は屢々必要の程度を越えてまで原審判決に管々しい批評を加へてゐる傾向がある。その同じ大審院が本件に關して殆ど何等の說明を與へずして禁錮刑を排斥する態度をとつたのは果して如何なる根據に基くのであらうか。吾々は到底其理由を理解し得ないのである。

第二に大審院が破毀自判によつて原審判決よりも重い刑を課する爲めには事實審理を行ふのが從來一般の例である。惟ふに大審院が原審よりも重い刑を課する機能を有することと事實審理の職權を有することとの間には極めて密接な實質的關係がある。大審院が特に原審より重い刑を課せむとするならば、必ずや先づ事實審理を行つて親しく被告人自らを審問し且彼等に對して辯明の機會を與ふべきである。然るに大審院が今回の事件に關して從來普通の慣例を破つてまでも此條理當然の要求を却けた理由は果して最高法院の態度として公明なるものと言ふを得ようか。かくの如きが果して最高法院の榮譽と名聲とを保持する所以であらうか。私は心より之を疑ひ心より之を遺憾とするものである。

私は從來幾多の機會に於て裁判の階級性を主張した。さうして之を主張せざるを得ないことを司法制度そのもの、爲めに遺憾としたのである。共產黨事件それは吾國にとつて極めて重要な事件である。しかし事件が重要であればある程、裁別所の之に臨む態度は愼重でなければならぬ。「共產黨なんてものは怪しからぬ奴等だから理窟抜きにしてやつ付けて仕舞へばいゝ」と言ふやうな態度は甘粕大尉のそれと全く同じものであつて、公明なる法治主義を基調とすべき裁別所の極力避けねばならぬ所である。然るに今回大審院の執つた態度の中にはどうしてもさうした傾向がほの見えてゐる。私はそれを司法制度の將來の爲めに心より悲んで已まないものである。

二　小會派に發言の機會を與へよ

衆議院從來の慣例によると二十五名以下の小會派は各種委員會に委員を出し得ない。彼等は高々本會議に於て發言を爲すべき機會を與へらるゝに過ぎないのである。

從來の如く政黨其他諸會派が單なる利益を中心として集散する團體に過ぎなかつた時代に於ては此慣例も亦或意味に於て之を是認し得る。けれども今日の如く既成政黨さへもそれぞれ獨特の實質的政見を有するに至つた以上かくの如き慣例は全然不合理であり無意味である。議會に於ける諸會合には、基本會議たると委員會たるとを問はず、各派政黨のすべてが其代表者を送り得ねばならぬ。縦令僅一人の議員を有するに過ぎない政黨と雖もそれが實質的に特殊の政見を有するものたる以上必ずや發言の機會を與へられねばならぬ。蓋し彼等の背後には必ずや彼等の政見を支持する幾千幾萬の國民が存在するに違ひないからである。

元來デモクラシー政治組織の理想は議會をして國民の縮圖たらしむるにある。從つて國民のすべてが政見を標準としていくつかの團體に分割されてゐる以上、其中最小の團體に對してさへも少くとも一個の議席を與へてそれに發言の機會を與へることが理想的である。多數黨の立場から言つても少數者の批評を聽くだけの雅量をもつことが反つてその存在を確目ならしむる所以である。權力者は屢々批評を嫌ふ。批評を避けて專ら其權勢を維持しやうと考へる。けれどもかくの如きはやがて自ら其墓を掘る所以に外ならないのである。又多數黨が極力少數者に發言の機會を與へねばならないことはデモクラシー必至の理論的の要求である。蓋し少數者には必ずやあらゆる機會に多數者の政治を批評し之によつて輿論に訴へて次回の選擧に備へるだけの機會が與へられねばならぬ。彼等に此機會を與へることは多數者の政治德道であり又デモクラシーの必然に要求するフエヤプレーである。かくして輿論がすべてを裁判し今日の少數者を明日の多數者たらしめ或は又今日の多數者に向つて愈々多くの信望を與へる所にデモクラシーの妙所が存在する。多數の力を借りて少數者の發言を抑止するが如きはデモクラシーの見地より見て最も非難に値すべき外道である。

私は民政黨が絕對多數をかちえた今日從來の慣例を破つて新制度を樹立せむことを、吾國デモクラシー政治の健實なる發達の爲めに熱望して已まないものである。

三　新聞記者の法律常識

一國々民の法律智識如何は其國新聞紙の裁判記事を通して精確に之を知ることが出來る。蓋し國民の法律智識が發達すると共に彼等は最早不精確な裁判記事に滿足出來なくなるからである。此意味に於て私は常々英國新聞紙の裁判記事に敬意を表し之を通して更に英國々民の法律智識の高いことを心より羨む次第である。

最近都下の新聞紙は殆ど一の例外もなく自動車運轉手の傷害事件に對して其主人に賠償責任ありとした判決を事珍しげに新判例なりとして報道し、中には之に關して態々社說めいた批評記事を載せてゐるものさへある。「或事業ノ爲メニ他人ヲ使用スル者ハ被用者ガ其事業ノ執行ニ付キ第三者ニ加ヘタル損害ヲ賠償スル責ニ任ズ」べきことは民法第七百十五條の明定する所である、而して自動車運轉手が同條に所謂「被用者」に相當し從つて其行爲によつて主人の責任の生ずべきことは從來と雖も學說判例の均しく認めた所であつて、かくの如きは法學一年生も尙すべて熟知する所である。然るに今堂々たる都下の大新聞は競つて此當然の事理を如何にも事珍しげに報道してゐる。私は今更ながら新聞記者諸君の法律智識否常識を疑はざるを得ないのである。

自動車事故の被害者に對して充分の救濟を與へる爲めには獨り――多くの場合無產者である――運轉手その人の

個人的責任を認めるのみならず、民法第七百十五條の規定するが如き法理によつて主人の責任を認むるの必要あることは從來各國法律家の均しく認めた定說である。更に米國のマサチユセツト其他二三洲の如きは法律を以てすべての自動車所有者に事故保險加入を强制し之によつて縱令無資力の運轉手によつて轢かれた場合でも尙完全に賠償を與へ得るやうに工風を樹てゝ居る。かくの如き事實は旣に數ケ月新聞紙自ら吾々に報道してゐるのである。自動車事故の法律問題を報道する以上せめて民法第七百十五條の法理位は心得てゐて欲しい、又此問題を論評する以上せめて米國の新法制位は心得てゐて欲しい。さもない限り新聞紙に對する有識者の輕蔑は尙永く續いて去ることがないであらう。

法律時觀

一九三〇年五・六月合併号（二巻四・五号／通巻六号）

一　大審院の貞操觀

大審院は嘗て或る未亡人が自家の生計を維持する必要上他人の妾となつた事件について生活上必要の行爲なりとして之を是認するの態度を示した。然るに新聞紙の傳ふる所によると、最近大審院は或る未亡人が或る男と私通した爲め親戚の一人から親權剝奪の訴を受けた事件について、前の事件に於ける行爲は生活上の必要に出たものであるから之を是認し得るけれども、今回の事件に於ては毫も同様の事情なしとの理由によつて原告の主張を認めたとのことである。

此判決は必ずや生存權理論を法律秩序の中に採り入れやうとする人々を喜ばすに違ひない。けれども更に一歩つき進めて考へると、若しも生活の必要を理由として婚姻外の性行爲のすべてが法律上是認されねばならぬものだとすれば、世上の賣淫行爲の殆どすべては是認されねばならぬ譯である。そう考へて見ると生活の必要如何を唯一の標準として私通行爲の正否を決せむとする大審院の態度に對しては尙大に疑を容れる餘地があるのではあるまいか？ 問題の核心は寧ろ夫の死亡後に於ける未亡人の性行爲を如何に規律すべきかに在る。大審院は恐らく貞婦二夫に見えざるを理想とする舊式な男本位の貞操觀に捉はれて原則としては尙未亡人の婚姻外性行爲を不當とし唯生活上必要ある場合に限つて特に之を是認せむとするのであらう。けれども、問題は果してかくの如く男本位にのみ考ふべき事柄であらうか？ 未亡人の性行爲が若しも實際上子の親權者たることと相容れない程不都合の結果を惹起してゐるならば、その故を以て親權を剝奪する素より之を妨げない。蓋し親權者として適當に子の監護教育を行ひ得ざる者は其性行爲の如何に關係なくすべて親權者たるに適しないからである。生活上の必要を云々して之が除外を設くべき理由は全く存在しないのである。然るに今大審院は生活上の必要なきに拘らず婚姻外の性行爲を行ひたるの故を以て未亡人を非難し此故を以て彼女の親權を剝奪せむとしてゐる。男本位の貞操觀に捉はれたものにあらずして何であらうぞ。

子の立場から言ふと、母の性的行動の如何に關係なく良き母は常に良き母である。家族制度の舊弊に捉はれた人々は屢々母の品行を云々して其親權を奪ひ以て親權の陰に隱れた物質的利益を親族の手に奪ひ取らうとする。かくの如き行爲を是認することが果して子の幸福を增進する所以であらうか？ 問題はすべて子の幸福を中心としてのみ考へらるべき事柄でなければならない。

二　操業短縮と最低賃銀法

資本主義的企業は景氣次第によつて任意に伸縮し得ることを其本質的要素とする。此故に雇入及び解雇の自由は現代企業の存在にとつて必要缺くべからざる制度である。

所が吾國の如く勞働組合の發達してゐない國では現在のやうな極度の不景氣に際會しても企業者は必ずしも解雇に自己救濟の手段を求める必要がない。蓋し彼等は解雇の如き不人情な手段をとらずとも勞働條件の引き下げによつて比較的體裁よく容易に不景氣に對する對策をとり得るからである。殊に現在の如く賃銀制が一般に出來高拂になつてゐると、企業者は操業短縮と言ふ巧妙な方法で、卽ち勞働の單價を變更せず唯勞働數量を巧に減縮することによつて賃銀の總額を減少し得る。さればこそ現在極度の不景氣に際會しつつも尙比較的多數の失業者を出さずに濟んでゐる、それが吾國經濟界の現狀である。

しかしながら、勞働者の立場から考へると、操業短縮は卽ち賃銀の減額に外ならない。其結果彼等の生活程度は必然に低下せざるを得ない。元來勞働者が或工場に雇はれてゐることは彼等の勞働力のすべてをその工場の使役に任せてゐることである。從つて出來高拂の工場に雇はれてゐる勞働者にとつては常時相當の仕事が與へられることが必要である。企業者の資本的立場だけから勝手に操業の短縮を受け、かくして賃銀の減額を受けることは、企業者の任意による勞働者生活の低下である。成程資本主義の行はるゝ限り金融資本の要求する利潤を生み得ない企業は必然に沒落せざるを得ないだらう。此故に必要の利潤を生まんが爲め個々の企業者が解雇乃至賃銀減少によつて自己の生存を保持せむと計るのは當然の措置に違ひない。乍併單に資本の立前だけから考へて企業が生き延びる爲めに——勞働者の生活需要を無視して——無制限に解雇乃至賃銀減少を行ふことを許すことが果して正當であらうか？かくの如き方法によつてのみ生き得るが如き資本家的企業は必然滅亡の運命に迫られつゝあるのではあるまいか？

英國のやうに勞働組合の發達してゐる國では、勞働條件の低下が困難である關係上企業者は解雇によつて自己の立場を救はうとするのが常例である。此故に彼國に於ては不景氣は卽ち失業を意味し從つて之が對策として失業保險制度の必要を見るに至つて居るのである。之に反して吾國の如く現在尙未だ勞働組合の力充實するに至らざる國に於ては、企業者は一般に――解雇――全部失業――よりは寧ろ操業短縮乃至賃銀減少――一部失業――を以て自己の窮境を救はうとする。而かも其結果勞働者の生活が著しく脅かされることを考へて見ると、彼等の爲めに最小限度の生活を保障する爲め、吾國としては失業保險制度よりは寧ろ最低賃銀制度を樹立することが急務であるやうに考へられる。

三　赤兒を背負ひたる投票者

先日の總選擧當時或る新聞紙は寫眞まで入れ一人の投票者が背負つて來た赤兒を警官に預けて投票場に入つたことを報じた。

其事それ自身は極めて小さい事柄であつて無論問題とするに足りない。けれども選擧權者以外の者を投票場に入れないと言ふ法規の精神をかうまで形式的に解釋して背負つて來た赤兒の入場を拒んだ管理者達の法律知識を笑はずにゐることが出來やうか。そうしてかうした沒常識な法律の運用が今尚廣く世の中に行はれてゐることを考へて見ると法律敎育者の責任の更に尙大なるもののあるを考へざるを得ないのである。

法律時観 一九三〇年七月号（二巻七号／通巻七号）

一　勞働爭議調停法の實用

大正十五年七月一日を以て實施された勞働爭議調停法を其後實用の機會を見出すに至らずして今日に及んだ。無論同法の實施と同時に新設された調停官は今までの所縱令形式上同法の規定によらなかつたとは言へ實質上爭議解決の爲めに可成りの働きを爲してゐた。しかし形式上同法所定の手續によつて調停を行つたことは今まで全くなかつたのである。所が今回新聞紙の傳へる所によると、大阪の湯淺伸銅株式會社の爭議に付いて初めて同法所定の任意調停手續が實用に供せられ、其結果見事に爭議の解決に到達し得たとのことである。私は法律家の立場からこれを極めて慶賀すべき出來事なりと考へるものである。

勞働爭議の最も良き解決方法は言ふまでもなく實質的な相互的理解による解決でなければならない。所が從來事業主は一般に爭議團に對して對等者としての立場を認めず、從つて爭議團と接衝して合理的に爭議を解決することを好まない。勞働者も亦多く官憲の介在を嫌つて法定の調停を忌避する傾向がある。此傾向が果して何に原因するかはしばらく之を考慮の外に置くとするも、少くとも之れが爲め爭議の解決が兎角遲れ勝ちであり、又不合理的な方法を以て行はれ勝ちであつたと言ふ事實を否定し得ない。私は現在の調停法が必ずしも完全なものであるとは思はない。けれども、今回の事例が口火となつて今後同法の活用によつて爭議が迅速且合理的に解決される機運が開かれるならば吾國產業の將來にとつて極めて喜ぶべきことゝ思ふ。

二　定期職工と解雇手當

工場法施行令第二十七條の二は「工業主職工ニ對シ雇傭契約ヲ解除セムトスルトキハ少クトモ十四日前ニ其ノ豫告ヲ爲スカ又ハ賃金十四日分以上ノ手當ヲ支給スルコトヲ要ス」云々と規定してゐる。所が同規定は從來民法第六百二十七條を受けたものと考へられてゐた關係上、「雇傭ノ期間ヲ定メザル」雇傭にのみ適用せらるべきものと解釋せられ、從つて臨時工乃至定期工は同條の恩惠に浴し得ざるものと解釋されてゐた。

所が最近新聞紙の傳へる所によると、社會局は縱令臨時職工と雖も契約期間滿了と共にその契約を更新して引續き就業した場合は常傭と同じ狀態にあるから同條の適用を受け得ると言ふ新解釋を決定したと言ふことである。此解釋は恐らく民法第六百二十九條が「雇傭ノ期間滿了ノ後勞務者ガ引續キ其勞務ニ服スル場合ニ於テ使用者ガ之ヲ知リテ異議ヲ述ベザルトキハ前雇傭ト同一ノ條件ヲ以テ更ニ雇傭ヲ爲シタルモノト推定ス但各當事者ハ第六百二十七條ノ規定ニ依リテ解約ノ申入ヲ爲スルコト得」と規定してゐることに根據し、縱令臨時職工として定期的に雇入れられたものでも同條によつて暗默に契約が更新された以後は不定期職工に變はると言ふ考方によつたもの、やうに考へられる。

此新解釋は從來全く第二十七條の二の保護外に置かれてゐた定期職工にとつて相當有利な結果をもたらすに違ひない。けれども若しも此解釋が民法第六百二十九條に根據して與へられたものであるとすれば、現下の經濟不況に際會して極力勞働の合理的使用を企圖しつ、ある事業主等は恐らく今後事實上暗默的更新の推測を回避する手段をとつて、新解釋の效果を實質上拒否する態度を示すに違ひないであらうと想像される。此故に私は政府が將來速に失業保險制度を確立するだけの覺悟をもつてゐない以上、上記第二十七條の二の規定を改正して、縱令定期工乃至臨時工と雖も事實上一定の期間以上繼續して雇傭せられたる限りすべて同條の恩惠に浴し得べき旨を明にせむことを希望して已まないものである。

三　速に救護法を實施せよ

昭和四年法律第三十九號を以て制定された救護法は財政難の故を以て未だに實施の運びに至らない。更に財政の緊縮を要求してゐる政府は次年度に於ても尙之を實施する意思をもたないのではあるまいか。私は之を疑つて心より之を悲しむものである。

救護法は明治七年の救恤規則に代はるべき法律であつて一種の救貧法である。從つてそれは直接には必ずしも失業問題と關係するものではない。けれども經濟不況によつて失業率が增れば增る程勞働能力の少い勞働者は勞働の機會を發見するに苦しむ傾向あるは必然である。景氣の好い時には勞働能力の少い老衰者病疾者等も尙或る程度までは勞働の機會を見出し得る、之に反して景氣が惡くなればなる程勞働能力の少い勞働者は雇傭の外に置かれるのは當然であつて、經濟不況が漸次に救護法の對象たるべき極貧者を增加せしむるの傾向ある事は之を否定し難い。果して然らば、現在吾國の不景氣が――一面世界的不景氣の必然的結果であると言ふ方面があるとは言へ――現政府の經濟政策と極めて密接な關係がある以上、政府當局者自ら救護法の對象たるべきものを增加せしめつゝあるものと言はねばならない。如何に緊縮を標榜する政府と雖も此自ら播いた種子は自ら之を刈りとらねばならない。蠶絲業救濟の爲め巨額の支出を爲し得る政府は何故自ら作つた極貧者を救ひ得ないのか？口に社會政策を高唱する政府當局者よ財政緊縮は以て救護法の實施を延期すべき口實とするに足らざることを悟れ。

法律時観

一九三〇年八月号（二巻八号／通巻八号）

一　庄川事件と水法制定の必要

庄川堰堤事件をあそこまで持つて來た直接の責任は一人の會社ゴロと之をバツクとする不德な金貸業者にあると言はれてゐる。けれどもかくの如き事件の發生を可能ならしめた抑の原因を尋ねて見るとそれは明に現行水法の不備に存する。現行法によると、水に關する各種の行政事務は內務農林遞信の諸省に分課されてゐるのみならず、互に利害を異にする各種行政事務相互の矛盾を適當に調節すべき規準も手續も定められてゐない。水力・灌漑用水・漁業・上水道・流木・航行等各種の利害關係者はそれ〴〵自己の關する限りに於て所管官廳と交渉するが故に、彼等相互の間に調和なき衝突關係を生ずべきは當然である。

庄川事件はそれ自身誠にけしからぬ事件である。けれども、之が機縁となつて統一的水法の制定が少しでも促進されるならば不幸中の幸である。

二　資本家の勞働組合法壓殺計畫

全國の資本家達は團結して勞働組合法の制定に反對しつゝある。勞働組合法制定の計畫は既に十年の歷史をもつてゐる。然るに今回に限つて何故に資本家等はかくも猛烈に反對するのか。彼等は言ふ、「勞働組合法の制定そのものには必ずしも反對ではない、しかし經濟不況の現在、如何にも時機が適當でない」と。しかし吾々の考を以てすれば、彼等がかくも激しく反對する原因は、放つて置くと愈々法案の議會を通過すべき可能性が大きくなつたことに存する。彼等の反對の激しさは組合法制定の社會的必然性を裏書きするものに外ならないのである。

資本家等は、組合法が制定されると、突然組織勞働者の數が數倍の多きに昇るであらう、而してそれは吾國の産業殊に中小企業に對して恐るべき害毒を與へるであらう、と言つてゐる。吾々は組合の發生及び成長を決定するものは主として經濟であつて、法律の制定がそれ程大きい力をもつてゐるとは思はない。若しあるとすれば其所に何等か特別の事情がなければならない。私の想像を以てすると、現在多數の企業者は勞働者の雇入に際して勞働組合に加盟せざる旨を誓約せしむる等勞働者の組合加盟を妨ぐべき色々の手段をとつてゐるのではあるまいか。もしもそうだとすれば、組合法を以て勞働者の組合加盟が保障されるならば、組合加盟者の激増すべきことを豫想し得る。資本家等が組合法の制定によつて組織勞働者の激增すべきことを豫想し公言してゐるのは、實は從來如何に彼等が自力を以て勞働者の組合加盟を妨げつゝあつたかの事實を自白するものではあるまいか。もしも事實そうであるならば、彼等の反對そのものこそ組合法制定の必要を裏書くものでなければならない。

抑も勞働組合法制定の問題は勞働關係の決定權を從來の如く專ら資本家の手中に獨占せしむべきか、若くは之を勞資の共同決定に移すべきかの點に中心點をもつてゐる。從來決定權を獨占して思ふ存分に振舞つて來た資本家等にとつては、此際多少とも其權利の勞働者の手中に移り行く傾向を助長すべき法律の制定は好ましくないに違ひない。乍併大勢を達觀して見ろ！彼等の決定權獨占が何時まで現在のまゝに續き得ると思ふのか？産業の隆盛は勞働者の心よりする協力によつてのみ之を期待し得る。既に目醒めた勞働者等をして何時までも資本家の一方的に決定した勞働關係の下に順從に働かしめやうとするのが抑の間違である。既に彼等が目醒めた以上、彼等をも亦勞働關係の決定に參加せしめねばならない。かくしてこそ初めて彼等から心よりする能率好き勞働を期待し得るのである。資本家等は此事實に目醒めて大勢を達觀せねばならない。

若しも新聞紙の言つてゐるやうに政府が多少とも資本家等の主張に讓歩し、飽くまでも企業上の專制を保持せしむと主張する彼等の要求を容れて法案の「骨抜き」を計るのであれば、寧ろ勞働組合法なぞ制定しないがい丶。今日公表されてゐる法案は最大限度に讓歩されたものであつて、あれ以上の「骨抜き」は「勞働組合法」を「勞働組合取締法」たらしめるだけのことである。吾々は斷然かくの如き「骨抜き」せられたる組合法の制定に反對する。

法律時観

一九三〇年九月号（二巻九号／通巻九号）

一　交通機關と公衆の安全

交通機關の發達は益々公衆の安全を脅かすに至る。大審院が從來機關手運轉手等に極度の注意義務を課するによつて公衆の安全を保護せむとする態度を示してゐるのは蓋し當然である。乍併從來大審院は公衆の保安にのみ專念するの餘り動ともすると交通機關の公益的性質と機關手運轉手等從業員の立場とを考慮に入れることを怠り勝ちであつた。其結果從來例へば鐵道從來《ママ》員の間には交通事故に關する特別裁判機關の設置を要望する聲すら聞かれたのである。

成程交通機關は公衆の安全を脅かすに違ひない。けれども吾々は同時に交通機關のスピードが吾々公衆に與へてゐる特殊の便宜をも考へ合はせる必要がある。公衆は汽車電車の類が一定のスピードを以て規則正しく運轉することに特殊の利益をもつてゐる。不注意なる一二歩行者の線路侵入によつて運轉の妨害を與へられることは一般公衆の到底堪へ難い所である。

此故に先づ第一に踏切以外の線路にあつては従業員の注意義務は大に輕減されて然るべきである。彼等が線路上に歩行者を發見したる場合一應警告を與ふべき義務はあるとしても、停車の義務ありとすべきではあるまい。專用軌道を疾驅する汽車にあつては、市街電車や自働車に於けるとは全く事情を異にして居る。然るに從來大審院は此點を充分考慮に入れてゐないやうである。

第二に踏切に於ける交通事故の責任は寧ろ專ら必要なる踏切設備の設置を怠つた交通企業者にあると考ふべきである。無論個々の踏切に如何なる設備を爲すべきかは場合によつて決して同一ではない。乍併各場合に付いて必要なる設備を怠りたる結果發生したる交通事故に對しては專ら企業者をして責任を負はしむべきであつて、其種の事故を從業員の嚴罰によつてのみ防止せむとするが如きは甚しき誤りである。成程遮斷設備のない踏切に差しかゝつた機關手としては警笛を鳴らすの外相當に速度を落す等相當の注意を加へる必要があるに違ひない。しかしながらそれにも拘らず不用意に横斷して來る人々のすべてに對して絕對に安全を保障する程度の除行は專用軌道を疾驅する交通機關の性質上事實到底不可能である。私は此種の場合に付いて寧ろ横斷通行者側のより多き注意を要求するを至當と信ずるものである。

最近新聞紙は千葉東京等の下級裁判所が比較的機關手等に對して理解ある判決を與へたことを報道して、之に「轢き捨て御免時代」が來たと言ふやうな說明を附け加へた。そうして此種の說明が頓て機關手等の間に誤解を生ぜしむべきことを恐れた司法當局者は非公式ながらも態々聲明書を發して、上記下級裁判所に於ける事件は寧ろ被害者に過失ありと見るべき特殊の場合であつて一般的には今後と雖も從來と同樣機關手嚴罰主義を維持すべき旨を言明した。

私も亦上記新聞紙の誇張された記事が多少の誤解を惹き起すの虞あることを信ずる。けれども同時に司法當局者が從來大審院の執り來りたる態度に對して何等の批判を加ふることなく、交通機關の公益的性質をも考慮せずして、專ら從業員の嚴罰を以て交通事故の防止を計らむとするが如き態度を示したことを甚だ遺憾とするものである。

二　汽船差押事件と强制執行法改正の必要

現在の法律は萬事が有體物本位に出來て居る。現に動いてゐる營業其他の企業は其動いてゐる狀態に於てのみ特殊の價値を持つてゐるのであるから、法律に於ても之を其動いて居るまゝのものとして取扱つてこそ初めて其價値を發揮せしめることが出來る。所が現在の法律は萬事が有體物本位に出來てゐる關係上、特殊財團抵當の諸法律に於ける多少の例外を除く外、企業は企業として法律上其特殊の價値を發揮し得ないのが通常であつて、殊に其傾向は强制執行法、競賣法等に於て著しい。元來强制執行乃至競賣は主として金錢債權の滿足を目的として爲さるるものであるから、目的物の換價價格を大ならしむることが出來れば出來る程、能く其目的を達することが出來る譯である。それならば企業に對する强制執行乃至競賣は之によつて企業の運轉を中止せしむることなく、現に動きつゝある企業をそのまま捉え得てこそ初めて充分に其目的を達し得る譯であつて、債權者は素より債務者其他企業關係者の利益も之によつて保全されるのである。然るに現在の法律は此點に於て極めて不完全であつて從來幾多の不都合を生ぜしめつゝある。最近新聞紙によつて傳へられた左記事件は最も能く其弊を物語るものである。

去る六月廿六日橋本汽船會社の華山丸が小樽に入港すると、兼々同船を擔保にとつてゐた安田銀行が無警告で差押を行つた。所が同船は當時山下汽船會社に於て傭船中であつた爲め、傭船者は之によつて其企業を害され、廿三名の乘組員も亦失業した。其結果安田銀行に對して損害賠償の訴が提起された。新聞紙は此事件について「企業家と勞働者が協力して金融資本家に當る新しい社會現象」だと言ふ說明を與へてゐる。

擔保權者たる銀行は金錢的滿足を得ることが出來さへすれば船舶をしてそのまゝ傭船狀態を繼續せしめても何等差支ない譯である。否之を繼續せしめてこそ反つて船舶をしてより大なる擔保價値を發揮せしめることが出來る。そうして船主傭船者は素より從業員の利益はかくするによつてのみ保全されるのである。然るに企業を企業として取扱ふことを知らない現行法は債權者に金錢的滿足を與へるだけの目的の爲めに不必要に企業を破壞するのみならず、濫りに從業員の生存權を脅すことをすら許しつゝある。今後金融資本主義の發展は益〻此種事件の發生を促すに違ひない。强制執行法改正事業の現に進行しつゝある今日、吾人は切に關係當局者の考慮を希望する。

三　小學校教員の法律的地位

雜誌「文藝春秋」八月號に原田實氏の「町村理事者と小學教員」なる文章がのつてゐる。町村理事者と小學教員との間がシックリゆかない不調和の現狀が何に由來してゐるかを或る一の視角から說明した極めて興味ある文章である。尙氏は其中で現在町村から俸給を貰つてゐる教員達が事實如何に町村理事者に頭が上らないかの事實を說明してゐるが、私は特に大審院諸公に對して此點の一讀を希望する次第である。

大審院は最近小學教員の生徒を毆打傷害した事件について、教員が法制上國家の官吏であつて町村の吏員でないことを力說し、之によつて教員の不法行爲に對して民法第七百十五條の責任を負ふべきものは町村にあらずとの判決を與へた。所が現行法上教員が國家の官吏であると言ふことは單に法制上の形式に過ぎない。彼等の俸給が町村によつて支給せらるゝ限り、彼等の任免其他が實質上町村によつて左右されるのは當然である。此意味に於て私は嘗て民法第七百十五條の適用に關しては教員を尙町村の被用者と解し、彼等の不法行爲に對しては小學教育の費用負擔者たる町村をして責任を負はしむるを至當とすべき旨を說いた。今にして私は上記原田氏の記述によつて吾々の所見が裏書されたとの感を禁じ得ないのである。

法律時観

一九三〇年一〇月号（二巻一〇号／通巻一〇号）

一　拘留處分の濫用

刑事訴訟法による正式の勾留に代へて警察犯處罰令による拘留が現在警察官によつてしきりに濫用されてゐることは今や天下公知の事實である。殊に無產階級運動者に對しては所謂「盥廻はし」なる名の下に二十九日の拘留を連發するやうなことさへ可成り無遠慮に行はれてゐるらしい。

嘗て故山本宣治氏は第五十六回帝國議會の豫算分科會に於て此種の事實を極めて無遠慮に曝露して時の秋田政務次官をして答辯に苦しましたことがある。而して最近又細田民樹氏は「眞理の春」の冒頭に於て拘留處分濫用の事實を極めて痛烈に曝露してゐる。本多熊太郎氏が「改造」の座談會で痛嘆してゐる通り現在の吾國には立憲政治の根本的要諦の一である「人身の自由」が殆ど全く存在しない。警察官憲は其欲する如何なる場合に於ても自由に人民を拘禁することが出來る。否現在盛に拘禁しつゝある。輿論は果して此現實を如何に考へるのであらうか？

刑事訴訟法によつて正式に勾留狀を出して貰ふだけの自信をもたない警察官等は形式上色々の理由を捏造して拘留處分を行ふ。それも拘留後出來るだけ速に取調を行つて被拘禁者の釋放を急ぐならば格別、無產階級運動者に對する場合の如き多くは全く其事實がない。人を捏造された理由によつて拘禁しながら碌々調べもせずに何時までも不健康極まる留置場に拘禁する。加之時にはかくの如き不當の拘留を數回に亙つて蒸しかへすことをすら辭しない。かくの如き事實が吾々の立憲治下に於て無批判のまゝ放置せらるべきものであらうか？

虚僞の理由による拘留處分、それ自身既に法律上許すべからざるは言ふまでもない。のみならずかくして拘留處分を行つた警察官憲は多くの場合外部との交通を遮斷して正式裁判を求める機會をすら與へない。そうして未決勾留の場合に比すれば殆ど比較にならない程設備の悪い不健康な留置場に留置して極めて不健康な食物を與へるのみならず上厠の時間をさへ制限するが如き殆ど常識的には考へることも出來ない程亂暴な取扱を與へるのである。かくの如きことが果して吾が光榮ある立憲治下に於てこのまゝ看逃がさるべきことであらうか？

司法當局者や刑事學者は屢々吾々に刑務施設の人道的改善が大に行はれてゐると敎へてくれる。成程豊多摩刑務所は立派であらう。小菅刑務所も東洋一であらう。しかし吾々の最も手近に數多く存在してゐる監獄——留置場——の現實はどうだ。又其所で與へてゐる取扱はどうだ。あれを改善せずに何所に刑務施設の人道的改善があるのだ。

近頃司法當局者はしきりに國家賠償法の立案を急ぎつゝあると傳へられてゐる。誠に結構である。そうして其案によると被勾留者が無罪になつた場合に對しても賠償を與へることにするとのことである。しかし世の中には刑事訴訟法によらないで殆ど何處合理的な理由もなしに不當拘留を受ける人が數多く存在してゐると云ふ事實に對して司法當局者はどう考へるのであらうか？　不當拘留の現狀をこのまゝに放置しながら不當勾留に對する賠償制度を樹立するやうなことをすれば、拘留處分の濫用は今より一層烈しくなるだけである。此事を考へたゞけでも國家賠償法を考案してゐる司法當局者が同時に不當拘留の問題を考へ留置場の設備其他拘留處分の實施方法を改善するやうに努力することは刻下の急務でなければならない。此際特に當局者の猛省を促す次第である。

先日乾新兵衛氏が勾留數日にして釋放された時、一人の新聞記者が態々來訪して私の感想を求めた。蓋し當時右の釋放を不當なりとする聲が多少世の中に聞えたからである。其時私は答へた。「現在此事件に於ける釋放が妥當であるかどうかは吾々局外者の知り得る所ではない。しかし苟も一應調べた上最早拘禁の必要なしと認めらるゝ場合には一刻も速に釋放すべきが當然である。君等は乾氏が意外に早く釋放されたのを不思議に思ふけれども、それは普通一般の被拘禁者が之れ程手際好く速に釋放されない爲めに起る疑念に過ぎない。從つて私としては此際乾氏に對する釋放處分の當否を問題とするよりは寧ろ一般被拘禁者の釋放を問題にしたい」と。私は乾氏の釋放を問題にする人に向つて尙一層の熱心を以て普通一般に行はれてゐる不當勾留乃至拘留處分の濫用を問題にされんことを希望して已まないものである。

二　都會生活と噪音防止法

最近或る新聞紙の報道によると、米國ニユーヨーク市に於ては法律を以て高音擴聲器の使用を禁止したとのことである。都會に於ける噪音防止が輿論の問題になつてゐる今日、吾國に於ても亦大に注目を要すべき事柄である。軒を列ねて大都市に生活する以上其所に田園生活に於けるが如き靜寂を求めむとするのは素より無理である。乍併現在の都市に於ては各個人の勝手な——都市生活を共同にする他人の利害を全然無視した——行動によつて必要以上の噪音が何等の節度もなしに濫りに發せられつゝある。殊にラジオ乃至蓄音器に依て無闇に高聲を發する擴聲器が時と所にお構ひなく使用せられつゝある現狀は吾人の到底默過し難い程甚しい不愉快を都會生活に與へつゝある。苟も都會生活を共にする以上之をして極力愉快ならしむることは都市生活者全體の責任でなければならない。個々人の利己心若くは不注意によつて故なく此愉快を奪はるゝことは都市それ自身の到底堪へ得る所でない。私は吾國に於ても今や法律を以て噪音を制限すべき時機が到來したやうに考へる。

三　勞働爭議と警察官

最近警察官の瀆職事件がしきりに問題となりつゝある。其中吾々の到底看過し難いものは某々警察署長が某會社の勞働爭議に關聯して會社側より賄賂を受けたと言ふ事件である。

勞働爭議は企業者と勞働者との間に行はるゝ交涉取引の一形式であつて、それ自身原則として全く私的のものである。法律が勞資の關係を契約自由の原則に放任してゐる以上、勞資の間に如何なる取引が行はれやうとも、それは全く當事者相互間の私事に過ぎない。然るに、現在吾國の警察は此事物當然の理を認めやうとしない。一度爭議起るや治安維持を名として多數の警官を派出し殆ど企業者の利益の爲めに勞働者を彈壓するが如き態度を示して恥ぢざるものは現在吾國警察の實狀である。かくの如くにして警察が企業者の爲めに不當に其利益を擁護するとき、企業者が何物かを以て之に報いんとするのは人情自然の傾向であつて、爭議に關聯する收賄事件は蓋し其端を茲に發するのである。私は警察當局者が此點に鑑みて速に彼等の爭議に對する態度を改めむことを希望してやまない。

四　巡査か警吏か

「巡査」の名稱を改めて「警吏」にしやうと言ふ企てがあると言ふ話である。嘗て「監獄」を改めて「刑務所」にしたと同じ程度の愚擧である。若しも「巡査」と言ふ名稱が巡査の威嚴に副はないと言ふ事實があるとすれば、それは巡査自身に實質上威嚴がないからであつて、「巡査」と言ふ文字に威嚴がないからではない。「巡査」なる名稱によつて吾々が感ずる所のものは現在實際に存在する巡査である。實際上の巡査が「巡査」なる名稱の內容を決してゐるのであつて、「巡査」なる名稱の故を以て巡査の內容がきまつてゐるのではない。「監獄」を「刑務所」に改めると一時は如何にも殘酷な感じがなくなるやうに見える。けれども同時に監獄の內容が改良されない限り、時の經過と共に嘗て吾々が「監獄」によつて感じたと同じものを「刑務所」によつて感ずるやうになる。これと同じやうに巡査の實質が變らない限り其名稱を如何樣に變へやうとも、頓て其新しい名稱が現在の巡査と同じ感じを與へるやうになる。巡査を改善せむとするならば直接其實質を改善すべきである。名は抑も末である。

法律時觀

一九三〇年一一月号（二巻一一号／通巻一一号）

一　勞働爭議調停法改正問題

勞働爭議の頻發するにつれて勞働爭議調停法の改正を主張する人々が漸次に增加しつゝある。そうして强制調停主義の適用範圍を擴大すべしとか、爭議豫防の方法を設くべしと言ふやうな議論をする人が少くない。けれども、現在のやうに勞資の關係が原則として自由に放任されてゐる以上、公益企業に於ては兎も角、其他の企業についてまで濫に强制調停を行はむとするのは不當である。勞働組合が充分に發達して調停手續上完全に其取引能力を發揮し得べき時機に至つてならば格別、現在のやうな實情の下に於て强制調停主義を私益企業にまで適用することは、勞働者の取引能力に對して不當の制限を加へるものと言はねばならない。

公益企業に關して爭議豫防の方法を設くべしとする議論は、無警告罷業を禁止し罷業の前に必ず一定の取引交渉を行はしむべきことを主張する限りに於て正しい。けれども、公益企業の故を以て其從業員から全然罷業權を奪ひ若くは之に對して過大の制限を加へむとするが如きは甚しい不當である。現在のやうに社會的分業從つて協働の關係が自由放任の基礎の上に置かれてゐる以上、會々公益企業の從業員のみから罷業權を奪ふべき理由は少しも存在しない。さもない限り、最も極端な場合を考へると公益企業の從業員は――强制徵兵に類似した――强制的方法によるの外之を得ることが出來ないやうになるだらう。此故に、彼等の爲めにも亦罷業權は勿論確保されねばならぬ。そうして別に途を設けて彼等に取引交渉の自由を許し、之によつて敢て罷業に至らずとも取引の目的を達し得るやうに仕向けてやる必要がある。

尙調停法改正問題に關聯して考ふべきは勞働爭議に對する官憲從來の態度である。爭議それ自身を犯罪視しサーベルの威力によつて爭議團を壓服し去らむとするが如き警察官憲の態度である。警察官憲が一面に於てかくの如き態度を示しつゝ、同時に他面に於て調停和解の役をつとめやうとしても、勞働者がそれを受け入れる筈がない。彼等から見れば警察官憲は明かに敵として振舞つてゐる。其敵の陣營に屬する人に公正なるべき調停を賴む氣にどうしてなれるものか。だから調停法が旨く運用されないことを嘆く人々はよろしく先づ警察官憲の爭議に對する態度を根本的に改むべきことを主張すべきである。

二　交通勞働者の勝利

多年の問題であつた電車汽車の運轉手機關手等の踏切に於ける殺傷事件に關して大審院は最近終に從來の態度を改めて極めて事情に適した新判決を下した。かくして多年技術的に不可能なことを責められて過失殺傷の汚名を着せられてゐた交通勞働者達は永年要望の目的を達して一安心することが出來るやうになつたのである。

大審院が企業者の責任と從業員のそれとを明瞭に分別し「若シ夫レ斯ノ如キ踏切ニ於テ本件ノ如キ慘事ヲ生ゼシメタル場合其ノ踏切ニ番人ヲ置カズ自働警報機ヲ設備セザリシ等危險防止ニ關スル保安設備ヲ爲サゞリシ電氣鐵道事業經營者ニ如何ナル責任ヲ生ズベキヤハ自ラ別箇ノ問題タルベキノミ」と說き、從業者に對しては唯彼等が人間として爲し得べきことのみを責任として要求するの態度を執るに至つたことは、此種の問題に對する裁判所の態度として極めて正當である。

私は交通事故に關する判例が今回の例に倣つて今後逐次に改正されむことを希望して已まないものである。

法律時観

一九三〇年一二月号（二巻一二号／通巻一二号）

一　裁判官の威嚴と辯護士の責任

職務に熱心な辯護士が依頼人の利益を擁護する爲めに色々の術策をめぐらすのは當然である。けれども、辯護士の職責は單に依頼人の利益を擁護することのみに止らずして、司法制度の圓滿なる運行發達に助成することも亦極めて重要な職責であることを忘れてはならない。依頼人の利益擁護にのみ熱中して濫りに裁判官の威嚴を傷け司法の公正を疑ふが如き態度を示すことは辯護士として最も愼まねばならぬ事柄である。此意味に於て私は過日小川平吉被告事件の公判に際して某々辯護士等の示した態度を甚だ遺憾なりとするものである。

二　裁判官の手不足

某新聞紙上に立石東京區裁判所監督判事の述べてゐる所によると「昨年九月末現在と本年度の九月末現在とを比較しますと何れの事件も其數は昨年度の凡そ倍に増加してゐます（中略）、判事一人當り常に手元にある事件の數は民事四百件、刑事は七八十件位で然も毎年増加する一方です云々」とある。裁判所殊に東京大阪の如き大都市に於ける下級裁判所が非常に多忙であつて、明敏な若手判事を以てするも尙容易に手が廻はり兼ねると言ふことは從來吾々の屢々耳にした所であるが、今立石監督判事の述べて居られる所を聞くと狀態は益々惡くなりつゝあるやうである。此事は獨り裁判事務の澁滯を來たし訴訟遲延の原因を成すのみならず、訴訟の取扱を形式的ならしめるものであつて、司法制度の健實なる運用を期する上から考へて甚だ寒心すべき事柄であると言はねばならない。

無論、其原因の一は現在の司法事務が濫りに繁雜に出來てゐて考へ方によつては作製せずともい丶書類を無暗に作製することにあるのであつて、此點の事務簡捷を行ひさへすれば可成りの程度まで救治の目的を達し得ると考へられるけれども、それより一層重要な救濟策として、一には司法官を增員すること、二には簡易裁判所を設置すること等が速に實施されねばならぬ。司法當局者の三思を促す次第である。

三　社會立法の停頓

「救護法」の實施を急ぐべきことは今や天下を擧げての輿論である。然るに政府は財源難を口實として容易に之を取り上げやうともしない。徒に與黨の「公約」なるものに捉はるゝを已めよ。雀の涙程の申譯的減稅によつて國民の減稅要望に答へ得べしと考ふるが如きは甚しき錯誤である。財政上多少とも餘裕があるのであれば、先づ救はるべきものは窮民でなければならない。今にして逡巡躊躇すべき理由が果して何所にあるのか?大に社會政策を行ふべきことを公約した政黨よ、先づ社會政策のイロハたる貧民法を實施せよ。

勞働者災害扶助法案がどうやら次の議會に提案されそうであり、又どうやら通過の見込みがありそうに豫想されることは非常に喜ばしい。それにしても、小作法案はどうなるのか、勞働組合法案はどうなるのか、社會立法の前途は暗澹として極めて悲觀すべき狀態にある。

一九三一（昭和六）年

法律時観

一九三一年一月号（三巻一号／通巻一三号）

一　身元保證人と敷金

身元保證人と敷金とは吾國獨特の擔保制度として法律上幾多の難問を惹起する厄介な制度である。恐らく將來に於ては、身元保證人制度は信用保險によつて代替されるに違ひない。又敷金制度は恐らく借賃前拂によつて入れ替へられるやうに豫想される。けれどもそれまでの間此等の制度は今後も尙幾多の難問を發生せしめつゝ存續するであらう。然るに現在吾々は未だ此等に關して成文法をもつてゐない。それが爲め、社會も裁判所も屢々面倒な問題に逢着する。

最近大阪毎日新聞（昭和五年十一月廿八日號）は、大阪地方裁判所が「被保證人が雇傭後長年月を經て高級の地位に榮轉した以後に於ては、最早身元保證人に其義務がない、何故なれば彼が其地位に榮轉するに至つたのは身元保證が存在する爲めではなくして、雇主が彼に信頼した結果に外ならないから云々」と判示したことを報道して「銀行會社への一警鐘」なりと言つてゐる。此機會に於て、吾々は嘗て上畠代議士によつて屢々衆議院に身元保證に關する法律案の提案されたことを想ひ起す。そうして司法當局者が進んで此種制度に關する法律の制定に努力せむことを希望して已まないものである。

二　「資本家及び地主の政府」

左翼の社會運動者は現政府を批評して「資本家及び地主の政府」だと言ふ。そうして政府自らはかく批評されることを非常に嫌つてゐる。公開の演說會でそんなことを言はうものなら直に「中止」を喰ふ程である。

しかし、現在の實際は果してどうか？　政府は勞働組合法案の提案に躊躇し、小作法案の提案に躊躇するのみならず、救護法をすら實施する勇氣をもたない。それにも拘らず抵當證券法案その他資本家的法案はドシ〳〵提案されそうな情勢である。

政府は口に「資本家及び地主の政府」と批評されることを嫌ひつゝ行に於て正に「資本家及び地主の政府」らしく立派に振舞つてゐる。

三　勞働者災害扶助責任保險法案と商工省の反對

勞働者災害扶助法案は勞働者災害扶助責任保險法案と不可分の關係をもつてゐる。後者があればこそ政府は前者を提案する勇氣をもち、關係當業者も其提案に賛成してゐるのである。

然るに、新聞紙の傳ふる所によると、商工省は保險業者の「繩張り」を保護する目的を以て、此保險が國家によつて經營されることに反對してゐるとのことである。

私は理論として必ずしも此種保險の民營を不可なりとするものではない。けれども、差當りの問題として如何なる營利會社が此の保險を引受けやうとしてゐるのか？商工省は唯將來の爲め保險業者の爲めに其の「繩張り」を保護せむとしてゐるのではあるまいか？吾々はそんな將來のことを考へてゐるのではない。土木運輸等の勞働者は今日にも明日にも災害扶助を要求してゐる。保險が國營たると民營たるとは彼等の問ふ所ではない。事が速に實施されさへすればいゝのだ。國營保險を條件として關係當業者も亦災害扶助法案の提案に賛成してゐる今日、單に保險業者の「縄張り」を保護する目的から、國營保險に反對し、從つて扶助法案それ自身の實施を妨げやうとしてゐる商工省當局者よ。何故に君等には事の輕重と緩急とが解らないのか？切に君等の猛者《ママ》を促す次第である。

法律時觀

一九三一年二月号（三巻二号／通巻一四号）

一　帝國議會の能率

首相代理を以て議會に臨むのが憲政の精神に反するとか反しないとか言ふやうな形式的な議論が國民生活の何所に關係があるのか？　そんな議論を上下してさなきだに短い大事な會期を空費する政黨政治家等よ！君等のそうした行動こそ立憲政治の一般的不信用を原因するものに外ならない。國民は一般的にもつと實質的な政治を要求してゐるのだ。

二　農業團體の整理

新聞紙は、農林當局者が現在全國の農村に君臨してゐる農會其他の公的農業團體の調査を完了し、之を基礎として其整理問題を考究中である、と傳へてゐる。言ふまでもなく、現在農村に於ける公共生活の關係を規律する基本的制度は町村制である。然るに、町村制の規定する所は專ら町村に於ける政治であつて、直接町村民の經濟生活に觸れてゐない。それが爲め現在彼等の經濟生活に於ける協同關係は農會・各種の產業組合・同業組合等無數の農業團體によつて統制されて居り、そうして其等の團體相互間及び之と町村との間には合理的な調和關係が成り立つてゐない。各團體に關係ある當局者はそれ〴〵自己の立場から勝手な注文を出す。そうして農村人は其注文に應ずる爲め已むなく重複した費用の負擔に服しつゝある。此の重複した關係を整理することは農村生活の合理化を計るについて最も大切な事柄であつて、農林當局者が之に向つて調査を進めたことは——農業恐慌の折柄殊に——時宜に適してゐると言ふことが出來る。

唯此仕事の成功を圖るについて豫め覺悟してかゝらねばならない障害が二つある。其一は、內務當局者と農林當局者との間の權限爭議及び農林省內各課局、相互間の權限爭議である。現在互に重複しつゝ混亂して農村に君臨してゐる町村其他の團體はすべてそれ〴〵主管の當局を後立てとして成り立つてゐる。從つてそれ等の團體の整理問題は必然各種主管當局者の官僚的繩張りの整理に關係する。此故に、各主管の當局が此種繩張りの根本的整理を斷行する勇氣を持ち合はさない限り、整理事業の十分な成功は到底之を期待し難いのである。其二は各種農業團體の幹部と政黨との關係である。從來農村に存在する各種の公共的團體の幹部たる地位は農村人中の野心家に對して有形無形の滿足を與へ得べき性質をもつてゐる。此故に、農村政治家等は此等野心家の要求に應ずる爲め——內心不合理とは知りつゝも——暗に極力多種類の公共的團體の存在を希望してゐるのである。而して此幹部たる地位の振り當てが正に彼等政治家等の地盤涵養に利用されてゐるのである。此故に、農業團體の整理を斷行せむとする政府當局者は內に於て各課局相互間の權限爭議を裁定除去をするの覺悟を要すると同時に、外此等の政治家等と戰ふべき固き決心を必要とする。さもない限り、一見甚だ容易なるが如くに見へる此仕事も到底其目的を達し得ないであらう。

法律時観

一九三一年三月号（三巻三号／通巻一五号）

一　共濟組合法制定の必要

東京市電氣局の共濟組合に於ける不正事件が發見されて刑事上の問題が起らうとしてゐる。不正事件は勿論專ら人の問題であつて、如何に制度を完全にしても當事者に其人を得ざる限り、不正を防止し得ざるは素より言ふを俟たない。けれども同時に制度の不備が不正行爲發生の誘因となり得ることも亦明かである。

現在吾國には國有鐵道共濟組合以下多數の官業共濟組合があつて極めて大規模に從業員の共濟事業を經營しつゝある又東京其他全國大都市の公營事業に就ても數多くの共濟組合があり、其他私營事業にして共濟組合を設くるものも亦極めて多數に昇つてゐる。此等の共濟組合は多く組合員の共同出資及び事業主の補助金によつて組合員の爲めに各種の共濟事業を營むものであつて、健康保險法の實施以來多くは之によつて事業の一部を奪はれたけれどものも今尚極めて廣汎なる事業を行ひ、從つて巨額の資金を動かしつゝあるものが少くない。然るに現在此等の組合は事實上當該事業に於ける――共濟事業に關する限りの――特別會計に過ぎないのであつて、法律上事業と獨立した何等の確固たる法律的地位（法人格）を與へられてゐない爲め、事業の都合によつて直に共濟組合の利益を犯すことが容易である。加之現に行ひつゝある共濟事業の種類內容の適否、其實施の可否等に付いても何等の監督制度なく、凡ては唯各事業主の爲すが儘に放任されてゐる。勿論中には現業委員會等を設けて多少內部的監督の實を擧げてゐるものもあるけれども、それすら實質的には餘り多くの效果を擧げてゐない。

共濟組合は事業主にとつても重要な關係であるから、事業主が其管理に干與することを希望するのは尤もである。けれども共濟組合は畢竟從業員相互の共濟を目的とする組合でなければならない。事業主が補助金を出してゐる場合に於ても、組合の經營は全然事業主の事業經營から分離される必要がある。又共濟事業の內容に對しても、恰も現に工場が就業規則に對する監督を規定してゐると同じやうに、又健康保險組合に關して一定の法規が設けられてゐるのと同じやうに、一定の法律的規律を與へて其內容を健實且有效ならしめる必要がある。私は此意味に於て近き將來共濟組合法の制定されむことを希望して已まない。

二　大審院判と新聞紙

大審院の新判例が新聞紙上に公表されることは昨年此方特に顯著な傾向である。而して此傾向を吾々は甚だ喜ぶべきものだと思ふ。何故なれば、法律命令が制度上公布されることになつてゐる以上、同じく或意味に於て法律規範を創設する判例が國民に公示されねばならないのは理の當然だからである。

しかし、此傾向を喜ぶ吾々は直に其同じ理由から現在新聞紙が新判例を社會記事の內に取扱つてゐる其態度に對して抗議を申込みたい。何故なれば、それ等の記事は殆ど例外なく新判例の眞の意義を明かにしてゐない、新判例の意義は舊判例の如何なるものであつたかを明にするによつてのみ之を理解し得る、然るに、それ等の記事はその點に付いて何等の說明をも與へてゐないからである。事柄を社會面に於て取扱ふのはよろしい。けれども、これを社會面に於て取扱へば取扱ふ程、新判例の社會的意義を一般人に理解し得るやうに說明する必要がある。然るに從來此種の記事を見ると記者自らが判例の眞意義を理解してゐないやうにさへ思はれる場合が多い。彼等の記事が單に不得要領であるのみならず、時には反つて誤解を招き易い內容をもつてゐる。吾々は新聞記者諸君に對して此點に關する一層の努力を希望してやまないものである。

三　陪審制の不人氣

新聞紙は陪審制の不人氣を傳へつつある。初めから此事あるを期待した吾々は今更驚くべき何物をも持たない。陪審制は元來ブルジョア・デモクラシー創設の初期に於て要求せられ、從つて其時期に於てのみ社會的意義をもつた制度である。それを今日デモクラシーそれ自身の價値さへ疑はれてゐる現代に新に行はうとするとそれ自身が時代錯誤である。社會は陪審制から何等特別の利益を期待し得ない。その不人氣たる蓋し當然なりと言はねばならない。

法律時觀

一九三一年四月号（三巻四号／通巻一六号）

一　議會會期を延長すべし

議會の會期を延長すべしとする主張は今や世間一般に通ずる輿論である。

議會をして其政治的作用を充分に發揮せしめ、眞に立憲的に活動せしむるが爲めには、少くとも會期の延長が絶對に必要である。

政府はとかく會期の短いのを利用して唯々議會を切り拔けるだけの努力をし勝ちである。又各種の政黨會派も會期の短いのを利用して所謂握り潰しの方策を用ゐ、以て議案に對する自己の立場を曖昧にして議場に於ける彼等の言動に對する責任を回避しやうとする。かくの如くにしてどうしてか能く責任ある立憲政治の實を擧げることが出來やう。

世間には會期のことが憲法に規定されてゐるの故を以て其改定に反對するものが少くない。國家の根本法たる憲法の濫りに「紛更」すべからざること素よりであるけれども、會期の如き寧ろ技術的性質を有するに過ぎない條項——而かもそれが憲政の運用に著しい障害を與へてゐること明白なる今日に於て——其改定を躊躇すべき理由は少しもない。憲法發布勅語に於ても「將來若此ノ憲法ノ或ル條章ヲ改定スルノ必要ナル時宜ヲ見ルニ至ラバ朕及朕ガ繼統ノ子孫ハ發議ノ權ヲ執リ之ヲ議會ニ付シ議會ハ此ノ憲法ニ定メタル件ニ依リ之ヲ議決ス」べきことが宣明されてゐるではないか。眞に責任ある憲政の實現に努力すべき政治家等はよろしく此際速に會期延長の實現を計ることに努力すべきである。

二　入營者職業保障法案

入營の爲めに壯丁が失業することは强制徵兵制度の實施上最も悲しむべき事柄である。此意味に於て今回入營者職業保障法案の提案を見たことは甚だ喜ばしい。

但し此種の法律は初めから資本主義經濟組織の自然的要求に反するから、例へば除隊者の爲めに再雇傭を保障することのみに專念すると、企業者が動ともすれば初めから兵役に關係ある者の雇入を避ける傾向を示すのは當然であつて、法律所期の實果を收めることは比較的困難である。法案第一條のみを以て容易に其目的を達し得べしと考へるのは餘りに輕卒である。

三　違警罪卽決例及び行政執行法の改正

不當拘留の弊を矯める目的を以て違警罪卽決例及び行政執行法の一部改正が提案されたことは甚だ時宜に適して

居る。

現在警察署に於ける不當拘留の弊甚しきは顯著なる事實であつて、吾吾も亦屢々其矯正の急務なることを主張した。幸に今囘の改正案が通過して多少とも矯正の實を擧げ得るならば國民自由權の確保上非常に喜ばしい。けれども、犯罪捜査の目的乃至は社會運動鎭壓の自由を以て不定の理由を以て拘留處分を濫用する從來警察官の慣行を根本的に排除する爲めには更に別段の用意と覺悟とを要すること勿論である。

四　社會政策と經濟恐慌

經濟恐慌の今日社會政策的立法を試みて此上とも資本家地主の立場を苦しくするのは怪しからぬとか、財政困難なるが故に到底充分に社會政策を行ひ得ないとか言ふやうなことが、政治家や資本家地主等によつてしきりに唱へられつゝある。

社會政策なるものが眞に無産階級の利益の爲めに行はれるものだとすれば、現在の如き經濟恐慌の際にこそ最も多く社會政策の必要がある譯である。何故なれば此際にこそ無産者の受難は最も尖鋭化して最も救濟を要すべき狀態を現出するからである。然るに現在の資本主義的政治は此最も社會政策を必要とすべき時機に於て最も之を實現すべき力を缺いでゐる。資本主義そのもの、矛盾でなくて何であらう。

世の中の評論家も徒らに人道主義的の空論を放送するのをやめて欲しい。諸君はよろしくもつと深く考へて資本主義そのもの、矛盾に着眼すべきである。一國の資本主義はその國の實現し得べき社會政策の最大限を規定する。殊に吾國の如く、片植民地的な劣惡勞働條件に依つて僅に繁榮をかち得た資本主義は、如何に人道主義者等が大聲叱咤しやうとも極めて狹い局限以上に社會政策の實現を許す筈がないのである。

五　區裁判所の事務取扱停止

政府は財政難の故を以て全國に亘つて一時に六十有餘の區裁判所に於ける事務取扱を停止しやうとしてゐる。司法當局者は其法律的根據を裁判所構成法第十三條第二項に求めてゐるが、同規定は果してそれ程長期に亘る事務取扱の停止を豫定した規定であらうか、吾々は先づ其の解釋を疑ふ。若しも各時々の政府が財政難の故を以て各財政年度毎に或る區裁判所の事務取扱を停止し得るとすれば、結局裁判所構成法第四條が裁判所の廢止は法律を以て定むべきものとしてゐる精神は事實上無視されること丶ならざるを得ない。之を實質的に考へても事實上區裁判所を奪はるゝによつて各地方人民の蒙るべき迷惑は非常なものであらう。訴訟の簡易化が輿論一般の要望となつてゐる今日、全くそれに逆行する處置と評するの外ない。殊に傳ふる所によれば、司法當局者が此處置を巳むなくせしめられた根本的原因は、不動產抵當證劵法實施に要すべき費用を捻出する必要に迫られたことにあると言はれて居る。果して眞なりとせば、此所でも亦政府は金融業者救濟の爲め一般人民の利益を犧牲とするの暴擧を企てつゝあるものと評するの外ない。

法律時観

一九三一年五月号（三巻五号／通巻一七号）

法曹大會開催の提唱

今は春季休業中である。學内は一般に殆ど學生の影を見ない程淋れてゐる。然るに吾々法學部の教室は全國から集まつた多數の醫學者に占領されて時ならぬ賑わひを呈してゐる。全國醫學大會が今此所に開かれてゐるのである。

私は此大會が賑かに盛に行はれてゐるのを見る度毎に心から羨しさを感ずる。そうして私の心は吾々法律家も亦同じやうな大會を持ちたいと言ふ念願に燃え上るのである。

私は學問的及び實際的の二種の理由から法曹大會の絶對的必要を確信する。凡そ或る學問が立派に發達する爲めには其學問にたづさはる學者すべての協働を必要とする。そうして學者が互に智識を交換し互に意見を戰はせることが最も良い協働方法である。然るに從來吾國の法律家は多く自己の城砦に立籠つて人と共に協働するの風が少ない。成程法律雜誌は數多く存在する。しかしながら雜誌による協働は間接的であるのみならず又非組織的である。どうしても多數一堂に會し一定の題目を中心として討論する等一定の組織の下に直接的協働を行はねばならない。かくすることによつて吾々は自己の意見を親しく他人の理解に訴へることが出來る、又親しく他人の意見を聽いて正當に之を理解することが出來る。眞の協働は唯此方法によつてのみ行はれ得るのである。最近法學界に於ても共同研究を目的とする多數の會合が生まれた。東京帝國大學の中だけでも民事法判研究會及び公法研究會の二があつて、それ〴〵良い能率を以て共同研究の實を擧げてゐる。其他學外にも破產法研究會その他多數の會合が存在して居る。一度此種の會合に列席して協働された人々は恐らく何人も共同研究以外の方法では到底得られない貴重なる或物が之によつて與へられることを感知されたに違ひない。私は此體驗から推して更に大規模なる全國的共同研究の必要を痛感するのである。私は先日從來唯雜誌の上だけの知人であつた或大學教授の訪問を受けた。學問上のことについて話し合つた時間は一時間にも足らない短いものであつたにも拘らず、私は之によつて其教授が從來書かれたものの或物について容易に正しい理解を與へられた、又私の書いたものについて教授がどう言ふ理解と評價とをもつてゐるかを知ることが出來た。此短時間の話し合ひが私に與へた異常な學問的感激はどうしても私をして法曹大會の必要を叫ばしめねば已まないのである。

次に私は實際的の理由から法曹大會の必要を提唱したい。吾國從來の立法は輿論の批評と隔離されて行はるゝを通例とし、又權威ある批評を加ふべき輿論が構成されるやうな仕組みが全く存在しない。帝國議會は政權爭奪に專念する闘爭場化して政府提出の法律案に對して權威ある實質的な批判を加へることが出來ないのみならず、自ら適時に必要なる法案を提出して之を通過させる能力も持たない。其結果政府の手で組織された各種立法委員會によつて起草された法律案は、多く輿論の批評を受けることもなく又輿論の支持を受けることもなしに、議會に提出される。そうしてそれは殆ど何等實質的の檢討を受くることなしに專ら政治的取引の對象物となつて或はそのまゝ通過し或は否決若くは審議未了の悲運に陷る。此弊風を矯正する爲めには眞に權威ある法律家的輿論を全國的に結成すべき一定の組織を必要とする。政府の提出せむとする重要なる法律案はよろしく其輿論によつて批判せらるべく又よろしく其輿論の支持によつて議會に提出せらるべきである。又其輿論は自ら或立法の必要を提唱して當局者を鞭韃し以て其實現を期すべきである。私は此全國的な法律家的輿論を結成すべき最も有力なる組織として法曹大會の成立を希望する。すべての重要なる法律問題は必ず此大會に於て討論されねばならない。そうしてそれに關して自ら權威ある輿論を生まれしめねばならない。其時こそ吾國の立法事業が官僚及び職業的政治家等の壟斷を免れて一般國民の手に移される時である。私は法曹大會が一面學問的に多大の功績を擧げるであらうことを確信すると同時に、此實際的作用が恐らく極めて有力有益なものとして働くであろうことを信じて疑はざるものである。

法律時觀

一九三一年六月号（三巻六号／通巻一八号）

一　司法行政の根本的整理

司法行政を根本的に整理する爲めには、司法省を廢止すると同時に、檢察機關及び裁判機關の獨立を計ることが最も必要である。又現在の法制局官制を根本的に改正して之を各省共同の立法準備機關たらしめることが必要である。

現在司法省には民事・刑事及び行刑の三局が置かれてゐる。そうして裁判所及び檢事局は實質上司法大臣の監督下に置かれてゐる。しかし司法權の徹底的獨立を計るが爲めには裁判所及び檢事局をそれ〴〵獨立の自治的機關たらしめることが必要である。大審院長を首長として全國の司法事務を統一的に掌るべき司法行政機關を作るべきである。そうして判事其他司法關係官吏の任免其他從來民事局の掌つて來た事務の全部及び刑事局の掌つてゐた事務の一部を此機關に移管すべきである。又檢察機關の獨立を計つて、一面司法警察事務を之に移管すると同時に、檢事の任免、其他從來刑事局及び行刑局に於て掌つてゐた事務を之に移管すべきである。

そうして立法事務はすべて改革せられたる法制局に統一して、之を關係各省の共同合議に委ぬべきである。元來立法事務には實質的內容を決定する部分と其法律的形式を決定する技術的部分とがある。然るに從來其技術的部分を法制局乃至司法省の專門のやうに考へて、すべての立法は一應司法省殊に法制局の手を經なければ出來得ないやうに萬事が仕組まれてゐる。それが爲め法律の起案が無用に多くの時間と勞力とを要求するの弊あるは今日萬人の均しく認むる所である。無論立法全體が內容的にも又技術的にも矛盾なく統一的に行はれることは望ましいけれども、其目的は關係各官廳の合議によつて容易に之を達することが出來る。現在のやうに、司法省乃至法制局の當局を如何にも立法の特別な專門家であるやうに振舞はせることは絕對に必要なきのみならず、寧ろ立法事務の迅速且自由なる動きを妨害するものと言はねばならない。

立法準備の事務は寧ろ之を貴衆兩院の事務局に關係せしむべきである。其所に完全なる圖書館とアルヒーフとを設けて、官廳の立法事務に便宜を與ふると同時に、議員殊に在野議員の立法準備に對しても同樣の便宜を與ふべきである。立法準備事務の官僚化及び停頓は專ら此點の用意が缺けてゐることに由來してゐる。行政整理問題が一般に論議されてゐる今日、司法行政に關して此程度の徹底的整理が實行されることを吾々は心より希望してやまないものである。

二　法律雜誌を整理せよ

殆どあらゆる法律經濟關係の大學乃至專門學校がそれぞ〳〵機關雜誌的色采をもつた法律乃至經濟雜誌を出してゐる。每月此多數の雜誌が机上に積み上げられるのを見る度每に、私は一面文運の盛なるを慶賀すると同時に、事が如何に雜誌が非能率的に取扱はれてゐるかを見出して啞然たらざるを得ない。

個々の大學を中心として學術雜誌を出す例は之を外國にも見出すことが出來る。又同じ專門に關して二種以上の雜誌が出てゐる例も決して少くはない。しかし法律政治經濟をゴッタにして各學校がそれ〳〵機關雜誌風の學術雜誌をこれ程澤山に出してゐる例が果して他國にあるであらうか。吾々は之が爲めに、自分一個の專門に關する新しい論文を一通り見るだけの爲めに、實に澤山の雜誌を見る必要がある。餘程氣をつけてさへ重要な論文を見落すことがあり得る。かくの如き現狀は果して吾々學界の爲めに喜ぶべき現象であらうか？

法律全般に關する雜誌乃至新聞の存在は無論いゝ。しかし民法商法刑法憲法行政法法理學等法律學の各部門がそれ〲専門の雜誌をもち、全國の其專門に關係ある學者乃至實際家が協力し且論爭する機關が設けられたならば、各專門の研究者にとつてどれ程便利であらうか。各學校每に割據してそれ〲ゴモクメシ的な雜誌を出してゐる現狀に比べて、如何にそれが學術的であり且能率的であるかを考へて見ると、吾々は茲に僣越ながら「法律雜誌を整理せよ」と言ふ叫聲を聲高らかに發せざるを得ない。

前號に於て法曹大會の開催を提唱した吾々は、茲に又其前提として各專門の學者等が少くとも雜誌を通して全國的に協働するの機會をもたねばならぬことを心より提唱するものである。

法律時觀

一九三一年七月号（三巻七号／通巻一九号）

一　國家試驗の試驗科目

今年度の高等試驗が近く始まらうとしてゐる。高等試驗の試驗科目は主として法科的學科から成り立つてゐるけれども、昭和四年以來は二科目まで哲學概論・倫理學・論理學・心理學・社會學・國史・國文及漢文等文科的科目を選擇し得ることになつて今日に及んでゐる。此改正は所謂法科萬能を非難する世論に促されて實現されたものであるが、私は此改正の當否に對して初めから深い疑ひを抱いてゐる。

元來所謂法科萬能なる非難は決して官吏一般が文科的學科に關する智識を缺いてゐることの爲めに起つた非難ではない。實を言ふと從來官制の關係上法科出身者は官吏として比較的榮進容易なるに拘らず、理工科乃至文科の出身者の昇進が比較的困難であつたことが此種の非難の惹起した最大の原因である。それならば、官制俸給令等を改正して事務官と技術官との區別を明瞭にし、技術官には專ら理工科乃至文科出身者を任用すると同時に彼等に對して——局長等高級の事務官的地位につかずとも——官等俸給等について一般事務官と同等の待遇を受け得るやうにすればいゝ譯である。然るに從來技術官の官吏として昇進し得べき範圍は著しく局限されてゐる。偶々技術出身者が高級官吏になるが爲めには彼等としては寧ろ不適任な事務官的地位に就かねばならないやうな極めて不合理なことが行はれてゐる。技術官は技術官として——局長課長の如き事務官的地位に就かずとも——官等俸給等について事務官同樣の待遇を受け得るやうにしさへすれば、かくの如き不合理を行はずに事が濟むのである。而かもかくの如き不合理を行ふの外なき所に抑も法科萬能の非難を惹起すべき根本的病源が伏在するのである。

抑も近代的デモクラシー國家と法學的に鍛錬された官僚とは離るべからざる密接の關係を有すのである。專制君主は神權を背景とするによつて能く其權威を保持し得るから——例へばフリードリッヒ大王の場合の如く——彼等は一般に法律家によつて形式的制肘を受けることを好まなかつた。之に反して「人」に依る「人」の支配を基調とするデモクラシー國家は「法律に依る公平」によつてのみ能く其權威と信用とを保持し得る。一面に於て法律は國民總意の表現なるが故にそれ自身必然に正義たることを主張すると同時に其法律を基準として公平なる政治を行ふことがデモクラシー國家が其權威を保持する唯一の途である。此故に、近代的國家と法學的形式主義とは離るべからざるものであり、法學的に鍛錬された官僚は近代的國家の支配者にとつて必要缺くべからざる武器であり機關手である。此故に、法科出身者が近代的國家の官僚として適任者たるは事物の性質上當然の事柄であつて、此事こそ法科出身者が一般に官吏として最も歡迎される最大の原因である。そうだとすれば、事務官の採用に當つて專ら法科的科目の試験を行ふのは寧ろ當然でなければならない。此種の試驗に於て法科的試驗科目を必要以上に減少しつゝ、事物の性質上寧ろ不必要なる文科的科目を加へむとするが如きは、近代的國家に於ける官僚の性質を正當に理解せざるが爲めに起る俗論であつて、吾人の到底賛同し得ざる所である。無論私と雖も一般官吏には文科的學科に關する常識が全然不必要だと言ふのではない。望み得べくんば彼等も亦文科的學科は勿論理工科的學科についても常識をもつてゐることが望ましい。しかしそれよりも大事なことは彼等が法學的に充分の鍛錬を受けてゐることでなければならない。

以上一般の行政的事務官について言つたことは尙一層の强さを以て司法官に當てはめることが出來る。司法官は事務官と言はむよりは寧ろ法律的技術官である。彼等が極度にまで法學的に鍛錬されたものでなければならないのは理の當然である。然るに現行の試驗令は必須科目として僅に憲法・民法・商法・刑法・民事訴訟法又は刑事訴訟法の五科目を要求するに過ぎない。民事訴訟法と刑事訴訟法とを選擇せしめて其一を受驗しさへすればいゝことにしてゐることそれ自身既に不合理である上に、此等の必須科目以外哲學概論其他文科的學科二科目を選擇受驗するによつて司法官たるの資格ありとするが如き吾人の到底理解し難き不合理である。

高等試驗一般に亘つて試驗科目を根本的に改正せよ。少くとも司法科試驗に付いては一日も速かに根本的改正を斷行せよ。吾々國民は現在行はれつゝあるが如き不完全な試驗によつて試驗された司法官によつて裁判を受けることを甚だ迷惑とするものである。

二　判事減俸問題

減俸問題は實際問題として今や殆ど落着解決した。しかし吾吾法學者にとつて、理論上尙大に考慮を要すべき幾多の問題が殘されてゐる。就中判事の減俸に關する裁判所構成法第七十三條の解釋問題は最も重要である。

政府は司法官の主張に屈して判事の減俸は裁判所構成法の解釋上法律によつてのみ行ひ得べしとする見解に從つ

たのであるが、此見解は果して正當であらうか。學者中美濃部博士は終始此見解を支持されたのであるが、裁判所構成法第七十三條の背後に横はる政治的精神を考へて見ると、吾々はどうしても同條は唯個々の判事に對する個別的減俸を禁じてゐるものと解するの外ない。同條は個々の判事に對する行政的壓迫が司法の不公正を惹起すべきことを恐れて設けられたもので、判事一般に對して特に優越的地位を保障する目的を以て設けられたものではない。此事は同條が減俸と轉官轉所停職免職とを同列に置いて規定してゐることだけからでも容易に之を推知し得るのであつて、吾々にはどうしても反對論の合理的根據を理解することが出來ない。

法律時観

一九三一年八月号（三巻八号／通巻二〇号）

一　六踏園事件

伊豆大島の感化院六踏園に於ける收容少年の暴行事件は近頃甚だ悲しむべき出來事である。六踏園そのもの、具體的内容に付いて精確な智識をもたない吾吾は事件そのものに對して具體的な批評を加へることを差し控へたい。しかしながら吾々は此一事件を通してでも、吾國の感化事業敎化事業等が其表に標榜し又制度として期待する所に比べて如何に其實質の伴はないものであるかを察知することが出來る。而して吾々は感化法少年法其他各種の法令を制定して制度の形式を整へることに熱心な國家が充分の國費を出して制度の實施を實質的に確保する用意を缺いてゐることに其最も重要な原因が存するものと考へたいのである。

事件後少年等によつて提出されたと傳へられる嘆願條項が何の程度まで眞實に合致してゐるかは吾々之を知らない。しかし雨天の日にも三食食はしてくれとか、も少し學課時間を增してくれとか言ふやうな可憐な嘆願の提出を受けねばならないやうな感化團體に少年を預けるの外、自ら感化の實務に當り得ない國家は刑罰を以て暴行少年に臨む前に先づ自ら反省してい〻のではあるまいか。成程國立感化院の設備もある。しかしそれが如何に內容的に貧弱なものであるかは世上周知の事實である。私は獨り感化事業についてのみ之を言ふのではない。社會事業一般に亘つて徒らに形式を整へることのみに專念する政府當局者及び社會事業の如き政黨的利害に關係なき事業に費用を出し惜む所謂政治家等が、社會事業の實質を充實せしむることに對して甚だ熱心を缺いてゐる現狀を私は一般的に非難すると同時に、今回の不祥事件を機會に彼等の猛省を要求する次第である。

現在政府は少年保護制度の確立を企て、事を社會事業調査會に諮問してゐる。政府當局者が此點に付いて制度の確立を企て〻ゐることそれ自身を心より喜ぶ吾々は、此處でも亦事の實質が制度の形式に伴はない弊害を生ずるのではないか、このことを心より恐れ憂ひてゐる。

二　勞働協約の效力に關する新判例

工場主が職工と締結した勞働協約は其後に雇はれたる職工に對しても效力を有すること勞働協約の規範的性質上當然であつて勞働法學上の通說はすべて此理を認めてゐる。しかし此理を吾國の裁判所が實際に認めたのは恐らく京都の近藤友仙工場從業員十二名より工場主を相手方として提起した給料並解雇手當請求の訴に對する昭和五年十二月二十六日の京都地方裁判所判決を以て最初の例とするであらう。

同裁判所は、被告が「契約當事者以外ノ者モ後ニ被告ニ雇傭セラルル事ニ依リテ右契約上ノ權利ヲ取得スト爲スハ契約理論ニ反ス」と抗辯してゐるのに對して

「右契約ハ單ニ其ノ當時被告工場ニ在勤セシ各個ノ職工ヲ其ノ契約ノ相手方ト爲シタルモノニ非ズシテ、寧ロ

被告工場職工ヲ一團トシタル職工團體ヲ契約ノ相手方ト爲シタル一種ノ勞働協約ト看ルベキモノニシテ、其ノ利益ヲ享受スルハ獨リ其ノ當時在勤ノ職工ノミニ止マラズ、爾後被告ニ雇ハレ被告工場ニ於テ勞働スルモノハ、右契約ニ基ク解雇手當制度ノ廢止セラレザル限、其雇ハルルト同時ニ被告工場ノ職工團ノ一員トシテ右制度ノ利益ヲ享受スベキ趣旨ナリ云々」

と判示した。明に勞働協約の規範的性質を認めて、苟も協約規範の適用範圍に入り來たりたる者は協約締結後に雇はれたるものと雖もすべて協約の適用を受くべき理を明かにしたものである（勞働時報六年六月號參照）。

此事件は目下大阪控訴院に繫屬中であるが、勞働協約法に關する理論上及び實際上極めて重要な價値を有するものとして、吾人は其成り行き如何に對して多大の注意を拂ひつゝある。

法律時観

一九三一年九月号（三巻九号／通巻二一号）

一　届出前の選擧運動に關する大審院判決

大審院は最近衆議院議員選擧法第九十六條の解釋として演說又は推薦狀に依る選擧運動は議員候補者の届出又は推薦届出前にも之を爲し得べしと判決した。これは明に同條の解釋を誤つたものであつて、選擧法が極力選擧運動の期間を短縮せむとする精神は全く之によつて蹂躙されたものと言はねばならない。

第九十六條本文が「議員候補者、選擧事務長、選擧委員又ハ選擧事務員ニ非ザレバ選擧運動ヲ爲スコトヲ得ズ」

と規定してゐるのは言ふまでもなく此等の者以外の者が選擧運動を爲すことを禁じてゐるのである。無論議員候補者等此等のものの資格は届出によつて初めて取得されるから、彼等が届出前に選擧運動を爲すことは全然論理的にあり得ない。しかし右の本文を受けて但書が「但シ演説又ハ推薦狀ニ依ル選擧運動ハ此ノ限ニ在ラズ」と規定してゐるのは、選擧運動は原則として候補者等法定の者のみが之を爲し得るが、演説又は推薦狀に依る運動のみは其以外の者も亦之を爲し得べきことを規定してゐるに適《ママ》ぎない。演説又は推薦狀に依る限り届出前にも亦之を爲得べき趣旨に解すべき理由は全く存在しない。若しも大審院の言ふやうに解するとすれば届出前には法律上未だ候補者もなければ選擧事務長もないから、將來届出を爲して候補者事務長等にならうとする者も自由に演説又は推薦狀によつて運動を爲し得ること、ならざるを得ない。かくの如き解釋の不當にして選擧法の精神を蹂躪してゐること素より言ふを俟たない。

二　違警罪即決例中改正法律の施行

違警罪卽決例中改正法律が愈々此九月一日から施行される。吾々は必ずしもこれによつて永年の問題であつた不當拘留の弊害が徹底的に一掃されることを期待し得ないけれども、少くとも之によつて將來警察權の濫用が相當困難になるであらうことを社會民人の爲めに喜ばざるを得ない。多年卽決例の濫用に慣れた警察官憲にとつては、犯罪の捜査上可成りの不便が與へられるに違ひないけれども、彼等が從來濫用によつて得てゐた便宜こそ立憲制度の精神に鑑み實に許すべからざる不正であつたのである。吾々は警察官憲が今後濫りに新法の規定を潛脱するが如き態度に出づることなく、寧ろ積極的に其精神を發揚するやう努力せむことを希望してやまない。

三　遲々たる法典改正事業

法制審議會は商法中前二篇の改正要綱を可決した。民法中親族篇及び相續篇の改正事業も近く其草案を完成すべしと傳へられてゐる。

しかし此等法典の改正事業が企てられた初めから數へて見ると、吾々は餘りにも此間に費された時間の長いのに驚く。無論革命期に於ける立法の如く必ずしも速急のみを尊ぶべき理由は少しもない。しかし今までに發表された改正要綱について考へて見ると、僅かあれだけの改正を行ふ爲めに餘りにも長い時間が費されたのを吾々は甚だ遺憾とするのである。然らば何故にかくまで長い時間を要するのか。それは畢竟法制審議會の組織が悪いのである。大法典の編纂乃至改正事業の如きは、多數委員の小田原評議によつて之を行ふよりは寧ろ一二の優れた且信頼すべき法律家に原案起草を依頼するによつて能く其目的を達することが出來る。時間もかからず、內容的にも纏まつたものを作ることが出來る。吾々はその最も好い例をフーバー教授一人の手によつて起草された瑞西民法及び債務法に於て見ることが出來る。

今の法制審議會は餘りにも元老的法律家の多數を包容し過ぎてゐる。若い優れた法律家に自由な腕を振ふ餘地を全く與へられてゐない。あれでは刻々に進展してゆく新日本の活きた要求に適合すべき法律を制定し得べき見込がない。

法律時観

一九三一年一〇月号（三巻一〇号／通巻二二号）

一　不正競業防止法案

國際的關係に於ても又國內的にも永年來心ある人々によつて要求されてゐた不正競業防止法の原案が愈々出來上つて今や商工省の法令審査會に附議されてゐるとのことである。吾々は關係當局者間の內議が一日も速かに完了して政府案の確定公表されることを希望してやまないと同時に、政府が是非共此法案を來議會に提出して其通過に努力せむことを熱望するものである。蓋し不正競業の防遏は吾國産業の健全なる發達を計り、殊に其國際的信用を恢復維持するにつき緊急の必須事だからである。

草案の內容が未だ發表されてゐない今日吾々は未だ具體的批評を述べ得ないけれども、新聞紙の傳へる所によると草案は不正競業行爲の防止手段として、提害《ママ》賠償、違反行爲差止及び刑罰（罰金及び體刑）の法律的制裁を規定してゐるとのことであるが、此種の法律實施に關する從來の經驗から推すと、法的制裁がとかく後の祭になつて實効を現はすこと少く、初めから多少の罰金を豫期して違反行爲を敢てする者が出易いのである。司法當局者が他の刑罰法令との形式的振り合ひにのみ捉はれて此種の憾みを遺すことのないやうに今から豫め注意して置く次第である。

尙新聞紙の傳へる所によると現在支那に於ける日貨排斥の實狀に鑑みて此法律の制定に反對する向きも少くないとのことであるが、かくの如き考慮から此法律の制定を躊躇するが如きは國際信義の重んずべきを理解せず、惹いては長く吾國產業の國際的信用を毀傷するものと言はねばならない。吾々は永年來吾國の不正商人によつて行はれた不正競業行爲が如何に吾國產業の國際的信用を失墜せしむることに貢献したかを心より反省せねばならない。

二　「破產秘話」

昭和五年九月六日以降の大阪每日新聞は其經濟欄に「破產祕話」と題する記事を連載してゐる。そうして其所では破產管財人の不正行爲其他破產に關する幾多の望ましからざる事柄が相當勇敢に曝露されてゐる。

吾々は從來とても强制執行や破產事件に關して幾多の不正が行はれてゐることを耳にしてゐる。然るに此種の法律の制定乃至實施に關して法律家はとかく徒に法律論を弄することにのみ熱中して、此種の宿弊を根絶すべき實際的手段の考慮を怠り勝ちである。民事訴訟法改正事業の繼續として强制執行法の改正が討議の對象になつてゐる今日、關係當局者が一層此方面に注意を向けられることを希望してやまない。

三　民法を全體的に改正すべし

民法中親族篇及び相續篇の改正事業が今や其完結を告げやうとしてゐる。此改正事業は元來現行民法の規定が「我國古來の淳風美俗」の要求に合致しない其不合致を除去修正する目的を以て企てられたものであるが、現在將に完結を告げやうとしてゐる改正案を見ると、其內容は決して「我國古來の淳風美俗」の要求に合致することのみを目的としてゐるものとは思はれない。民法實施の結果經驗上不都合と認められた點は此機會に於てすべて改正計畫の對象になつてゐるのであつて、事は決して「古來の淳風美俗」に關する點にのみ限られてゐない。否時には「古來の淳風美俗」から見れば寧ろ改正すべからざる事柄までが改正されてゐる。吾々は決して之を實質的に非なりとするのではない。しかし淳風美俗を名として企てられた改正が事實此所まで進むのであれば、此改正事業を親族篇相續篇にのみ限局すべき理由が少しもないことを確信するものである。親族篇相續篇を徹底的に政正する必要だけから考へても總則篇中には既に幾多の改正を爲すべき點がある。更に進んで財産法全般を通じて考慮を進めると吾々は隨所に根本的改正に爲すべき事柄を發見する。

世の中にはとかく民法を國民私生活の根本法典なりとして其全體的改正を躊躇する向が少くないけれども、法律家が之を國民私生活の根本法典であると夢想してゐる間に、國民私生活の實體は既に多く民法規範の外に逸脱してゐるのである。個人的權利と契約の自由とを基調とした民法の非社會性は初めから解り切つた事柄である。況んやこれを以て「獨占」の傾向が日に〱强化しつゝある現代に臨まんとするが如き、此上もなき無謀と言はねばならない。國民生活は日に〱民法規範の外に逸脱しつゝある。これをこのまゝに放置することは民法々典の實際的權威を日に〱毀傷して障る所なきものと言はねばならない。故に當局者の反省を要求する所以である。

法律時観

一九三一年一一月号（三巻一一号／通巻二三号）

一　速に小作法を制定せよ

大に社會政策を行ふべきことを公約した民政黨內閣は未だ一として社會政策らしい政策を行つてゐない。彼等の勞働組合法案は資本家團體の攻擊に遭つて先づ骨拔きにされた上終に壓殺の憂目を見た。小作法案に至つては初めから之を議會に提出する勇氣をさへ持ち合はさない。かくして彼等は終に一の社會政策らしい政策をすら實行し得ないのである。

而かも見よ農村の實情を、其所には地主の返地要求と小作人の小作契約繼續要求とが正面的に衝突して解決困難な惡性の爭議が日に〳〵其數を增しつゝあるではないか。成程小作調停法は動いてゐる、小作官も活動してゐる。しかし爭議が深刻になればなる程單なる調停を以て和解を成立せしめることは益々困難になる。調停機關に力を與へよ、法による調停規準を與へよ。然らざる限り調停法も終に全く其作用を失ふであらう。

此事が如何に切實に要求されてゐるかは最近各地に催された小作調停事務協議會に關係官廳から提出された幾多の協議事項を通讀するに依つて容易に之を知ることが出來る。例へば多數の官廳は「土地返還の場合に支給せらるべき作離料及賠償」を問題として之に關する標準を求めてゐる、或官廳は「地主が從來の耕作契約の形式を變更して請負耕作に依らんとする傾向」あるを問題にしてゐる、又或官廳は「不作の程度に應じたる最適當なる小作料減免率如何」を問題にし、尙又或者は「地主交替し新地主が小作人に對し卽時返地を要求する場合之を緩和する良策如何」を問題にしてゐる。此等の諸問題はいづれも嘗て農林當局が立案した小作法案及び社會政策審議會の小作法に關する答申が一應の解決を與へてゐる問題であつて、調停事務關係當局者が如何に此種の問題について法的規準の與へられることを希望してゐるかは容易に之を察知し得る。殊に或官廳が「小作調停に當り小作法案に準據すべき程度如何」の質問を發して居るが如き、如何に彼等が調停規準の制定を熱望してゐるかを明示するものと言はねばならない。

小作爭議を專ら調停によつて和解的に解決せむとする政府の方針は吾々必ずしも之を非なりとしない。しかしながら農村事情の逼迫につれて調停は益々法的基礎と規準とを要求するに至る。然らざる限り調停は益々其本來の機能を失つて死物化するであらう。

二　改正違警罪卽決例と警察當局

果せる哉改正違警罪卽決例の實施は永年來の濫用的遣り方に慣れた警察當局者に少からざる苦痛を與へたらし

い。新聞紙は既に屢々警察當局者が新法に對する潜脱的行爲を行ひつゝあると言ふ報道を與へてゐる。

新法の實施が若しも犯罪捜査に對して著しい障害を與へるとすれば、犯罪捜査に關する刑事訴訟法の規定を改正すべきが正道である。虚僞の理由による拘留乃至は其蒸返しによつて簡易に犯罪捜査を行はむとすることこそ抑も邪道であつて、新法は實に其邪道の排除を目的として制定されたのである。此故に警察當局者の此際爲すべきことは新法潜脱方法の研究ではなくして、寧ろ刑事訴訟法の改正の要求でなければならない。警察當局者は些も少し人身自由の尊重すべきことを悟らねばならない。

法律時觀

一九三一年一二月号（三巻一二号／通巻二四号）

一　大審院の事實審理を廢止すべし

現在の刑事訴訟法は大審院にて事實審理を行ふことにしてゐるが、最近此制度を廢止すべしとの議論が各方面から起つて、朝野の有力な法曹の間にも可成り賛成者が多いとのことである。

大審院に於て事實審理を行ふことは必ずしも被告人にとつて有利な結果を持ち來たさない、其上大審院の仕事を過重ならしめる等兎角無用の勞費が要求され勝ちである。此等が廢止論の主なる根據であつて、吾々も亦一々之を正當とするものであるが、私は更に事實審理そのものの性質に鑑みて一日も速に廢止の實現されんことを希望するものである。元來事件の眞相は事件に直近する時期に審理すればする程之を正確に捉へ得るものであつて、長時間後の審理によつて之を正確に捉へることは多くの場合に於て甚だ困難である。證據は時と共に湮滅するのみならず、時に反つて不正の證據を發生せしめる。一審二審に於て審理認定された事實が更に大審院の審理によつて正確さを増すと言ふやうなことは極めて僅な例外を除く外事物の性質上あり得ないのである。其僅な例外に對しては再審なる救濟方法が存在するのであるから、被告人の利益を考慮する立場から考へても大審院に於て事實審理を行ふ必要は殆ど存在しないのである。私は此理に鑑みて大審院の事實審理が一日も速に廢止されることを希望してやまないものである。

二　職業紹介法實施十年

職業紹介法實施十年の祝賀が時恰も最も甚しい失業時代の今日に行はれたことは誠に皮肉な廻はり合せである。顧れば世界大戰後の經濟不況とワシントンに開かれた第一回國際勞働會議の決議とに促されて漸く職業紹介法の制定を見、公營の無料職業紹介機關が設置されるに至つてから既に十年の歳月が過ぎ去つた。其間に於ける紹介機關の普及發達は數に於ても又其活働に於ても大に見るべきものがあるのであつて、吾々は此間此事業に從事して多大の貢獻をされた人々に對して深甚の謝意を表せむと欲するのである。

しかしながら、現在の失業狀態に鑑みて今後のことを考へて見ると、吾々は失業対策の完備について更に更に望むべき多くのものが殘されてゐることを力強く主張せざるを得ない。

先づ第一に、職業紹介所の公營主義を改めて國營主義とせねばならない。失業問題は決して市町村個々の問題ではなくして全國家的の事柄である。之が解決に對する當面の責任は專ら國家の負擔すべきものたること素より言ふを竢たない。職業紹介機關をすべて國營化し國家に於て專ら其費用を支辨すべきは勿論、紹介機能をも全國的ならしめて紹介作用を充實せねばならない。

第二に吾々は此際どうしても國營の失業保險制度若くは少くとも何等かの形を以てする失業救濟制度を必要とす

る。資本家の間には又政治家の間にも、イギリスの例を引いて國營失業保險に對する絶對的反對意見を述べるものが少くないけれども、イギリス失業保險の行き詰まりにはイギリスそのものに特有な原因があるのであつて、國營失業保險制度そのものを一般的に排斥すべき根據は毫もイギリスの事例から示されてゐないのである。吾々は當局者が一層の誠意を以て此問題を研究し、吾國資本主義と調和し得べき最大限度まで充實した國營失業保險制度を一日も速に樹立實施せむことを希望してやまないものである。

三　早慶野球戰放送と著作權問題

松内名アナウンサーの早慶野球戰の放送速記が無斷で「文藝春秋オール讀物號」に掲載されたのに對して、東京放送局から抗議が提出されたと傳へられてゐる。法律的に見て此問題は果して如何に判斷せらるべきであるか。今後の事もあること故茲に多少の私見を述べて置きたい。

先づ第一に、ラヂオを通して如何に廣く放送されやうとも、其放送された內容が著作權法第一條に所謂「著作物」に相當する以上、其所に法律の保護に値すべき著作權の發生すべきは當然である。此故に、例へば音樂家の音樂放送、學者の講演放送等はすべて著作權を發生せしめる。之に反して單純なニユースの放送の如きは之を著作物と稱し得ないから勿論著作權を發生せしめない。所が野球放送殊に松內氏のそれは內容も可成り藝術的であつて確に著作物的特徵を備へてゐる。無論程度の問題で一概には斷定出來ないけれども、常識上吾々はあの程度のものには著作物的性質を認めるのが相當であると思ふ。放送內容をそのまゝ速記して雜誌に掲載することが特別に價値ありと一般に考へられる程度のものである以上、それを著作物と考へるのがどうしても常識的である。

所が、著作權法第二十條ノ二に「時事問題ニ付テノ公開演述ハ著作者ノ氏名、演述ノ時及場所ヲ明示シテ之ヲ新聞紙又ハ雜誌ニ掲載スルコトヲ得、但シ同一著作者ノ演述ヲ蒐輯スル場合ハ其ノ著作者ノ許諾ヲ受クルコトヲ要ス」との規定があるから問題の放送がそれ自身實質的に著作物であるとしても、それが茲に所謂「時事問題ニ付テノ公開演述」に相當するものであるとすれば、新聞紙又は雜誌は特に此規定によつて報道の自由を有するのである。玆に所謂「時事問題ニ付テノ公開演述」なる文句は相當漠然としてゐて解釋上爭ひを生ずべき餘地があるけれども、元來「時事問題」は公衆一般の關心事であるから之に關する「公開演述」の掲載を特に時事報道の公器たる新聞紙雜誌に許さむとするのが本規定の立法趣旨であることを考へて見ると、現に行はれつゝあるが如き野球放送は正に此「時事問題ニ付テノ公開演述」に相當するものと解するのが正しいと思ふ。此故に、松内氏の野球放送は夫自身實質的に著作物であるとしても新聞紙及び雜誌に本規定の定めに從つて之を掲載し得るのである。

尙新聞紙の報道によると、關係者の間では問題の著作權が放送局に屬するか又は松内氏個人に屬するかを問題にしてゐるやうであるが、著作權法には特許法第十四條のやうな特別の規定がないから、放送局と被用者との間に特別の契約があれば格別、さもない限り、問題の著作權が松内氏に屬すべきは勿論であつて何等疑問を容れる餘地がないと思ふ。

一九三二（昭和七）年

法律時観

一九三二年一月号（四巻一号／通巻二五号）

農業保険法を制定すべし

現在農業關係者によつて主張されつゝ、ある農業保険法制定論の裏には可成り或種の人々の利己的動機が動いてゐるやうに想像される。從つて此論に賛同する前にはまだ〳〵色々の關係を愼重に考慮することを要する。

しかしながら、此故を以て吾々は風水害霜害霰害其他あらゆる天災事變によつて屢々最低限度の生活をまで脅かされる小作人其他農村無産者の爲めに其生活を保障すべき制度の絶對的必要を忘れることが出來ない。吾々は工業勞働者の爲めに失業保險を要求すると同樣の理由によつて、農村無產者の爲めに農業保險を要求したい。そうして彼等の爲めに不作の際尙最低限度の生活を保障し得べき科學的根據ある組織を作りたいのである。

吾々は現在每日東北地方の饑饉に關して色々の悲慘な報道を耳にする。さうして之が救濟の爲めに公私各種の仕事が企てられ又要求されてゐることを耳にしてゐる。しかし此種の救濟事業はすべて臨時的である爲め自ら色々の短所をもつてゐる。之によつて與へられる救濟は、時の關係に於ても又所の關係に於ても適宜に實現し得ない。悲慘の狀態が實現した後でなければ輿論は動かない、輿論が動いて漸く救濟の手が働き初めた頃には最惡の狀況は既に去つて折角の救濟も手後れになつて仕舞ふ場合が多い。其上臨時的救濟は多くの場合必要に應じて合理的に分配されることが困難であるのみならず、其間に幾多の不經濟と浪費とが加はり易い。加之臨時的に大きな救濟事業が動くと、それを機會に不當の利益を得て救濟の實質を減殺するものが出易い。例へば、罹災者救濟の爲めに企てられた土木事業は屢々請負業者によつて不當に濫用され、罹災者救濟の爲めに貸出された資金は銀行や高利貸のやうな金融業者に救濟を與へること丶なるに過ぎない場合が多い。要するに、臨時的救濟事業は非能率的であるのみならず、屢々多くの弊害濫用を伴ひ易い。此故に、各種の災害によつて脅かされ易い吾國の農業に從事する無產者の爲めに適時に速急に能率的な救濟を與へるが爲めには、平素から科學的根據をもつた救濟制度を設けて置くことが絕對的に必要である。而して私が玆に主張する農業保險こそ其制度として最も適當なものであると私は確信するのである。

吾國に農業保險制度を實施すべしとの議論は既に明治十年代から存在したのであるが、主として技術的困難の爲めに今まで其實現を見なかつたのである。私は今遽かに從來農業關係者によつて主張されてゐるやうな保險制度を其まゝ受入れることに躊躇するものであるが、少くとも農村無產者の爲めに最低限度の生活を保障することを目的とする限度の保險制度が速に實現されることを希望し且其技術的可能性の大きいことを確信するものである。

地主と小作人との間に封建的溫情の關係が存在した間はまだよろしい。封建的搾取者としての諸侯が備荒制度を設備し得た時代はまだよかつたのである。今では地主小作人の關係は永續的な身分的關係たる性質を失つて日に〳〵契約的な利益交換的な關係に變化しつゝある。一旦緩急の際地主から小作人の救濟を期待するとは今や原則として殆ど不可能である。そうだとすれば、國家はよろしく封建的備荒制度に代はるべきものとして科學的な國營農業保險を設備する必要がある。農林當局者が一日も速に此方面に調査を進めつゝ、制度の速急なる實現を計るやう萬全の努力を拂はれむことを希望して已まない。

法律時観

一九三二年二月号（四巻二号／通巻二六号）

一　政變による行政官吏の大更迭

又しても政變に伴つて極めて大規模な行政官吏の更迭が行はれた。而かも世人は最早これを見て驚かうともしない。今や行政技術者としての行政官吏は、政治的企業者としての政友乃至民政の二工場に分屬しつゝ、政變による工場の閉鎖につれて交互に失業し又就職するものとなりつゝある。政治が結局資本閥の資本家的闘爭の手段に過ぎないと言ふ其本質を曝露した今日政黨が彼等資本閥によつてファイナンスされてゐる工場に過ぎない其本質を曝露するに至つたのは當然であるが、かくして各工場の專屬技術者になり終はつた行政官吏の地位こそ眞に憐むべきものではないか。彼等が一度失業すると其間彼等に失業手當――恩給――を支給するものは國家であり、國民である。政黨は何等自ら負擔することなしに、忠實なる產業豫備軍を擁して、一度工場再開するや直に彼等を動員して政治的資本の再生產を行ふことが出來るのであるから、政黨にとつてはこれ程便利な制度はないのであらう。しかし此制度の下に立つてゐる官吏の地位の如何に憐むべきものであるかを何故に人々はもつと問題にしないのか。一般國民の公益的立場から考へても、此制度の發展が今後益々行政の不公正と不合理とを誘起する動因となるのは明かであつて、而かも尚此制度の存續發展を可能ならしめる必須條件としての失業官吏の給養が一般國民の負擔になつてゐることは誠に堪え難い不合理である。

此救治策として世上には行政官吏に對する身分保障の制度を樹立すべきことを說くものが少くないけれども、現在の如く各政黨がそれ〳〵多數の專屬技術者を有するに至つた以上、此制度の實現は言ふべくして實は殆ど行はれ難いものと考へざるを得ない。此故に、政黨政治の續く限り此傾向は今後益々發展して絕えることがないであらう。そうして此傾向に捲き込まれる官吏は數に於ても益々增大し、種類に於ても益々下層の官吏に及ぶこと丶なるであらう。要するに政黨政治それ自身は自ら此傾向を救治する能力をもたないのである。官吏にして若しも其地位に關する本質的自覺を取得し、結束の力によつて自助的にシヴィル・サーヴィスの確立を企てるならば別問題であるが、さもない限り事はすべて絕望的である。そうして行政は內容的に益々不公正なものとなり、且其恒常性を失つて益々不合理且不經濟なものとなり終はるであらう。

二　司法の政黨化を防げ

今回の政變に關聯して吾々の耳にする最も不愉快な噂の一は嘗て政友色を強くするの故を以て左遷的取扱を受けた某司法官が或重要な地位に復活したと言ふ噂である。某紙はかくして其人が近く行はるべき總選擧に於て政友會の爲めに多大の忠義を盡すであらうと報道してゐる。政黨政治家よ、行政官を君等の技師乃至職工として使用することを以て滿足してほしい。司法官までが政黨政治の波にまき込まれたが最後、吾國の立憲政治は破壞されるにきまつてゐる。私は切に此噂の虛妄ならむとを祈つてやまない。

法律時観

一九三二年三月号（四巻三号／通巻二七号）

一　無投票當選制度の是非

今回の總選擧に當り全國十數ケ所の選擧區に於て無投票當選の行はれたことは特に注目に値すべき事實である。而かも傳ふる所によると、無投票當選が實現する前には可成り色々の暗い取引が行はれるのが普通の例であると言はれてゐる。そうだとすれば、此制度の主要目的である選擧費用の節約も結局に於ては行はれ得ない。假りに多少の費用を節約し得るとしても、此制度が常習的選擧ブローカーに暗い取引を爲す機會を與へることに因つて生ずる弊害と、選擧民から投票によつて政治に對する意見を述べ得べき唯一の機會を奪ふことの不當さとを考へ合はせて見ると、此制度の妥當さには大に疑ひを挾むべき餘地がある。普通選擧制度の根本精神はすべての國民に投票を通して政治的意見を述べる機會を與ふることに存する。そうだとすれば、候補者數が定員數を超えない場合に於ても、尚投票を行つて選擧民等に意見を述べる機會を與ふべきが寧ろ憲政の常道であるやうに考へられる。

二　司法大臣の立候補

鈴木司法大臣の立候補は政黨政治家の行動として確に賞讃に値すべきものである。世上には動ともすると、司法檢察の首長たる司法大臣が自ら立候補することは、やがて選擧取締の不公正を誘起すべき動因になるとの說を爲すものがあるけれども、かくの如きは事の本末を顚倒した議論である。司法大臣と雖も政黨政治家である以上選擧によつて衆議院に議席を得、これを基礎として國務大臣としての重責に任ずるによつてのみ完全に其政治的責任をとることが出來る。從つて彼の立候補は寧ろ喜ぶべき事柄であつて、其所には何の排斥すべき事柄も存在しない。若し夫れ之によつて選擧取締の公正が疑はれると言ふのであれば、よろしく檢察制度の獨立を計るべきである。檢察制度の獨立が保障されてゐないからこそ、司法大臣の立候補が如上の議論を惹起すのである。吾々は今回立候補によつて政黨政治家としての面目を十分に發揮した鈴木喜三郎氏が、嘗て原司法大臣によつて企てられたと同様、檢察制度の獨立を保障する制度の實現に努力せむことを希望して已まないものである。

三　長谷川警視總監の實践的教訓

長谷川警視總監が私事摘發の故を以て失脚したことは警察官一般に對して極めて貴重な教訓を實践的に示し與へたものと言ふことが出來る。元來警察官には犯罪捜査に關聯して知り得た事實を公表すべき何等の權限なきのみならず、現に司法警察職務規範は「司法警察ノ職務ヲ行フニハ祕密ヲ嚴守シ捜査ノ障礙ト犯行ノ傳播トヲ防止シ且被疑者其ノ他ノ者ノ名譽ヲ毀損セザルコトニ注意スベシ」と規定してゐるのである。然るに從來警察官は屢々此規定を無視して故なく各種の事實を公表し、之によつて犯行の傳播に原因を與へてゐるのみならず、被疑者其他の者の名譽を毀損することが非常に多い。吾々は此機會に於て全國の警察官が右の規定の重要性を想起して今後濫りに私事摘發的の行爲を爲さゞるやう注意せんことを切望するものである。

法律時観

一九三二年四月号（四巻四号／通巻二八号）

一　學士院の授賞取消事件

學士院が神津理學博士に對する授賞の決定を爲したるに拘らず事實授賞を行はざるに決したことは法學者の立場から見て近頃最も滑稽な出來事である。學士院には「賞ハ會員以外ノ者ニ之ヲ授ク」と言ふ趣旨の內規があるとのことである。然るに一面會員に推薦されると同時に授賞者として決定された神津博士は、來る五月の授賞式に先立つて會員に任命されて仕舞つた。從つて最早授賞者たる資格を失つたから、之に對する授賞の決定も亦當然其效力を失ふと言ふのが學士院の考へであるらしい。

これだけのことを記して見ると、事は極めて平凡且當然のやうに考へられるけれども、學士院をしてかくの如き考へを抱かしむるに至つた根本、卽ち學士院會員多數者の頭腦を支配してゐる法律解釋理論が如何なるものであるかを考へて見ると、吾々は思はず笑はずにゐられないのである。

吾々は先づ事を常識的に考へやう。非法學者達の間に行はれる法律論がとかく非常識なものになり易いことを立證する爲めに。學士院は一面に於て神津博士を授賞に値すると考へて其決定をしたのである。そうして同時に他の一面に於て同博士を會員に推薦するに値すると考へて其決定をしたのである。それ程立派な學者であれば會員にもし又授賞もすればいゝではないか。「賞ハ會員以外ノ者ニ之ヲ授ク」と言ふ內規は現に會員たる者には賞を授けない、卽ち會員同志で仲間褒めをしないと言ふだけの趣旨に外ならない。授賞決定の際現に會員でないものに授賞することは毫も其趣旨を害するものではない。授賞決定の後現實に授賞するまでの間に其者が會員にならうとも毫も授賞を妨ぐべき理由は存在しない。無論會員たること、受賞とが性質上本質的に相容れざるものであるならば、縱令受賞者と決定してゐるものと雖も會員になつた瞬間に受賞資格を失ふものと解するのが正當であらう。所が會員たること、受賞とは毫も本質的に矛盾するものではない。禁ぜられてゐるのは現に會員たるものに授賞することの決定を行ふことであつて、決定の際會員でないものに授賞の決定を行ふことは毫も右內規に反するものではない。

これが吾々の常識論であり又法律論であつて、反對論の根據が何所にあるのか吾々には之を理解し得ないのである。察する所、反對論を發生せしめたものは會員中の非法學者的分子の頭腦を支配して居る非法學的形式論に違ひない。「賞ハ會員以外ノ者ニ之ヲ授ク」、「甲ハ會員ナリ」、「故ニ甲ニハ賞ヲ授ケズ」、此最も簡短な經濟的三段論法が非法學者的分子の頭を支配してゐるのである。吾々は自然科學系統の人々の口から屢々此種の法律論を耳にする。法規の精神を合理的に理解せずして、徒に章句の末にのみ捉はれて形式的法律論をすることは例へば技術家出身の官吏一般に通ずる通弊であつて、彼等をして事玆に到らしむる根本は、彼等が自然科學的法則と法律的規範とが本質的に異別のものたることを理解しないことに存在するのである。彼等は自ら法學的智識を有せざることを忘れて、反つて法學的に事を正しく取扱はうとする人々に對して「融通をきかせ過ぎていけない」と言ふ非難を加へるけれども、法規を其精神に從つて具體的妥當に解釋し適用することこそ法學的に正しいのであつて、其所には毫も「融通をきかせる」と言ふやうな非科學的分子を包藏してゐないのである。

學士院會員の多數は非法學者である。法學者出身の會員の中にも失禮ながら今日吾々から考へると極めて非科學的な法律思惟に慣らされてゐる方々が少くないと思ふ。其上悪いことは此種の「權威ある」會議はとかく自重し易い。萬一事の取扱を誤つて世間の非難を受けることは權威者の最も恐れる所である。「まあ〱無事に」と考へれば、形式論に從つて置くのが最も安全である。これが學士院會員の多數者をして形式論的非常識に赴かしめた最大の原因である。

一神津博士に對する授賞問題は社會上一小些細事に過ぎない。けれども、學士院はともかく制度上吾國最高の智識的權威である。此最高權威者の間に於てかくまで非常識であり且非科學的である法律論が終に勝ちを占めたことを、吾々法學界の一隅に身を置くものとして日本法學最大の恥辱なりと感ぜざるを得ざるを遺憾とするものである。

二　暗殺事件と治安維持法

最近に於ける右傾團體を背景とする數次の暴力行爲は終に政治家等をして右傾團體に對する關係に於ても彼等自らを防衛する必要を感ぜしめたやうである。治安維持法は唯漠然と「國體ヲ變革」乃至「私有財產制度ヲ否認」云々と規定してゐるけれども、其實質的に意味する所は極めて複雜である。所が今日右傾團體の間から資本主義打倒を目標とする產業奉還論が叫ばれるのを聞くとき、政治家等は今や彼等が治安維持法の制定を通して實質的に欲した所をもつと〳〵明瞭にする必要に迫られてゐるやうである。今や資本主義の發展につれて中產階級殊に農村に於ける中農は日に〳〵沒落しつゝある。彼等の口から――從來共產主義者によつて叫ばれたとは全く違ふ意味に於ける――資本主義呪詛の聲を聞くのは蓋し當然の勢であると言はねばならない。政治家等は今後益々勢を得べく豫想される此種のゾチアル・フアツシヨ的傾向に對して如何なる態度をとらうとしてゐるのであるか。

暴力行爲それ自身は何人によつて行はれやうとも勿論之を極力抑壓する必要がある。しかしながら現在治安維持法の規定する犯罪行爲の中國體變革を目的とするものと私有財產制度否認を目的とするものとは――昭和三年勅令第百二十九號を以て區別された以上に――今後益々區別して取扱はるべき必要の增大すべきことは豫想せざるを得ないのである。

法律時觀

一九三二年五月号（四巻五号／通巻二九号）

一　外國法研究所設立の提唱

明治此方外國法は吾國法制の整備及び法律解釋に役立てることを主たる目的として研究されて來た。然るに今や吾國の法制も追々に整つて獨自の體系的存在をなすに至つたのみならず、法學も亦一般に進歩して單純なる外國法學模倣の風潮は遠く過去の事實にならうとしてゐる。此故に明治時代の意義に於ける外國法の研究は今や多く其價値を有せざるに至つたこと明かであるが、同時に吾國の国際的地位の上昇につれて渉外的法律問題の發生する數は日に〳〵増加しつゝある。從つて其問題を解決する爲め外國法の智識を必要とする度合も亦日に〳〵増大しつゝある。嘗て吾々は主として法學研究の目的を以て外國法の智識を求めたのであるが、今日では渉外的な事實問題を解決する必要上外國法の智識が要求されてゐるのであつて、世界大戰此方吾國に於ける外國法研究者の注意が一般にドイツを離れて寧ろ英米に向つたのも蓋し此傾向の現はれに外ならないと考へられるのである。此故に今日吾々の主として必要とするものは歐米の法學的先進國の法律智識ではなくして、吾國及び吾國民と關係をもち得べき諸外國の法制に關する精確な智識である。

かくの如き事情の著しき變化にも拘らず、現在諸大學に於て行はれつゝある外國法の研究及び教授も一二の例外を除く外依然として明治時代の舊態を改めざるのみならず、裁判所辯護士其他朝野の人々が實際上の必要から外國法の智識を要求する場合に於ても、容易に其要求を充たし得べき何等の設備機關も存在しない有樣である。各關係官廳會社等ではそれ〴〵自己に必要な限りに於て相當の設備を有するものも少くないやうであるが、かくの如き割據的設備は多くの場合に於て不完全でもあり又不經濟でもある。よろしく此種の需要に應じ得べき國家的設備を完備し、以て朝野の何人と雖も必要なる場合何時にても之を利用し得べき途を開くべきである。

此研究所の設備に關する私案は略左の通りである。

一　世界のあらゆる國々の法令書を不絶 up to date に備えねばならぬ。英米の如き判例法國については勿論判例集を設備すべきであるし、其他少くとも吾國と密接の關係を有する國々に付いては法令解釋に必要なる一切の資料を備へる必要がある。現在諸大學の圖書館研究室は獨佛英米等の法律に關して相當充分な——否考へやうによつては必要以上の——設備をもつてゐるにも拘らず、吾國と最も關係の深い中華民國・ソヴヰエト・ロシア・北米合衆國等に關して比較的手薄な設備しかもつてゐない。

二　研究所には設備內容を完全にする爲め及び必要な場合に鑑定的意見を述べしめる爲め、專門的法學者及び飜譯者を置く必要がある。此點から考へると、東京帝國大學の如く他の大學に比べて專門的外國法研究者を數多くもつてゐる所に此研究所を附設するのが最も便宜であると考へられる。

三　研究所は官廳關係者のみならず辯護士學者其他一般人によつて利用せられ得るやう公開されねばならぬ。而して要求あらば敏速にテキストの原文及び飜譯を供給し得るだけの用意あることを要する。

二　再び學士院の授賞取消事件について

——松本博士への公開狀の形で——

松本先生！　私が前號に書いた拙文に對して態々反駁文を寄せられたことに對して感謝の意を表します。

實を言ふと、此問題が私の注意を惹いた抑もの初めは先生と同じく學士院會員であられる加藤博士が吾々の民事法判例研究會に出席されたついでに、此問題に關する吾々の意見を求められたときにあるのでありますす。そうして其際十數名居りました吾々の仲間が一人として先生と同意見でなかつたことは特に先生の御留意を乞ひたいと思ひます。此事は決して數を以て先生を壓倒しやうと言ふ意味に於て申すのではありません。法律家的直觀が如何に先生の言はれることと異なつてゐるかを反省して頂きたい爲めに申すのです。吾々は加藤先生が非常に重大事であるやうな顔をされて此問題を提出されたときに、どうしてそんなことが問題になるのか、それを問題にすることすら不思議に思つた位であります。唯學士院にも非法律家的理窟家が相當にゐるから、それ等の方々の形式論に押されて、或は不合理な結論に到達するやうなことがありはしないか、私は唯それだけを恐れたのです。所が案外にも其後聞く所によると、法律家として平素最も尊敬する先生が寧ろ不授賞論の主論者であつたと言ふことで、それを聞いた初めには非常に驚きましたが、考へて見ると成程と思へる節もあるのです。そうして今度寄せられた御文を拜見して、私が或はと思つた點が事實によつて證明されたとき非常に遺憾とするのであります。

先生は「會社の總會に於て賣買又は贈與を爲すべき旨を議決することと其賣買又は贈與の行爲とを區別すべきと同樣であつて、擬賞の議決を爲すも、授賞前に其授賞せらるべき者が死亡し又は賞を受くる資格を失ひたるときは、其議決は效力を發揮し得ずして終はるべきは理の當然である」と言ふ理窟の類推によつて當面の問題を考へやうとして居られます。そうして私が擬賞の議決と授賞とを概念的に區別しないと言ふ非難を與へて居られます。しかしながら私と雖も此位の區別は充分解つてゐる積りでありまして、私が問題にしてゐるのは寧ろ「賞は帝國學士院會員に非ざる者に之を授く」と言ふ規定の趣旨なのであります。擬賞の議決後授賞までの間に「帝國學士院會員に非ざる者」になつたものは果して先生の言はれるやうに「賞を受くる資格を失ひたる」ものと言はれる得るかどうか、それを私は問題にしてゐるのであります。例へば或人に授爵すべきことが內定された後現に授爵されるまでの間に其人が日本の國籍を失つたとすれば結局授爵されないことになるのは當然でせう。けれども、現在問題になつてゐる場合がこれと同じ場合に相當するか否か、それが吾々にとつての問題なのです。先生も――「恐らく」と言ふ註釋付きで――認めて居られる通り、上記の規定は「現に會員たる者には賞を授けない、卽ち會員同志で仲間褒めをしないと言ふだけの趣旨に外ならない」と私は思ふのであります。卽ち私が問題にしてゐるのは賞を受けることと帝國學士院會員たること、は本質的に相容れないかどうかなのであつて、擬賞の議決と授賞そのものとが概念的に區別せらるべきかどうかではないのであります。賞を受けること、帝國學士院會員たること、が本質的に相容れないものでない限り、擬賞の議決後其議決によつて授賞者と決定されたものが會員にならうとも、何等授賞の妨げとなるべき事情は發生しないのではないのでせうか。擬賞の議決の際會員にあらざる者に授賞すべきことを決定してもそれは「仲間褒め」ではない。從つてそれは有效な議決である。其後になつて其者が會員になつた。而かも會員たること、授賞とが本質的に相容れないものでない以上、議決が其效力を發生せざるに至るべき理由は少しもないのではないでせうか。殊に帝國學士院の賞は金であります。授賞の精神は勿論名譽を表章することにあるのです。しかし其表章の手段として金を與へてゐることが此際考へらるべき重要な點だと私は考へるのです。從つて私は例へば擬賞の議決後受賞決定者が死亡するやうなことがあつても、授賞を行つて死者の靈を慰め惹いては相續人其他遺族に財產的利益を與へるのが當然の理窟だと思ひます。財產的窮乏の裡に研究を續けた學者に對しては學士院會員たるの榮譽を與へて精神的に報勞することも一の方法でありませう。しかし財產的利益を與へて一面其利益によつてシンボライズされた精神的榮譽を與へると同時に、他面其利益によつて學者の生活乃至研究上の費用を補助することは決して無意味ではありません。そうして此事を理解し得ることは擬賞の議決と授賞との概念的區別を明確にすることより遙に重要であると私は考へるのでありまして、論理の形式を整へることだけを考へずに、かうした實質的考慮をも爲し得ることが眞の法律家の特徵であると私は考へるのであります。

私は前文及び此文に於て相當强い言葉を使ひました。それが或は尊敬すべき諸先輩の名譽を害するが如き結果に陷りはしないか、其點は私も初めから相當心配したのであります。しかし私の最も尊敬する先生がそうした感情上の理由から反駁を書かれたとは私斷じて思ひません。私が今御文を拜見して感じたことは先生と私とが法學者として可成り隔つた法律解釋上の立場に立つてゐると言ふこと以外の何物でもありません。

法律時観

一九三二年六月号（四巻六号／通巻三〇号）

一　脱税事件の告發について

明糖脱税事件の眞相について吾々局外者は未だ何等の精確な智識をもつてゐないから具體的批評を加へることは全く不可能であるけれども、此種の脱税に對する制裁手續を規定してゐる間接國税犯則者處分法第十四條第十六條第十七條等に關しては解釋上大に疑を容るべき餘地がある。此等の規定は、税務署長が「犯則事件ノ調査ニ依リ犯則ノ心證ヲ得タルトキ」は先づ犯則者に對して納付の通告を爲すべきことを規定すると同時に、「犯則者通告ノ旨ヲ履行シタルトキハ同一事件ニ付訴を受クルコトナシ」又「犯則者通告ヲ受ケタル日ヨリ七日以內ニ之ヲ履行セザルトキハ税務署長ハ告發ノ手續ヲ爲スベシ」と規定してゐるが、大審院判例は此告發を以て親告罪に於ける告訴と同じく公訴提起の要件なりとし、税務署長の告發なき以上檢事は公訴を提起し得ざるものと解してゐる（明四一・二・二〇刑錄一一二頁等）。しかしながら、間接國税犯則者處分法の通告處分に關する規定は唯告發前一應税務署長のとるべき便宜處分を規定したものに過ぎないのであつて、告發と公訴提起との關係に關する刑事訴訟法上の一般原則の例外をなすべき趣旨は毫も其中に現はれてゐない。言ふまでもなく國税犯則は公益的犯罪であつて之を親告罪と同樣に取扱ふべき理由は全く存在しない。檢事が犯罪事實を認めた以上告發の有無に拘らず公訴を提起し得べきものと解するを正告と信ずる。此點に於て吾々は豐島直道氏の所説に賛成するものである（同氏刑事訟訴法新論二九頁）。言ふまでもなく税務署長は檢事のやうに身分的保障をもつてゐない。彼等に對しては行政的乃至政黨的方面から暗い壓迫の加へられる餘地が大にある。かくの如き官吏の告發がない以上檢事が如何に犯則事實を認めやうとも公訴を提起し得ずとするが如きは條理上到底許すべからざる制度である。

吾々は今回の事件に關して檢事が苟も犯則事實を認めた以上告發の有無に拘らず公訴を提起せんことを希望して已まない。かくして古い大審院判例は易く改變せらるべきを信じて疑はないものである。

二　隣りのラヂオ

隣りのラヂオが朝から晩まで大聲でわめき立てる。之に關聯して色々事件が起るのは當然である。勿論都會に住む以上吾々が或程度まで互に騷音を我慢し合はねばならないのは當然である。しかしながら、隣人が必要の程度を越えて不當の騷音を發するならば吾々都會居住者と雖も決して無制限に之を忍容すべき義務を負ふものとは解し難い。聞く所によると、現在警視廳令でも午後十時以後他人の迷惑となるやうな樂器を使用することを禁じてゐるとのとであるが、吾々は常に此種の取締規則のみでは到底充分の成果を期待し得ないと思ふ。不必要に高聲な蓄音器・ラウドスピーカー等の使用禁止、自動車の警笛に關する制限、工場其他の汽笛サイレン等に關する制限、其他一切の不必要な騷音を防止して都會生活の不愉快を多少とも減殺するとに役立つ法令が一日も速に制定されむことを希望してやまない。

三　濱口氏暗殺事件の判決について

東京地方裁判所は終に濱口氏の暗殺事件を殺人既遂と認めた。事が玆に至るまでの間に醫師の鑑定をめぐつて色々の議論の行はれたことは世上周知の事實である。

刑法が殺人既遂と未遂とを區別してゐる以上、佐郷屋某の行爲を殺人既遂と見るべきか又は未遂と見るべきかについて議論が起るのは當然である。しかしながら、此議論は決して醫學的見地から見て佐郷屋某の暗殺行爲と濱口氏の死亡の間に自然科學的因果關係ありや否やを探求するによつてのみ決定せらるべき事柄ではない。醫學的見地から見て積極的に自然科學的因果關係が否認される場合には、法律的因果關係も亦否認されねばならぬこと勿論であるが、さもない限り醫學的鑑定を唯一の基礎として法律的因果關係を決定せんとするのが抑も間違ひである。法律的因果關係は性質上自然科學的因果關係とは全然別物であつて、皈責 Zurechnen の關係たるに過ぎない、法學的見地から見て一定の結果を一定人の行爲に zurechnen することが妥當と考へられる限り、法學的意義に於ける因果關係は常に存在するのであつて、濱口氏の死亡に對する責任を法學的見地から見て佐郷屋某に zurechnen することが妥當なりと考へられる限り、其所には立派に法學的意義に於ける因果關係が存在するのである。裁判官が其皈責關係を決定する爲め醫學的鑑定を求めるのは差支ない、否又必要でもある。しかしながら醫學者は唯自然科學的因果關係を說明し得るのみであつて、法學的意義に於ける因果關保《ママ》に關して何等の意見を述べ得るものではない。

　濱口氏の死亡に對する責任を佐郷屋某に zurechnen するを妥當とするや否や、裁判官は法學的見地から見て唯其問題を考へさへすればいゝのである。

法律時観

一九三二年七月号（四巻七号／通巻三一号）

一　裁判所構成法改正案等の握潰

提案前から在野法曹の猛烈な反對を受けてゐた裁判所構成法中改正法律案等は豫期された通り審議未了に終はつた。

反對者は聲を大にして上告の制限は故なく國民から司法的保護を受ける權利を奪ふものだと言ふ。一應如何にも尤な言分であるが、問題は決してかくの如き抽象的概言によつて一概に片付けらるべき事柄ではない。些小の事件についてまで上告を許してゐる現在の制度が果して具體的にどれだけ國民に便益を與へてゐるか、上告を制限することによつて國民は果してどれだけの不便を受けるであらうか、多少不便はあるとしても他に利益はないであらうか、殊に之によつて大審院の負擔を輕減し得ることから生ずる利益は相當大きいのではあるまいか、問題は要するに此等の諸點を具體的に比較考量するによつてのみ解決せらるべきである。

私は在野法曹の反對を全然無意味だとは言はない。しかし彼等はもつと具體的に理由を示して一般國民を納得させる必要があると思ふ。さもないと不動産登記法の實施を――自分等の商買《ママ》を奪はれると言ふ卑しい理由から――極力妨害阻止しつゝあるイギリスのソリシター等に眞似した行動を利己的理由から敢てするものだと言ふ非難を受けても一言もないのではあるまいか。

二　檢事を刑事部長へ

司法警察の公正は司法の公正を期するについて絶對的に必要である。然るに從來政黨的勢力は司法警察省の任免にまでも及んで其所に幾多の情弊を生みつつある。此故に政黨的宿弊の根本的排除が輿論一般の力強い要求となつてゐる今日、檢事を以て警視廳刑事部長に任ずべしとする聲を聞くことは、司法警察淨化運動の第一歩として吾々の心より歡迎する所である。

しかし同じやるならば更に一步を進めて、徹底的に檢察機關從つて司法警察の獨立を計るべきではなからうか。當局の熟慮と斷行とを希望する所以である。

三　大審院判例集の改善

大審院判例集は今年度から內容が著しく改善された。揭載判決數が大に增加されたこと、判決要旨の記載が具體的且適確になつたこと等々、吾々判例を研究するものにとつて便利になつた點が非常に多い。

判例の實際法律生活に於ける價値が人々によつて正しく認識せらるゝに至れば至る程、判例公示の仕事は法令の公示に劣らず重要なものとなるのは當然であつて、法曹會が此點に氣付かれて今回の改善を實行されたことは法學界法曹界にとつて大に喜ぶべきことゝ言はねばならない。

四　小山司法大臣

檢事總長小山松吉氏が新內閣の司法大臣に擧げられたことは吾國司法制度の權威の爲め非常に喜ばしい。司法大臣が何人であるかは制度上全く裁判の公正と無關係であるが、現在の如く檢察機關の獨立保障が不完全である限り、司法大臣が何人であるかは實質上少くとも刑事裁判の公正と極めて密接の關係をもつてゐる。此故に政黨的弊害の根本的匡救が輿論の力强い要求となつてゐる今日、司法大臣は政黨人其他政界關係の人々の間より絕對に之をとるべきではない。小山氏は檢察官として多年の經驗を有するのみならず、從來政黨內閣の下に於ても立派に其公正さを世の中一般に示した人である。此際選ばるべき司法大臣として最も適任者であることを吾人も亦信じて疑はないものである。吾人は氏が司法制度を完全に政黨的勢力の圈外に救ひ出して、國民の司法に對する信頼を完全ならしめるやう努力されむことを希望してやまないものである。

法律時觀

一九三二年八月号（四巻八号／通巻三二号）

一　刑事補償法實施の成績

本年一月一日から實施された刑事補償法の運用實績如何は吾々のつとに注意した所であるが、最近新聞紙の傳へる所によると實施以來半年の間に支給された補償金額は僅かに金四千五百餘圓に過ぎず、豫算年額金四萬圓に比して著しく寡少であるから、司法當局に於ても同法の運用について、も少し手心を加へて同法制定の趣旨を徹底せしめたい意向をもつてゐるとのことである。

實際の補償金額が豫算額に比べて著しく少いことの原因が、檢察事務が一般の豫想以上に精確且公正に行はれてゐることに存するのであるとすれば、之れ程喜ばしいことはない。しかし補償法第四條が特に補償を爲さゞる例外事由を規定するについて、「起訴セラレタル行爲ガ公ノ秩序又ハ善良ノ風俗ニ反シ著シク非難スベキモノナルトキ」

とか「本人ノ故意又ハ重大ノ過失ニ因ル行爲ガ起訴勾留、公判ニ付スル處分又ハ再審請求ノ原因ト爲リタルトキ」とか言ふやうな—裁判官の考へ次第で廣くも狹くも解釋し得る□漠然たる文句を使つてゐることを考へ合はせて見ると、實際補償を受け得る場合と受け得ない場合との境界は紙一重であつて、裁判所が多少手心を加へさへすれば實際の補償金額に可成りの差異を生ずるに違ひないと考へられるのである。此故に、私は司法當局者が從來の實績に鑑みて同法の運用上多少の手心を加へて實際上の補償範圍を一層廣くしやうとしてゐる企てに贊成するものであるが、此際吾々としては寧ろ更に一歩を進めて制度上の補償範圍を一層擴張すべきことを要求したい。例へば「起訴セラレタル行爲ガ公ノ秩序又ハ善良ノ風俗ニ反シ著シク非難スベキモノナルトキ」云々の例外事由は少くとも之を廢止したい。「本人ノ故意又ハ重大ノ過失ニ依ル行爲」が起訴、勾留等の原因となつた場合には本人の側にも不當勾留を受けたことそれ自身に付き大いに過失があつたのであるから必ずしも補償を與へる必要はあるまい。之に反し苟も審理の結果無罪若くは免訴の言渡を受けた以上、それは刑法上罰すべからざるものと認められたものに外ならないのであるから、後から更に其同じ行爲を公序良俗なる別箇の標準によつて評價し之によつて補償の與否を決せむとするのは不當である。何となれば、行爲が公序良俗に反し著しく非難せらるべきものであるとしても、之が爲め勾留を正當視すべき理由はない、本人の側にも不當勾留を受くるにつき過失があつたとは言ひ難いからである。

尙私は現在勾留の代用物として事實上利用されてゐる拘留が全く理由を缺くことが明瞭になつた場合に於ても補償を與ふべきものと考へる。法律上正常の理由なくして身體的羈束を受けたる點に於て毫も之を不當勾留と區別すべき理由を發見し得ないからである。

二　農村問題と産業組合法の改正

農村問題對策の一として産業組合法を改正して其利用を容易にしやうとする議があると傳へられてゐる。農村救濟の策として果してどれだけの效果を期待し得るかは大いに問題であるが少くとも此機會に於て産業組合利用の途が廣く解放されるやうになることは大いに喜ばしい。現在の産業組合法と其運用とは餘りにも劃一的であり天降り的である。無産者の如きは之が爲め現に最も利用の必要を感ずるものであるにも拘らず事實之を利用し得ない。

尙此問題に關聯して注意して置きたいことは、現在の産業組合其他類似組合の整理聯絡を計ることが農村の實狀に鑑みて必要であることである。現在の農村は色々の目的から設立された組合が極めて亂雜に併存してゐる。之を各村々の實狀に鑑みて適當に整理し、更に進んでは町村制による町村との聯關を密接ならしめて町村の經濟化乃至産業組合化を計り、以て自治體の名の下に實は國家的事務の請負者たるに過ぎないものになつてゐる現在の町村をして、眞に町村民の生活の爲めに必要な協働的機關たらしめることが此際最も必要であるやうに私は考へてゐる。

三　農村救濟と小作法

農村をして現在の窮境に陷らしめたものは資本主義である。而して其慘害を先づ蒙つたものは元來最も經濟力に乏しかつた小作農である。さればこそ先づ彼等の間から小作運動なる自助的運動が起つたのである。然るに今や資本主義の大浪は農村の一層高い階級にまでも浸入して中小地主をさへも現在の窮境に追ひ込んだのである。今や此等の沒落中產階級は突然聲を大にして農村救濟を呼んでゐるけれども、今彼等を苦しめてゐると同じ資本主義の重壓が彼等より一層低い階級に屬してゐる小作人を既に早くから苦しめてゐたと言ふ事實に此際目醒める必要がある。事は決して今新に起つたのではない。刻々に增水する洪水が先づ一階を浸した後今や二階までをも浸すに至つたのである。一階だけが水に浸つた當時一階の人々は自らを救ふ爲めに二階に上つて來た。其結果二階の人々との間に鬪爭が行はれた。所が今では二階も亦水に浸つた結果、急に二階の人までが外に向つて救濟を呼ぶ樣になつたのであるが、之が爲め今日救濟を爲すべきものが二階の人々のみでないことを忘れてはならぬ。又二階の人々を救ふにはそれに相當した方法があり、一階の人々を救ふには又それに相當した方法のあることを忘れてはならぬ。

此故に今や正に實施せられむとする農村救濟對策も此點に基礎を置いて考慮されねばならない。而して小作人救濟の爲めには少くとも小作法の制定を必要とする。地主の中には今尚小作法の制定に反對するものが少くないが、小作法の制定は要するに力の關係としての小作關係を法律的に規律された平和の關係に轉化せしめむとするものであつて、力の爭による力の浪費を防ぐことが其目的である。今や地主は多少の讓歩をしてでも地位の安定を必要とすべき時期である。適當な內容をもつた小作法の制定は地主と小作人とに對して法的安全を與へる。これあるによつてのみ彼等の關係は安定し且合理化される。私は當局者が農村問題對策の一として小作法の制定に努力せむことを希望してやまない。

法律時觀

一九三二年九月号（四巻九号／通巻三三号）

一　賃金保護法を制定せよ

官廳統計によると全國に亘る諸工場の賃金未拂高は莫大の數字を示してゐる。此事實たるや蓋し吾國弱小諸工場に對する世界恐慌の深刻なる影響を如實に表示するものに外ならないのであるが、殊に之によつて蒙るべき勞働無產大衆の悲慘なる運命は爲政者の到底無爲にして看過すべからざる重要事である。就中中小製糸工場の賃金未拂は僅に子女の勞働を賣つてさゝやかな家計の足しにしてゐる農家にとつて極めて重要な事柄であつて、農村救濟の爲め幾多の非常對策が講ぜられねばならない今日、此問題に對する適切な對策を考慮實現することは爲政者にとつて絶對的の急務である。

私は此問題に對して二の對策を提唱したい。其一は非常的なものであつて、一切の未拂賃金に對して政府は救濟的補償を爲すべしと言ふのが其趣旨である。從來政府は屢々產業保護其他の名目によつて或は製糸業者を救濟し或は銀行を救濟する等巨額の補償を爲して資本家を救濟した。私は今恐慌に因つて無產大衆が極度の窮乏に陷つてゐる現狀に鑑みて政府が一日も速かに非常的補償を爲して賃金未拂の問題を解決せむことを希望してやまないものである。

第二の對策は經常的のものであつて、賃金保護法の制定が卽ちそれである。同法の內容として考へらるべき事柄は色々あり得るが、其一は賃金請求の爲めにする簡易の訴訟並に强制執行手續を設くることであり、其二は賃金請求權を保護する爲め强力な先取特權を認めることである。現行民法の認めてゐる先取特權（第三〇九條、第三二四條）は效力が微弱であつて實際上殆ど有名無實に均しい。其三は賃金請求權に對する差押制限並相殺禁止の規定（民訴第六一八條、民第五一〇條）を一層實際的且效果的ならしむることであり、其四は工場經營者をして强制的に賃金支拂の爲めにする積立金を爲さしめることである。株式會社其他工場經營者は從來一般に好景氣に際して無謀の利益配當を爲しつゝ不況時に對する準備を全く怠る傾向がある。よろしく彼等をして當時相當の積立金を爲さしめ以て不況時に於ける賃金の保護を計るべきである。

新聞紙は社會局に賃金保護法制定の意ありと傳へてゐる。私は其噂の眞實ならんことを切望すると同時に、制定せらるべき保護法が充分效果的なものであることを期待するものである。

二　少額債務調停法

恐慌對策の一として少額債務調停法を制定せむとする企ては大によろしい。蓋し法律を以て一率に債務免除乃至支拂猶豫を規定することは現在の情勢に鑑みて未だ其時を得たものと言ひ難い、此際行はれ得べきものは高々個々の當事者間の實情に卽して和解的に債務關係を整理することに過ぎないと考へられるからである。

しかしながら、金錢貸借の關係は――借家借地の關係や小作の關係と異つて――債權者亦更に第三者の債務者であるやうな場合が多く、關係は上下幾段にも重なつてゐる場合が非常に多いから、特定の二當事者相互間の關係だけを切り離して調停を試みても到底十分に其目的を達し得ない場合が多いのではあるまいか。殊に農村に於ける少額債務の債權者中には無盡業者其他比較的小資本の金融業者が多いから此等のものから十分の互讓和解を期待するのは無理である。此時に、調停法が相當の實績を擧げ得るが爲めには、

先づ第一に調停機關が金融界の實情に通曉するのみならず其方面に於て相當權威を有するものによつて組織される必要がある。調停委員會それ自身を此等のものによつて組織することが不可能であるならば、調停委員會の外に金融關係者を包含する顧問委員會を置き之をして和解の成立に對して實質的援助を爲さしめる必要がある。而して此委員會は少くとも各府縣に一組づゝ之を置くの外、中央に最高委員會を置いて金融方面との關係を圓滑ならしめる必要がある。

第二に調停法の實績を擧げる爲めには、單に法律を制定するのみならず、相當巨額の資金を用意して調停の成立を助ける必要がある。之によつて或は債權者に金融を與へて互讓を可能ならしめ、或は債務者に長期の低利資金を供給して高利債務の借換を爲さしむる等各種の經濟的手段を用ゐなければ到底十分に調停の目的を達し得ないと考へられるからである。

現在司法當局によつて立案されつゝある調停法が如何なる內容をもつてゐるかについて、吾々は尙未だ何等知る所がないけれども、從來の諸調停法に於けると同じやうに唯單に調停に必要な法律的形式を作るだけでは到底十分な成果を擧げ得ないであらうことを私は確信するものである。

法律時観

一九三二年一〇月号（四巻一〇号／通巻三四号）

一、農村負債整理問題と臨時議會

前回の臨時議會に於て衆議院は全會一致を以て「政府ハ現內閣成立ノ使命ニ鑑ミ時局匡救ニ適切ナル經濟施設ト人心安定ノ對策ヲ遂行スル爲成ルベク速ニ更メテ臨時議會ヲ開キ通貨流通ノ圓滿、農村其他ノ負債整理、公共事業ノ徹底的實施□農產物其他重要產業統制等ニ關シ必要ナル各般ノ法律案及豫算案等ヲ提出スベシ」なる決議案を通過せしめた。今回の臨時議會は言ふまでもなく此決議の趣旨に從つて召集されたものであり□從つて其所に提出された政府諸案もすべて此決議の要求する所を滿たす目的を以て立案されたものに外ならない。而してそれ等の諸案は農村負債整理組合法案を除く外殆どすべて原案のまゝ通過した譯であるが、時局匡救策の中心をなすべき農村金融改善及び負債整理の問題は果して之によつて十分な解決を與へられたであらうか。

先づ第一に□不動產融資及損失補償法及び產業組合中央金庫特別融通及損失補償法はいづれも農村金融の主要機關たる地方銀行及び信用組合に特別融通を與へて其資金の流動化を計り以て農村金融の圓滿を期する目的を以て制定されたものであるが、此等は結局破綻に瀕しつゝある金融機關そのものを救濟するのみであつて□農民殊に下層農民に對する金融を圓滿ならしむべき殆ど何等の效果をもつものと考へることが出來ない。若しも政府にして眞に下層農民に對する金融制度までをも改善する誠意を有するならば、一面に於ては直接勸業銀行、農工銀行等に關する法律を徹底的に改正して此等の銀行を單なる不動銀行たる現狀から救ひ出して眞の農村金融機關たらしむべく努力すべきであり、他面に於ては産業組合法を改正して信用組合を現在の腐敗墮落から救ひ出すべきである。之を行はずして此際如何程の特別融通を行はうともそれによつて救はれるものは金融機關それ自身に過ぎずして眞に金融を要求する農民ではない。直接金融機關に關する制度を改正して農民に對する金融を可能乃至容易ならしめる途が開かれない限り農村金融問題は毫も解決されない。吾々は政府が此點に鑑みて更に一層徹底的な金融改善案を次の議會に提出するやう努力せむことを希望してやまない。

第二に金錢債務臨時調停法は「負債ノ整理ニヨリ誠實ナル債務者ヲ更生セシムル」目的を以て制定されたものであるが、嘗ても一言した通り、金融的に權威のない單なる調停機關が果してどれ程の調停機能を發揮し得るであらうか。政友會の反對によつて否決された農村負債整理組合法案にしても政府原案の如く組合活動の基礎をなすべき中央金融機關をもたない限り到底滿足な働きを爲し得ないのは當然であつて、吾々は一面同法案の不成立を遺憾とするものであるけれども同時に中央金融機關を有せざる同法案の實際的機能を疑つて其機關を設けざる以上寧ろ案それ自身を否決すべしと主張した政友會の態度を正當なりとするものである。

之を要するに今議會を通過した農村の金融並に負債整理に關する法律はいづれも極めて不徹底なものであつて眞に農民の要求する所の萬分の一をも滿たすに足らないものである。吾々は時局匡救の特殊使命を以て成立した現内閣の仕事として之を甚だ遺憾とするものであるが　飜つて考へて見ると金融資本のデクテートする所以外に一歩をも踏み出し得ないやうに組み立てられてゐる現在の經濟財政組織の下に於ては何人が政局に立たうとも結局これ以上の大したことは出來ないのではあるまいか。其事を考へて見ると、問題解決の前途は頗る暗澹として甚だ悲觀すべきものが多いと言はねばならない。

新聞紙の傳へる所によると、農林當局は次の通常議會に提出する爲め農業動産抵當法案を準備してゐるとのことであるが、今の農家の何所に今の金融機關を滿足せしめるに足るだけの抵當動産があると考へてゐるのか、吾々は先づそれを當局者に聞きたい。今の金融機構は十分の物的擔保をもつてゐないものに金融を與へ得るやうに出來てゐない。そうして今の農家は一般に某擔保に供し得べき何物をもたないのである。農林當局が現在の小農を組織化して相當大規模な共同耕作團體たらしめるとか□小作權を物權化してそれに擔保價値を與へるやうなことを斷行するだけの力をもつならば格別、さもない限り今の金融機關から金融を受くるに値するだけの擔保物を農家に求めやうとするのは無理である。農林當局が如何なる「名案」を案出しやうとも金融機構の現狀が嚴として動かすべからざるものである限り、あらゆる努力も結局は水泡に歸するであらう。今回の負債整理法案の立案上中央金融機關の設置に關して結局農林當局が大藏當局の主張に讓歩するの已むなきに至つたのは、決して後藤農相の力が足りない爲めではなく、爭ふべからざる現在の金融機構の力が此結果を生むに至つたのである。

此事は現代經濟の基本的機構に關する徹底した理解を有せずして漫りに農本主義の經濟改革を主張してヒステリックの大言壯語を試みつゝある所謂フアッショ系統の人々によつて充分反省されねばならない事柄である。

法律時觀

一九三二年一一月号（四巻一一号／通巻三五号）

一、陪審法に對する一の疑ひ

現行の陪審法によると、「裁判所陪審ノ答申ヲ不當ト認ムルトキハ訴訟ノ如何ナル程度ニ在ルヲ問ハズ決定ヲ以テ事件ヲ更ニ他の陪審ノ評議ニ付スルコトヲ得」（第九五條）と言ふことになつてゐる。しかし此規定は陪審制度の政治的作用に對して致命的な障害を與へる不都合な規定ではあるまいか。これは私兼々の持論であるが、特に先日徳川圀順氏が陪審員中に加はつたことによつて新聞紙上特に有名になつた陪審事件が本規定の適用を受けたについて各方面の非法律家である友人から同趣旨の感想を聴く機會をもつたから、改めて玆に私の意見を述べて當局諸公の考慮を煩はしたいと思ふ。

此規定は犯罪事實の認定に關して裁判所を飽くまでも陪審の上位に置かんとするものである。法律家的に考へると、犯罪事件の審理に關して多年の經驗をもつてゐる裁判所は素人である陪審員に比べると常に優れた審理能力をもつてゐるやうに考へられる、從つて此規定も尙大に合理的根據をもつてゐるやうに考へられるけれども、陪審制度の政治的作用を考慮に入れて見ると吾々は容易に此考に左袒し得ないのである。

元來陪審制度は司法の民衆化を目的とする制度であつて、職業的司法官から見ると如何にも罰すべきものと思はれる行爲でも、民衆が赦さうと言ふならばまあ赦してもいゝではないか、と考へる所に此制度の政治的意義が存するのである。吾國の陪審法は憲法との形式的調和を計る爲め初めから可成りゆがめられた形で生まれてはゐるものの、此根本的意義が沒却される所まで行くならば寧ろ陪審制度を採用せざるにしかずと私は考へるのである。此故に、私は第九五條の規定の如きも單に形式的意義を有するに過ぎざるものと考へて、司法官の政治的常識に信頼してゐたのである。然るに此信頼はその後□裏切られるのであつて、私は最も之を遺憾とするものである。

吾が陪審法は諸外國のそれと異なつて有罪無罪の決定を陪審の判斷に委ねてゐない。陪審は唯犯罪事實の認定を爲すものたるに過ぎずとするのが、吾が陪審法の特色である。所が裁判に於ける事實の認定は事の性質上其認定を基礎として與へらる法律的判斷と離るべからざる關係に於てのみ行はれ得るものであつて、其關係を離れて事實認定のみが純粹に行はれ得るものと考へるのは全く誤つてゐる。元來法律的判斷の基礎たるべき事實認定は與へられたる多數の證據の中から特に選擇された事實によつて行はれるのであつて、其選擇は當該事件に對して如何なる法律的取扱を與ふべきかの考慮と密接な關係に於てのみ行はれるのである。此故に、陪審の權限を事實認定に限つてゐても、陪審の事實認定は結局事件に對する法律的判斷と離るべからざる關係に於てのみ行はれ得るのであつて、純粋なる事實認定と言ふやうなことは實際的には勿論理論的に考へても到底之を望み得ないのである。此故に、陪審の答申は外觀上唯事實認定にのみ關してゐるけれども、其裏面には事件に對する陪審員等の法律的判斷が藏されてゐるものと考へねばならない。さればこそ陪審法に於ても裁判長が其說示に於て單に「問題トナルベキ事實並證據ノ要領」を說示することなく「犯罪ノ構成ニ關シ法律上ノ論點」をも說示すべきことを命じてゐるのである（第七七條）。此故に裁判所が「陪審ノ答申ヲ不當ト認ムル」ことは間接に陪審員等の法律的判斷を否定することである。陪審員等が罰すべからずとするものを罰せむとし又其罰すべしとするものを罰せざらむとするものである。かくの如くにして果して陪審制度の政治的作用が十分に發揮されるであらうか、私は甚しくそれを疑ふのである。

元來陪審制度は司法の民衆化を目的とするものである。官僚裁判に對する民衆の不平を緩和することを目的とするものである。裁判官の眼から見ると如何にも罰すべきもの、やうに思はれる行爲でも、民衆の中から選び出された素人の陪審員等が「マア罰せずともい丶ではないか」と考へた場合には、特にそれを罰せざること丶する所に陪審の妙味があるのであつて、此妙味を否定する位ならば陪審制度そのものをやめて仕舞ふ方がい丶のである。成程裁判官は犯罪事實の認定に於ても、又罰すべきや否やの法律的判斷に於ても、遙かに優れた能力をもつてゐるに違ひない。それにも拘らず素人たる陪審員等をして事實認定を爲さしめやうとするのは、一面から見ると如何にも不合理に違ひないのである。而かも其不合理を承知の上で尙且陪審制度を採用してゐるのは實に其政治的作用の故であり其政治的妙味の故である。此故に、私は今後と雖も裁判所が漫りに第九十五條を適用せざらんことを希望して已まない。同條はよく〳〵の場合にのみ適用せらるべきものとして深く之を藏つて置いて欲しい。借地借家調停法第二十七條が「裁判所ハ調停ガ著ク公正ナラズト認ムル場合ニ非ザレバ調停不認可ノ決定ヲ爲スコトヲ得ズ」と定めてゐるやうな氣持は陪審法を運用する裁判官によつても亦十分に反省される必要があるのである。尙又私は更に一步を進めて第九十五條そのものを廢止してもい丶のではないかと思ふ。說示に於ける裁判長の技倆次第では著しく不當と認められるやうな答申は殆んど之を防ぐことが出來るであらう。それでも尙出て來る不當の答申に對しては宜しく眼を閉ぢてゐるべきであつて、それでこそ陪審制度の妙味が發揮されるのであるから、同條の廢止は毫も不都合を生せさるのみならず、反つて望ましい結果を生むものと私は考へてゐる。

裁判官は正義の神になつたやうな積りで裁判してくれなければ困る。しかし自分だけが正義の獨占者であるやうに自惚れてはいけない。裁判官は法律に據つてのみ裁判すべきものである。しかし裁判官も亦一の政治機關に外ならないことを忘れては困る。

法律時観

一九三二年一二月号（四巻一二号／通巻三六号）

一、利息制限法の改正

新聞紙は司法當局が非常時匡救の一策として利息制限法の改正を行ひ、之により金錢債務調停法の運用と相俟つて國民經濟の緩和に資するの意向あることを傳へて居る。其改正要綱なりとして傳へられるものの內、制限以上の利息約束を單に「裁判上無效」とするに止めずして法律上凡て無效にしやうとしてゐる點及び同法に違背して收得した利得の返還請求を許す規定を設けやうとしてゐる點は大によろしい。之によつて恐らく手數料其他の名義を以てする不當な天引の弊は大體に於て除かれるであらう。

しかしながら、例へば手形割引のやうな方法によつていくらでも制限利息以上のものを先取する途が立派に殘されてゐる以上、利息制限法だけを如何に嚴重にしても唯僅に地方の小金貸をいぢめるだけのことで、大局は之を如

何とも し難いのではあるまいか。地方に於ける高利の弊が如何に甚しいものであるかは吾々も亦之を知つてゐるけれども、其根本的原因は金融機關の不備に存するのであつて、現在の如く地方銀行が續々として沒落し、信用組合無盡の如き小金融機關亦一般に行き詰まりを示しつゝある以上、中位以下の農工商が金融なきに苦しむのは當然であつて、此所にこそ高利貸の暗躍する原因が存在するのである。畢竟は中小の企業者が漸次生產手段を離れてプロレタリア化する過程に於ける必然の現象であつて、一片の法令を以てする此大勢を動し難いのは必然である。新聞紙は改正案が「他人の窮迫・思慮淺薄若くは無經驗に乘じ不法の利得を貪りたる者に對しては懲役及び罰金刑を以て臨み嚴重に取締る」趣旨の規定を含んでゐると傳へてゐるが、私はかくの如き嚴罰主義が此種の問題に關して果してどれだけ妥當の效果を現はすかについて甚しく疑を抱いてゐる。

二、恩給法の改正

恩給法の改正が問題になつてゐる。現行の恩給制度が一面に於ては眞に給與を要すべきものに必要なる給與を與ふることを得ず、他面に於ては不必要なるものに不要の給與を與へつゝ、年々國庫の負擔を加重する傾向あることは極めて顯著な事實であつて、之が徹底的改正の要あることは人の均しく認むる所である。

しかしながら現在新聞紙によつて傳へられてゐるやうな改正案が果して恩給法合理化の目的を徹底的に實現し得るや否やは甚しく疑問である。私は恩給制度は官吏全體の相互扶助的精神を基礎とする老廢保險的のものに改造せらるべきものなることを主張したい。而して何よりも先づすべてが科學的保險計算の許し得る合理的基礎の上に置かれねばならないことを主張したい。此合理的基礎を無視すればこそ恩給制度が財政的の負擔となるのであつて、恩給制度を科學化することは根本的に必要である。此科學的基礎の上に立ちつゝ、私の主張したいことは個々の保險加入者が附加保險料を支拂ふことによつて特に普通以上の保險金を受け得るやうな制度を設けることである。現行の恩給制度は個々の官吏の任意的努力によつて將來普通以上の恩給を受け得る途を開いてゐない結果、個々の官吏は在職中恩給に關して全然無關心であつて、其所には何等の個人的努力に價値を認める仕組みも作られてゐない。すべての官吏は法定の標準によつて當然恩給制度の中に組み込まれてゐるだけであつて、平素から恩給の爲めに積立を行つてゐる意識をさへもつてゐない。これが現行制度の根本的缺點である。尙個々の場合について、受給の必要なき者に之を與へざるの特例及び特に受給の必要ある者については受給資格を緩和するが如き特例を設けることは最も必要である。例へば高級官吏にして特に政黨色を帶びたものが政黨に對する忠勤の功勞として勅選議員になり、一面に於て歳費を受けつゝ、同時に恩給を受けて、名譽と地位と生活の保障とを兼ね享くるが如き不合理を可能ならしむるが如き制度は何よりも先づ之を廢止せねばならない。

一九三三（昭和八）年

法律時観

一九三三年一月号（五巻一号／通巻三七号）

一、検察事務の獨立に對する民衆の疑念

檢察事務の獨立殊に政黨其他政治的勢力よりの獨立は法治國の理念から考へて絶對的に必要である。若しも檢事の公訴權行使が政黨其他政治的勢力によつて多少とも不正不純な干渉を受けるやうなことがあるとすれば、民衆の司法に對する信頼の念は根本的に破壞されるであらう。公訴權が公正に行使されない限り、公判が如何に法律によつて公正に行はれやうとも結局萬事はすべて底拔けである。社會的弱者の犯罪が如何に公平に摘發處罰されるとしても、力ある者共の大なる不正が永久に法網を潜つて刑事制裁の對象となることがない限り、所謂公正なる法治主義的司法も結局多數民衆の怨府となるに過ぎないであらう。

吾々は從來屢々多數の疑獄事件に關聯して暗い影の力が裏面に動いてゐるのではないかと言ふ暗示を新聞紙によつて與へられる。最近の鐵道疑獄事件に關しても初め某々大官の檢擧までをも傳へてゐた新聞紙は、某々方面の運動によつて司直の手は結局現在以上に伸びないであらうと言ふ記事を無遠慮にも揭げてゐる。吾々は法治國民の一人として此報道を信ずることを欲しないものである。が、かくの如き怪しからぬ記事が現はれても官憲敢て之を禁ぜず世人も亦多く怪まざる所から推すと、吾々と雖も亦火なき所煙上らずの感を抱かざるを得ないのである。

私は法學敎育に從事する一人として心から司法當局者に對して次のやうなお願ひをしたい。「正義の信念に燃えた純眞な多數の青年が每年司直の府を志して吾々の門を去ります。彼等は其志す所にこそ正義の理念と實踐とが充

ち〳〵てゐると信じてゐるのです。どうぞ彼等をして多少とも失望させないで下さい。其努力をされることが光榮ある吾司法制度の信用を永遠ならしむべき諸君最大の責任であると心から考へて下さい。」

二、社會立法の睡眠

新聞紙は今期議會に提出されるであらうと言はれてゐた多數の社會立法々案が兒童虐待防止法案を除く外すべて不提出に內定されたと報じてゐる。

資本主義國に於ける社會立法の最大限が其國資本主義によつて規定されねばならないのは勿論である。吾々は決して空虛に社會立法の理想主義的完備を說くものではない。けれども一國の資本主義が合理的に許し得べき社會立法の最大限的實現に努力することは其國資本主義が自らを救ふ爲めに爲さるべき必須の要件であることを信ずるものである。此意味に於て如何に沒落期にあるとは言へ吾國の資本主義は自らを救ふ爲めにもつと〳〵社會立法の完備に努力することを要するのであつて、殊に今後必然的に要求されてゐる經濟統制化を實現する爲めには必然それに奉仕すべき社會立法を必要とするのである。

此意味に於て、私は現今こそ政府が愼重な硏究によつて必要なる社會立法の完備に努力すべき時であると信じてゐる。然るに最近兼々から次期議會に提出されると傳へられてゐた社會立法の諸法案は終に不提出に決したと新聞紙は報道してゐる。私は其理由の奈邊に存するかを知らないけれども、新聞紙が傳へてゐるやうにインフレーション景氣の爲め例へば賃金保護法の如きは差當り不必要になつたから提案を見合はせると言ふやうな理由であるとすれば、此位間違つたことはないと私は考へる。元來好景氣の時代が有力な社會立法を制定するのに最も適當した時期であることは疑ひのない事柄であつて、其時代に比較的容易に制定し得た法律が愈々と言ふ時になつて、其效用を發揮するのである。例へば賃金保護法の如きも現に賃金不拂の多い不況時代に之を制定することは非常に困難であるが、不拂の少ない好況時代には比較的容易に之を制定し得る。そうしてそれが次の不況時代に物を言ふのであつて、今から法律が制定されさへすれば企業者も其時代の爲めに準備を爲し得るから、萬事は頗る好都合であると言はねばならない。元來景氣の好い時代に勝手なことをし盡して不況時の爲めに何等の準備を爲さず、而かも一度不況の波が押し寄せると其無準備から生まれる苦痛のすべてを勞働者の負擔に歸して顧みないのは現代資本家の通弊である。社會立法は蓋し此弊を匡救するものとして今こそ最も痛切に制定を要求される時代であると言はねばならない。

法律時觀

一九三三年二月号（五巻二号／通巻三八号）

一　競賣制度の徹底的革正を望む

現在行はれつゝある强制競賣及び競賣法による競賣が換價方法として極めて不完全であり、債權者並に債務者が之によつて甚大なる損失を蒙りつゝあることは極めて顯著な事實である。最近新聞紙の傳へる所によると、某々區裁判所附屬の競賣機關に關聯して不正行爲が摘發されたとのことであるが、此種の行爲が——縱令犯罪にならないまでも——徹底的に摘發されたならば全國的に非常なものになるだらうと想像される。

現在民事訴訟法の改正事業に關聯して此種の弊害に對する對策は大に研究されてゐること、想像されるが、特に今回の事件に鑑み此種の弊害を根本的に防止し得るやうな仕組みが考察されることを此際特に希望して置きたい。吾國の立法委員會は從來とかく理論の末にのみ走つて事の實果を收むる爲めの具體的考察を忘れる傾向がある。是れ吾々が此際特に民訴改正委員會に對して此問題に關する具體的考慮を要望する所以である。

二　利息制限法の改正について

利息制限法の改正によつて暴利を防遏せんとする企てはそれ自身大に時宜に適してゐる。

しかし苟も事を禁ずる以上脱法的行爲によつて其禁止がくゞられるやうでは何にもならない。民法第三百四十九條が如何に流質特約を禁止してゐやうとも賣渡擔保等の方法によつて容易に其禁止が潜られてゐる以上、かくの如き明文上の禁止は全く無意味である。此故に今や暴利行爲を徹底的に防遏せむとしてゐる當局者に對して此際吾々の特に要望したいことは脱法行爲の徹底的防止である。然らば今日此種の脱法行爲として最も注意せらるべきものは何か。それは言ふまでもなく白紙委任狀の濫用である。從來學者によつて色々批評されてゐる普通の賣渡擔保はまだ〳〵我慢が出來るけれども、現在多くの場合に行はれてゐるやうな白紙委任狀の濫用は到底之を許し難い。擔保物の名義書換を目的とした白紙委任狀をとつた債權者がこれによつて自由自在に擔保物の換價を行ひ得る上、民法第三百四十九條の無意味なるは勿論高利禁止法の如きも實際上殆ど無意味に歸するであらう。何故なれば、債權者は必要の場合何時でも白紙委任狀を利用して擔保物の名義書換を行ひ、以て不當の利得を得ることが出來るからである。

白紙委任狀の弊は此以外に例へば借地借家の關係に關しても同様に感ぜられてゐる。吾々は此際司法當局者は此種の弊を徹底的に防遏すべき方策を者慮《ママ》せんことを希望してやまない。

三　辯護士法の改正

辯護士法改正案が改正委員會の手を離れてから今日まで數年の長きに亘つて未だ法律となるに至らないのは吾々の最も遺憾とする所である。其原因が些細な問題に關する司法當局者と辯護士側との意見不一致に存することを考へて見ると、吾々は一日も速にかくの如き紛議がより大なる善の爲めに解決されることを希望してやまない。例へば、婦人辯護士の實現が如何に社會上大なる價値を有するかを考へて見よ。その大なる價値が些細な問題に關する紛議の爲めに實現さ□るに至らない此の現状を吾々は到底許すことが出來ないのである。

法律時觀

一九三三年三月号（五巻三号／通巻三九号）

一　近來の名判決

大審院第一民事部が昭和七年十月六日附を以て與へた判決は情理を兼ね備へた近頃の名判決である（大審院判例集第十一卷第二十號民二〇二三頁以下所載）。

內縁の夫婦間に生まれた子が認知を受けない間に父が死亡した場合には、實際上父であり子であるもの丶間に法律上親子關係を作ることが結局不可能に終ると言ふのが從來の通說であり、從つて其考によると例へば父が他人によつて殺害された場合にもかくの如き子は法律上子として民法第七百十一條所定の慰籍料を請求し得ないこと丶なるのである。

然るに本判決は此通說はそのま丶之を認めつ丶、而かも內縁の夫婦間の子、否胎兒が父の殺害者に對して損害賠償を請求し得べき理を認めたのである。かくの如き子は法律上父との間に親子關係を有せざるが故に民法第七百十一條によつて慰籍料を請求し得ざること勿論であるが、若しも父が殺害せられずして生續せば、父の「收入ニ依リ生計ヲ維持スルヲ得可カリシ者」であつて、かくの如き利益は「嚴密ナル意味ニ於テハ權利ト云フヲ得ザルモ法律上保護セラルベキ利益ニ該ル」から、尙之を民法第七百九條に所謂「權利」と言ふことが出來ると言つて、大正十四年十一月二十八日の判決を援用してゐる。其間在來の通說を理論としてそのまゝ認めつゝ、民法第七百九條に所謂「權利」の意義に關する新しき解釋に根據を求めて行つた所に本判決の巧みさがある。かくして本判決が正面から理論に逆ふことなしに而かも條理の要求を容れ、かくして第七百九條に所謂「權利」の意義に關して判例上更に一つの進展を作爲した所に本判決の價値がある。

かくして內緣關係に關する判例法は此所に一期を劃して更に一段の進展を遂ぐべき足掛りを見出したものと言ふことが出來る。

但し吾々學者の立場から考へると、大審院がかくの如き問題についてかくの如き苦心をしなければならない原因が實は現行法上父子關係確認の訴を認め得ずとする從來の通說に存することを反省せざるを得ない。父子關係存在の證據歷然たる場合に於ては父の死後と雖も尙其確認を求め得べきものとすべきが當然ではあるまいか。其訴に於ける被告を何人とすべきかの如きは畢竟末梢の問題、訴訟法學者の立つて此問題を解決するものゝ出でんことを希望してやまない。

二　何が憲政の常道か

衆議院に絕對多數を占めながら、非常時を名として自ら批評の自由を抑制しつゝある政黨にどうして憲政常道を口にする資格があるのであらうか。立憲政治の政治的價値は在野黨が思ふがまゝに政府の政策を批評して輿論の批判に訴へ得る點に存する。其輿論に訴へ得べき權能を自ら拋棄して徒らに唯政權をねらふが如き政黨にどうして憲政常道を口にする資格があるのであらうか。彼等が若しも眞に憲政を愛するならば、總裁の一人や二人位×××で××れる位覺悟の前でなければならない譯である。然るに自ら在野黨の特權たる批評の權能を棄てゝ只管唯次の政権をねらふ、かくの如き政黨に憲政常道を口にする資格が何所にあるのであらうか。眞に憲政を守らむとする熱意があるならば、この際もつと〳〵勇氣を出して批評すべきである。其時こそ國民は彼等に心からの信頼を拂ふに違ひない。

法律時観

一九三三年四月号 （五巻四号／通巻四〇号）

庄川事件の判決

去る三月七日大阪地方裁判所第二民事部は經濟上社會上の大問題であり又難問題である庄川事件に對して極めて興味ある判決を與へた。此判決に對しては賛否色々の議論が行はれて居る。又其內容が調停的和協的である關係上原被兩告いづれに對しても充分な滿足を與へ得ないもの、やうに考へられるけれども、吾々第三者の眼から見ると此種の問題に對する判決として近頃極めて出色なものであると思ふ。事件が尙繫爭中であるから具體的な批評は成るべく差控へたいけれども、此際之に關して多少の感想を述べることは時觀子當然の義務であると考へる。

本判決は先づ第一に流木權を二百年來の慣行に基く慣習法上の權利なりとして之を認め、河川法第三條第十六條河川法施行規程第十四條明治十四年富山縣令第三十三號及大正十五年富山縣令第三十號等に依る縣知事の流木許可は單に流木權行使の方法時期範圍場所等に付警察的取締を爲す目的から必要とされるものであつて、流木權發生の要件乃至權利存續の要件にあらずと爲し、第二に被告庄川水電が流木權者たる飛州木材株式會社の承諾を得ずして爲したる堰堤築造が事實流木權を侵害するや否やは被告側の設備した運材設備の適否によつて定まるのであつて、其設備さへ適當であつて流木に對して何等の支障を與へざるに於ては堰堤築造それ自身は流木權行使の妨害とならざるものとし、而かも事實上運材設備に不完全な點がある、それは「流木權ノ行使ヲ絶對的ニ不能ナラシ」めるものではないけれども、「堰堤築造ノ結果該運材設備ニヨル運材ノ結果ガ古來ノ自然流送時ニ於ケル原告ガ受ケ得ベカリシ利益ノ享受ニ比シ事實上幾多ノ損失ヲ蒙リシコトハ否定シ得」ず、從つて「多少ナリトモ流木權夫自體ノ妨害ヲ爲シタリト斷定」してゐるけれども、第三にこれを理由として妨害排除の爲め堰堤の撤去を請求し得べきや否やの問題に關しては「撤去ノ能不能ハ理論上物理上ノ問題ニ非ズシテ社會通念ニ其ノ標準ヲ求メ是ヲ破壞スルコトガ經濟上社會上過大ナル犧牲ヲ拂ヒ其ノ影響スル處甚大ニシテ寧ロ是ヲ破壞セザルコトガ社會通念ニ從ヒ妥當ノ處置ナリト思惟シ得ラル、トキハ結局是ヲ法律上撤去不能ナリト斷定スルヲ可トス、加之原告ノ流木權ガ該堰堤築造ニヨル妨害ニヨリ被リシ損害ニ比較シ堰堤ノ撤去ニヨリテ蒙ルベキ國家經濟上ノ損失ガ遙ニ過大ナルニ於テオヤ云々」の理由によつて其請求を却下し、第四に「堰堤撤去ガ不能ナルトキハ其ノ損害賠償トシテ金八百萬圓ヲ請求ス」との原告請求に對しては、先づ初めに堰堤築造夫自體を切離して考へると適法行爲であるけれども「其ノ運材設備ガ個々ノ部分ニ不完全アルコトハ之ヲ否定スルコト能ハザルガ爲流木權ノ行使ニ事實上不利益ノ結果ヲ生ゼシメ、仍テ以テ結局該堰堤築造夫自體ガ客觀的ニ觀テ不法ニ原告ノ權利ヲ侵害セルノ結果ヲ來セルモノナル以上、此點ニ於テ被告ニ過失アリト認メザルヲ得ズ、果シテ然ラバ右過失ニヨリ原告ノ流木權ヲ侵害シ仍テ以テ原告ニ蒙ラシメタル損害ニ付不法行爲上ノ賠償ノ責ニ任ゼザルベカラズ」と論斷したる上、損害額の問題については「流木權ガ堰堤築造ノ爲メニ侵害セラレタル損害」即ち「從前自然流送ニヨリ原告ガ受ケ得ベカリシ利益ガ之ガ爲ニ圓滿ナル狀態ニ於テ享受シ得ベカラザル」に至つた爲め生じた不利益が此場合賠償せらるべき損害である、而して「右不利益ハ將來永久ニ補正除却シ能ハザル固定膠着性ノモノナラバ其恒久的不利益ヲ加算測定スベキモ、科學ノ發達ト當事者ノ協調ハヨク之ヲ補正除却スルノ力アルヲ信ジテ疑ハザルガ故ニ、必ズシモ將來恒久ノ不利益ノ悉クヲ加算測定スルノ必要ナク、主トシテ現在ヲ標準トシテ算定スベキ」であつて、「結局諸般ノ事情ヲ綜合シ裁判所ガ社會觀念ニ從ヒ正義公平ノ要求スル所ニ則ツテ自由ニ裁量スベキ」であると言ふ考の下に、之を貳拾萬圓と裁定してゐる。

而して判決は最後に其根本精神の存する所を明かにするが爲め「本判決ハ其ノ影響スル處重大ナルモノアルコトヲ深ク考慮シ單ニ一片ノ冷ナル法律的理論ニ偏セザランコトヲ期シ當事者双方ノ權利關係ヲ如何ニセバ最モ妥當ニ調節シテ適當ノ解決ヲ爲シ得ベキヤニ努メタ」ものであると説明した上、「思フニ民事裁判ハ單ニ法律上ノ理論ヲ弄シテ能事畢レリト爲スベキニ非ズシテ、結局諸般ノ事情ヲ綜合シテ社會的正義ノ指示スル處ニ準據シテ如何ニ平和ニ解決センカ如何ニシテ妥當ニ調節スベキカヲ大眼目ト爲サヾルベカラザルコト謂フヲ俟タズ、裁判ノ社會的使命ハ社會的利益ノ保護ト個人的利益ノ保護ノ妥當ナル調和調節ニ在リ、卽各當事者ノ有スル利益欲望要求ヲ正確ニシ其ノ發生原因動機目的過程範圍限界種類性質等ヲ明白ニシタル上、之ヲ社會共同生活夫自體ノ一般的安全ト比較シ評價シ以テ社會的正義ノ標準ニ立チテ相共ニ出來得ル限リ一方ノ損害ヲ少クセシメ其ノ犧牲ヲ滅ゼシメツ、各自ガ其需要ヲ充タス限度ニ於テ滿足ヲ爲サシメンコトヲ努ムベキモノナリ、換言セバ單ニ法律ノ劃一性ヲ維持シ法律ノ要求スル確實性其ノモノ、破レザラムコトヲ保持スルコト夫自體ニ非ズ、又個人的利益其ノモノ、尊重保護夫自體ニ非ズシテ正ニ當事者ノ利益ヲ純化シ其ノ慾望ヲ清算シ斯クテ其ノ純化清算セラレタル利益欲望ヲ中核トシ、一面法律ノ形式ト論理ノ破レザラムコトヲ尊重シツ、他面社會共同生活ノ一般的安全其ノ圓滿幸福ナル發達ノ完成ヲ希ヒツ、斯クテ結局各具體的實情ニ立脚シテ當事者ノ利益ヲ評價輕重シ適度ニ按配シ調節シ事案ニ付テノ最モ妥當適切ナル解決ヲ見出スニアレバナリ」との意見を述べ、之を本として「當裁判所ハ敍上ノ趣旨ニ基キ本件當事者双方ノ利益ヲ純化シ清算シ之ヲ按配シ調節シツ、且又社會共同生活ノ一般的安全ヲモ顧ミ、其ノ年久シキ辛酷ナル鬪爭ノ一日モ早ク平和ニ解決センコトヲ希フガ爲メニ敍上ノ如キ判決ヲ爲スモノニシテ、其ノ命ズルガ如ク原告ガ流木權ヲ有スル以上若シ將來其ノ實際上ノ損害ノ賠償ヲ求メ得ベシトセバ被告ハ流木權ノ行使若クハ損害ノ賠償ヲ求メラル、コトノ甚シク不利益ノ立場ニ立ツニ思ヲ走セテ將來出來得ル限リ相手方ニ損害ヲ被ラシメザランコトニ努力ヲ盡スベク、而モ原告ハ形式上損害賠償ノ請求權ヲ有ストモ事實上其ノ實損害ノ賠償ヲ求ムルコトノ甚シク困難ノ地位ニ立チ、斯クテ兩々各不利益ノ立場ニ在ルヲ慮リ將來必ズヤ協調事ニ當ルノ外ナキヲ以テ融合妥協シ平和ナル解決ノ第一歩ヲ踏出スコトノ遠カラザルヲ望マンガ爲メナレバナリ」との勸告的意見を述べて居る。

庄川事件は多年の慣行を基礎とする原始的產業上の利益と資本主義的產業の尖端を行く水力電力事業上の利益との正面衝突に起因する事件であつて、之に對して適切なる法律的解決を與へることは極めて困難である。然るに本判決はよく此困難に打克つて適切な解決を與へてゐる。無論飽くまでも自己の立場のみを排他的に主張し貫徹せむと欲する當事者の眼から見るとかくの如き和協的解決は其いづれに對しても不滿足に思はれるかも知れない。此判決の理論的根據をなしてゐる各種の法律論中には在來の通說と相當背馳するものが少くないけれども、通說としての不法行爲理論が如何に現在社會の實情に適せず、其根本的改造を要することは今や心ある學者の等しく痛感する所であつて、本判決の中樞をなす理論は偶々それ等の學者の希望し主張する所と符合するのである。就中本判決が其認めた損害賠償を以て——名は不法行爲上の賠償なりと解してはゐるもの丶實は——適法行爲に因る損害賠償に過ぎざるものと解し、二の權利々益が相牴觸する場合に於て甲の權利々益が經濟上極めて重要な價値をもつてゐる場合には、之によつて乙の利益が多少損害を蒙ることがあつても、其損害は之を金錢的に賠償せしめつ丶、甲の事業はそのま丶之を續行せしめやうとする理論を說いてゐる點は吾々の最も同感する所であつて、此種の理論によらざる限り現代社會に起生する此種事件にして妥當なる解決を與へることは極めて困難である。鑛害の諸事件にしても、丹那隧道開鑿に關聯する賠償事件にしてもすべて此種の理論によつてのみ適切に解決せらるべきであつて、此種の理論を認めない在來の通說は此種の事件が實際起生することなかりし舊時代の社會事情に基礎を置くものたるに過ぎないのである。

事件が尙繫爭中であるから第三者としての吾々は成るべく具體的の批判を避くべきであると思ふ。從つて金二十萬圓の賠償を以て事を圓滿に解決せむとする提案が果して具體的に妥當なりや否やに付いては何等の意見を述べたくないけれども、事件の具體的解決策として判決の提案する所及び其法律的基礎に對して吾々は大體に於て同意を表することが出來ると思ふ。希くば當事者双方が本判決が其末尾に於て說示してゐるやうに和協的解決によつて事件を圓滿に解決するやうに、吾々はそれこそ實に此際許さるべき唯一の法律的解決策であると信ずるものである。

法律時觀

一九三三年五月号（五巻五号／通巻四一号）

ローマ字投票とハイフンの問題

新聞紙の傳へる所によると、最近行政裁判所は東京府會議員の選擧に關しローマ字による投票中氏と名との間にハイフンを記したるものを「議員候補者ノ氏名ノ外他事ヲ記載シタルモノ」と解し之を無效とする旨の判決を與へたとのことであるが、私は此判決の正當さについて多大の疑ひを抱くものである。

ローマ字による氏名の記し方に日本式及びヘボン式の二種類あることは世上周知の事實であつて、後者によれば英語式に先に名を記した後に氏を記す、例へば鳩山一郎は

Ichiro Hatoyama

と記す、或は又略して

I.Hatoyama

と記す。之に反して前者によると氏を先づ書きたる上ハイフンを挾んで次に名を記すのであつて、鳩山一郎は

Hatoyama-Itirô

又は

Hatoyama-Itiroo

と書くことになつてゐるのである。私は今茲に日本氏名のローマ字書方として此等二種類の優劣如何を論ぜんとするのではない。唯此等二種類の書方が現に事實として甲乙なく世上に行はれてゐることに對して注意を促したいのである。ヘボン式に慣れた人々は或は日本式の此書方を異例のものと考へるかも知れないけれども、現に全國幾十萬の日本式ローマ字仲間は此書方によつて氏名を記してゐる。のみならず日本式ローマ字は現に陸海軍其他の官署に於ても公式に之を使用してゐるのであつて、行政裁判所としても此事實は事實として之を認めねばならない。日本式ローマ字仲間は常時氏名を記すに際して上記の書方を慣用してゐるのであるから、投票に際しても其慣用の方法によつて候補者の氏名を記すのは當然であつて、其際投票者自らに「氏名ノ外他事ヲ記載」する意思なきは勿論、客觀的に見ても「氏名ノ外ニ他事」が記載されたと解せらるべきものではない、其所には唯普通の書方によつて普通に氏名が書かれてゐるに過ぎないのである。

元來「候補者ノ氏名ノ外他事ヲ記載」することの禁止は無記名投票主義の精神を貫徹する爲め個々の投票が個性をもつことを避けやうとする精神に出たものであつて、例へば大審院判決（大正一〇・一一・二七民錄一一一頁）は此趣旨を說明して「被選擧人ノ氏名及ビ之ヲ明確ナラシムル文字若クハ敬稱以外ノ他事ノ記載ハ縦令選擧人ニ於テ之ニヨリ投票以外ニ何事カヲ表示セントスル意思ニ出デザリシトスルモ、其ノ記載アルコトニヨリ選擧人ノ何人ナルカヲ探知スルコトヲ得テ選擧法ガ採用シタル無記名投票ノ精神ヲ破壞スルト共ニ選擧ノ自由公正ヲ害スルニ至ルベキヲ虞レタルニ在リ」と言つて居る。果して然らば漢字を以て氏名を記した後に、○□×―等の記號を記載するが如きは素より投票を無効たらしむるものと解すべきであるけれども、苟もローマ字投票の效力を認める以上日本

式ローマ字による投票に於て氏と名との間にハイフンを入れた普通慣用の氏名記載を右と同様他事記載なりと解するのは非常な間違である。此場合には唯普通慣用の方法によつて氏名が記されてゐるだけのことであつて、ハイフンそのものは決して「他事」ではない。

投票の取扱はもとより嚴格に行はれねばならぬ。しかし如上の精神に違反せざる限り成るべく投票は之を有效に取扱ふべきである。些々たる形式上の異例乃至誤謬の故を以て濫りに投票の效力を否定するが如きは立憲國民の基本權たる投票權の權威を無視するものと言はねばならぬ。日本式ローマ字仲間のものが其慣用する書方によつて候補者の氏名をかけば氏名の間にハイフンを入れるのは當然である。其書方による投票を有效視することの爲め如上他事記載禁止の精神は少しも沒却されることはない。反つて之を無效とすることによつて國民の貴重なる投票が故なく其效力を否定されたことを吾々心より遺憾とするものである。

法律時觀

一九三三年六月号（五巻六号／通巻四二号）

一　罪名不統一問題

五・一五事件の被告人に對する公訴の罪名が軍人と非軍人とについて統一しないことを氣にする人が非常に多いらしい。現に民政黨所屬の三代議士は此問題に關する聲明書を新聞紙上に發表してゐる。しかし私の考では統一せずとも何等差支ないと思ふ。統一出來ればこれに越したことはないけれども、出來ないからと言ふて其所に何等か不都合なものがあるやうに考へるのは間違ひだと私は考へてゐる。

軍法會議と言ふ軍人の爲めの特別裁判所が特に設けられてゐる根本精神は軍人によつてのみ且軍人的立場からのみ裁判せらるべきであるとする點に存在する。嘗て封建時代には武士の爲めに特別の刑法及び裁判制度があつたと同じやうに、明治以後も軍人は軍人として特別の裁判を受くべき特權をもつてゐるのである。此制度の是非は勿論問題にする餘地が大にあるけれども、此制度が現行法として存在する以上、檢察官も此制度の精神によつて公訴を提起すべきが當然であり、軍法會議も亦同じ精神によつて裁判すべきが當然である。陸海軍の檢察官は其獨自の立場から公訴を提起し得るのであるから、公訴に於ける罪名も亦其獨自の立場から之を決定し得べきこと勿論である。それが偶々非軍人被告人の爲めに檢事の決定した罪名と一致しないことがあつても、制度當然の結果であつて非議すべき何物も存在しない。同一事件の被告人を處罰せんとするに當つて、或者を或罪名に擬し他の者を他の罪名に擬するのは一見常識に反するやうに見えるけれども、或事件を如何なる罪として起訴すべきかに付いて檢事も檢察官もそれ〴〵獨自の權限を有する以上、彼等のそれ〴〵擇びたる罪名の間に差異あり得べきは當然であつて、毫も之を非とすべき理由はない。

二　費用を伴はざる法律制度

形式上法律制度成るも之を運用するに必要なる費用伴はざるときは制度も亦結局無きに均しい。一定の社會政策を實施し以て其功を擧げんと欲せば必ずや一定の費用を要すべきこと素より言ふを待たない。申譯的に中途半端な費用を出して社會政策を行はうとしても之によつて充分の成果を擧げ得ないのは勿論費用も亦結局無駄に終はらざるを得ない。然るに吾國政府從來の施設は多く此弊に陥つてゐる。今回少年教護法の制定を見たる事夫れ自身大に可なり。乍併制度成つて而かも運用上之をして十分に其機能を發揮せしむるに必要なる費用の支出を惜しむに於ては、此新法も亦本來の感化法以上殆ど何等の成果を收め得ないであらう。

三　私鐵疑獄事件判決に對する疑ひ

私鐵疑獄事件に關する東京地方裁判所の判決が下つた。判決理由に關して新聞紙の報道してゐる以上に精確なことを知り得ない吾々は之に對して未だ法律技術的な批判を下し得る地位にないけれども、新聞紙を通して知り得たゞけのことを材料として考へると、吾々は裁判所が徒に些々たる手續法上の末節に捉はれて此種事件に對する判決が世道人心に與ふる影響の甚大なるものあるを深思せざりしことを遺憾とせざるを得ない。同じ鐵道大臣が同じ在職の間に數個の私鐵買收に關してそれ〴〵收賄したと言ふのが公訴の事實である以上、それが連續犯であらうがなからうが又此點に付いて檢事の起訴手續に缺陥があらうがなからうが、其公訴されてゐる事實の內其一に付いて罪となるべき證據がある以上それを理由として處罰すべきは當然である。檢事の起訴手續の正しい部分は罪となるべき證據なき故に無罪、偶々證據明かなる部分については起訴手續に不備があると言ふ理由で無罪、判決自らが罪となるべき事實を認めつゝ而かも結局全部的に之を無罪とするが如き判決が果して吾々の法律常識を滿足せしめ得るであらうか。況んや法律に關して技術的智識をもたない一般公衆がかくの如き判決によつて納得する筈があり得ないではないか。

吾々は先づ第一に本事件が連續犯として取扱はれてゐることに同意したくない。苟も大臣たるものが「單一の意思」を以て連續的に收賄行爲を行つたと言ふやうな認定は――名譽ある被告人の爲め――之を爲すに忍びないからである。がそれはともかくとして、連續犯として起訴した場合に其初めに起訴された部分が無罪になると後から通告によつて追加された部分だけを獨立に處罰し得ないと言ふ裁判所の見解は甚だ不當であると思ふ。連續犯の通告は形式的には公訴ではないけれども、實質的には公訴である。のみならず初めに起訴された事實が主であつて、後から通告された事實が從である譯でもない。前後の事實が連續一個の犯罪と認定されたから既に公訴がある以上更に別に獨立の公訴を提起し得ない。だから通告によつて公訴を擴張するのであつて、事は唯形式の問題である。此故に通告も亦實質的には公訴であつて、前に起訴された部分が證據なきの故を以て無效となつた場合には殘りの部分卽ち通告によつて公訴された部分につきてのみ獨立に有罪の判決を與へ得べきは當然の理であつて、毫も不告不理の原則に反するものではない。吾々は裁判所が通告は公訴にあらずとする形式論を振りかざして得々たる沒常識さを心より輕蔑せざるを得ない。

法律時觀

一九三三年七月号（五巻七号／通巻四三号）

一　政府と比例選擧制

政府は衆議院議員選擧法を改正する爲め比例選擧制を臨時法制審議會に附議しやうとしてゐる。けれども、先に審議會の議を經て一部の改正案を作成して終に衆議院の猛烈な反對に會ひ、而かも其通過を計る爲め特に何等の努力を爲さなかつた現政府が、更に一層難問題である比例選擧制を審議會に附議して見ても果して何等かの成果を擧げ得るであらうか、吾々は甚しく之を疑はざるを得ない。審議會にしても政府のあの態度を見ては到底眞面目に比例選擧制の問題を審議する氣にはなれまい。元來選擧法のやうな法律的であると言ふよりは寧ろ政治的である事項を主として朝野法曹の元老によつて構成されてゐる審議會の議に附しても、當時の政府が議會殊に衆議院に確固たる根據を有せざる限り、之によつて法律改正の目的を達し得ないのは極めて明瞭である。審議會が法律技術的に如何に立派な原案を作つてもそれによつて政黨關係の諒解は少しも得られてゐる譯ではない。政府が議會に確實な地歩をもたない限り、如何なる原案も到底議會の承認を得ることが出來ないのは當然である。現政府は政黨の窒息狀態の上に築かれてゐる極めて變態的なものである。或種の事柄については嫌應なしに議會の協贊を得ることが出來るけれども、それは決して政府そのものの力によるのではなくして、單に政黨が窒息して反對能力を失つてゐるだけの結果である。此故に、政黨が反對しても差支ない事柄で、而かも政黨そのもの、利害に關係する事柄であれば、政黨が此時とばかりに反對するのは當然である。此故に現在のやうな狀態の下では如何に立派な比例選擧制が立案されても、それが法律になる見込みがないのは當然である。

しかのみならず、理論的に考へても比例選擧制の採用は果して吾國現下の政治事情に適合してゐるであらうか。此際小黨分立の傾向を助長することは、さなきだに能率が惡いと非難されてゐる議會の能率を一層惡くするだけのことであつて、議會を無力化せんとするファッショ的勢力の乘ずべき機會を作るだけである。今や變態に陷つてゐる憲政を常道に引き戻すことを使命とすべき政黨政治家等が比例選擧制の採用に贊成するのは理論的に甚だ矛盾してゐると言はねばならぬ。

二　中華民國法制研究會の仕事を禮讃す

中華民國法制研究會の骨折によつて、中華民國諸法典の信頼するに足るべき飜譯並に註釋書が次々へと公刊されるに至つたことを心より喜ぶ。既刊書の中、民法總則並に債權總則は我妻教授、會社法は田中教授及び鈴木助教授、刑法總則は小野教授の手になるものであつて、いづれも著者其人を得てゐるから、其內容が極めて優れたものであることは今更言ふまでもない。實に會長松本博士が會社法の序文に於て言つてゐる通り「日支兩國の學界、司法界並に實際社會に有益な一大文獻」である。之によつて一面吾同胞に民國現行法制に關する精確なる智識を與へ、他面民國法學界に向つて學術的に寄與し得ることは、獨り兩國間の文化的提携の氣運を促進する爲め有意義なるのみならず、今後治外法權の撤廢せらるべき曉を考へて見ると民國法制に關する知識が吾同胞の中に行き亘ることは兩國間の經濟交通を圓滿ならしむるに付き極めて重要であつて、此意味に於て私は一面此仕事を發企された村上貞吉氏に對して心より敬意を表すると同時に、此等の著作が朝野すべての法律家の机上は勿論諸會社其他實務家の事務室に備へられることを希望してやまない。

法律時觀　一九三三年八月号（五巻八号／通巻四四号）

無盡業法を徹底的に改正せよ

昭和六年に改正されたばかりの無盡業法に此際更に根本的な改正を加ふべきことを提唱するのは早計のやうに考へられるかも知れないけれども、無盡會社に關係する不正の事實が殆ど連日新聞によつて報道されてゐる現狀に直面するとき、吾人は到底坐して事の推移を默過するを得ない。

昭和六年の改正法に於ても營業無盡の本體が端的に捉まれてゐない。依然として在來のゲノッセンシャフト的な小組合無盡を見るやうな眼で純粹に資本主義的な金融企業としての營業無盡を見てゐると認むべき痕跡が少からず殘されてゐる。組合無盡は組合無盡としての基本體を捉へ得てこそ十分に其機能を發揮せしめることも出來れば、其取締を徹底せしめることも出來る。同樣に營業無盡は又其營業無盡たる本質を十分に捉へ得るによつてのみ其機能を發揮せしめることも出來れば其弊を取締ることも出來る。然るに現在無盡業法の營業無盡に對する態度は改正法に於ても尙中途半端である。而して凡百の弊は實に其所に根原を藏するものと考へられる。

ゲノッセンシャフト的な組合無盡は土地を同じく業を同じうする等互に近親面識ある少數者の間に結成されることが望ましい。さもない限り多くの危険なしに無擔保金融の組織を運用することは出來ない。私は營業無盡の弊を防止する先づ第一の方法はかくの如き非資本主義的な組合無盡に適當な法的統制を加へると同時に一定の國家的保護を與へて之を奬勵し、以て營業無盡が本來立ち入るべからざる所に立入ることを禁止ずるにあると考へる。此種の無盡を現在の如く單に警察的取締の對象たるに止まらしむることなく、寧ろ進んで農村的鄕土的な協同組合として保護し奬勵することが望ましいのであつて、此事は農村更生事業の一端として十分に研究考慮せらるべき價値があると思ふ。

右と異なつて營業無盡はゲノッセンシャフト的な人的素地をもたない場面に活動すべき資本主義的な金融企業である。互に無緣な大衆を相手とする資本主義的企業である以上、此所では最早人間的の相信關係は役に立たない。此所で考へらるべき問題は專ら資本家の營利的慾求と小資者の無擔保金融の要求とを如何に調和すべきかの點に存する。而して其調和方法は一面に於ては極力掛金者の誠實なる義務履行を保障するに足るべき方策を行ふと同時に、他面に於ては不良なる資本家の無盡業に關係することを防止するにあると私は考へてゐる。現在のやうに僅に資本金三萬圓程度の株式會社をして大衆相手の金融企業を營利本位で營むことを許せばこそ不良の資本家が此方面に入り込んで來るのである。資本主義機構の下に於ては無資力は卽ち不德を意味する。如何に主觀的に道德的であつても資力の薄いものは結局不德に陷らねばならない世の中である。資力の貧弱な資本家が大衆相手の仕事に關係すればこそ不正も亦自ら其所に發生するのであつて、現在のやうに「資本金三萬圓以上ニシテ拂込金額一萬五千圓以上ノ株式會社」に無盡營業を許したり、其營業區域を「道府縣ノ區域內」に限るようなことをしてゐれば、無盡業に投資する資本家が專ら唯小資本家に限ることになるのは當然である。多少の危險を犯してでも小金を成るべく有利に廻はさうと欲する高利貸的な資本家のみが此所に集まつて來るのは當然である。而して凡百の弊は實に此所に其端を發するのである。よろしく法定資本金額を大に增大すべきである。朝鮮無盡令に於ける十萬圓も旣に甚しく低きに過ぎると思ふ。よろしく法定資本金額を増大して群小資本家の介入する餘地を小ならしむると同時に營業區域を全國的に擴大して營利活動の範圍を大ならしむると同時に危險分擔者の範圍をも擴大すべきである。現在のやうに道府縣を營業區域とすることは一面に於て大資本の十分なる活躍を阻止しつゝ、他面に於ては區域既に廣きに失して人的相互關係の確保を期することは一面に於て大資本の十分なる活躍を阻止しつゝ、他面に於ては區域既に廣きに失して人的相互關係の確保を期することが出來ない。其位ならば營業區域を擴大して大資本の活躍を許す方が遙に得る所多くして而かも弊害を阻止することが出來ると思ふ。若しそれ掛金者の履行に於ける不誠實に對しては本來無擔保金融である無盡の道德性に鑑みて徹底的な制裁を加へることにすればよい。彼等に對する强制執行を容易にすることも一法であらう。更に進んでは著しく不誠實なるものに對して刑事制裁を加へるやうにすることも考へ得るであらう。一人の不履行は直に他の多數の掛金者に迷惑をかけることになつてゐる無盡の團體性と其無擔保的性質とは營業無盡の場合に於ても尙個々の掛金者の不誠實に對して十分の制裁を加へることに根據を與へるものと言ふことが出來る。

現在のやうに一面小資本者に無盡の營業を許しつゝ、他面掛金者の履行を確保する十分の方策を講ずることなく、唯徒に嚴重なる行政監督によつて取締ることだけを考へても、獨り無盡の面目を發揮し得ないのみならず到底十分に弊害を防止することは出來ない。現在のやうに不完全な檢査施設を以て群小多數の無盡營業を取締らんとするが如き言ふべくして終に行はれ得べきことではない。殊に從來のやうに嘗て監督檢査の地位にあつた官吏が退職後無盡會社の重役に就職するやうなことが平氣で許されてゐる限り、本來不良たるべき素質をもつた小弱の營業を檢査の力のみによつて健全ならしめることは到底之を臨み得ない。それよりは營業そのものを巨大化し健全化することが弊害防止の捷徑である。尙先にも一言した通り組合無盡の保護監督によつて其機能を十分に發揮せしめることが間接に不良なる營業無盡を淘汰する有力な作用をなすものなることも考へる必要がある。

法律時観

一九三三年九月号（五巻九号／通巻四五号）

一　裁判官は辯明しない

新聞紙のインターヴュー記事であるから、必ずしも文字通りにすべてを信ずる譯ではないが、河上肇博士に對して第一審判決が與へられた翌日新聞紙上に現はれた裁判長の談話なるものは甚だ遺憾である。其最も遺憾とすべき第一點は裁判長が己れの與へた判決について言譯を言つてゐることである。これは嘗て永らくイギリスに在任された大森民事局長が屢々書いてゐることであるが、イギリスの裁判官は自己の與へた裁判について決して辯明をしない。裁判の權威の爲め裁判官の心得は正にかくの如きものでなければならないと云ふ。それを何ぞや、新聞紙の傳へる所によると、河上博士に懲役五年の刑を言ひ渡した裁判長は人間の情としては如何にも忍び難いが法の權威の前には如何ともし難いと言ふやうな趣旨を記者に語つてゐる。何と言ふ情ない言譯であることか、吾人は殆ど言ふべき言葉を知らない。天皇の名に於て裁判する裁判官は別に私情を語つて其裁判に理由付けることを許されてゐない。それでこそ裁判は裁判として權威をもつことが出來るのである。

第二に最も遺憾とすべきは、新聞紙の傳へる所によると、裁判長自らが無論被告は控訴するでせうと言ふ趣旨を語つてゐることである。成程どんな裁判を與へやうとも人情として成るべく制裁の輕からんことを希望する被告は裁判を不服として上訴するであらう。しかし裁判を與へた裁判官自らとしては少くとも斷じて上訴せらるゝが如きことなき裁判を與へたと言ふ自信をもたねばならぬ。然るに今裁判長は裁判を言渡した瞬間直に被告の控訴すべきことを豫期すると公言してゐる。私はかくの如き言葉が如何に司法の權威を害するかを思ふて心より慨嘆に堪えない。司法當局者よ、司法官の技術的法律智識の養成に注意するがいゝ、彼等の社會思想を氣にするのも亦大によろしいであらう。しかしそれよりももつと大事なことは彼等に對して司法官の地位に關する根本的の自覺と修養とを與へることでなければならないことを三思されたい。

二　三省檢察當局打合せの問題

新聞紙は五・一五事件に對する檢察官の求刑に關して三省當局者の間に打合せが行はれたと報道してゐる。而して世上には此打合を非なりとする意見が盛に行はれてゐる。多數が通牒して同一事件に參加してゐる以上、本來ならば參加者のすべてが同一罪名の下に起訴せられ、又同一の標準によつて求刑せられ處罰せらるべきが理の當然であるけれども、制度上軍人の爲めに軍刑法の設けあり又軍法會議なる特別裁判所が設けられてゐる以上、其制度の是非は之を別とするも軍法會議は軍法會議として其獨自の立場から事件に對し獨自の法的處理を與ふべきが當然である。此故に私は先にも一言した通り軍檢察當局が獨自の立場から罪名を決定して公訴を提起したことを當然なりと考へてゐる。それを檢事の決定した罪名とが一致しないことは制度の精神に照して何の不思議もないのである。同樣の理由によつて檢察當局の求刑及び軍法會議の處罰が軍の立場から獨自的に決定せられることも當然であつて、それを檢事乃至裁判所の見解とが一致せざることのあり得べきは軍法會議なる特別裁判所を特設してゐる精神から考へて寧ろ當然と言はねばならない。此故に陸海兩軍當局の間に求刑に關して打合せの行はれることは寧ろ望ましいけれども、檢事と軍檢察當局との間にかくの如き打合せを行はねばならぬと考へる法律思想そのものを私は不可なりとするものであつて、事が法現象認識の根本問題に關する關係上重ねて一言する次第である。

法律時観

一九三三年一〇月号（五巻一〇号／通巻四六号）

自働車强制保険法の制定を望む

自働車運轉に起因する災害を豫防する爲め車體檢査及び運轉取締を嚴重に勵行する必要あること素より言ふを俟たない。しかしそれが如何に勵行されたとしても公衆共用の道路を疾驅する自働車の性質上或程度の災害を生ずることは必然的であつて之を絶對的に防止することは不可能である。殊に運轉手の間に性質不良のもの今尙少からず、歩行者其他一般人の交通に關する訓練亦不十分なる現狀の下に於ては災害率が比較的高度に上るのは當然であつて、此點に關する事態改善の必要なること勿論であるが、同時に一日も速に施設せらるゝことを要するものは自働車强制保險制度による損害賠償の實質的確保である。災害豫防の最も重要なるは素より言ふを俟たないけれども、愈々發生した災害に對して迅速且十分な救濟が與へられることも亦大に必要である。現在我國の實狀によると、數に於て最も多く、災害を原因することに於ても亦最も多數に上るタキシー運轉手の殆どすべては無資力者であつて自ら何等賠償能力を有せざるのみならず、多くの場合彼等に代つて民法第七百十五條所定の責任を負ふべきものをも持つてゐない。其結果法律上彼等に歸責せらるべき災害が發生した場合に被害者は實際上殆ど賠償を受け得ないことゝなるのであつて、かくの如き實質上の賠償無能力者に自働車運轉を許すが如きは公衆にとつて殆ど堪ふべからざる脅威と言はねばならない。此故に、彼等の無資力に因る賠償不能を補ふ爲め運轉手のすべてを强制的に加入せしむる自働車保險制度を制定し、災害發生の場合直に保險者より賠償を支給するやうにすることは刻下の急務であつて、此制度と相竢つて運轉手の無過失賠償責任制度が確立せらるゝとき、自働車災害に對する救濟制度は初めて完きを得るに至るのであつて、自働車災害の慘禍到底看過すべからざるものあるに至つた現状に鑑み、吾人は一日も速かに當局者が此問題を考慮解決せむことを希望してやまないものである。

自働車强制保險制度の必要については嘗て交通警察の權威者たる藤岡長敏氏が本誌第二巻第九號に有益な論說を書かれたことがあり、千種達夫氏は又第三巻第十二號に「自働車事故に因る損害賠償と其立法」なる論文を寄せられ强制保險制度の問題をも含めて自働車事故に因る損害の賠償制度一般について價値多き議論を示して居る。千種氏が其結論に於て書いて居る通り「交通事故中最も多數を占むるは自働車事故であり、裁判上最も屢々現はれる人的災害も亦自働車事故である。現在の法律上之を救濟するに不十分であり、災害に泣きつゝ賠償を求め得ざる者幾何なるかを知らない」。而して自働車運轉手に嚴格な責任を負はせることは決して自働車の發達を阻害するものでないことは各國に於ける實驗の結果明瞭であつて、反つて「嚴格な責任は事業主や運轉手をして努めて確實な車輛を選擇せしめ、從つて車輛製作者をして製造に際し出來得る限り確實綿密入念ならしめるやうになつた」と言はれてゐる。無過失賠償制度は一見一面に於ては善良なる運轉手に不當な責任を負擔せしめ、他面に於ては益々不良なる運轉手を注意義務から解放する虞があるやうに思はれるけれども、善良なる運轉手にとつては保險が能く彼等の負擔を塡補してくれる、過失の有無に關聯する紛議の爲めに煩はされる不利益に比すれば寧ろ其利益は非常に大きい。尙不良運轉手に對しては別に嚴重なる刑事制裁を以て臨むことによつて十分過失を責めることが出來るから、無過失賠償制度の危險な運轉が增加する虞は萬々あり得ないと思ふ。

法律時観

一九三三年一一月号（五巻一一号／通巻四七号）

非常時と社會立法

時は正に非常時である。國民一般に向つて心よりする國家大業への協力を求める事、素より大によろしい。勞働大衆に對して國家產業の平和と繁榮との爲めに小我を捨て丶欣然協力すべきことを求むる亦素より可なり。さりながら、求むるものは與へねばならない。勞働大衆を其勤勞に於て國家的に統制せんとするものはよろしく同時に國家的に計畫せられたる方法によつて彼等の爲めに其生活を保障する必要がある。人々は今日勞働大衆に對して、勞働階級本位の利己的要求を棄てよと言ふ。しかしそれを棄てた曉に於て代はつて與へられるものは何であるか。國家は此際よろしく進んで其代はつて與へらるべきものを計畫實現すべく正に指導的態度を確立宣明すべきである。

ソヴヰエト・ロシアは既に之を爲して居る。ファッスタ・イタリア亦既に之を行つてゐる。北米合衆國亦正に大に爲さんとしつ丶ある。我國は又我國特異の立場から同樣のものを實現せねばならない。然るに、非常時二年、世界の形勢は日に〳〵新しき相貌を示して變轉しつ丶ある、我國の經濟政策從つて勞働政策も亦必然此形勢に直面して新しき進路をとるべく强要せられてゐるにも拘らず、勞政當局は依然として唯舊の如く睡つてゐる。彼等の策する所は唯一二微溫的な勞働立法改正の企圖のみであつて、殆ど眞に事の根底に觸れる何物をも示してゐない。のみならず其改革を提唱しつ丶あるものについてすら實現性に關して疑を抱かざるを得ないもの丶少くないのを吾々は甚だ遺憾とする。

例へば吾々の此際最も力を盡して研究せねばならないのは吾國勞働の特異性である。吾國勞働の特異性は既に第一回の勞働總會此方吾國政府並に資本家代表の屢々世界に聲明した所であつて、家族制度に基礎をもつ我國特有の低廉勞働が事實として現に存在することを吾々と雖も決して否認せんとするものではない。數字的に比較すれば殆ど問題にならないやうな低廉勞働が甚しく問題を起すことなしに現に事實として存在し、且それが吾國經濟の國際立場を支持する最も有力な因子の一になつてゐる以上、吾々の此際最も心を致して考慮せねばならないのはかくの如き特異事情を可能ならしめつゝある社會的根據の如何でなければならない。此社會的根據が何であるかを決することはやがて之を基礎として我國獨特の經濟政策勞働政策を考慮することを可能ならしめるものであつて、これなしには我國社會の特異性に基礎を置いた確固たる政策の樹立は全く不可能である。此故に、外に向つて我國勞働の特異性を說く大に可なり、さりながら此主張を敢てする人々並に之を支持する人々はよろしく此特異性の何たるかについて科學的研究を行ひ、以て之に相應すべき政策を考案樹立すべきである。家族的勞働が眞に我國經濟の特長であるならば、此特異性ある勞働の永續を可能ならしむべき條件を作り與へる必要がある。現にマルキシスト等はかくの如き特異性は單に過渡的な歴史的遺物に過ぎずとなし、資本主義社會の發展と共に當然漸次に消滅すべきものなりと說いてゐるではないか。此主張に對抗して我國社會の、從つて我國勞働の特異性を主張し且其永續を計らんと欲するならば、それに必要なだけの特別な社會的條件が特に我國に限つて存在する所以を科學的に明かにする必要があり、又政策的にかくの如き條件を保持し且愈々有力ならしめるだけの用意を必要とする。然るに現に我國勞働の特異性を說く人々の間には此點に關する用意が甚しく缺けてゐるやうに思はれてならないのである。

現在我國の社會立法は此意味に於て甚しく直譯的である。個々の勞働者を個々人としてのみ見る個人主義の立場に立つものであつて、彼等を家族團體の一分子として取扱ふことを忘れてゐる。此故に現に例へば健康保險法の恩惠を勞働者の家族にまで及ばしむべきことが主張されてゐても、資本主義的採算にのみ專念してゐる人々は容易に其主張を容れやうとしない。少年勞働婦人勞働の問題にしても、苟も我國勞働の家族主義的特異性が顧慮せらるゝ限り、歐米諸國とは餘程違つた考方によつて取扱はるべきであつて、此事を熟慮して見ると既に實行せられつゝある婦人の坑内勞働禁止制度の如きにしても、徒に優秀炭鑛業者の資本主義的合理化を助長したのみであつて、果して眞に炭鑛勞働家庭の福祉を增進するものなりや否や甚だ疑はしい。其他家族主義的見地から勞働の問題を考へるならば母子扶助法や家族手當法の如きも必然要求されるのであつて、此等制度の實現を個人主義的見地から拒否すべき理由は少しもない。

現在吾國紡績企業の特長の一は確に勞働の低廉に存する。而かも其低廉を可能ならしめてゐるものは勞働者が獨立の生計を營む個人にあらずして家族團體の一部者に過ぎない點にあることを忘れてはならない。家族團體の一部として或は嫁資を稼ぎ或は家庭の爲めに僅ながらも日用稼ぎをする、敢て自ら獨立して生計を營まんとしてゐるのではない。さればこそ彼等の勞働は低廉なり得るのである。然るに我國紡績製品の精巧化從つて勞働の熟練化は漸次に女工の雇傭期間の延長を要求する傾向がある。かくして紡績勞働が長期の熟練勞働に轉化するとき、其家族主義的特長は果して此形勢に抗して永續する可能性があり得るであらうか。此種の問題を考へて見ると現に我國勞働の家族主義的特異性を誇る人々の考慮を要すべき事柄は實に多々あるのであつて、それにも拘らず彼等が從來此點について殆ど無爲無策たることを私は心より遺憾とするものである。

今日勞働立法の改善に關して多少とも計畫の動くものあるを見る吾々は其局に當る人々が以上の點に思を致し、以て我國獨特の勞働立法樹立に努力せんことを希望せざるを得ない。

法律時觀

一九三三年一二月号（五巻一二号／通巻四八号）

小作法制定の必要

最近新聞紙は小作爭議に關して殆ど何等の報道をも與へてゐないけれども、爭議が依然として全國各地に頻發して毫も減少の色を示さゞるの事實は吾人の到底看逃がすべからざる事柄である。勿論此頃の爭議は初期のそれと異なつて深く農村一般の極度な疲弊窮乏に根源をもつて居り、殊に中小地主の沒落的傾向によつて一層深刻化されてゐるのであるから、一片の小作法制定によつて十分爭議防止の目的を達し得ざるは明かであるが、少くとも適正なる小作法の制定によつて小作關係を法的平和の下に置くべき努力は此際極めて價値多きものと言はねばならない。

無論農村の窮乏が今日の程度にまで達した以上、吾々は決して嘗て小作調査會の議を經て立案されたやうな小作法案があのまま現在の實情に適合するとは思はない。極度に窮乏した二の當事者をして專ら物質的利害の對立を基礎として個人主義的な「權利の爲めの鬪爭」を爲さしむるとき、一方の生は卽ち他方の死を意味するが故に、個人的權利保護の方法によつて兩者の關係を調和しやうと企てゝも到底平和に到達することは出來ない。此故に今日必要とせらるゝ小作法は地主小作人の權利をそれ〴〵個々的に保護規定せんとするよりは、寧ろ地主小作人の關係を直接國家的統制並に保護の下に置いて之を法的に組織する考へを基礎として制定せらるべきであつて、吾々は農林當局者が一日も速に此種の考へによつて新に小作法を制定するの企てを爲さんことを希望してやまないものである。

二　官立法科大學果して廢止すべきか

現在の官私立法科大學を比較して其優劣を論ずるのは無意味である。何故なれば、吾國現在の私立法科大學の中には官立のそれに對立して獨自的特色を主張し得べきものは一もない、いづれも官立のそれにならふことにのみ汲々として而かも遠くそれに及ばず、加之、教授も亦多く之を官立大學に借りてゐる有樣だからである。現在のやうな狀態では私立法科大學は結局各種の關係から高等學校從つて官立法科大學に入學する機會をもたなかつた靑少年の爲めに法學教育を受ける機會を與へる爲めの補充的教育機關に過ぎないと言はねばならない。從つて此現狀を基礎として官私立法科大學の優劣を比較論議するのは甚だ無意味である。

しかしながら、最近新聞紙が傳へてゐるやうに、若しも官立文化科學諸大學廢止のことが私學關係者によつて議せられたと言ふことが眞實であるとすれば、純眞なる意味に於ける法學研究及び法學教育の立場から考へて吾々は少くとも法學に關する限り此種の主張に反對して法學研究並に教育の機關が國家的に設備經營せらるゝの必要が今後も尙決して消滅してゐないことを此際特に力強く主張する必要があるやうに考へる。

現在の法科大學が官私立の別なく十分法學的に教育鍛錬されてゐない人間を澤山世の中に送り出してゐることは事實である。そうして其種の人間に對する世の中の需要も今や甚しく減退したことも事實であつて、今や法科大學は一般に無用の高等遊民を製造する場所に轉化しやうとしてゐる。しかしながら此現狀を見て法科大學一般の無用を論じたり少くとも官立法科大學の國家的に無意義なことを主張するのは非常な間違ひである。眞に法學を研究し又法學的に訓練された人間を世の中に送り出す機關としての法科大學は、今後と雖も大に必要であり、之を國家的に經營するの必要は毫も減退してゐない。惡いのは法科大學らしくない法科大學が多數に存在するにも拘らず、眞に法科大學の使命の爲めにのみ精進する法科大學のないことである。此故に吾々は信ずる、今日必要なものは官立法科大學の廢止ではなくして、法科大學をして其本來の面目に立ち歸らしむることである。そうしてかくの如き眞の法學教育機關としての官立法科大學が今後と雖も國家的に見て大に其存在價値を主張し得べきものなることを確信するものである。

一九三四（昭和九）年

法律時観

一九三四年一月号（六巻一号／通巻四九号）

一　扶助法令の改正

社會局は來るべき議會を機として勞働者災害扶助に關する現行法令に相當立入つた改正を加へやうと企て、ゐる。其改正要綱なりとして新聞紙の傳へるを見ると、内容的には殆どすべて妥當適正、吾人も亦之に賛意を表するものであつて、其實現の日の一日も早からんことを希望してやまないものである。

さりながら此機會に於て是非共一言して置かなければならず、又當局者にも考慮して貰はなければならないと考へる事柄が二つある。其一は扶助制度の效用の限界に關することであり、其二は扶助制度の運用に關することである。

先づ第一に、扶助は結局個々の工業主の負擔に於て勞働災害を救濟する制度であるから、被害者救濟の必要が如何に著大であつても、工業主側の立場も亦同時に考慮する必要がある關係上、之によつて被害者救濟の目的を十分に達することは出來ない。工業主の立場に對する考慮が必至的に扶助の局限を規定するのは當然であつて、此點から由來する缺點は障害扶助殊に重大なる身體障害に對する扶助に關聯して最も大きく感ぜられる。例へば現行法は身體障害の結果「終身自用ヲ辨ズルコト能ハザルモノ」について扶助料賃金五百四十日分以上、「終身勞務ニ服スルコト能ハザルモノ」について同じく三百六十日分以上を支給すべき旨を規定してゐるが、此等の者が此位の金を貰つても頓ては生活に窮するに至るべきは誰しも想像し得ることである、改正案は此金額を多少增額しやうと企

て ゝゐるが、工業主の立場をも考慮すると大した増額を期待し得ないのは當然であつて、扶助制度では到底此種のものを救ふことは出來難いのである。しかしさらばと言ふて此種のものを此儘放置し難いことは社會政策的見地から考へて誰しも首肯し得ることであつて、而かも其方策は之を扶助制度以外に求めるの外ないのである。然らば其方策とは何か。先づ第一に考へられるものは癈疾保險制度であるが、或は傷痍軍人に準じて工業癈疾者の收容再敎育等を爲す施設を設けるのも一法であらう。とにかく扶助制度に上述の如き限界のあることを考へる吾々は是非共何等か別途の方法によつて工業災厄に因る癈疾者の救濟を計る必要あることを痛感するものであつて、當局者が此點に向つて研究考案を進めることを希望してやまない。

次に扶助制度の運用に關して現行法は地方長官に審査調停の權限を與へてゐる、そうして工場監督官の工業主に對して有する事實上の威力は此調停を相當有力に働かせる作用をなしてゐるものと想像されるけれども、調停は如何に之を巧みに運用しても結局當事者を强制する力をもたない爲め、理不盡の主張を爲して和解に應じないやうな當事者に對しては全く無力である。其結果成るべく迅速簡易に支給せらるべきことを生命とする扶助が訴訟によらなければとれないと言ふやうな極めて不合理なことになるのであつて、扶助制度の改善に際しては單に扶助の內容に注意するのみならず、かくの如き運用上の不都合に注意する必要が大にあると思ふ。此故に私は現在の調停制度を一層强力のものとなし、一面災厄の原因、障害の程度等事實問題については地方長官に審査認定の權限を與へ一旦認定された以上事後訴訟に於ても之を爭ひ得ざること ゝし、他面地方長官の斡旋によつて成立した調停に何等かの方法によつて執行力を附與することを考へてはどうかと思ふ。此種の改正を實現する爲めには陪審法や借地借家調停法を制定した場合に起つたと同じやうな憲法關係の法律問題を克服する必要があるけれども、かくの如きは畢竟技術的に解決し得べき問題で、やる氣さへあれば譯なく解決出來る事柄である。此故に私は社會局當局者が扶助制度を內容的に改善することを企て ゝゐる此際、制度運用の方法についても大に考慮を拂はれんことを希望してやまないもので□

二　私學財團主義に對する疑ひ

次々へと頻發する私立大學其他私立諸學校に於ける紛爭は教育的見地から考へて誠に遺憾千萬である。勿論其原因は個々の學校について種々雜多であり、從つて其防止解決策はそれ〴〵個々について個別的に考究せらるべきであること勿論であるが、少くとも現行の私學に關する諸法令が此種紛爭の發生を容易ならしめる仕組みに出來てゐることは看逃がし難い事柄である。

大學令第六條は「私立大學ハ財團法人タルコトヲ要ス」と規定し、高等學校令第四條は又同樣に「私立高等學校ハ財團法人タルコトヲ要ス」と規定してゐる。惟ふに此等諸令の立案者は財團法人は財產を中心とする法人なるが故に其事業が個人經營乃至社團法人の場合と異つて―各時間に於ける個々人によつて影響されることが最も少ないと言ふ特徵をもつてゐることに目を着けたものと想像される。けれども財團法人と雖も結局之を動かすものは人である。人なしに財團が自働的に動くのではない。之を動かすものは理事であり、又多くの場合には理事の選擧母體たる評議員會である。彼等は成程財團の經營上寄附行爲の定めによつて拘束されてゐるけれども、社團法人の場合のやうにデモクラチックな批判機關をもつてゐないから、其行動は寄附行爲の定めの範圍內に於て極めて自由である。加之理事も評議員も株式會社の場合とは異つて自ら財團に何等の財產的有資を爲さゞるものが其地位につくことが出來るやうになつてゐるから、一二野心家の策動により比較的容易に黨閥的影響を受け易い弱點をもつてゐる。株式會社に於ては少くとも二分の一以上の株數を有する者の地位は牢乎不拔である。其地位を犯さんとするものはどうしても先づ株數の過半數を獲得する必要がある。然るに財團法人に於ける中心勢力の獲得を目指す野心家は單なる陰謀や徒黨の力によつて容易に評議員會の多數を得ることが出來る。普通の評議員は一文の金にもならない其地位に冷淡なるを通例とするから、一二の野心家が勢力を張る爲めに其腹心を評議員の地位につかしむることによつてやがて其所に多數者の地位を占めることは比較的容易である。此故に財團法人は少し腕のきく野心家が出て來てこれを搔き廻さうとすれば比較的容易に搔き廻し得る弱點を多大に包藏しているのであつて、私はかくの如き弱點をもつたものに教育機關たる私立大學や高等學校を經營せしめることが果して其教育機關としての機能を十分に發揮せしめる所以であるかどうかを甚しく疑ふものである。一二野心家の陰謀によつて評議員や理事の地位が容易に動かされるやうでは、財團によつて經營される教育の人的乃至物的施設も亦容易に彼等によつて左右されるのは當然である。現在私立大學や高等學校は必ず財團法人たらねばならぬと規定してゐる文政當局者は果して財團法人のかくの如き弱點に氣付いてゐるのであらうか。

彼等は恐らく個人經營若くは數人合同出資の方法によつて教育を喰ひ物にする學校商賣者流を押へることにのみ專念して財團法人主義を主張してゐるものと想像されるけれども、個人經營や數人合同出資の場合にはともかく出資したものが利益を得るのであるからまだ始末がいゝ。適當な行政監督を加へさへすれば出資に比べて不相當な利益を得やうとするやうな不當行爲を押へることは比較的容易である。然るに財團法人にあつては何等の出資を爲さず其他財產的利害關係を有せざる者も尙黨閥策動の方法によつて容易に中心勢力を獲得し得る。かくして彼等は單に理事者となつて其虛榮心を滿足せしめ得るのみならず、或は理事者として給料をとることも出來れば、或は又自分の子分や腹心其他弟子などを教育事務員等の地位につかしめることによつて容易に其勢力を張ることが出來る。此場合彼等の得る利益は金錢的に見積れば必ずしも大したものではないかも知れないけれども、世の中にはかくして勢力を獲得することによつて不當に有形無形の利益を得んとする多數の野心家が存在するのであつて、彼等を押へることが出來ない限り教育の權威は容易く彼等の野心によつて侵犯される虞がある。

現在文政當局者の主張する學校財團法人主義は餘りにも概念法學的である。財團法人を最も個人的影響の外に立つ抽象的存在なりと考へるドクマに捉はれたものである。彼等はかくして教育が私的利益を離れて最も公正に行はるべきことを期待してゐるらしいが、現實に明かに其期待を裏切つてゐるではないか。學校に於て最も慊むべきものは教權の確立しないことである。學校にとつて缺くべからざるものは教育者と被教育者との間に相互的信賴關係が確立してゐることである。二三野心家の策動によつて理事者の地位が容易に動搖せしめられるやうな財團法人に私學を經營せしめることが、かくの如く學校にとつて最も慊むべきものを容易に誘致し、又學校にとつて缺くべからざるものを破壞するの傾向あることを此際深思反省せんことを文政當局者に要望したい。

法律時觀

一九三四年二月号（六巻二号／通巻五〇号）

一　學位疑獄

事件の具體的內容について何等精確な智識をもたない吾々は長崎醫大の學位疑獄事件に對して何等具體的の批判を加へる資格をもたない。さりながら苟も學界に身を置くものとして吾々も亦此種事件の防遏に關して多少の考慮を拂ふ義務を感ずる。

要するに結局は人の問題に外ならない。制度が如何に改正されやうとも、其運用に人を得なければ弊害はいくらでも發生するであらう。乍併吾々は少くとも弊害の發生を極力防止するに足るべき制度を樹立する必要がある。其意味に於て吾々の先づ第一に考へねばならないのは現行の學位認可制度である。現在の學位制度は學位授與の實質的權能を官私立の諸大學に賦與しつゝ、形式的の認可權が文部大臣に留保されてゐる點に特色があるのであつて、學位を完全に國家的のものとしてゐた舊學位制度と學位を完全に各大學のものとする制度との中間に位するものである。而して其中間に位することそれ自身にこそ正に弊害發生の根本原因があると私は考へる。苟も大學のすべてに學位授與の權能を與へる以上學位に關する責任はすべて之を授與した大學をして負擔せしむべきが當然であつて、學位の價値もそれ〴〵之を授與した大學の價値によつて決定せられるものとするがいゝのである。例へば現在問題になつてゐる長崎醫大の事件にしても若しもそれが新聞紙によつて報道されてゐる通り事實であるとすれば、長崎醫大によつて授與された學位が一般的に價値低く評價される傾向があるのが當然であつて、此傾向をそのまゝに放任して置けばいいのである。然るに現行の學位制度によると、全國の官私立諸大學によつて實質的に授與される學位に對して實質的には殆ど審査の實力をもたない文部省が認可を與へて、之に國家的榮譽たるの外觀を與へ、其結果一面に於ては之を授與した各大學の責任が國家に轉嫁され、他面に於ては國家が一般公衆の間に學位に對する信用を不當に保障する傾向を示してゐる。學位を授與する各大學に對する世間的信用が學位に對する世間的信用の基礎をなして居れば、問題は起らない。然るに何等實質的審査の實力をもたない國家が各大學の實質的に決定したものに對して形式的に認可を與へればこそ弊害が起るのである。此故に、刻下の急務は學位に對する國家の認可制度を廢止するにある。そうして學位の價値をこれを授與する各大學の實質的價値に相應させるやうにしさへすれば、各大學も自ら自重するに違ひないし、世間も學位に對して盲目的な不當の評價を與へないやうになるのだと吾々は考へる。

尚本事件に關聯して是非共考へねばならないことは現行刑法の瀆職罪に關する規定の當否である。現行刑法は瀆職罪の主體を公務員及び仲裁人に限つてゐるけれども、實質的に行爲の可罰性を考へて見ると瀆職罪の主體を公務員にのみ限るべき理由は少しもない。諸會社私立大學其他公共的性質を有する諸社會的施設等に於ける瀆職的行爲はすべて公務員のそれと同樣に處罰せらるべきが當然であつて、現行刑法の瀆職罪に關する規定は要するに官尊民卑の遺風に外ならない。例へば官立大學の敎授が學位授與に關して爲す瀆職的行爲と私立大學の敎授が爲す同樣の行爲とを刑法上區別して取扱ふべき理由は少しもない。臨時法制審議會の決定した刑法改正綱領は此點について何等提議してゐないけれども、目下進行中の刑法改正事業に於ては是非共此點に對して充分の考慮を拂はれんことを希望してやまない。

二　立石名古屋控訴院長へ

十二月の本誌巻頭言に於て刑事裁判の遲延を非難する趣旨の意見を述べて置いたが、最近に至つて名古屋控訴院長立石謙輔氏が法律新聞紙上に此點に關する意見を公にされたことは問題の解決に向つて一の貢獻をなすものとして非常に喜ばしい。

立石氏は吾國司法官の員數が他國に比して著しく少ない、これが訴訟遲延の原因であるから、此點が改善されない限り遲延の弊を除くことは出來ないと言ふ趣旨のことを述べて居られるが、これは私も勿論至極同感である。しかし此點は一般財政と關係のある事柄で目下の情勢では到底容易に改善されそうに思はれないから、少くとも現在の人員でもつと訴訟の能率をあげる方法はないものか、それを考へる必要があると私は思ふのである。それが到底出來ない相談であると言ふことにきまつてゐるのならば已むを得ないが、少くともそれを出來るやうにする方途如何を研究し其實現に向つて極力努力することは決して無意味でないと私は考へる。此意味に於て、例へば最近新聞紙が傳へてゐるやうに、裁判所構成法を改正して比較的閑暇な地位にあるものを多忙な方向に臨時轉用し得るやうな途を開くのも一法に違ひないと考へるが、其外訴訟法を改正して或は簡易な事件を今より一層簡易迅速に取扱ふやうにしたり、或は大審院の事實審理制を廢止することなどもすべて大に考慮の價値ある事柄であると思ふ。尙又吾々局外者には、現在刑事々件の審理を遲延せしむる大きな原因は事件が檢事乃至豫審判事の手に在る間に起つてゐるやうに思はれる。無論此方面も甚しい手不足で到底迅速に事を運び得ない狀態にあることは萬々想像されるけれども、一事件を警察官、檢事、豫審判事と三段に審理してそれ〳〵が澤山の書類を作つた上、更に之を公判に附するやうな現在の遣方が果して必要妥當なものであるかどうかを私は疑ふのであつて、此點に改善の餘地が最もあるやうに思ふのである。

私は決して立石氏が言つて居られるやうに現在司法官が十分に職責を盡してゐないと言ふやうな意味に於て詰問してゐる譯ではない。否反つて職責に忠實なるの餘り必要以上に時間をとつてゐるやうなことが制度上にも又其運用上にもありはしないかと言ふ疑ひをもつてゐるのであつて、立石氏から此點について重ねて垂敎を賜はることが出來れば幸甚である。

法律時観　一九三四年三月号（六巻三号／通巻五一号）

第六十五回帝國議會

會期既に半を過ぎて法律案の提出せらるゝもの今尙寥々、兼兼、提案を豫想された法律案の內果してどれだけが今後提出されるであらうか、又其內のどれだけが無事審議を了するに至るであらうかを考へて見ると甚だ心細からざるを得ない。今年のやうに豫算案の決定が遲れると、實施上豫算を要する法律の立案が事務當局の手に於て兎角遲れ勝ちになるのは當然であるが、そう言ふ事情を十分考慮に入れて見ても今年の法案準備は餘りに遲れ過ぎてゐると思ふ。理想を言ふならば、緊急の事情に因るものを除くの外は、議會開會前早く一應の立案を了して之を公表し、廣く輿論の批判を求めた上最後の案を確定し、開會早々提出の上議會をして十分審議を遂げしむべきである。會期滿了間際のどさくさの裡に專ら政治的取引によつて重要法案を十把一からげに片付けるやうな弊風は政府議院共々に協力して之を除去せねばならぬ。乏しい政府提出の法律案中最も注意すべきものは

であるが、同案は從來七箇條に過ぎなかつた同法を全部三十九條から成る大法律に改正せんとするものであつて、內容的にも亦注目に値すべきものが少くない。其要點を小山法相の提案說明の言葉を引用して說明すると、「第一ニ、國體ヲ變革スルコトヲ目的トスル犯罪ト私有財產制度ヲ否認スルコトヲ目的トスル犯罪トノ規定ヲ全ク別條ニ規定」したことであり、「第二ハ所謂外廓團體ニ對スル處罰規定ヲ設ケタコトデアリ」、「第三ハ宣傳行爲ヲ處罰スル規定ヲ設ケタコトデアリ」、「第四ハ本法第三條第四條及第八條ノ犯罪ニ限リ（中略）地方裁判所檢事ガ被疑者ニ對シテ勾留狀ヲ發スルコトヲ得ル規定ヲ設ケ」且本法の罪を犯した被告事件に付ては「必要ノアル場合ニ於テ管轄ヲ移轉スルコトノ出來ル規定」を設けたことであり、「第五ハ刑ノ執行猶豫ノ言渡ヲ受ケマシタル者又ハ檢事ガ不起訴ノ處分ヲ爲シタ者ニ對シマシテ本人ヲ保護觀察ニ付スル規定ヲ設ケタコトデアリ」、「第六ハ只今申シマシタ第三條又ハ第四條ノ犯罪ニ依リ刑ニ處セラレタル者ニ對シマシテ保安處分トシテ豫防拘禁ノ制度ヲ設ケタコト等」である。

此等はいづれも現行治安維持法施行以來幾多の經驗に基いて立案されたものであつて、共產黨彈壓の法制は愈々之によつて其完備を見た譯であるが、此種の法律が動ともすると濫用に陷り易く其結果不測の反動を人民の間に挑撥するの虞あることを考へて玆に豫め一二の感想を述べて置きたい。

先づ第一に、法案が國體變革罪と私有財產制度否認罪とを劃然區別したのは昭和三年改正の傾向を追つたものであつて素より當然の事柄ではあるが、かくしてこの罪を別けて見ると私有財產制度否認罪の範圍が愈々不明確になる。小山法相は專ら共產主義的私有財產制度否認論を對象とするものであると說明してゐるけれども、此頃のやうに既成政黨者流までが資本主義の是正と言ふやうなことを口にするやうになり、所謂右傾團體の中にも私有財產制度に關して可成り極端な變革意見を抱懷するものが現はれ、私有財產制度に對して何等か相當徹底した變革を加へねばならないと言ふ意見が弘く人々によつて述べられてゐる今日、此種の適用範圍不明確な規定を存置することの果して時宜に適するや否やを疑はざるを得ない。

第二に、檢事に勾留狀を發する權限を與へることは犯罪の性質上必ずしも不當とは思はないけれども、これだけの改正で從來此種の犯罪事件に關して起り勝ちであつた不當拘留の弊を完全に一掃し得るや否や大に疑はしい。吾々は此種の犯罪に關して現在行はれつゝある形式上適法な未決勾留すら實質的には不當に長過ぎると思はれる場合が少くないのではないかと考へてゐる、又拘留乃至檢束が今尙其本來の精神に反して濫用されてゐるのではないかと言ふ疑ひを抱いてゐる。此種の濫用を根絶することは法律改正以上に大事なことであることを忘れてはならない。

第三に、保護觀察制度は理論的には甚だよろしいけれども、其實施上當局者が果してどれだけの成案をもつてゐるかを考へて見ると、可成りの不安を感ぜざるを得ない。同樣のことは豫防拘禁に付ても感ぜられる。此等の制度は行刑の局に當る人々に適任者を見出し得ない限り、獨り有名無實に陷り易いのみならず、場合によつては濫用の弊に陷り易い。今此制度の樹立を要求しつゝある當局者は果して此點について萬全の用意を有するのであらうか。保護觀察・豫防拘禁、それ等は言ふに易くして實は甚だ行ふに難き制度である。制度の採用を決する前に人人が先づ此實施問題を深思せんことを希望して已まない。

豫審判事の流用を認めんとする

裁判所構成法中改正法律案

も、小山法相の説明してゐる通り、治安維持法關係の事件に關聯するものである。此改正は管轄移轉を認めやうとする治安維持法改正法律案第二十一條と共に此種事件の取扱に關して當局者に多大の利便を與へるものであるが、個々の具體的事件に關して急に管轄を變更したり判事を交代せしめたりすることは司法運用の公正を期する裁判所構成法の根本精神に鑑みて特殊例外の場合の外極力之を避けねばならないものであるから、此等の改正が實施せらるゝ曉に於ては運用上愼重なる注意を必要とするものと思ふ。

健康保險法中一部改正法律案

が、當初當局者の改正意向なりとして傳へられたものに比して極めて內容貧弱なものになり終つたのは甚だ遺憾である。改正案が同法の適用範圍の擴張を企てゝゐることに對しては素より贊意を表したい。しかしながらそれより以上吾々の必要なりと考へたものは同法の恩惠を獨り被保險者本人のみならず或條件の下に之を彼等の家族にまで及ばしめんとした原案者の企てであつて、これが議會提出の確定案から除かれたのを甚だ遺憾とする。吾國の如く家族主義が今尙社會上相當力強く行はれてゐる國に於ては、此種の問題を勞働者個人についてのみならず家族單位に考慮解決することが大に意義をもつのであつて、今後の社會情勢は益々此種の解決を要求してゐるやうに考へられる。

法律時觀

一九三四年四月号（六巻四号／通巻五二号）

衆議院議員選擧法改正案

に對する衆議院の態度位不可解なものはあるまい。政黨は果して眞に覺醒してゐるのであらうか。政黨が若しも眞に覺醒して其信用恢復に心からなる熱意を有するならば、今回政府が提出した選擧法改正案位は一も二もなく受け入れて然るべきである。理想的見地から批評すれば、それは確に不徹底極まるものであつて、吾々も決して之によつて選擧上の宿弊が一掃されるとは考へない。けれども、連座規定の如き混同開票制の如き多少共選擧淨化に役立つべき規定が提議されてゐる以上、少くとも之を受け入れることは現下の情勢上政黨當然の責任ではあるまいか。成程此等の規定は從來不正な方法によつて投票を集めてゐた多數候補者にとつては甚だ不便であらう。けれども其種の不正を防遏せずして何の選擧淨化があり得やうぞ。現在の政黨者流にして若し眞に立憲政治を救はんとする熱意を有するならば、選擧法の改正によつて自ら據つて立つ現在の大政黨が根底的に破壞される位のことは之を覺悟して居らねばならない筈である。然るに今口に選擧淨化を唱へつゝある彼等は行によつて其實現を阻止しつゝある。彼等は此際是非共今一度五・一五事件を回顧して自ら大に反省する必要がある。

司法警察の任務

は犯罪の捜査にある。其任務を行ふに當つては素より「外議ニ動カサレズ私情ニ泥マズ專ラ公明正大ヲ旨トシ非違ヲ匡正」するについて何等躊躇する所があつてはならない。高位高官者其他社會上の有名人に對しても苟も犯罪の疑ひがある以上何等遠慮する必要はない。しかしながら、司法警察の任務は飽くまでも犯罪の捜査にあるのであつて、其摘發公表にあるのではない。況んや其摘發の社會的效果によつて直接被疑者を制裁せんとするが如きは斷じて司法警察の任務ではない。現に司法警察職務規範自らも「司法警察ノ職務ヲ行フニハ祕密ヲ嚴守シテ捜査ノ障礙ト犯行ノ傳播トヲ防止シ且被疑者其ノ他ノ者ノ名譽ヲ毀損セザルコトニ注意スベシ」と規定してゐる通り、司法警察の職務を行ふものは極力祕密を守らねばならない、無用に祕密を漏洩して被疑者其他の者の名譽を毀損するが如きは彼等として最も愼まねばならない事柄である。然るに最近警視廳が東京市の教育疑獄事件や文士賭博事件の捜査を爲すに當つてとつた態度には此點から見て甚だ遺憾とすべきものが多い。例へば教育疑獄事件に關聯して某々小學校長が召喚されたと言へば卽日都下の新聞紙は擧つて其事實を報道する、其上某校長は精神病であると言ふやうなことまでが警察醫の談話なりとして報道される。此種の報道は、假りに新聞記者が如何に有能敏腕であるとしても、警察關係者の發表乃至漏洩なしには常識上不可能であると考へざるを得ない。而して此種の報道が如何に「被疑者其ノ他ノ者ノ名譽ヲ毀損」してゐるかを考へて見ると、警察關係者の此點に關する行動が今後一層愼重ならんことを希望せざるを得ない。現に先日賭博罪の嫌疑によつて召喚された菊池寛氏は警察に召喚されて取調を受けたことそれ自身よりも此事實がニユースとなつて新聞紙上に報道されたことの損害の甚しいことを新聞記者に物語つてゐるが、如何にも尤もなことだと思ふ。殊に敎育疑獄事件の如き事が兒童敎育と密接な關係をもつてゐるのであるから、之に關する報道は兒童に對する心理的影響をも十分に考慮して愼重に取扱はるべきが當然であつて、此事も警察關係者に十分考へて貰はねばならない。兒童にとつては先生はすべて神樣である。神樣であればこそ敎育の效果が十分に發揮される。此故に先生も自ら愼んで兒童の信頼を裏切らないやうに努力せねばならないのは勿論であるが、父兄其他周圍の人人も不必要に先生の神性を傷つけるやうなことのないやう注意せねばならない。無論唯理由なしに臭い物には蓋をしろと言ふのではない。同じく臭い物を曝露するにしても、これが兒童に與へる效果を十分考慮する必要があると言ふのである。此點に於て吾々は一面敎育疑獄事件に關する諸新聞紙の取扱方に少からざる不滿を感ずると同時に、之にニユースを與へた警察關係者の態度にも甚だあきたらざるものがある。吾々は今後警察關係者が新聞記者に所謂警察種のニユースを與へるに當つて一層愼重ならんことを希望してやまない。

法律時観

一九三四年五月号（六巻五号／通巻五三号）

小作調停法

の昭和八年に於ける實施成績に付て、農林當局者は本年一月十日報告到達現在に依る中間報告を公表した（農務時報第六六號）。これによると「昭和八年の申立受理別件数は四千六百四件此の爭議單位件數は二千六百七十件であるが、其の關係土地面積は八千六百二十六町歩、關係當事者地主六千七百五十四人、小作人一萬八千八百五十一人」の多きに昇つて居り、之を前年同期の調停申立受理事件と比較すると、受理別件數に於て千九百七件、爭議單位件數に於て八百六件、關係土地面積に於て二千五百八十町歩、關係人員に於て六千九百七十二人の大增加を示して居る。尙申立事件の結末を見ると、爭議單位件數二千六百七十件の內既濟件數二千二百三十五件卽ち八四パーセントの多きに昇り、其內調停成立一千七百八十二件卽ち六七パーセントであつて昭和六年六〇パーセント、同七年五七パーセントに比べて著しく好成績であるのみならず、取下事件四百四件の中にも「當事者間にて示談調つたもの多數あり、爲に既濟件數中事實上事件解決せるものは極めて多數を占むる」旨が報ぜられて居る。

尙調停申立の內容を概觀すると、其「最も多きは地主の申立に在りては土地返還請求、小作料支拂請求、小作條件確定等であり、小作人の申立に在りては小作契約繼續、小作料一時的減額要求、小作料の改定（暫定的）又は永久的減額の要求等であり、合意申立に在りては小作條件確定、小作料改定等である」。而して此中多數を占めるものは地主の小作料支拂請求（五百三十三件）、小作人申立又は合意申立の小作料一時減額要求（四百四十四件）、地主申立の土地返還請求（五百六十五件）、小作人申立の小作契約繼續要求（一千九十六件）等であつて、地主の土地返還請求件數が前年に比して更に增加してゐるのは特に注目に値する事柄である。報告は此種請求の原因に付て「此の中には小作料の支拂を督促する手段に出たものと、小作組合運動其の他の事情に基因する感情の爲に土地返還を求むるもの等があるが、又地主が自家勢力を有利に利用する爲又は小作料の收得不確實に因る收入關係から耕地を引上げ自作せんとするもの、地主が財產整理等の爲小作地を賣却した場合或は抵當權の實行等に依り土地が競賣に附されたやうな場合に於て買受けた新地主が自作の爲に土地返還を求むるものもある」と言ふ說明を與へてゐるが、此種の原因による地主の土地返還請求事件數が五百六十五件、小作人の小作契約繼續申立件數が一千九十六件の多數に昇つてゐるのを見るとき、吾々は吾國農村問題の根底に尋常一樣の方法では容易に解決し難い困難の伏在してゐることを見出して今後の爲め甚しい不安を感ぜざるを得ない。

無論、調停法による調停の成績は良好である。殊に報告にも記されてゐる通り、「調停申立の事件は概して解決の困難な其の地方の代表的爭議が多いから、之が圓滿に調停成立すれば單に申立を爲した當事者間の問題の解決が出來るのみならず、調停の申立をなさぬ地主小作人間の問題も、裁判所に於て決定した調停條項に準じて適當に協定が行はれ、平和に問題の解決を告ぐる例が多く、調停法は小作爭議の解決上極めて有效なる働を爲しつゝある」。けれども、調停制度は裁判制度と同じく結局に於て消極的に作用する制度たるに過ぎない。爭議既に發生し、そうして當事者調停の申立を爲すとき初めて發動し得る制裁たるに過ぎない。自ら進んで小作關係を規定し以て其平和化を實現すべき積極的作用をもたない。此故に、吾々は調停法によつて相當の成果を收め得た農林當局者が更に進んで、或は地主組合小作人組合の公認による全國小作關係の協約化により、又或は小作委員會の法律化により小作關係を trade-board 的方法によつて公正化することによつて、自ら積極的に平和化公正化するよう努力せんことを希望してやまない。

今正に制定公布されようとしてゐる

朝鮮小作令

は嘗て農林當局者が小作調査會等の決議に基いて立案した小作法案に類似した內容を有するものであるが、朝鮮の如く小作人組合が內地のように發達してゐない所では此種の方法によつて小作關係を或程度まで公正化することが此關係の平和化に相當役立つに違ひないけれども、內地のように、小作人組合も既に十分發達し、それ〳〵各地方の實情に應じて自己の利益を防衞すべく相當の活動を爲しつゝある以上、國家も此現實に立脚して小作關係の平和化を計るべきが當然である。吾々は內地についても小作法の制定を絕對に必要なりと信ずる。しかし其小作法は單に地主小作人間の對立的權利義務を規定するのみでは足りない。國家はよろしくかくの如き消極的態度より更に一步を進めて直接全國小作關係のすべてに國家的規整を加へ、以て小作關係を公正化し小作爭議の豫防を計らねばならない。吾々は農林當局者の農村更生政策が此方面にまで推しひろめてゆかれることを切望するものである。

司法官會同第一日に於ける

小山司法大臣の訓示

に於て「事件處理の進捗につき（中略）一層の改善をなすべき餘地」がある旨、「殊に豫審の被告人拘留日數意外にも長期に亘るもの、少くないことは頗る遺憾とする」旨が述べられてゐるのは大によろしい。吾々は決して從來とても刑事事件の取扱が專ら檢事乃至豫審判事の怠慢等の爲めに遲延し勝ちであるのだとは思はない。しかしながら人權擁護の見地から考へて「豫審の被告人拘留日數意外にも長期に亘る」等甚だ遺憾とすべき事實が現實の事實として從來數多く存在することを司法制度の權威の爲め甚だ遺憾なりとするものであつて、司法當局者が今後とも一層努力して此種の弊害を最小限度まで阻止することを希望してやまないものである。

ソヴヰエト・ロシヤに於ける

ＧＰＵ廢止

が報道された。吾々法律家の立場から考へて當然に期待せらるべき事柄であるが、此事こそ一面に於てはソヴヰエト政權の安定を物語るものであると同時に他面ＧＰＵ的警察が畢竟過渡期的存在價値を有するに過ぎずして眞の社會安定は飽くまでも理の上に置かるべくして力の上に置かるべきでないことを實證するものと言はねばならない。

法律時觀

一九三四年六月号（六巻六号／通巻五四号）

金錢債務臨時調停法

が今回の改正によつて臨時法たる性質を失つたことは大に注目すべき事柄である。改正前の同法は單に「昭和七年七月三十一日以前ニ發生シタル」過去の金錢債務に適用されたに過ぎない。然るに改正法は此制限を削除して今後發生すべき金錢債務にも適用されることになつたのであるから、今後他人に金を貸そうとする人々は必然に將來或は調停法の適用を受くることあるべきを豫期せねばならない。從つて調停法運用の實情如何によつては、貸金者の貸金意思を阻害する影響も相當大なるべく、惹いては貸金條件が借金者の爲めに不利となるような傾向も現はれるであらう。過日一新聞紙の投書欄にも此傾向を虞れる趣旨の投書が掲げられてゐたが、私は此種の心配を至極尤なことであると考へてゐる。債務者を保護する積りで作つた法律が反つて金融の困難と貸金條件の惡化とを誘起するようなことがあつては折角の改正も結局は藪蛇、吾々は此際改正法の運用者に對して此點に關する注意と善處とを希望せざるを得ない。吾々は在來の調停法を臨時的法律としてそれに特殊の價値を認めてゐた。卽ち過去の不良債務は適時に適當に整理する方が債權者にとつても或意味に於て利益である、其債權者にとつても利益である點に在來調停法の實行性の基礎があつたのである。然るに今此法律が永久法になつて見ると、吾々は最早從來のような考方のみを以て本法を見てゐる譯にゆかない。今後吾吾の注意すべきは寧ろ此法律の運用が金融關係に對して如何なる影響を及ぼすかの點に在る。借地借家關係や商事取引の關係にあつては、今日でも尙――大家店子的な若くは得意關係的な――ゲマインシヤフト的要素が今尙相當力をもつてゐるから、之を賴りとして適當に調停を成立せしめる可能性があるけれども、純粹の借金關係を同樣の考で處理することは非常に困難であらう。現に金錢債務臨時調停法自らも初めから「銀行其ノ他官廳ノ監督ヲ受ケテ金融業務ヲ取扱フ者ノ債權ニ付テハ其業務ノ機構ヲ害スル處アルトキハ前項ノ裁判ヲ爲スコトヲ得ズ」（第七條第二項）と規定し、金融業者中純資本主義的經營によるものに對しては同法の適用を緩和してゐるのであつて、同法の完全なる適用は金融業者中特に高利貸の類に集中されてゐるのである。從つて同法の永久法化によつて最も影響を受けるものも此種の金融業者であり、從つて又今回の改正が此種金融業者の貸金條件の苛酷を益々助長する虞があるのではあるまいか、嘗て借地借家法の制定によつて一面借地人借家人を保護する目的を達し得たもの丶、同時に他面借地借家條件の苛酷化を促した事實を否認し得ない吾々は、今回の調停法改正についても同樣の傾向を豫期せざるを得ない。本法運用者の此間に於ける善處を希望せざるを得ない所以である。

地方長官會議

警察部長會議等が例年に比して活氣があると新聞紙は傳へてゐる。思ふにファッシヨ通有の傾向たる官僚的分子の勢力恢復を反映するものであらうか。此傾向を助成した原因の一は確に官吏の身分保障制度であり、而して此制度は専ら政黨的勢力の不當な壓迫に對する防衛を目的として樹立されたものであつて、其目的は立派に實現されてゐるように考へられる。乍併批評のない所にはとかく沈滯と腐敗とが生じ易い。吾々は過去に於ける政黨的罪惡を憎む點に於て敢て人後に落ちるものではないけれども、嘗て政黨が藩閥的政治に對する批評者として逐次其勢力を獲得して來た當時を回想して、今後政黨の批評の外に立つ官僚をして健全に且能率よく活動せしめる爲めには新に何等か方策を考慮實現するの必要あることを痛感するものである。

今茲の地方官諸會議が勞資協議會の開設、勞働爭議調停法の改正等を提唱してゐるのは大に時宜に適してゐる。我國經濟の國際的立場を考へると、誰しも適當なる勞働統制によつて勞働者を最も能率よく「國家產業」に協力參加せしめ以て「產業平和」の確立を計るべき制度の必要を痛感する。さりながら、眞の協力と平和とは當事者の心よりする「納得」の上にのみ建設せらるべきものなることを忘れてはならない。無論一時的には興奮や感激を利用して調和の實現を計ることが出來るけれども、此調和を永續的ならしめる爲めには是非共當事者の心よりする「納得」を得ることが出來るような制度を樹立する必要がある。此意味に於て、吾々は勞資協議會開設の前に寧ろ現時の情勢に適した

勞働組合法の制定

を要求せざるを得ない。組合を通して勞働者を統制せよ、組合を通して勞働者を諒解せしめよ、さもない限り假りに協議によつて一時的の產業平和は之を實現し得るとしても、其永遠的繼續を望むことは到底不可能であらう。

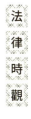

法律時観

一九三四年七月号（六巻七号／通巻五五号）

モリス金融會社

に對して、大藏省當局者が今頃になつて漸く監督の手を動かすに至つた其怠慢さを吾々は衷心より憤る。

記憶のいゝ讀者諸君は必ずや昨年四月の本誌々上に於て警視廳の池田保吉氏がモリス金融のインチキ性に付て次の如く語つてゐるのを想起されるであらう。「モリス・プランの例で述べて見やう。ごく大體の常識的な計算で、百萬圓で會社をつくるとする、百萬圓の株主は、約束通り株金拂込の終了後に倍貸をしてもらへると豫定してゐる。果して會社が約束通り行ふならば一年又は一年半の後全部の拂込が終つた時は二百萬圓の貸出をしなければならぬ。こゝに於て會社は資金の外百萬圓を都合しなければならない。然るにその金はどこから出るか、結局外に得やうがないから更に百萬圓の增資をし新株を發行せざるを得ない。こうして百萬圓の株主に對し二百萬圓を貸出し得たとしてもその後の株主に對し更に貸出をしなければならず、その分二百萬圓更に別に增資が必要となり、結局何千萬何億と言ふことになつて了ふ。丁度ゴム風船が一ぱいにふくらんで了つたらやがて破裂するやうに、いつかは、潰れざるを得ない。新株を募り切れなくなつた時が同時に行詰つて潰れる時である。これでは庶民金融どころか、庶民を踏臺にし、庶民に迷惑をかけるに過ぎない。又會社ははじめ貸した金から利息をとるから增資をせずに約束通りの金を貸すことが出來るとなす所もあるがそうすると非常に高い利息となつて、これは庶民金融にはならない。要するにこんなやり方では、潰れないとすれば最初から庶民金融ではなく、庶民金融とすれば必ず潰れると云ふことになる。大藏省ではモリス式金融を認める法律を作ると云つてゐるがどうかと私の所へ話しに來る人があるが、これはデマではないかと思ふ。こんな先の見えたものを法律なり省令で認めるやうなことはしないと考へる。」

この池田氏の話は誠に筋の通つた話で、吾々は此話を讀んだ當時からモリス金融會社の將來を憂ひ、當局者が極力犠牲者を少からしむるよう速かに豫防策を講ぜんことを希望してゐた。然るに、爾來一年有餘、吾々は此間本問題に付いて當局者の何等特別に處置し施設したるものあるを聞かない。而して今日突如として兼々豫期されたるが如き不正事實の摘發せられたるを聞き、又終には全國すべての同會社に對して營業停止の命令が發せられたと言ふ報道を耳にするのは誠に遺憾千萬である。一體大藏省當局者は此一年の間何をしてゐたのか。元來庶民金融は、一口々々の金額は如何に小さくとも、小資の大衆庶民を相手とするものであるから、監督官廳としても念には念を入れて彼等の利益を保護する必要がある。然るに今回の事たるや、危險信號が既に早くから出てゐたにも拘らず、機關手がそれを無視して列車を進め、其結果多數の犠牲者を出したようなもので、當局者の責任實に輕からざるものがある。

日本辯護士協會は最近諸方面に質問書を送つて

現行調停制度に關する意見

を徵しつゝある。思ふに最近在野法曹の間に高まりつゝある調停法反對の氣勢を反映するものであらうか。元來現行の調停制度は法に依る裁判の社會的不信用を緩和する手段として創成されたものであるが、機械の如く精確に將來を見透かし得るような法律及び其運用を要求する資本主義精神から考へると極めて不合理な制度であつて、かくの如き法律及び其運用の學に慣らされた現代一般法曹の眼から見れば甚だ面白くない制度である。折角法律が設けられて居り法律による裁判の諸制度が備はつてゐる以上、紛爭のすべては裁判所の手により法律を規準として嚴格に之を裁斷すべきが當然である、調停の名の下に當事者の法律的無智を利用して半ば强制的に和解を成立せしめ、之によつて有耶無耶の裡に紛爭を片付けるが如きは甚だ不合理である、と言ふのが現代法曹の腦裡に多かれ少かれ潛在する意見である。けれども、それにも拘らず現に調停制度が民衆の間に可成りの人氣をもち紛爭解決の手段として大に利用されてゐるのは何故であるか、吾々法曹のお互に吳々も反省せねばならないのは實に此點である。法曹は法律に依る裁判が法治國に於ける紛爭解決の常道であると考へてゐる。しかし元來實際の人間社會は法治國理念や法律に依る裁判の制度によつて整數的に割り切れるように出來てゐないのである。法曹は初めから法曹的假設を設けて整數的に割り切れる法治國社會を假想しつゝ、それと實際の人間社會とを意識的若しくは無意識的に同一物と考ふるが故に、法律に依る裁判によつて解決し得ざる紛爭は人間社會に存在し得ずと考へるけれども、かくの如き考は法曹的假設の上にのみ成り立ち得べきものなることを反省する必要がある。現に民衆は「裁判もよろしいが、金がかゝつて困る、時間がかゝつて困る」と言ふ。又或は「裁判で事が一刀兩斷に決つて了ふよりは、双方共勝なし負なしで事が片付く方が反つて先々の爲めによろしい」と言ふ。尙又或は「裁判にかければ負けるにきまつてゐる、しかし負けては命にもかゝはる大事、ともかく調停で然るべくやつて置いて貰はないと命が續かない」と言ふ。此等民衆の聲は一體何を意味するのか。其一は現在の裁判制度の宿命的な缺點をついてゐるのだ。其二は世の中には法律に依る裁判によつて一刀兩斷的に裁斷するに適しない紛爭もあると言ふ事實、卽ち裁判制度の社會的效用に限界のあることを言つて居るのだ。尙又其三は現行法中或るものが社會上或る種の人々に對して著しく不公正に出來て居り、從つて法律の規定する所を其儘施行されると彼等の生存それ自身を危くし、窮鼠反つて猫を食むが如き反動を誘致するの虞あることを表明してゐるのだ。而して吾々には此等民衆の聲を「不合理」の一語を以て批評し之を却ける勇氣もなければ資格もないのである。

勿論調停制度の社會的效用にも限界はある。其限界を超えて無批判に調停制度を禮讃したり之を濫用しようとするのは甚だよろしくない。けれども、吾々は同時に資本主義的法治主義それ自身が人類社會を整數的に割切るに適しない數學であることを反省する必要があるのである。而して調停制度をして其適する所に最もよく其機能を發揮せしむると同時に、調停制度にも亦相當な限界あることを知ることが此際最も大切だと私は考へてゐる。

法律時觀

一九三四年八月号（六巻八号／通巻五六号）

米國の産業復興法

實施此方同國各方面に絶えず勞働爭議の頻發を見てゐることは、同法の統制經濟計畫が少くとも勞働統制に關して或根本的な缺陷を包藏してゐることを暴露するものと言ふことが出來る。我國に於ても統制經濟乃至計畫經濟の問題が朝野各方面の注意を惹いてゐる今日、殊に今回の桑港總罷業を機會にＮＲＡ一般殊に其勞働政策に關する是非の論を爲す人が少くないようであるから、此問題に付て平素から考へてゐることの一端を玆に述べて置きたい。

元來ＮＲＡは一面に於て生産販賣の統制に依つて物價の引上げを計ると同時に、他面「購買力を增加する」ことに依て工業品及農産物の消費を增加」する目的の爲め、消費大衆の爲めに其「勞働水準を改善」することを産業復興方策の根本思想としてゐるのであつて、其勞働水準改善の手段としては勞働者に團結權及團體交涉權を認めて半ば强制的に資本家と勞働協約を締結せしめる方法を提議してゐるのである。所が勞働協約の效用に付てＮＲＡの立案者並に運用當局者の間には時代錯誤的の謬見が行はれてゐるらしく私には想像される、而してそれこそＮＲＡ勞働政策が失敗した根本の原因であると私は考へてゐる。

今更説明するまでもなく、勞働協約には一面勞働條件の維持改善を計る效用あると同時に、他面協約關係勞働者を統制して產業平和を計る效用がある。而して例へば第十九世紀後半乃至第二十世紀初頭に於けるイギリスの如く資本主義の勃興乃至繁榮時代に於ては此二の效用が同時に發揮されたのであるが、各國の資本主義が漸次に行き詰まつて資本も僅に利潤を生んで唯唯自ら生き伸びることにのみ汲汲たるような事情になると、最早無統制なトレード・ユニオニズム的の團體交涉によつて勞働の要求を容れる餘力を失ひ、其結果勞働協約も最早勞働水準改善の方法としては全く役立たないものとなり、協約制度の效用は專ら產業平和維持の點に集中されること丶なつたのである。さればこそイギリスのトレード・ユニオニズムも世界大戰後幾何もなくして其本來の機能を停止したのである。世界大戰後最も多く協約制度を利用したドイツに於ても協約の機能は專ら產業平和の維持にのみ限られ勞働水準の改善には殆ど役立つてゐない。而して協約制度を最も組織的に利用したファッシヨ・イタリアに付ても略同じことを言ふことが出來る。一國の資本主義が沒落過程に入ると、根本に於て資本主義を認める立場に立つ社會民主々義的の勞働ボス等は、最早團體交涉が多く勞働水準の改善に役立たないことに氣付く、徒に團體的の交涉を爲し爭議を行ふことは彼等の據つて立つ資本家的產業それ自身を弱らせるだけであつて何等得る所がないことに氣付く、それよりは縱令勞働の單價は低下しても成るべく爭議を避けて成るべく多數者に就勞の機會を與へる方が結局勞働者全體の爲めに有利であることに氣付く。是れ彼等が在來の鬪爭的態度より突如協調的態度に移る所以であつて、かくして協約制度も勞働條件を維持改善する效用を失つて專ら勞働者を統制して產業の平和を計ることに其效用を集中するに至るのは理の當然である。

然るにＮＲＡは此點に付て正確な認識をもつてゐないように思はれる。恐らく彼等はアメリカ現時の恐慌を資本主義沒落過程に通有な慢性的のものと考へてゐないらしい。さればこそ（高賃金――多消費――高物價）の方程式を景氣囘復の唯一手段と信じてゐるのであらう。此故に、彼等の勞働政策は國家產業を復興する爲めに勞働を統制して其秩序ある責任を求める所まで徹底的な態度をとることが出來ない、反つて政治の力によつて勞働者を團結せしめ、そうして彼等をして資本家と團體交渉を爲さしめ、之によつて勞働水準の改善を計らうとしてゐる。而かも既に讓步の經濟的餘力なき資本家、そうして傳統的に勞働者の團體交渉權を否認し勞働組合のクローズト・シヨップ政策を否定して來た資本家等が此政府の提議に同意する筈は初めからあり得ないのである。若しもＮＲＡがアメリカ經濟の實相に付てもつと正しい認識をもつたならば、勞働協約を通して勞働統制を求める所まで進むべきであつた。然るに彼等は協約を以て唯勞働水準改善の手段と考へたのであつて、此所に其失敗の根本的原因が伏在するのである。

我國にも勞働者の團結交渉權を否定する思想は根強く且廣く資本家一般の間に行はれてゐる。彼等は今日恐らくＮＲＡの失敗によつて一層其信念を強くしてゐるものと想像されるが、ＮＲＡの失敗原因は團體交渉權を認めたことそれ自身に存在するのではなくして、團體交渉の效用を專ら勞働水準の改善に求めた點に存することを忘れてはならない。我國に於ても今後一層緊密な統制經濟を確立すべき必要が現はれるに違ひない。そうして完全な統制經濟を行ふ爲めには適當なる勞働統制を必要とすること素より言ふまでもない。其時に當つて、我國の資本家がＮＲＡの失敗にこりて勞働統制それ自身までをも無用視し若くは危險視して排斥するようなことがあつたならば、危機に際して最も必要な產業平和の確立が到底望み得ないであらうことを今から警告して置きたい。

法律時観

一九三四年九月号（六巻九号／通巻五七号）

小原新法相

就任第一の仕事として司法制度の改革を企てつゝありと傳へられてゐる。吾人は其改革の最も徹底的ならんことを希望すると同時に、其徒に計畫仆れに終らざらんことを希望してやまない。言ふまでもなく現在司法制度の最も大なる缺點と認むべきは事件審理の遲延にある。而して其原因の最大なるものは一面裁判所檢事局を通じて一般に人員の不足なることに存するものと認むべく、他面に於ては現在の訴訟其他審理手續が民事刑事を通じて煩雜に過ぎる點に存するものと考へることが出來る。此中第一點は豫算さへ許せば直にでも之を救治出來るけれども財政現在の狀態に於ては到底此方法に十分の望みをかける譯にゆかない。結局は司法省原案なりとして新聞紙の傳へる所のように、或は單獨判事制を地方裁判所まで擴張するとか、或は大審院の部を三人制にするとか言ふような方法で人員の不足を補ふの外ないであらう。しかし更に一歩進んで徹底的な改革を行ふ勇氣があれば、現在の裁判所の外別に輕易の事件を簡易なる手續に依て迅速に取扱ふべき特殊の裁判所を考案することも必ずしも不可能ではあるまい。此裁判所の手で多數の輕易な事件が簡單に片付きさへすれば、普通裁判所の負擔は著しく輕減されるのではあるまいか。當局者の一考を煩はす次第である。次に第二點に付ては當事者保護の爲め審理を愼重にする必要との調和を考へねばならないこと勿論であるが、其點を十分考慮に入れて見ても現在の手續中には省略し得べき幾多の無用なる煩雜が含まれてゐるように思ふ。當局の改革案が第一點の救治にのみ偏せずして、此點をも十分に考慮の中に加へんことを希望してやまない。此點に付て考へらるべきことは幾多あるが、吾々が平素から考へてゐる所では現在の實際に於ては餘りにも

記録を多く作り過ぎてゐる

下は警察より上大審院に至るまであらゆる審理の過程に於て餘りにも多く記録を作り過ぎてゐるように思ふ。記録作成をもつと省略し若くは記録それ自身を簡短にすることを考へたならば、勞費も著しく節約され、事件の取扱も著しく速度を加へるであらう。慣行に捉はるることなくして徹底的に此點の改革を斷行せんことを希望してやまない。

それにしても改革案が徹底的であればある程、在來の遣方に慣れた人々の反對は強いにきまつてゐる。殊に現在の手續に慣れて其上に生活を築いてゐる辯護士、其上議會に可成りの勢力をもつてゐる辯護士は必や民權保護の名の下に反對の氣勢を擧げるであらう。そうして改革案が徹底的であればある程其氣勢は猛烈を加へるであらう。此故に、改革實現の途上に於ては此方面との折衝妥協が適當に行はれることが最も大切であつて、若しも改革事業調査の爲め委員會を設ける必要があるとすれば、委員の人選等に付ても此點に十分の注意を拂ふ必要があるのみならず、全體として小原法相の政治的手腕が事の成否に對して決定的要素をなしてゐることを忘れてはならない。

小作爭議は依然減少しない

而して爭議原因中最大多數を占めるものは地主の土地引上要求にあると、新聞紙は傳へてゐる。これでも尚政府は

小作法制定の必要

を感じないのであらうか。小作法制定の目標は決して單なる小作人保護に存するのではなくして小作關係に法的安

定を與へ之に依て其關係を平和化するに在る。爭議が當事者双方に對して無用の犠牲を要求するのみならず社會不安を釀成する原因になる、其爭議を防止する爲めには小作關係に法定安定を與へることが必要であつて、其爲めにこそ小作法の制定が要求されるのである。此故に、吾々は現在必ずしも嘗て政府が第五十九議會に提出したると同趣旨の小作法を制定すべきことを主張するものではない。方法は如何樣にも考へられるであらう、ともかくも吾々は後から〳〵絶間なく發生する小作爭議を防止して小作關係の平和化を計るべき小作法を要求するのである。これなしには小作官が如何に有能であり小作調停機關が如何に有效に働いても小作爭議の發生を防止し得ない、それが現在の實情である。吾々は此際政府が新なる見地から有效なる小作法の制定に努力せんことを希望してやまない。

法律時観

一九三四年一〇月号（六巻一〇号／通巻五八号）

商店法

の制定準備工作が大に進捗したと傳へられてゐる。從來其大多數が反對者であつたと言はれてゐた各地商工會議所關係の方面にも今や賛成者が非常に增加したと新聞紙は報道してゐる。

元來商業使用人保護の立場から考へると、今尚封建的色彩を多分に保存してゐる老舗的大商店とデパートメント・ストア其他之に類似する近代的商店と全國各地に充滿せる小小賣店とは嚴格に區別して觀察せらるべきものであつて、先づ第一に此中第三のものは其數極めて多數に上るにも拘らず恐らくは商店法の規約の外に置かるべきものであらう。何となれば、此等は工業に於ける工場法不適用工場と同じく原則として勞働法的規律に適する勞働と相容れない經營形態を特色として其存在を續けてゐるものだからである。次に第一のものと商店法との關係は最も微妙であつて、一面に於ては使用人自らが永續と安全とを特色とする封建的勞働關係よりは寧ろ自由と對價的賃金とを特色とする近代的勞働關係を希望する傾向、他面に於ては雇主も亦經濟的に又心理的に段々と在來の封建的勞働關係を歡迎しないようになる傾向、此二の傾向が自ら合致して其所に於ける勞働關係の變質に拍車をかけてゐるのであつて、商店法制定の成否は一面其變質度合の强弱如何と極めて密接の關係を有すると同時に、他面其制定は其變質的傾向を促進する傾向を有するものである。例へば近時大阪風の老舗が一面在來の勞働關係に多大の未練を感じながら、而かも段々に會社組織に變化して其勞働關係をも近代化しつゝある傾向の如き、商店法制定に際して最も注目すべき現象であると言はねばならない。

終に第二のものに於ける勞働關係は純資本主義的であつて、これこそ實に商店法制定の主要對象たるべきものである。此所では純粋に資本主義的な搾取關係が最も赤裸々に成立する可能性がある。何故なれば、此所での勞働者程多數の勞働豫備軍の待機に依つて脅かされてゐるものはない、使ふだけ使つて、而かも特別の商業上の智識も熟練をも與へらるゝことなしに、やがて解雇されるのが此等大商店に於ける勞働者普通の運命だからである。此故に商店法の專ら注目すべきものは此等の商店であつて、吾々は一面此等の商店に於ける勞働時間其他の就業條件に對して適當な取締を加へて不當な搾取を防止する必要を感ずると同時に、他面共濟組合・解雇手當制度等を强要して極力此等商店に於ける勞働關係の安定を計る必要があると考へる。

東京市電爭議も愈々强制調停に付せられて解決上正規の軌道に乘つたのは非常に喜ばしい。しかし此際吾々が考へねばならないことは、今回の爭議並に其解決への道行きが果して——世人一般が賞讃してゐるように——模範的であると言ひ得るであらうかどうかと言ふことである。吾々と雖も勿論事を好むものではない。爭議に拘らず交通狀態が必しも甚しく惡化することなく、勞働者の團體的行動も終始極めて規律を保存する等、現象的に之を見れば今回の爭議には幾多の賞讃に値すべき特徴がある。しかしながら、爭議それ自身の本質を精細に觀察すると、人々が常識的に模範的と考へる所に反つて非常的なものがあり、從つて今回の爭議並に其解決の成り行きが今後の運用に對して何等模範的な形態をとつてゐないように思はれてならないのである。勞働者は終始通じて規律と秩序とを保持した。それ自身は誠に喜ばしいに違ひない。又勞働者今回の戰術としてはそれが此態度が最も合目的的であつたと私も考へる。何となれば、今回の爭議に於ては、一面市電側の整理方式に對して輿論は一般に反對意見を示したのみならず、他面勞働者側もあれ程相手方が簡短にスキヤップを徵募し得る有様では、眞に本格的な爭議を繼續し得る筈がない、勞働者側としては高々市民一般其他輿論の同情によつて少しでも有利に爭議を解決するよう努力するの外他にとるべき途がなかつたと考へられるからである。此故に、勞働者側が强制調停開始と同時に罷業を中止したことも、具體的戰術としては確に賢明であると吾々は考へるけれども、かくの如き結果は勞働爭議調停法それ自身の決して初めから期待する所ではなくして、勞働者が飽くまでも其目的を貫徹する爲めに罷業を繼續してゐる間に調停を進めて行く所に調停法の本格的使命が存在するのである。從つて假りに今回の爭議が調停によつて無事解決に到達するとしても、今後の調停法による調停がすべて此流儀に行はれるであらうと想像し樂觀するのは非常な間違である。

勞働爭議調停法

此故に私は此際勞働爭議調停法の

徹底的改正

を要求したい。殊に公益企業に關する限り、勞働者並に利用大衆の參加に依て爭議を未然に防止し得べき方式を確立すべきことを要望したい。公益企業に關する限り、爭議の調停は末である、爭議の豫防こそ眞の目的であらねばならない。然るに現在の調停法は全くその目的に適しない。傳へる所によると、當局者は調停法の改正に依て强制調停を一般の非公益企業にも及ばしめようとしてゐるとの事であるが、吾々は此際更に一歩進んで少くとも公益企業に關する限り、爭議を未然に防止することを目標として制度の確立されることを希望せざるを得ない。

法律時觀

一九三四年一一月号（六巻一一号／通巻五九号）

特許制度實施五十年

の記念祝典が花々しく擧行された。特許局廳舍も莊麗に出來上つて物的施設も完備した。然るに此五十年の間に特許法の研究が比較的進歩せず、有力なる學者にして之に研究の手をつけたるもの殆どなく、文獻亦從て甚だ貧弱を極めてゐるのは何故であらうか。法學界の一隅に身を置くものとして私は甚だ之を遺憾とせざるを得ない。茲に聊か其原因を考へて見たい。此點に於て先づ第一に考へねばならないのは、現在諸大學に於ける

法學教育

の組織が果して時代の進運に伴ふ適切のものであるかどうかである。現在の法學教育は元々官吏養成を目標として組み立てられたものであつて、それが爲め法學教育の組織も內容も今尙國家試驗と極めて密接な關係をもつてゐる。其結果國家試驗に關係ある科目については專門の研究者も多く講義も亦盛に行はれてゐるにも拘らず、其以外

の法律に付いては殆ど講義が行はれてゐないのみならず、專門の法學者にして特に之を研究するものも殆ど存在しない有様である。勿論法學教育の主たる目的は法律的に思惟し得る人間の養成に在る、徒に教科目を增加してあらゆる法律に關する講義を羅列することは大學に於ける法學教育の本分ではない。乍併、現在のように法學教育が全般的に國家試驗の支配の下に立ち、それが爲め教授の注意も專らその方面にのみ惹かれて、研究を其他の部門に進める餘裕を與へられてゐない現狀は決して法科大學の使命を完くしてゐるものとは考へられない。

法科大學の使命

は一面法律的に思惟し得る人間の教育養成にあるけれども、他面法學の最高研究機關たることに存する。此故に教授は一面それ〴〵割り當てられた地位に於て十分教育的職分を盡さなければならないこと勿論であるが、同時に各其好む所適する所に從て法學の全分野に向つて自由に研究の步を進めねばならない。無論一人に多きを望むことは出來ない、一大學にすべてを望むことも出來ない。乍併我國すべての法科大學が全體として法學全部門に亘つて有能なる研究者をもつことは絕對的に必要であつて、現在のように大多數の教授が其研究並に教育を國家試驗に關係ある或る限られたる部門に局限し、此等の部門に於ては必要以上の文獻が目白押しをしてゐるにも拘らず、他には必要にして而かも全く閑却されてゐる部門の多い現在の有樣は決して之を理想的なものと考へることが出來ない。これは一面教授各人の個人的心得にもよることであるが、罪の大半は制度に在る、現在の制度が大學をして其研究的使命を十分發揮せしめ得ないように仕組まれてゐる所に原因の大部分があるのだと私は考へる。世の中には現在我國には法科大學が多過ぎると言ふような論を唱へる人も少くないようであるが、多過ぎるのは法科大學ではなくして眞に大學としての使命を果してゐない法科大學である。法科大學にして眞に其使命に精進する限り現在の法科大學は數に於て決して多過ぎないのみならず、內容に於ても決して過多ではない、況んや教授に至つては寧ろ其數の少きを憂ひざるを得ないのである。此故に私は、現在の法科大學は一面徹底した法律家養成機關になると同時に、他の半面に於て研究機關化する必要が大にあるのだと考へる。現状は其いづれともつかない中途半端の點に止まつてゐる所に最大の病弊を藏してゐるのであつて、現狀打破の目標は專ら此點に集中せらるべきであると私は信じてゐる。

尙各種の重要な特別法の爲めに大學以外に

特別の研究所

が出來ることも非常に必要だと私は考へる。例へば特許法の如き特殊の法律に付いては、例へば特許局自らが完備した圖書室を設備し、場合に依つては專門の研究者を置いて研究並に指導に當らしめるようなことも考へられると思ふ。現在全國の官私諸大學にして例へば特許法其他工業所有權全般に亘る文獻を完備してゐるものは一もあるまい。又研究希望者に十分な指導を與へ得る教授をもつ大學もないであらう。大學の現狀がかくの如くであるとすれば、特許局其他特殊の法律に密接の關係をもつ官廳は此缺陷を補ふ爲め特別の研究的施設を設ける必要が大に在る。

法律時観

一九三四年一二月号（六巻一二号／通巻六〇号）

我國の法律雜誌

は一般に各大學を中心として發行されてゐる。各雜誌はそれぞれ各大學の機關雜誌たる觀を呈してゐる。國際法外交雜誌の外、法學の諸部門に關する特殊の專門雜誌は殆ど存在しない。此現狀は各種の優秀な法律雜誌が主として各大學を中心として發行されてゐるアメリカの狀態に類似するものであつて、獨佛等とは著しく其趣を異にしてゐる。此狀態は恐らく我國法學發達の歷史に根據を置くものであつて、容易く其是非を論じ、其利否を議することは出來ないけれども、之を理想的に言へば獨佛等の狀態の方が學問的には寧ろ望ましいものゝように考へられる。此意味に於て私は、最近京都の諸學者に依つて公法・民商法等に關する專門雜誌が發行されようとしてゐる企に對して滿腔の敬意を表するものであつて、衷心より其成功を祈るものである。しかしながら、我國法學界の現狀から考へると、此種雜誌の成功には幾多の障害があることを否定し得ない。其最大なるものは絕えず適當な筆者を得ることの困難及び雜誌を經濟的に維持するに必要な讀者を得ることの困難であるが、此等の困難に打ち勝つべき最大の用意は恐らく各專門每に

全國的學會

を組織し、各雜誌をしてそれぞれ學會の機關雜誌たらしめることであるように私は考へる。從來我國法學界最大の

缺點は統制ある論爭と權威ある批評と共同研究とを缺くの點にある。論爭を判斷するに足るべき學術的輿論の形成せらるべき組織が作られてゐない。批評はとかく仲間褒めに陷つて、時偶少し骨のある批評をするものがあると學閥的狹量乃至個人的感情から反つて之を非難するものが出る。況んや學界總出で或特殊問題の爲めに共同的に研究もし論爭もするような風は全く我國には見られない。此現狀を遺憾とする私は常々最も熱心に全國的學會・法曹大會等の組織されることを希望するものであるが、今囘京都の諸學者に依つて企てられた專門雜誌の發行が引いては全國的學會の組織を促がすまでの氣運を釀成せんことを希望し、發企者諸氏が當初の困難に打勝つべく大に努力されんことを祈つて已まない。

鑛害賠償制度

の樹立を目的として關係各省の間に協議が進められつゝあると新聞紙は傳へてゐる。吾人は此報道の事實なるべきことを信じ、一日も速に適切なる賠償制度の確立されることを希望するものである。現行不法行爲法が鑛害に對して十分な救濟を與へる力がないことは周知の事實である。被害者救濟の目的から考へて過失主義に依らざる特殊の賠償制度確立の必要は極めて顯著であるが之鑛業權者の利益を考へても、現在彼等は法律に依らずして事實上相當多額の賠償を支拂はしめられてゐるのであるから、此際法制の樹立に依つて事態の合理化されることは寧ろ彼等にとつても望ましいのである。同じことは

自動車災害

に付いても之を考へることが出來る。現行不法行爲法が被害者救濟の目的に適せざることは今更言ふまでもない。而かも自動車の運轉者若くは所有者は實際上過失の有無に關係なく何等かの賠償を強要されてゐるのが現在の實情である。此事は自動車災害の救濟手段として過失主義に依る現行不法行爲法の不適當なること、從つて之に代へて

無過失賠償制度樹立の必要にして時宜に適してゐることを物語るものと言はねばならない。吾々は本誌を通して無過失賠償制度樹立の氣運を促進すべく從來とも相當の努力をして來たが、今日漸く鑛害賠償制度に關して關係當局者の間に審議が初められたと言ふ報道を耳にし、心より之を喜ぶと同時に同樣の企てが一日も速に其他の工業災害にまで及ぶよう希望してやまないものである。

一九三五（昭和一〇）年

法律時観

一九三五年一月号（七巻一号／通巻六一号）

小作法と農業保険法

とを凶作防止策の一として提唱したい。昨秋此方色々の新聞雜誌に掲げられた東北凶作地方視察記を讀んで感じたことは、凶作の原因として各種の自然的條件が數へられてゐるの外、多く、視察者が凶作の原因若くは其慘禍を激化せしめる原因として各種の社會的條件を指摘してゐることである。而して當局者の調査報告として新聞紙が最近報道してゐる所を見ると、凶作地方に於ける小作爭議は今秋殊に激甚を致しつゝありとのことである。茲に於てか吾々は凶作防止の對策として、一日も速かに科學的に自然的諸條件に打ち克つべき諸方策を講究實行すべきことを要望すると同時に、法制の改正充實に依つて社會的諸條件を克服する方圖を講ずることの必要を最も力強く主張せざるを得ない。

凶作に對する科學的對策が如何に研究されても現在の如き小作條件の下に活きてゐる貧農等は、科學的に最も善しとせらるる所のものを自ら實行する餘力をもたない。此故に、如何に完全な科學的對策が研究されても、彼等に經濟的餘力を與へる方策が國家に依つて講ぜられない限り、彼等を凶作の慘禍から救ふことは出來ない。人々は動もすると、小作法の制定は要するに地主の犠牲に於て小作人を救はんとするものに過ぎないと考へる傾向があるけれども、小作人に科學的對策を實施する餘力をすら殘し與へないような現在の小作制度は、結局地主にとつても極めて不利益であり、其他農村を基礎とする經濟機構一般にとりて破壞的作用をなすものなることを忘れてはならない。現在凶作の慘禍を蒙つてゐる現地の人々、殊に地主等は、此際小作法の制定などもつての外であると考へるであらう。しかしそれは、恰も難船した人々が數少い板子を奪ひ合ふと同じようなもので、現在だけを見れば如何にも同情に値するけれども、永い將來を考に入れて見ると、難船の都度板子を奪ひ合ひ、そうして或人は特に他の人々より板子を拾ひ易いと言ふような制度を此儘に存續せしめて置くのは間違ひであつて、平常は多少お互に窮屈でも、いざと言ふ場合に難船しないような用意をして置くことが必要なのである。現在難局に當面してゐる人々に、此事を考へる心の餘裕を要求するのは、無理かも知れないけれども、政府としては一時の反對を押し切つてまでも永遠の爲めに此用意をするだけの勇氣をもつて欲しい。

無論、それには同時に、農業保險制度の如き一層規模の大きい相互扶助組織によつて、外から助けることも必要である。全國農業者の相互扶助組織を基本としつゝ、之に國家的補助を與へて、農業者の各種災害に因つて蒙るべき損害を成るべく全國國民の負擔に分散轉嫁する制度は、我國の如く天災の多い國、而して農業の保全が社會的重要性をもつてゐる國にとつては、絕對的に必要である。

今や既に凶作到る。現在吾々として最も力むべきは臨機の救濟に萬遺漏なからんことを期するに在る。しかしながら永遠の對策として同時に、小作法並に農業保險制度を確立することを忘れないよう、當局者に對して要求せざるを得ない。

漁業勞働者保護規則

新聞紙は農林當局者が漁業法の規定に基いて

を制定する計畫があると傳へてゐるが、吾人は其報道の眞實ならんことを信じ、今まで必要にして而かも全く缺けてゐた此方面の勞働者保護法が一日も速に實現されるよう希望してやまない。工船漁業の發達に伴つて、此方面の勞働關係を國家的に調整する必要あることはつとに人人の注意した所であるが、最近沖取漁業の制限等此方面に於ても經濟的統制が要求せらるゝに至りつゝある今日、工船漁業勞働者の爲めに保護法を制定する好機正に到來せることを吾々は痛感する。保護法の制定に依つて一面勞働者の保護を計ると同時に、劣悪なる勞働條件しか與へ得ない漁業者を陶汰すべし。かくして一石二鳥の策を實現すべき好機が今正に到來してゐるのである。

廢娼

婦人社會運動團體多年の努力に依つて正に其目的を到達するに至らんとし、

母子扶助法

亦實現の捗まんとしつゝあるは誠に喜ばしい。吾々此機會に於て多年此運動の爲めに努力された人々に對して滿腔の敬意を表したいと同時に、彼等が芟除を目指してゐる社會的弊害には容易に拔くべからざる根源の深く根ざせるものあることを注意し彼等が單に制度の形式的改善に滿足せずして、今後益々其實質的實現の爲めに努力されることを希望してやまない。

法律時観

一九三五年二月号（七巻二号／通巻六二号）

學位令の改正

を提唱したい。現行學位令は大正九年舊學位令及博士會規則の廢止と共に制定されたものであつて、其舊令との差異は主として「學位ハ大學ニ於テ文部大臣ノ認可ヲ經テ之ヲ授與ス」ること及び推薦制度を廢止したことの二點に存する。所が在來の經驗に依ると、此二點共に更に改正を必要とすべき缺點があるように思はれる。先づ第一に現行學位令が大學を學位授與者としてゐることには賛成であるが、「文部大臣ノ認可」を要すとする制度は單に不必要であるのみならず不適當であると思ふ。恐らく此制度の立案者は、之に依つて一面學位の濫授を防ぐと同時に、學位に權威を附けようと企てたに違ひないけれども、實際上此制度は學位濫授の弊を防止することには役立たなかつたようである。又文部大臣の認可の爲めに學位が特に權威付けられたと言ふようなことも吾々は特に感じない。而して其原因は恐らく認可機關たる文部大臣に實質的の審査能力がなく、從つて其審査も結局形式的審査以上に及び得ないことに存するのであらうと思ふ。文部大臣が實質的の審査能力を有しない以上、其認可に依つて濫授を防止し得ないのは素より言ふまでもない。又實質的の審査能力をもたない文部大臣が認可したからと言ふて之が爲め特に博士の値打が增大するとも思はれない。反つて濫授の弊が認可の爲めにカムフラーヂされる缺點が感ぜられる位のことである。それよりは認可制度を廢止して學位を名實共に大學限りのものとし、之に依つて學位授與に對する全責任を大學自らをして負擔せしめる方が、濫授の弊も防止し得るし、學位の價値に關する世間の迷信をも打破し得ると思ふ。かくの如くにすれば、濫授する大學の學位は世間的にも自ら輕んぜられ、授與を愼重にする大學の學位は世間的にも自ら尊重されるようになるであらう。大正九年の改正はそれが中途半端であつた所に缺點があるのであつて、其缺點を除去する爲めには其改正の精神を一層徹底せしめ、學位を全然大學限りのものたらしめることが必要であると私は考へてゐる。

次に推薦制度が廢止されたことはよろしい。蓋し舊令に依る推薦制度は實施上動ともすれば情實に流れ易く其結果學位の權威を疑はしめるような事例さへ生じたからである。しかしながら、此制度が廢止された結果、爾來學位は獨り自ら論文を提出して學位を請求する者に對してのみ之を與へ得るに至り、大學が如何に學力を認めて學位を授與せんと欲しても本人の請求がない以上之を授與し得ざるに至つたことは事を全體的に觀察して決して喜ばしい事柄ではない。皮相に事を觀察する人々は、學位は自ら之を請求するものに之を授與すれば足りる、之を請求しないものに授與する必要はないと言ふに違ひないけれども、學位の權威を眞面目に考へて見ると、自ら學位を請求しない人人に對してこそ學位を授與して敬意を表したく考へられる場合が少くないのである。或はそう言ふ人々に學位を授與しても結局夏目漱石の場合と同樣本人の拒否に遇ふだけだと考へる人もあるかも知れないけれども、其間の事情はもつとデリケートであつて、吾々は眞に學位を授與せらるゝに値する人々に對して大學としての敬意を表したい、そうして之を表するに禮を以てしさへすれば無暗に拒否されるようなことはあり得ないのである。

私案に依ると、大學が自發的に學位を授與し得る場合を二に分ちたいと思ふ。其一は名譽學位の授與であつて之は誰が見ても異存のない第一流の學者に大學の敬意を表する爲めに與へられるものである。例へば、吾々の東京帝國大學法學部も昨年中中華民國及び佛蘭西から立派な學者を迎へて其講演を聽く機會をもつたが、此等の學者に名譽學位を呈することが出來たならどれ程よかつたであらうかと吾吾はつく〳〵考へた。其二は自らの學位の請求を爲さゞるに拘らず眞に學位を授與せらるゝに値する學者に對して大學から自發的に授與される學位である。舊令に依る推薦の弊害は必ずしも學者その人の學的仕事を標準として與へられなかつた點に存する。私が今茲に提唱せんとするのは學位授與に値する學的仕事が爲された場合には學者自らの請求なしと雖も之に敬意を表せんとする大學が自發的に之に學位を授與することを認める制度であつて、此制度に依る學位は舊令の推薦制度に於けると異なつて具體的の學的仕事に對して與へられるのであるから、情實に依つて濫授が行はれるような虞は全く存在しない。眞に學的價値ある業績を爲し遂げた學者に對しては其人自らの請求なしと雖も大學より自發的に學位を授與することを可能ならしめようとするのである。私はかくの如き制度を認むるに依つて眞に學位の權威を増大せしめ得ると同時に、反つて濫授の弊害を防止し得る利益があると思ふ。

帝人事件の裁判長

が決定したと新聞紙が報導してゐる。近年各種の重要事件に付いて裁判所長が一々其事件を取扱ふとき裁判長を選定するのを例としてゐるようであるが、私は此遣り方の適否に付いて大に疑ひを抱いてゐる。元來裁判制度の本質から考へると事件が如何なる部に屬するかは自働的機械的に決定されるのが寧ろ望ましいのであつて、人爲的に其決定を爲すときは動ともすれば司法權運用の公正を害する虞があり、少くとも人々をして其公正に對して疑を抱く原因を作り易い。さればこそ裁判所構成法第二十二條も「各地方裁判所ノ各部長及部員ノ配置及所長部長部員差支アルトキノ代理モ亦毎年前以テ之ヲ定ム」と規定し、又第二十四條は「第二十二條ニ從ヒ事務ノ分配及判事ノ配置一タビ定マリタルトキハ一部ノ事務多キニ過ギ又判事轉退シ又ハ疾病其ノ他ノ事故ニ因リ久ク闕勤スル者アル等引續キ差支アルニ非ザレバ司法年度中之ヲ變更セズ」と規定してゐるのである。聞く所に依ると、現在では裁判所長が必要と認むる場合其變更を爲し得ることが內規的に定められてゐるとのことであるが、裁判所構成法の精神から考へると餘り好ましいことのように思はれないのである。成程一寸考へると事件殊に重要事件は成るべく特に適任者を選んで其取扱を爲さしめる方がいゝように考へられるけれども、私は寧ろ事件の取扱者はすべて自働的機械的に定まるものとする方が司法の權威の爲め望ましいのだと思ふ。裁判所長が一々選定をすれば世間が之に對して是非の批評をするのは當然である。而してかくの如き批評が自ら裁判長の心理に影響を與へることも之を想像し得る。司法の權威、裁判の公正を重んずる見地から考へると、かくの如きことは甚だ好ましくないことであるように私は考へる。現に今回の事件にしても一二の新聞紙は藤井裁判長の適否を論じてゐる。例へば某紙は「正義を愛する藤井さんのメス、おそらく被告にとつては泣き面に蜂の態たらん」と言ふ見出しを付けて裁判長の禮讃の記事を掲げてゐるが、私は事前にかゝる如き記事が出ることそれ自身が司法の威信上甚だ面白くないのだと思ふ。私は司法當局者に對して此問題を眞面目に再考されることを希望して已まない。

法律時觀

一九三五年三月号（七巻三号／通巻六三号）

小作法制定の必要

は從來私の屢々主張した所であるが、最近此必要を更に一層痛切に感ぜしむべき新しい材料が發表されたことを特に注意して置きたい。去一月二十九日の東京朝日新聞に依ると、長野縣農會が縣下の三百八十七箇町村に付いて最近に於ける土地所有移動の傾向を土地臺帳に依つて調査した結果、昭和五年の農業恐慌此方逐年大量的に田畑山林等の所有權が銀行の手に歸しつつあることが發見されたとのことで、同紙は詳しく其數字を掲げてゐる。而して其前日の時局新聞に依ると、銀行も此等の土地を賣つて資金化を急ぐよりは採算上反つて有利である爲め引續き小作人をして小作せしめてゐるとのことである。

若しもかくの如き傾向が獨り長野縣に付いてのみならず全國的にも認められるとすれば、今こそ小作法制定の機運が熟しつつあるのだと私は考へる。先づ第一に、銀行が採算上の見地から田畑を所有するようになれば、銀行に取つて最も大事なことは小作關係の平和であつて、定期に且簡易に小作料の納入を受け得ることが何よりも必要である。それには小作人の權利に對しても相當の保護を與へて小作人が安んじて農耕に從事し得るよう、そうして甚しい苦痛なしに小作料を納入し得るようにしてやることが必要で、此小作人の保護と銀行側の必要とは立派に兩立調和し得るように私は考へる。借地法及び借家法の制定が如何に都會の小地主小家主の立場を困難ならしめたかの實情を知る人々は、農村に付いても從來のように中小地主が非常に多い間は小作法の制定が比較的困難であると言ふ事情を理解し得ると思ふ。中小地主が追々沒落して、田畑が大地主の手に歸し、更に進んでは銀行の手に歸するようになると、玆に初めて小作法の制定も可能となり又必要にもなるのである。

第二に嘗て小作法の制定が實際問題として論議された當時、反對論者はしきりに小作法を制定すると地主小作人の關係から義理人情的のものが追ひ去られて、すべてが權利義務的になる虞があると言ふ意見を述べてゐたが、銀行が地主になればもうさう言ふ反對論は成り立たない。資本主義原理の尖端を行く銀行にとつては義理人情が何よりも禁物で、機械の如く將來に向つて確實な見透かしを與へ得る法律が彼等にとつて何よりも必要なのである。從つて田畑が追々銀行の手に歸するような傾向が顯著であれば、右に述べたような反對論は段々に其根據を失ふのであつて、玆にも亦小作法の制定を可能ならしめ、又必要ならしめる事情が伏在してゐるのである。

公證人の不正行爲

が摘發され、終に起訴を見るに至つたと言ふことを新聞紙は報道してゐるが、これは吾々法律家の目から見ると極めて重要な事柄であつて、若しも今回のようなことがあり得るとすれば現在の公證人制度を根本的に改正する必要すらあるように考へられる。昨年十二月の本誌を讀まれた方には、現在の實際に於て公共證書が債務名義として如何に重要性をもつてゐるか、公證人が高利貸や地主家主等に依つて如何に極端にまで利用されてゐるかの實情を知られたと思ふ。かくの如き實情である以上は、公證人の職務が裁判所と同じ位の公正さを以て行はれることは絶對的に必要であつて、若しも今回新聞紙に依つて報道されたような事實があるとすれば、それは由々しい大事件であつて、吾々は獨り監督官廳たる地方裁判所長に向つて注意を促すのみならず、公證人制度の根本的改革に向つて司法當局者が研究の歩を進められんことを希望せざるを得ない。幸ひ司法制度の改善が相當大規模に考究されようとしてゐる今日、此問題も亦大に考究に値するものであることを茲に大聲主張して置きたい。

法律時觀

一九三五年四月号(七巻四号/通巻六四号)

試驗に於ける不正行爲

に對して比較的寛大な考方をしてゐる人が教育者の間に少くないのは驚くべきことである。從來もそう言ふ噂を屢々耳にしてゐたが、先日一教育者の口から親しく其事を聽いて非常に驚いたのである。そう言ふ人々は一般に「カンニングは子供らしい一時の出來心、無論悪いことにはきまつてゐるが、そう深くとがめ立てをする程のことでもない」とか、「カンニングは悪いにきまつてゐるけれども、事の原因は寧ろ試驗の遣り方それ自身にある、カンニングを誘發するような試驗をすることそれ自身が悪いのだ」と言ふような説を爲すのであるが、だからと言ふてカンニングを寛容的に取扱ふべしと言ふ結論は其所から生まれて來ないと私は思ふ。私は試驗は單に學力をテストすることを目的とするものではなくして、學生の訓練をも目的としてゐるものだと思ふ。受験準備は苦しいにきまってゐる。そうして其苦しいことそれ自身が價値をもつのである。其苦しみに堪えて十分の準備を爲し全力を盡して出來るだけ立派な答案を書かうと努力することそれ自身が役に立つのである。此故に試驗は飽くまでも嚴正に行はなければならない。無論何事にも弊害が伴ふように、試驗にも亦弊害がある。だから極力其弊害を少くするよう親切に考へる必要は勿論あるけれども、苟も試驗をする以上其施行は飽くまでも嚴正でなければならない。無責任乃至迎合的な評點が非教育的であるのは勿論、不正行爲の如き斷然之を禁遏せねばならない。試驗は訓練なのであるから、これを通して受驗者に嚴格な試煉の體驗を與へなければいけない。困れば不正行爲をする、それを寛大に取扱ふようでは試驗の最も大事な良い作用が全く沒却される。吾々は試驗を嚴正に行ふことに依つて渴しても盜泉の水を飮まないと言ふ精神を實踐的に敎へ込むことが出來る。言ふまでもなく餓死せんとする者にも竊盜の權利はない。食ふに困つて物を盜んだと言ふ其心情は誠に同情に値するけれども、其故を以て食ふに困つたら盜んでもいゝと言ふ議論は成り立たない。盜まなければ死ぬと言ふ場合に已むを得ず死を擇べ、それを敎へるのが教育であり、試驗は實にかくの如き教育を實踐的に與へる絶好の機會だと私は確信してゐる。然るに、聞く所に依ると、下は中學校より上大學に至るまでカンニングの弊害は一般に可成りひどいようである。そうして學校當局も事を知りつゝ其弊害を重視しない風習が相當に廣く行はれてゐるようである。かくの如くにして果して眞の教育が行はれ得るのであらうか。最近教育制度を問題にする人が非常に多くなつたが、其言ふ所は多く教育制度の形式に關して居り、偶々精神を云々する者があつても其言は多く抽象的に過ぎない。無論其の中には幾多の傾聽に値するものがある。けれども、試驗に於ける不正行爲を寛容するが如き惡風を今のまゝに放任して置いては、如何に教育制度を形式的に改革しても到底十分の實績を擧げることは出來ないと思ふ。カンニングの問題、事は一見甚だ小なるが如くにして國民教育上看過すべからざる重要事であると私は考へる。無論現在のような形式の學校教育を根本的に改革することが出來れば試驗の問題の如き自ら解消するけれども、かくの如き大改革は到底現在實施の見込みがない。

學校教育を前提として考へるとどうしても試驗を問題にせざるを得ない、試驗を善用して學生の人間を作ることを考へざるを得ない。

法律時觀

一九三五年五月号（七巻五号／通巻六五号）

差押制限法に現はれたる立法の新傾向

一昨年來の飯米差押禁止運動に動かされて終に民事訴訟法中差押制限に關する規定の一部改正が行はれ、其結果「人」と「財」との相剋關係に於て兎も角「人」の要求の前に「財」の要求が或程度の後退を餘儀なくせしめらるるに至つたことは社會政策的見地から見て特に注目に値する事柄であるが、同法が兩者要求の最後の接觸線を劃するが爲め「差押ニ因リ債務者ガ其生活上回復スルコト能ハザル窮迫ノ狀態ニ陷ルノ恐アル場合ニ於テ債務者ガ誠實ニシテ債務履行ノ意思アリ且債權者ノ經濟ニ甚シキ影響ヲ及ボサザルモノト認ム可キ顯著ナル事由アルトキハ裁判所ハ債務者ノ申立ニ因リ前條ノ規定ニ依ルノ外必要ナル限度ニ於テ差押フルコトヲ得ザル財產ヲ定ムルコトヲ得云々」（第五七〇條ノ二）なる規定を設け、伸縮性に富んだ非劃一的規準を示しつゝ、裁判所を緩衝地帶として兩者の調和を計らうと企てゝゐる點は法學的見地から見て特に興味深く感ぜられる。

先づ第一に注意すべきは、裁判所が相當廣い伸縮性をもつ規準に依つて私權關係に干涉する權限を與へられてゐることである。同樣の傾向は既に借地借家臨時處理法第二條及び金錢債務臨時調停法第七條中にも之を見出し得るけれども、それ等の法律はいづれも臨時的な特別法である。所が今度の法律では此新しい傾向を普通法としての民事訴訟法中にとり入れたのであるから、其重要さに於て彼此甚だ相異なるものがある。吾々は今此所に法に對する信頼の上に築かれた法治主義が人―裁判官―を信頼する制度に依つて修正せられんとする傾向が財産法の上にまで押し及んで來たのを見出す。而してこれこそ「財」の要求の絶對的支配を基調として在來の財産法に對する「人」の反撃を表徴するものに外ならないのであつて、此傾向と資本主義的要請とを如何に調和せしむべきかは今後に殘された困難な問題である。

經濟の基本が資本主義に置かれてゐる以上、窮局の支配者は「財」である。此故に此法律に依つて裁判所に與へられたものは緩衝的役目に過ぎない。「財」の要求の機械的壓力から「人」を救ふべき緩和的作用が彼等に求められてゐるに過ぎない。此故に本法は金錢債務臨時調停法第七條の如く明文を以て「銀行其ノ他官廳ノ監督ヲ受ケテ金融業務ヲ取扱フ者」に特別扱を與へる旨を規定してはゐないけれども、結局實際上の適用に於ては資本主義經濟の機械的要求に對して可成りの讓歩を爲さゞるを得ないことになるのであらうと思ふ。「財」の要求と「人」の要求との間に立つて緩衝的作用を發揮せねばならない裁判所の立場は困難であり、其責任甚だ重しと言はねばならない。

尚本法が制定されたことに關聯して吾々が今後の立法者に對して望みたいことは、事を獨り差押のみに限らず、あらゆる財産法的關係に付いて從來の如き劃一主義を排斥し、各場合の具體的事情に應じて裁判所が緩衝的作用を發揮し得るような制度を廣く採用することである。例へば現在の不法行爲法に依ると、裁判所は單に責任の有無及額を決定する職能を附與されてゐるに過ぎないけれども、其間或は加害者並に被害者の財産狀態を斟酌して責任額を決定するとか、或は加害者の生活狀態を斟酌して賠償の賦割拂を許すとか、各場合の具體的事情に應じて一方に必要なる救濟を與へつつ、而かも他方に無用の犧牲を要求しないような融通のきく制度を樹立するよう希望したい。

法律時観

一九三五年六月号（七巻六号／通巻六六号）

軍需インフレと勞働法

世を擧げて軍需インフレを謳歌する。此インフレ好況三年の間に從來赤字續きであつた諸會社も多くは赤字を解消して利益を計上するに至り、中には相當高率な利益率を示すに至つたものさへある。だから人々は譯もなくインフレ好況を讃美する。然るに此好況に反比例して、勞働條件は一般に低下しつゝある。賃金率は下る、勞働時間は長くなる、そうして生活必需品の騰貴は勞働者一般の生活水準を低下せしめつゝある。此矛盾は既に幾多の人々に依つて指摘された所であるが、最近發表された「昭和八年工場監督年報」に依ると此矛盾が勞働法施行の實績の上にまで反映してゐるのを發見する。卽ち此インフレ好況三年の間に勞働法それ自身は殆ど何等の進歩を示さなかつたのみならず、其實施の結果から考へると反つて退歩しつゝありとも考へられるのである。

年報は言ふ。「最近工場監督官吏の不斷の指導と、地方工場福利團體の取締官憲との緊密なる協調連絡とにより て事業主の自覺を促したる結果工場法規の主旨漸次周知徹底を見るに至り、左表に見る如く昭和六年頃迄は法規違反は漸次減少の傾向を辿りつゝありたるも、昨年來軍需工業界の目醒しき躍進に伴ひ各種法規違反の漸く多きを見るに至りたるは勞働者保護上誠に遺憾の次第なり。本年に於ける工場法規違反の事實を數字に付て見るに、處分したる件數は二四、九五二件にして、中戒告したるもの二四、三二九件、處罰したるもの六二三件にして、前年に比し戒告に於て四、二四七件、處罰に於て二五九件の激增を示せり」云々。これに依ると今や勞働條件は法規を犯してまで低下しつゝある。勞働法に關心を持つ者誰れか此事實を無批判のまゝ看過することが出來よう。

年報は此事實に付いて「こは前述の如く軍需品製造工場の活況に依り今日迄不況の重壓に辟易し來つた惡性なる事業主が目前の利慾に汲々として法規違反を敢行するもの漸く多きを見たるに基因するものにして、之等の惡性なる事業主の違反は主として就業時間の無許可延長、扶助の不履行等の實質的違反にして、之に對し監督職員が其違反防止に腐心すると共に一方其の取締の逐次周密を加へたる結果摘發件數も非常なる增加を示したるが如し」との說明を與へてゐるが、吾々の考に依ると、所謂非常時宣傳の事業主及び勞働者に與へた精神的影響、殊に之に因る勞働運動の無力化が此弊風を助長するに付いて重要な因子をなしてゐると言ふ事實を看過し得ないのである。

尙年報に依ると、工場災害が前年度に比べて二三％の增加を示してゐる。これに付いて「此の如き驚異的變化は實に改正工場法の實施（昭和二年）以後に於て曾て見ざる所にして、其の原因又は理由の如何に係らず邦家國民の蒙りたる有形無形の損失は眞に甚大なりと謂ふべく、工場監督史上の恨事とすべし」と年報は意見を述べてゐるが、吾吾は此所にも亦勞働法の實質的退步を見出すことを甚だ遺憾とする。

非常時の故を以て勞働者も亦極力國家に奉仕することを念とすべしと言ふ。言や素より可なり。乍併非常の名の下に勞働條件の低下を計るのみならず、工場法規の違反盛に行はれ、工場災害激增するが如き到底之を許すべからず、爲政者の一層思を此所に致さんことを吾人心より希望してやまないのである。

國家試驗委員の自重を望む

若しも吾々が國家試驗の委員になつたとすれば、受驗者に對して成るべく公平な取扱を與へるが爲め、試驗問題の選定其他に付いても成るべく自己の講義を聽いたものだけが不當な利益を受けることがないよう、極力注意するであらう。それは委員としての常識でもあり責任でもあると吾々は考へる。

然るに傳へ聞く所に依ると、委員の中には此點に於て可成り變はつた考をもつてゐる方が少くないように考へられる。無論自分の教へ子の中から一人でも多く合格者を出さうと希望するのは人情の自然であるに違ひないけれども、其人情を殺して極力公正を期せねばならぬ所に委員の道義的責任があるのだと思ふ。如何にも言ひ憎い事柄ではあるが、傳へ聞く所のもの稍常軌を逸すと考へらるゝもの少からず、敢て茲に一言する次第である。

法律時觀
一九三五年七月号（七巻七号／通巻六七号）

林大審院長の訓示

司法官會同に於ける訓示の中、林大審院長の訓示は司法大臣及び検事總長のそれに比べて、其内容が地味であり専門的でもある爲めにジヤーナリズム一般の注意を惹くに至らなかつたけれども、吾々法律家の眼から見ると反つて注目に値すべき重要な興味ある内容をもつてゐる。

院長は先づ第一に、法律の解釋適用に關する意見を述べて「國民的感情及道德的意識に合致することは法律の解釋の最も重要なる指導精神」であることを高調し「法律の規定が相當の彈力がある場合は勿論然らざる場合に於ても出來得る限り此の精神に則ることを必要とする」と主張し、同時に「司法の任に在る者が常に學問の研究を怠らず法の解釋適用に付ては堅實なる學理に其の基礎を置くに勗むる」ことを要すとし、「司法部内には一層研學の氣風を作興し學理の研究を輕視するが如き弊なからしむるやう常に注意すべき必要あり」と述べてゐる。

次に院長は、裁判の基礎たる事實認定の重要性を説いて「如何に法理の精妙を極むる裁判と雖其の適用の基礎たる事實の認定にして正鵠を失するものがあれば裁判は全然其の意義を沒却することになるのでありまして裁判の威信を損じ司法の使命に戻ること大なりと謂はねばなりませぬ」と言ひ、「從來動もすれば殊に民事に於ては其の審査皮相に止まり判斷亦形式に流れ遂に事案の眞髓に徹せざるの憾を免れざる」の弊あることを指摘し、而かも事實認定のことたる本來非常に六かしい事柄であるから、司法の職に在る者は法の理論を研究すると同時に深く思を「事實判斷に關する技術」の向上に致し、「資料蒐集の方法を考究し又推理判斷の力を練磨修養することを必要とする」と教へてゐる。

所言一々適切、特に異とすべき何物も含まれてゐないようであるが、第一及び第二點の中には相當問題となるべき重要な事柄が含まれてゐると思ふ。

先づ第一に「國民的感情及道德的意識に合致すること」が法律解釋の最も重要な「指導精神」であると說いてゐる點は、確に我國在來の法學及び其影響の下に立つ裁判の陷り易い缺點を指摘するものとして大に意味をもつてゐるが、同時に何となくナチス的風潮を司法部內に導入する危險を多分に包藏してゐるように思はれる。無論院長も極力誤解を避ける爲めに、或は「私の國民的感情と言ふのは傳統的に國民の心の奧底に流るゝ純眞にして正常なる感情卽ち言ひ換へれば信念とも言ふべきものを指すのでありまして、一時的なる激情や一部の變調的な情念などを言ふのでありませぬ」と注意を與へ、又或は以上の趣旨を說いた後に改めて「法の解釋適用に付ては堅實なる學理に其の基礎を置くに黽む」ることを要すと言つて裁判內容を普遍妥當のものたらしむる爲めには學理の研鑽が必要であると言ふ趣旨の注意を與へてゐるが、本來寧ろ當然のことに外ならない「國民的感情及道德的意識に合致することは法律の解釋の最も重要なる指導精神である」と言ふ原理を此際特に高調することは、寧ろ現下の時弊とも考へらるべき不當に偏狹な排外的傾向に迎合せんとするものにあらずやとの誤解を惹き起す危險が多分にあると私は考へる。殊に「法律の規定が相當の彈力がある場合は勿論然らざる場合に於ても出來得る限り此の精神に則る」べきを主張するに至つては、所謂國民的感情に基く擴張的若くは類推的な解釋を勸奬するもの、吾人は遺憾ながら此所にナチス臭味の相當濃厚なるもののあるを感ぜざるを得ないのである。

次に院長が事實認定の重要性を說いてゐる點は吾人も亦双手を擧げて贊意を表したい。司法官が今後此點に一層の注意を拂はれるならば、社會の爲め又司法それ自身の爲め得る所が非常に多いと思ふ。しかし吾々の考によると、從來吾國の司法官其他法學者一般が法的判斷の前提として爲さるべき事實認定に付いて比較的無關心な態度を示してゐるのには別に深い原因があるのであつて、院長が望んでゐるような司法官自身の技術修練のみでは到底此弊風を根本的に矯正し得ないと思ふ。

吾々の考に依ると、事の根本的原因は現行訴訟法の自由心證主義に在るのだと思ふ。元來自由心證主義は、全智全能の理想的な裁判官の存在を前提とする限り、理想的な制度であるけれども、實際的には裁判官をして事實認定上比較的無責任な態度をとらしめる危險性を包藏してゐる。自由心證主義をとつてゐる限り、採證の根據を精確に說明する必要がないから、事實の觀察に於ても自然粗笨に陷るを免れないのは當然である。此故に、裁判官の事實審査を一層精密ならしむる爲めには、相當嚴格な證據法を制定し之に依つて裁判官に採證上一層の注意を要求する必要があるのだと吾々は考へる。

尙又訴訟法が自由心證主義をとつてゐること、密接な關係をもつ事柄だと思ふが、吾國從來の法學者一般が法理を究むるに於て甚だ精細を極むるに拘らず、法律の規律對象たるべき事實の精確なる觀察を怠る傾向があり、此傾向が法學教育の上にも顯著に現はれてゐることは看逃がし難い事柄である。英米の法學教育に於ては個々の判例に付いて何が當該事件に於ける「事實」であるかを精確に觀察することが要求される。そうして「事實」と判決の基礎となつた「法律」との間に密接の關係あることに注意を向けることが要求される。然るに、吾國の法學教育に於て與へられるものは主として法文の註釋的智識であり、偶々演習等の形式で與へられるものも高々註釋技術の修練に過ぎない。實定法上の諸法規がそれ〴〵如何なる社會關係を前提として定立されてゐるかを精確に觀察し、其社會關係との關係に於て法規の意義を適確に理解せしむる努力が教育上殆ど爲されてゐない。此故に、法學生一般も

「事實」を離れて「法律」を理解せんとする傾向をもち、従つて「事實」をれ自身を精確に觀察することに興味をもたない。かくして教育された法學生がやがて法律實際家となるとき、其努力が動ともすれば事實認定の方面に向けられないことになるのは當然であつて、林大審院長が嘆じ居るような弊風は既に法學教育に於て十分培はれてゐるのだと吾々は考へる。

此故に、私は今回林院長が本問題に付いて適切な注意を與へられた此機會に於て、今後朝野の法曹一般が十分の注意を此方面に向け、色々の方面から宿弊を矯正するよう共々に努力せむことを希望してやまない。

「小作紛争官」

先日の東京朝日新聞「鐵箒」欄に「小作紛争官」と題して次のような投書が掲られてゐた。

小作紛争官

◇小作争議防止のために生れた小作調停官が、却て小作争議を擴大悪化せしめてゐる所が多々ある。その實例としては、本年度に入つて全國一の調停件數記録を有する栃木縣が數へられる。

◇農民組合は、その縣下大會で小作官排斥を決議し、地主側も小作官を蛇蝎のやうに嫌つて、面倒な争議では小作官立會はずの調停の方が融和が早いといふ珍現象が屢々ある。

◇小作官の具備すべき要件としては、一、その土地の事情に精通し、二、農業の實地に理解を有し、三、双方の言分を公平に聽き取る雅量を有し、これに對して公平な判斷を下し得る手腕を有し、四、法律にも精通してゐて、調停條項に缺陷なきやう注意し、この人なら安心して調停依頼が出來るといふ人格者が必要である。

◇然るに小作官中には右の條件の一をも備へず、双方へ極めて不親切で、時々調停中において土百姓とか馬鹿野郎などと當事者を怒鳴りつけてしまふことすらある。

◇こんなことでは、當事者のいら立つた感情の融和など出來たものではない。また小さな事件でも、聞き込むと調停申立を強ひて爭議を表面化させ、その結果は纏まりが付かず、その部落の親睦を破るやうな結果を招來する。

◇また實地踏査に來ると、土壌の種類の分別もつかず、麥は地味を構はぬ作物だなど頑張つて百姓を驚かす。外畦畔へも課税されるとか、縣令に基く檢査濟玄米には免除も入るべきだと解釋してゐる。これなど正に氣違ひじみてゐるが、職權を笠に着て法廷で頑張つてゐるのだから、始末に困る。

◇また双方が手を握らうとしても、小作官が自分の考へ通りにゆかぬと、調停の成立を阻害したりする。

◇我々農村の望む所は、小作官の自重向上にある。調停申立の費用は幾分増しても、よい小作官を置いてもらひたい。旅費稼ぎや御馳走ばかりねらつてゐる小作官は無きに劣る。（ＴＭ生寄）

實情を知らない私は決して輕々しく此文の趣旨を肯定するものではないけれども、小作官諸士其他農林當局一般にとつては少くとも他山の石たる價値が十分にあるように思ふ。

因に農務時報四月號に掲げられた「小作調停法に依る調停の概要」に依ると、同法に依る調停受理件數が年々非常に増加してゐるにも拘らず、小作官の法外調停數は増加しないのみならず、寧ろ反つて減少の傾向に在る。農務時報は「小作官の法外調停は極めて自由なるが故に、調停法の調停に於ては容易に企圖し得ざる新しき內容を有する調停條項が屢々作成せられ、此の新事例が先例となつて調停法の調停に際し採用せられ、之が更に地方一般の小作契約條件の規範となることあるは注目に値すべきことである」と記してゐるが、此農林當局者の誇らかな氣持と右投書中に書かれてゐるような事實との間には何となく一脈の聯關があるように思はれてならない。敢て當局者の自重を望む所以である。

法律時観

一九三五年八月号（七巻八号／通巻六八号）

小作法制定か小作人彈壓か

しばらく政府の農村自力更生策の蔭にかくれて一般人注目の外に置かれてゐた小作問題が再び人々の注意を惹くやうになつた。そうして最近開催された地方小作主任官會議を機會として此問題に對する對策が再び世上論議の題目となるに至りつゝあることは特に注目に値する事柄である。傳ふる所に依ると、右會議の席上山崎農相は爭議對策として地主小作人間の權利義務の範圍を明確にする必要を說き、小作官亦小作法制定の必要を主張したとのことであるが、同時に他面内務省に於ては最近地方警察官をしてしきりに小作關係に干渉せしめ爭議の彈壓を計る方針をとりつゝあるとのことである。此報道が何所まで正鵠を得てゐるか局外の吾々は全く之を知り得ないけれども、近頃のやうに爭議が單に其件數に於て激增したるのみならず其内容が深刻化し地主側の要求が動ともすれば互に土地返還請求にまで及ぶやうになつたことには不可避的な經濟的原因が深く根底に横たはつてゐるのであるから、土地問題の解決小作法の制定等に依つて勞働農民に經濟的安定を與へ、爭議の原因を根本的に除去しない限り小作關係の平和化を計ることは不可能である、と吾々は考へる。爭議の爲め發生すべき地方的社會不安を除去若くは豫防する爲め單に必要の範圍に於て一時的に警察力を行使することは素より之を許し得べしとするも、警察的干渉に依つて爭議の原因を根本的に除去することは出來ない。成程之に依つて地主小作人間に協調的精神を涵養すると言ふやうなことは或程度まで出來得るであらう。しかしそれと同時に勞働農民に經濟的安全《ママ》を確保すべき方策が樹立されない限り、一時的には兎も角今後長きに亙つて小作關係の平和化を計ることは到底不可能であらうと吾々は考へる。

學說の新規性

學者が其所說の新規性を誇らんとするは人情の自然、吾々も亦決して之を非難しない。しかし、新しいと言へば新しいかも知れないが、他の人も同じやうなことを全然思ひ付いてゐないとは決して考へられない程度の新しさを如何にも自分一人が思ひ付いたことのやうに自慢をしたり、又新しいには違ひないが、其新しさに大した學術的價値もなければ文化的價値もないものを自分一人だけ如何にも大したことのやうに考へて自慢してゐる人間を見ると、何だか嘲笑の一も浴せて見たくなる、これも人情の自然だと思ふ。

最近東京商科大學教授岩田新氏は法學志林誌上に「昭和新法學の提唱」なる一文を發表し、其中で同氏の債權法新論に對する我妻榮教授の批評の不當なることを主張し、同時に隨分口汚い言葉で氏の所謂「大正法律學」者一般を非難してゐるが、此文其他在來同氏の書いてゐるものの中に現はれてゐる「昭和新法學」なるものは果してそれ程獨自的な新しさをもつものなのであらうか、又果してどれ程の學術的價値をもつものなのであらうか、私にはどうも氏自らが自慢される程の新しさも學術的價値をも認めることが出來ないので、氏が力を入れて力めば力む程何だか可笑しさを感ずるのであるが、此感じは果して私一人にのみ限られた主觀的なものであらうか。

實質的に考へて岩田氏の思ひ付いてゐることそれ自身は決して無價値ではない。我國在來の法學者殊に民法學者が一面に於て實證を主張しつゝ而かも實證に徵せざるのうらみがあり、他面に於て無理論的傾向に墮するの傾向あることを非難する氏の主張は確に正しい。氏の所謂「昭和新法學」なるものは要するに、明治末期から大正の初めにかけて發展したドイツ風の概念法學的傾向に對するアンチテーゼとして發生した所謂社會法學的傾向に對する批判から生まれたものである。其發生は極めて自然であつて今日正に生まるべきものが生まれたに過ぎない。社會法學的傾向に於ける實證性の不徹底、其理論の缺乏、之に對して批判が生まれるのは當然である。しかし批判が價値を主張し得る爲めには、單に消極的であつてはならない。シンテーゼ的な批判のみが眞に建設的な價値をもつ。岩田氏はしきりに所謂大正法學に批判を加へてゐる。其中「經濟事情の說明に力を注いだ大正法律學者の書物には、稍ともすると經濟學書だか法律學書だかわからないのがあつた」と言はれる點、「吾が國に於いて從來實證的研究と稱せられたるものの中には、僅かに二三の事實を捉へて、之れを論議することに依つて自由自在に法論を作り出す試みが行はれた」と言はれてゐる點などは、從來の社會法學的傾向に對する批判として確かに可成りの價値をもつてゐる。法律的理論の缺乏と實證性の不徹底とは確に氏の所謂大正法學の短所である。しかしそれにも拘らずかくの如き傾向が在來の概念法學的傾向に對する批判として尙多大の價値をもつてゐたことは何人も之を否定し得ない所であつて、當時としてそれにはそれだけの價値があつたのである。けれどもそれは要するにアンチテーゼに過ぎないのであるから、それに對する批判として今日シンテーゼを要求するもの、現はれるのは當然であつて、其要求は今日心ある法學者の殆どすべてが抱いてゐる所であると私は考へる。但しシンテーゼがシンテーゼとして眞に其價値を主張し得る爲めには新な建設的要素を含むことを必要とする。今日我國多數の民法學者が現狀に滿足してゐないにも拘らず、敢て此停頓的狀態の打開に向つて邁進し得ないのは新に建設的な理論を樹立するまでの用意が十分出來てゐない爲めである。新法學を樹立する爲めには新しい道具と武器とを必要とする。それなしには岩田氏の所謂「生活において實在する法律事實を洞察」することも出來はしない、況んや其洞察の結果の上に新しい理論や體系を組み立てることなどは出來ない。大體に於て嘗て概念法學者がもつてゐたと同じ程度の武器しか持ち合はせない者が、單に社會法學的傾向に對する反感だけから、徒に聲を大にして「昭和新法學」を叫けんで見ても、人々が之にドンキホーテ以上の價値を認め得ないのは蓋し當然ではあるまいか。

岩田氏は「拙著の劈頭において第三九九條の根本的立て直しを要求してをり、無形損害の評價も、事情變更の原則の採用も失禮ながら小生が提唱者であり、無過失損害賠償に保險制度と同一なる根據からの有限責任を賦與すべきことも最近小生の主張せるところ」であると言つて、しきりに自分の新しさを自慢してゐるけれども、此主張は事實として果して正鵠を得てゐるであらうか。私の知るだけでも、例へば第三九九條に關しては一八九七年卽ち今から四十年近くも前に書かれたスタムラーの債權法總論第一章の記述の方が岩田氏のそれよりも同じことを論じつゝ遙に學術的價値をもつてゐる。又氏は事情變更の原則の提唱者だと自慢してゐるけれども、世界大戰直後歐洲に留學した者にして此問題に注意しなかつたものは一人もあるまい。そうして此問題を學術的に取扱つたものとしては勝本正晃氏の著作の方が遙に價値多きものなることは誰れしも認める事實である。岩田氏は一體如何なる根據から「失禮ながら小生が提唱者」であるなど丶キザな物言ひをするのであらうか。其他の點でも私にはどうも氏が自ら特に提唱者であると自慢して居られる程の特色を殆ど全く見出すことが出來ないのであつて、それにも拘らず氏が無闇と聲を大にして「昭和新法學」だとか「提唱」だとか言はれるから、他人も何となく耶揄して見たくなるのだと私は思ふ。

元來私は比較的氏の學風に興味をもつてゐるのであるが、今度のやうに變に思ひ上つたことを平氣で書かれるのを見ると、私と雖も「どうぞ靜かに」と言ひたくなるのである。

法律時觀

一九三五年九月号（七巻九号／通巻六九号）

怪文書取締法案

怪文書を嚴重に取締る爲め特別法を制定すると言ふ噂が傳へられてゐるが、吾々の考に依ると怪文書が流行するには流行するだけの原因がある、其原因を突き止めて徹底的に其除去を計らない限り、縱令嚴罰を以て臨むも到底十分に怪文書絶滅の目的を達し得ないやうに思はれる。言ふまでもなく怪文書の祕密的頒布は一定の效果を狙つて行はれてゐるのであるから、別に方法を建てゝ其效果の發生を防止することが出來れば、敢て特別の取締を爲さずと雖も自然に怪文書はなくなるにきまつてゐる。之に反して、苟も效果が豫期される限り怪文書を利用する者は永久に絶えない、少し位の嚴罰を設けても到底彼等を威壓するに足りないと吾々は考へる。

元來怪文書の流行は言論報道の自由を不當に制限した爲めに生まれた弊風である。社會諸般の事件に關する新聞紙の報道が全體として非常に歪められたものであつて、新聞紙の報道する以外に何か大きなことが隱されてゐるのではないか、と言ふ一種の不安が今では一般人の頭を支配してゐる。相當學問もあり世間の消息にも通じてゐる筈の人までが同樣の疑惑を抱き不安の念に馳られてゐるのが通例である。其結果少しく落着いて常識的に考へれば殆ど信ずることが出來ないやうな流言蜚語までが強い力を以て一般人の間に押し弘まつて行くのであつて、怪文書の流行も正に此社會的不安に乘じて發生したものに外ならないのである。

此故に怪文書を絶滅せんと欲するならば、社會諸般の事件に關する報道を成るべく迅速且正確に一般人に與へて事の眞相を正しく理解せしめるやうに努力せねばならない。今日のやうに新聞紙ラジオ等のニュース報道を極度に制限してゐる以上、流言蜚語が行はれて怪文書の類が不當に其效果を發揮するのは當然である。怪文書の取締を嚴にせんと企てつゝある當局者諸氏の想を此所に致されんことを希望して已まない。

自然村の復興

內務省が考究中であると傳へられてゐる地方制度改正案の中に自然村復興の思想が現はれてゐるのを見て私は大に興味を感じた。現行の町村制が法定の規格に依つて强ひて町村を編成するが爲め濫りに部落の廢合を行つたことの功罪に付いては從來人々の間に色々の意見が行はれてゐるが、町村制實施以來既に年久しき今日徒らに過去の功罪を論じて見ても無駄であるし、又今更遽かにすべてを復古しやうとしても其不可能且無意味なことも明である。しかしながら今日と雖も嘗て故横井時敬博士が「農村改造論」に於て極力非難されたやうな弊害が現實に存在することは事實であつて、之を除去する爲め「自然村」を復興する必要は今尙大に存在する。殊に最近のやうに農村經濟をして自力的に更生せしめる必要が痛感されるにつれて、農村をして無理なしに一經濟單位として經濟せしめる必要、農村構成者すべての間にゲマインシヤフト的團體精神を普及する必要等が增大するのは當然であつて、吾々は今日決して徒らに過去に復るべきことを主張するものではないけれども、少くとも「自然村」的思想を採り容れて農村をして眞に自ら一經濟單位として無理なく經濟し得るものたらしめる必要甚だ緊切なるものあることを痛感するものである。今日吾吾は未だ內務省案の內容を詳細に知らないから、手段方法のことは未だ玆に之を論じないけれども、少くとも農村のすべてをして新しい意味に於ける自然村たらしめる必要殊に痛切なるものあるを信じ、當局者が此必要に應ずる爲め最善の方策を考案せんことを希望するものである。

法律時観

一九三五年一〇月号（七巻一〇号／通巻七〇号）

下級官吏と法學的素養

下級官吏の末に至るまですべて完全な法學的素養を持たねばならぬと言ふ程無理な注文を出す譯では素よりない。しかし法規に依つて事を處理するに際し其法規制定の精神を考へ章句文字の末に捉はれずして先づ誰れが見ても成程と思はれる程度の判斷を與へ得る能力をもつことは官吏として爲すべき最小限度の資格であると思ふ。かくの如き能力をもたない者は一般に法規を知らない場合の方が反つて常識的に振舞ふことが出來る。生中法規を知ると反つてそれに縛られて沒常識な行動をするやうになる。此處に法學的素養のない者に法規を取扱はしめるのは一般に甚だ危險であつて、吾吾が今茲に下級官吏の法學的素養を問題にするのも蓋し其危險を恐れるからである。

最近新聞紙の報道する所に依ると、選擧肅正運動の結果選擧の取締が不當に嚴重となり、極端な事例としては通行人が偶々路傍に倒れてゐる立看板を立て直した爲めに選擧法違反に問はれたと言ふやうな馬鹿々々しい事件があつたそうであるが、吾吾の考に依るとかくの如き笑話にも類する事柄が實際上發生する原因は警察官憲の法學的素養が不足してゐることにあるのだと思ふ。某紙は此事件を批評して其原因を當該警察官の常識不足に求めてゐるけれども、吾々の考に依ると彼に缺けてゐたものは常識ではなくして法學的素養であつたのだと思ふ。彼の常識が現在のまゝであつたとしても、彼が偶々「議員候補者、選擧事務長、選擧委員又ハ選擧事務員ニ非ザレバ選擧運動ヲ爲スコトヲ得ズ」と言ふ取締法規の存在を敎へられてゐさへしなければ、決してかくの如き沒常識な行動をする恐れはなかつたのである。然るに彼は法規の存在を敎へられつゝ不幸にして之を正しく運用するに必要な法學的素養をもつてゐなかつた。其結果通常人としては立派に常識をもつてゐる筈の彼が職務に忠實なるの餘り警察官として極度に沒常識な行爲を敢てしたのである。缺けてゐたのは常識ではなくして實は法學的素養に外ならない。若しも彼に普通の法學的素養があつたならば通常人としての常識は現在のまゝであつても決してかくの如きことはしなかつたであらうと吾々は考へる。

最近大審院第二刑事部は島根縣木炭檢査規則第一條（「本縣內ニ於テ生產シタル木炭ハ本令ニ依リ檢査ヲ受クルニ非ザレバ之ヲ縣內ニ於テ授受シ運搬又ハ縣外ニ移出スルコトヲ得ズ」の規定に付いて、「自家用トシテ製造シタル木炭ヲ引取ルコト」は同條に所謂授受又は運搬に該當せずとの解釋を與へ、之に依つて養蠶實行組合の組合員等が經費節約の目的を以て他人をして製炭を爲さしめ檢査を經ずして直接之を引き取りたる行爲を無罪とする旨を判示してゐるが（昭和十年六月二十七日、集刑七三八頁以下）、吾々から見ると此判旨を賞揚する前に、寧ろ先づかくの如き事件を問題にした警察檢察其他の關係者の法學的素養を問題にせざるを得ないのである。法規制定の精神を正しく理解することさへ出來れば、農村經濟の自給自足化が力強く要求されてゐる今日、かくの如き行爲を犯罪視するやうなことが當該官憲に依つて行はれる筈は全然あり得ない。少くともかくの如き事件が大審院の判決をまで煩はすことはあり得ないのだと吾々は考へる。

法律智識は一般に非常に高まりつゝある。しかし下級官吏の間には案外にも今でも可成り法學的素養が缺乏してゐるやうに思はれる。司法並に警察關係の人々に對して敢て深甚の考慮を促す所以である。

法律時観

一九三五年一一月号（七巻一一号／通巻七一号）

警察署の人事相談

警視廳は人事相談が良好な成績を擧げてゐる現狀に鑑み、內規を新にして更に一層內容の充實を計らうとしてゐると新聞は報道してゐる。吾人は双手を擧げて此擧に賛意を表し、獨り警視廳管下に於てのみならず、全國的に警察人事相談の制度が改善充實されることを希望するものであるが、同時に考へざるを得ないのは、何處に此制度がかくまで盛に一般民衆に依つて利用されてゐるかの理由である。其原因として考へられる事柄は色々あるが、其內吾々のどうしても看逃がし難いのは現行司法制度の缺陷であつて、若しも司法機關が一般民衆の必要に應じ得る程充實されて居り、何人も必要な場合容易に之を利用し得べき途が開けてゐるならば――事實力はともかくとして――全く法的根據を有せず、從つて法律的强制力をもたない警察人事相談が現在程人々に依つて利用される筈がないと吾々は考へるのである。

警察は事實力をもつてゐる。其所に警察人事相談が比較的良好な成績を擧げ得る最大の原因が存在するのである。しかし此長所は他の半面から考へると短所であるとも考へられるのであつて、事實力は動ともすると不當に濫用され易い。

理を以て人の心を制するのが調停の妙用であるにも拘らず、力を有するものは動ともすると其理を忘れて兎角力を以て人を壓するの弊に陷り易い。

此故に、人事相談の局に當る人々はよろしく此點に留意して專ら此弊を避けつゝ力を善用して調停の効果を擧げるやう努力しなければならないのは勿論であるが、政府としては此際此制度に法的根據を與へ、一般司法機關と連絡して積極的に之を活用する必要があるやうに吾々は考へる。

現在の借地借家調停制度にしても、若しも調停機關と警察署との間に密接な連絡があれば、現在以上遙に良好な成績を擧げ得るであらう。同樣に現在警察の行ひつゝある人事相談に法的根據を與へ、之に依つて相談の結果成立する調停和解に對して法律的效力を與へるやうにすれば人事相談も恐らく現在以上遙に其效果を發揮するであらうと考へられる。

幸ひ事實力を有する警察の力に依つて――人事相談の名の下に――有力に調停的作用が行はれてゐるのであるから、國家としても寧ろ此作用を公認且利用して現行司法制度の缺陷を補充する方策を考慮すべきであると吾々は考へる。司法制度改善問題が全般的に考慮研究せられつゝある今日、司法當局者が此方面に其注意を向けられることを切望する。

外交科試驗を廢止すべし

外務當局は目下外交官採用制度の改革を考究中であると傳へられてゐるが、受驗者側の事情を比較的よく知つてゐる吾々の意見としては、外交科試驗を廢止して外務省も他の諸官省と同じやうに行政科合格者の內から詮衡採用するやうにするのが最善の方策であると考へてゐる。現在では有望なる青年にして內心外交官を志望するものも試驗制度の特殊性の爲めに受驗を躊躇して結局他の諸官省に向つて仕舞ふ傾向が極めて顯著であつて、かくの如きは今後益々人材を必要とすべき我國外交の立場から考へて誠に寒心に値すべき事柄である。若しそれ特に語學に長ずる等特殊の才能を有するものを採用するの必要あらば、先づ技術官として別途に詮衡採用するの途を開けばいゝではないか。現在の制度は人材を求めることゝ才能を求めることゝの中間を行きつゝ、其いづれの目的をも十分に達し得ない弊害に陥つてゐる。

法律時観　一九三五年一二月号（七巻一二号／通巻七二号）

調査委員會の改廢

政府は臨時法制審議會其他在來の各種調査委員會を成るべく廢止し、今後は具體的必要に應じて各省限りの委員會を組織する方針であると傳へられてゐるが、吾々の考では委員會の改廢よりは寧ろ其組織並に運用の改善を計る方が必要であるやうに思はれる。さもない限り内閣が變る度毎に色々な委員會を作つたり廢したりするだけで、何時までたつても實質的な改善は行はれない。在來の委員會の缺點を拾つて見ると、

（一）一般に委員の數が多過ぎる。調査委員會の本領は理を求むる爲めに智を集むるにある。徒に各方面の利害關係者を集めて見ても、到底良き調査の結果を期待することは出來ない。政府が政治的責任を免れる方便として開設する委員會ならば格別、眞に調査を目的とする委員會である以上少數の學識經驗者のみを以て之を組織すべきが當然である。官廳關係の人々を委員にするにしても實質的に當該事務を擔當する官吏を委員に任用すべきであつて、現在のやうに次官局長等部局長が多數の委員會の委員を兼務するが如き弊風は一日も速に除去されねばならない。政府當局者相互間の打合はせが必要ならば別に次官會議その他で事務的交渉を行へばよいではないか。委員會にはよろしく眞のエキスパートのみは集むべきである。

（二）委員會の調査が急速に行はれない。これは委員の數が多過ぎること〻密接に關係する事柄であつて、各方面に忙しい本務をもつ多數の人々を委員にしてゐるから、自然會議も頻繁に開催することが出來ず、精々毎週一回位開會してノンベンダラリと調査を進めてゐるのが現在多數の委員會の實情である。初めから調査事項と調査期間とを限定して少數のエキスパートをして調査に當らしめれば、現在より遙に速に且能率良く調査を進めることが出來る筈である。

（三）調査の内容が精確に公表されない。現在のやうな委員會の組織及び調査方法をとつてゐる限り、委員會の調査經過、決議内容及び少數意見等を迅速且精確に公表して輿論の批判を求めるやうなことは到底之を求め難い。しかし調査委員會が眞に理を求むるものである以上、調査の結果は適時に之を公表して輿論の批判を求めるやうにしなければならぬ。殊に會議に於ける少數意見をも精確に公表することは最も必要であつて、それでこそ初めて委員各自が眞に良心的に行動することが出來るし、輿論も亦調査の結果に對して適切な批判を加へることが出來る。

勞働立法と産業團體

各種の勞働立法が企てられる都度全産聯初め産業團體は何とか理由を附けて無理矢理に之を阻止しやうとする、これが近年に於ける産業團體の常習的態度である。其結果多くの法律原案が議會に提出される以前闇から闇に葬られて仕舞ふのが近年の常例である。これは一面我國産業の非常時的特質を反映するものに外ならないが、他面勞働者團體及び政府當局の態度にも相當批議せらるべきものがあるやうに思はれる。吾々は勞働者團體も漸次統一の機運に向ひつ〻あると傳へられてゐる今日、團體が今後一層勞働立法の促進に力を盡すことを希望すると同時に、政府當局も少し大所高所より事を考へ苟も信念の存する所關係當事者の反對を押し切つてまでも立法の實現に努力するだけの勇氣を示して欲しい。

一九三六（昭和一一）年

法律時観

一九三六年一月号（八巻一号／通巻七三号）

交通法規を勵行すべし

交通關係の法規は性質上最も勵行を必要とする法規である。然るに現在では法規の內容が相當充實してゐるにも拘らず、必ずしも其實施が之に伴つてゐない。其結果、多數の違反行爲が實際上多く看過されてゐるのみならず、法規を信頼する人々に反つて不測の危險を感ぜしめつつある。此種の法規はそれを嚴格に守つてゐさへすれば、何人も安全に交通し得るやうに出來て居り又實施されて居らねばならない。然るに現在では、一面に於て法規を無視する人々の行爲が大量的に看過されて居り、他面に於ては如何に法規を守つても交通上絕對の安全を期待し得ない有樣である。吾々は當局者が此實情を深く考慮して今後交通法規の勵行に努力せんことを希望してやまない。

最近の小學生遭難事件にしても、如上の實情に通じない人々は、とかく非難の矛先を小學教員に向けるやうな傾向を示してゐるけれども、吾々から見ると、最も責任があるのは當該の運轉手、そうして彼の違法な行動を看逃がしてゐた警察當局者であると考へざるを得ない。

新聞紙の報道する所に依ると、當該の運轉手は免許證を得てから今日まで僅か三ケ年の間に九十何囘かの違反事故を犯してゐるとのことである。親しく自動車運轉に關係する者の眼から見ると、殆ど問題にならない程惡質の運轉手である。其上彼は當日――如何に子供であると言へ――十二人もの乘客を乘せてゐるのである。吾々の常識よりすれば、かくの如き不良運轉手の運轉免許は既に前々から取消されてゐるべきであり、又當日不當に多數の乘客を積んでゐるやうな行爲も容易に發見されてゐるべきである。然るに現在警察當局者は其用意を怠つてゐるのである。

成程一般的な宣傳的交通教育にも大に價値がある。しかし個別的に惡質な運轉手を淘汰することを忘れ、個々的に違反事項を嚴重取締ることを怠つてはならない。今回の事件にしても、若しも警察當局者が一般的に不良運轉手の取締に付いても少し注意をしてゐたならば、恐らく容易に之を豫防し得たのであらう。現在では徒に嚴重な取締法規を作ることにのみ沒頭して、其運用動ともすれば杓子定木に陷り、寧ろ不必要なる所に取締の力を集中して、現實に個々の法規違反者を追及することを忘れてゐる缺點がある。敢て當局者の猛省を促す所以である。

劈頭解散論是非

一日學生來訪問ふて曰く。國體明徵のことは既に十分之を納得諒解したけれども、近頃新聞紙に來議會に於ける解散の有無又は其時期に關して政府及び政黨の間に色々議論があると言ふやうなことが報道されてゐるのを讀むと、國體明徵を主張してゐる人々自らが政治的掛引きの爲めに大權を私議してゐるのではないか、と言ふ疑惑を抱かざるを得ない、先生以て如何となすと。

此言葉は素より憲法の規定と憲政の運用との間に微妙な關係あることを理解し得ない一法律書生の言ふ所に過ぎないけれども、純眞な青年にして尙此言葉ある所以を政府並に政黨關係の諸公は十分に反省する必要があると吾々は考へる。

政府にとつては、解散の外他に全く採るべき途なしと何人をも納得せしめ得る程度に政局が切迫した場合にのみ解散を奏請すべきが彼等として正に踐むべき憲政の正道であつて、單なる政治の掛引だけから最も自分等に都合のいゝ時期に解散せんとするが如き彼等として最も愼まねばならぬ所であると吾々は信ずる。

法律時観

一九三六年二月号（八巻二号／通巻七四号）

調査に於ける協働を進むべし

諸官廳が調査の爲めに毎年支出してゐる費用を總計したならば非常な巨額に上るであらう。之に諸會社、研究所、諸學者等の調査を加へれば、我國全體として一年間に爲されてゐる調査の分量は莫大な量に上るものと私は考へてゐる。

然るに此等多數の調査は多く互に無關係に行はれてゐる結果重複して同じ事柄を諸方面で調査するやうな例も決して少くないであらうと想像される。無論調査の目的が違ふと自然調査の方法態度も同一ではあり得ないから、或程度までは重複も已むを得ないけれども、現在では單なる無連絡に原因して無用の重複が數多く行はれてゐるやうに私は考へる。

此弊害を除去する方法としては、調査に關する情報を互に交換する組織を作ることが最も理想的であるが、すべて各方面で行はれてゐる調査の結果が事情の許す限り完全に且迅速に公表されるやうになれば、自然に交換が行はれて單に重複を避け得るのみならず、大に調査の能率を上げ得るであらう。此意味に於て官廳の調査物も近頃では印刷公表されるものが非常に多くなつたことを私は大に喜ぶものであるが、現在はかくして印刷されたものも多くは僅かな關係者の間に配布されるのみであつて、それが爲め貴重な資料であり乍ら終に多く人々の注目を惹かずして葬り去らるゝものが少くないやうに私は考へる。

昨年內閣調査局が設立されてから此方、此所で行はれた調査は恐らく多量に上つてゐることと想像する。そうして其調査も他の諸官廳と聯絡して能率よく行はれてゐるものと想像するが、若しも內閣調査局が單なる一時的の施設でないとするならば、從來諸官廳で行つてゐる調査を成るべく統一聯絡せしめる所まで調査局の働きが延びて行くことを吾々は希望したい。更に進んでは民間の調査と官廳のそれとを聯絡せしめる所まで仕事を進めて欲しい。少くとも、調査局は月報類を發表して局內の調査にして公表の價値あり又公表に支障なきものは逐次之を公表すべく、又他の諸官廳の調査にして公表されたものがあれば之を蒐集分類して少くとも其項目を月報に掲げるやうにすべきではあるまいか。

從來官廳はとかく一時の必要の爲めに個々的の調査を行ひ、其必要がなくなると調査をやめて仕舞ふ傾向がある。これは官廳の性質上或程度まで已むを得ない事柄ではあるが、行政合理化の目的から言ふともつと調査の繼續を計る必要があるやうに思ふ。若しも內閣調査局が諸方面の調査物を漏れなく蒐集して閲覽の便宜までをも計るやうにすれば、一時的の調査の結果も後人容易に之を利用し得て自ら調査の繼續が行はれるやうになると私は考へる。

內閣調査局をよろしく常設たらしむべし。そうして諸官廳の調査に聯絡統一繼續を與へるのみならず、民間の調査との聯絡をも可能ならしめるやう努力せんことを關係當局者に切望する次第である。

制度と其運用

司法制度改正のことが目下調査會の手で熱心に審議せられてゐるが、此際私は、制度それ自身の改正もさることながら、其運用の適正を期することが同樣に――否或は一層――大切である。制度運用の當局者に其人を得、其人の適正なる運用に依つて制度を活かして行くことが出來なければ、如何に制度を改革しても所期の目的を達成し得ないことを一言して改正事業に關係する人々の注意を促して置きたい。

去一月八日の法律新聞は「東京區檢事局空前の好成績」と題して、同局昨年中に於ける執務成績の甚だ良好なりしことを報道し、其原因を究めて其一は「各檢事の努力もあらんが、もつと注意すべきものは、今年より管內各警察署の巡回、司法警察主任の實習が與つて大に力ありと認められ」ること、第二は「檢事局書記課の大淘汰」であると言つてゐる。此一例を見ても、運用如何に依つては同じ制度の下でも良好なる實績を擧げる可能性の如何に大きいかを知り得る。

法律時觀

一九三六年三月号（八巻三号／通巻七五号）

新辯護士法の實施に際して

新辯護士法の實施を前にして辯護士試補の實務修習及び考試に關する規程が朝野關係者の間で考究されてゐるとのことであるが、此機會に於て吾々は辯護士の養成に關して平素考へてゐることの一端を述べて置きたい。

辯護士の資質を一般的に向上せしめることが司法制度の運用上極めて重要であることは言ふまでもないが、其目的を達する爲めには、一面無能乃至惡質者を極力辯護士仲間から排斥淘汰する必要あること勿論であるが、同時に他面絕えず優れた素質をもつた法學青年を迎へ入れて之を優秀な辯護士に仕立て上げる用意を怠つてはならない。現在では恐らく、個々の辯護士は勿論、辯護士會も一般に思ひを此點まで及ぼしてゐるものは殆どないと想像されるけれども、辯護士の社會的地位を一般的に引き上げる爲めには、辯護士のすべてが力を合せて絕えず素質の優れた青年を仲間に引き入れ、皆々協力して之を立派な辯護士に育て上げるだけの心掛をもたねばならないと思ふ。司法科試驗の合格者中優秀者は判檢事を志望し、殘りの者が已む得ず辯護士になると言ふやうな現狀では、何時まで立つても辯護士の社會的地位が向上する見込はない。然るに現在では失禮ながら多數の辯護士は專ら自家の繁榮をのみ念とし、辯護士界全體の爲めに優れた後繼者を養成すると言ふが如き遠大な理想を抱いてゐる人々は非常に少ないやうに思はれる。かくの如くにして現狀を此儘に放置すれば、在野法曹界は今後愈々人材を缺くに至り、惹いては其社會的地位が益々低下する虞がある、かくの如き將來を私は心より恐れてゐるのである。

今日辯護士試補修習のことが考究されてゐる時に當り、吾々が朝野の關係當局者に希望したいことは、辯護士會の仕事として極力優秀なる青年を迎へ入れて之を立派な辯護士に仕立てるやうな途を設けることである。今では優れた學生に辯護士になることを勸めても、其多くは適當なる入門の道なきの故を以て躊躇の意を示すのである。彼等に多少共便宜を與へてやれば、素質の優れた青年の多數が辯護士を志望する見込は大にある。そうしてかくしてこそ初めて辯護士全體の社會的地位が向上し得るのだと吾々は考へてゐる。

例へば、辯護士會に於て嚴重なる試驗を行ひ、合格者に限つて修習中特に生活費を支給するが如き便宜を與へ、修習の結果優秀な成績を示したものを一流の事務所に入れるやうな仕組を立てさへすれば、優秀な法學青年にして辯護士を志すものは非常に增加するであらう。

此事は近視眼的に事を考へる限り、現在辯護士である人々にとつては無意義乃至無價値であるやうに考へられるかも知れないけれども、長い目で在野法曹の將來を考へるものにとつては極めて重要な事柄であると思ふ。徒に修習乃至考試規程に依つて劣等者の拒否にのみ專念することをやめて、積極的に優秀者を迎へ入れ且養成することを考へて欲しい。新辯護士法の實施に際し、吾々が辯護士諸君に對して最も熱心にお願ひしたいのは此事である。

都長公選論

東京市助役問題に原因して都長官選論が有力化しつゝあるけれども、吾々の考では都長の官選公選より大事な事柄は都會の素質を良くすることであると思ふ。現在のやうに市政にとつて實質的には全く無意味な政友とか民政とか言ふやうな朋黨が不當に其勢力を市政の上に及ぼし得るやうな制度が續いてゐる限り、都長公選の不可なるは勿論、官選都長も亦徒に都會と衝突するか若くは不當に妥協する外なく、都政の改善は到底之に因つて實現される見込がない。此故に、都制案の考究に際して、最も意を用ゐて研究されねばならないのは、都會の組織である。都長選任の方法の如きは寧ろ第二次の事柄に過ぎないと吾々は考へてゐる。

法律時觀

一九三六年四月号（八巻四号／通巻七六号）

調査方法を一新すべし

私は本誌前々號に於て朝野各種の調査を聯絡統一して調査の能率を擧げることの必要を說いたが、今回發表された廣田內閣の政綱聲明書の末尾に「各般の國策を具現するに當り政府は所部を策勵して其の萬全を期するは固より、又普く衆智を採り深く民意に察し云々」と書かれてゐるのを見た此機會に於て重ねて其「普く衆智を採」る方法としての調査に關して多少の意見を述べて置きたい。

先づ第一に、従來設けられた各種の調査會は一般に實質的に事を調査審議せしめると言ふよりは寧ろ政略的意圖から設けられたものが多く、其結果委員の詮衡も實質的調査の成績を擧げる點から考へると甚だ不適當と思はれるものが少くなかつた。徒に「顔を」列べることをやめねばならない。經歷地位年齢等に捉はれていけない。眞に當該問題に關して智識經驗を有するものを集めて實質的に調査せしめねばならぬ。官廳で初めから或る原案を作つて置き、大體之に賛成しそうな人だけを集めるやうでは眞の調査は出來ない。調査の目的は理を求むるにある。初めから反對者を除外するやうなことでは眞に價値ある調査を爲し遂げ得る筈はない。よろしく當該問題を色々の方面から見てゐる眞の權威者を集むべし。そうして調査の結果意見がまとまらなければ、多數意見に依る決議の外、少數意見にも亦公表の機會を與ふべきである。調査會の機能は飽くまでも調査に依つて理を求めるにある。議會のやうに數を以て事を決するにあるのではない。

第二に、我國在來の調査會は一般に能率が甚だ惡い。徒に時間を喰ふだけであつて仕事が捗らない。委員の多數が不勉强であるにも拘らず、無用に多辯である。もつと各時々の論點をハツキリしてテキパキ事を運ばなければいけない。事情に通じない局外の人々が聞いたら驚くであらうが、在來の調査會では同じことを何年もか丶つて調査してゐる結果、同じ委員が同じ事項に付いて前後矛盾した意見を述べるやうなことさへ屢々ある。此所に、私はすべての調査に初めから時間を限つて之を行ふべきことを提唱したい。そうしてかくの如き速急の仕事に堪えられないやうな人を初めから委員中に加へないやうにすることを希望したい。

尚「深く民意を察」する最善の方法は言ふまでもなく議會をして完全に其機能を發揮せしめることであるが、現在のやうな政治事情の下では別に議員殊に代議士の中から眞に當該事項に精通する人々を擇んで調査に參加せしめ、之に依つて自ら調査の中に「民意」を織り込むやうにするのが非常に實際的であると思ふ。在來の「秕政」をすべて政黨の責任なりとし、徒に政黨を白眼視しつ丶官僚の立場から世の中を見てゐるやうなことでは眞に「民意を察」することは出來ない。政黨者流をして實質的に政府政策の樹立に基礎を與ふべき調査に參劃せしむべし□かくしてこそ「深く民意を察し」つゝ眞に擧國一致の意義をもつ政策を樹立することが出來る。之に比べれば政務官問題の如きは抑も末の末の事柄に過ぎない。

家事調停法

最近の「法律新聞」紙上で石井與七郎氏が人事調停制度の必要を說いて居られるのに對して最も熱心なる同感を表して置きたい。これは日常法律相談を受けてゐる私の體驗から生まれる切實な希望である。人事家庭の紛爭を一々裁判所に持ち出さねばならないやうな制度が如何に非社會的であるかを考へねばならない。民法亦大に之を改正すべし。しかしそれよりも先づ速に家事調停制度を樹立せねばならぬ。

法律時觀

一九三六年五月号（八巻五号／通巻七七号）

肅正選擧の成果を確保すべし

肅正を標榜して施行された過般の總選擧の結果、惡質なる違反事項の摘發せらるゝもの擧げて算ふべからず、其結果當選者にして失格を豫想せらるゝもの數十の多きに上るであらうと言はれてゐるのみならず、其他地方政界の有力者にして違反の罪を問はれつゝあるもの無數、爲めに例へば靑森市會の如き終に解散を命ぜらるゝに至りたる等地方政界の蒙りたる影響想像以上に甚大なものがあると傳へられてゐる。

此事實に當面したる吾々は、我國選擧界在來の宿弊が如何に甚しいものであるかを新に發見して今更ながら驚きに堪えないものであるが、同時に政府當局者が今回決行し得た肅正運動を今後一層强化して結局肅正の必要を感ぜざるに至る所まで其運動を徹底强行せんことを希望してやまないものである。選擧の取締に付いて警察官憲に不當乃至横暴の行爲が相當あつたと言はれてゐるが、それはそれとして別に矯正の道を講ずればよろしい。此點に對する非難の爲め肅正それ自身の手を緩めてはならぬ。自ら矯正すべきものは飽くまでも矯正すべし。肅正に値すべきものあらば徹底的に之を彈壓すべし。多少の非難があらうとも、其爲め譯もなく躊躇するやうでは、肅正の大目的は終に之を達成し得ないであらう。

統制經濟と社會政策

正しき統制經濟は資本の爲めのみの統制經濟であつてはならない。勞働者の立場も、消費者の立場をも考に入れてすべてを調和的に計畫せねばならぬ。自由主義經濟はすべての人々を自由の立場に置いて各々自己の計算と責任とに於て自由に經濟することを許す。之に反してすべてを計畫的に經濟せんとする限り、一面人々の自由に制限を加へる代はりに、他面保護を與へてすべての人々の生存に最小限度の保證を與へる必要がある。此故に、正しき統制經濟は必然に一定の社會政策を伴ふ必要がある。否、此所では社會政策が經濟組織の本質的部分として正當に其存在を主張し得るのである。

現内閣の成立此方從來久しきに亙つて停頓狀態に在つた勞働立法が再び動き出さうとしてゐる。政府もしきりに畫策し、資本家側亦在來の態度を改めつゝありと傳へられてゐる。更に勞働者側の協力を求めて互に我執と偏見とを棄て、三者協力して眞に我國の實情に適する勞働立法を一日も速に實現せんことを希望してやまない。

貴族院改革

貴族院改革の議があると傳へられてゐる。吾々は現に貴族院に議席を有する人々が私心を去り情實を捨てゝ適當なる改革の實現に協力せんことを希望してやまない。貴族院令第十三條は「將來此ノ勅令ノ條項ヲ改正シ又ハ增補スルトキハ貴族院ノ議決ヲ經ベシ」と規定してゐるが、此規定こそ實に貴族院自らの自重善處を豫期するものに外ならないのである。貴族院にして若しも此規定を楯として專ら唯保身をのみ事とするが如きことあらんか、同院は直に衆庶の怨府となるであらう。吾々亦決して貴族院の無用を主張するにあらず。同院も亦時勢に應じて根本的なる大改革を加へられねばならぬことを主張するに過ぎない。希くは現在同院に議席を有する人々よ、私心を去り情實を捨てゝ一日も速に改むべきもののすべてを斷然改むべし。かくしてこそ貴族院の權威は初めて實質的に恢復されるる。

法律時觀

一九三六年六月号（八巻六号／通巻七八号）

著作權會議を前にして

著作物保護條約の改正が企てられてゐる。新聞紙の傳へてゐる會議々題を通して想像すると、會議の結果著作物の法律的保護は今後愈々厚くなるであらうと考へられる。

著作物の保護を今日以上に厚くする必要あることそれ自身は吾々も亦之を認める。議題に現はれてゐる以外にも尙保護を要すべき事柄が相當にあると思ふ。しかし著作物保護のことを考へるに當つては同時に一般文化の要求をも顧慮せねばならない。著作物の保護に專念するの餘り、一般大衆が著作物から享け得べき利益を不當に制限してはならない。然るに近時著作權に關して人々の言ふ所を聞くに、動ともすれば人格權的方面よりも寧ろ財產權的方面を重視する風潮が日に日に強くなる、そうしてそれにつれてとかく一般文化の要求を輕視して無闇に著作物の保護のみを厚くしやうとする傾向が顯著になる。吾々は之を輕々に看過し難き惡傾向であると考へてゐる。

殊に注意すべきは、出版其他著作物利用の事業が資本主義化するにつれて、著作物の權利が早くから著作者の手から離れて企業者の所有に歸し易い傾向のあることである。歐米諸國に於ては此傾向が特に著しいと言はれてゐるが、こうなると著作物保護制度の上に企業者等の要求が強く反映するやうになるのは當然であつて、其結果或は著作者の人格權的要求が輕視されたり、或は權利所有者の財產權的要求を過當に尊重するやうなことが起るのである。最近我國に於て屢々問題になりつゝある飜譯演奏等に關するトラブルの如きも、若しも權利が著作者自らの手に在るとすれば、あれ程厄介な事態に立ち至らずして濟んでゐるに違ひない。相手が營利本位の企業者なればこそ事が六かしくなるのである。

此故に私は言ひたい。著作者其人の保護は今より一層厚くする必要があるけれども、著作物そのものゝ財產權的保護を今日以上厚くするのは大に考へ物である。殊に我國に於ては諸外國と異なつて著作物の權利が長く著作者自身の手に留まつてゐるのが通例であるから、彼の國々の國情から生れた財產權的保護强化の要求に我國が輕々しく雷同するのは甚だよろしくない。吾々は我國特有の國情に應じて獨自に考へねばならない。そうして著作者其人及び一般文化の要求に保護を與へることを主眼として我國獨自の著作權法を作らねばならない。

會議に出席される帝國代表を送るに當つて吾人は特に聲を大にして此事を主張して置きたい。

貴族院議員の歳費

貴族院議員の歳費は全廢するか又は大に減額してい、のではあるまいか。外國の例を見ても、此事に關して上下兩院議員を同然に待遇してゐること我國の如きものは殆ど存在しないのである。

多額議員に歳費を給することの無意味なるは勿論、多く恩給を受けてゐる勅選議員に歳費を給する亦甚だ不合理なりと言はねばならない。かくの如き不合理を許して置けばこそ、不純な動機から勅選議員の補充が行はれ易いのである。もしそれ有爵議員に至つては、有爵者たることそれ自身に依つて既に法外の恩寵に浴するもの、偶々議員に選ばれて更に權力と名譽とを併せ有するに至る、其上多額の歳費を受くべき理由が果して何所にあるのであらうか。此故に、吾々は貴族院議員の歳費を全廢すべし少くとも大に減額すべしと主張する。それこそ貴族院改革の最捷徑であると吾々は確信してゐる。

法律時觀

一九三六年七月号（八巻七号／通巻七九号）

司法刷新の諸問題

司法官會同に先立つて各方面から司法部改革に關する意見書乃至陳情書が司法大臣に提出された。其記す所多岐に亙つてゐるが、其中特に吾々の注目を惹いたものは先づ第一に「裁判所の要職は裁判事務の經驗豐富なる判事を以て之に充つべきこと」及び「司法制度及法律改正調査の爲判事實務家を以て組織する常設の研究調査機關を設くべきこと」を主張してゐる東京民事地方及區裁判所判事陳情書の一節である。從來の例に依ると、判事檢事にして本省に轉出したものが人事其他の點に付いて特に多大の利益を受けてゐる。之に對する不平は局外の吾々も屢々耳にした所である。又現に實務に當つてゐる人々の意見を常時活々と反映せしめ得べき法律改正調査機關の必要あることは吾々も亦前々より痛感してゐた所であつて、在來各種委員會の構成等が此目的から考へて相當缺陷をもつてゐることは事實である。そうして之に對する批評も亦吾々が屢々實務家特に下級の判檢事から聽いた所である。無論有能なる判檢事必ずしも事務的才能を有せず、又實務家必ずしも普遍的立場に立つて法律改正の事を議するに適しない。しかしながら、在來の實際には確かに此不平乃至批評を全部的に排斥し得ないだけの相當重大な缺陷が包藏されると吾々も亦考へる。此種の不平を單なる羨望的感情に基くものと批評し去るが如きは極めて皮相の見解である。例へば、現在下級裁判所の判事が學問的乃至人間的良心に基く不滿を抱きつゝ大審院判例に對する盲從を餘儀なくせられ、自ら信じて而かも之を表明する機會を與へられざるを嘆じて居るが如き吾々の最も同情に堪えざる所であつて、彼等の意見に向つて通達の道を開き、之を立法乃至判例の改革上に反映せしめることは時弊を矯正するに付いて最も重要である。

第二に、東京刑事地方及區裁判所公判部判事から「大審院の事實審理・陪審制度の廢止を斷行す」べしとの意見が提出されてゐるが、此等も亦此際大に考究を要すべき重大事である。此中大審院の事實審理廢止に付いては各方面にも非常に賛成意見が多いやうに思はれるから、之に關しては改めて玆に何事をも述べないが、陪審制度廢止に付いては尙大に論議すべき餘地があると思ふ。陪審制度實施此方今年四月までの全國陪審件數僅に四四三件、而かも年々漸減して昨年度の如き僅々一八件を數ふるに過ぎざるが如き不成績である以上、寧ろ之を廢止して費用を一層有益なる方面——例へば刑事補償制度の改善——に轉用した方がいいと言ふ考は吾々も亦抱いてゐるが、一面同法の有する無形の利益——一般人の司法に對する關心を啓發すること、司法警察權の濫用を防止すること等——も亦大に考へる必要があるし、又現行制度そのもの及び其運用に此不成績の原因たるべき何等かの缺陷なきやを十分に考へる必要がある。若し眞に陪審を要せずして民衆が心から司法の現状に悅服してゐるのであるとすれば、廢止の卽時斷行大に可なり。しかしながら若しも民衆の司法に對する信頼乃至滿足必ずしも十分ならず、而かも其原因が制度乃至其運用の不當にあるとすれば、吾々の先づ考ふべきは改善である。若しも陪審が多少とも有利であるとすれば、之を辭退する者も少ないであらうし、又之を請求する者も多いであらう。然るに現在辭退する者多くして請求する者の少ないのは、特に陪審から受ける利益が少ない爲めである。從つて吾々は制度の廢止を主張する前に、一應改善のことを再考しなければならない。吾々は嘗て陪審法制定當時時代錯誤なりとして之に反對したものであるが、兎も角制定され實施されて今日に及んでゐる以上、廢止を主張する前に、先づ不成績の原因果して何所にありやを具體的に調査研究しなければならない。

一九三七（昭和一二）年

法律時観

一九三七年二月号（九巻二号／通巻八六号）

検察当局に對する民衆の疑惑を一掃すべし

檢事總長の交迭に關聯して檢察當局の部內に何やら忌はしい對立抗爭が伏在してゐるやうな感想を吾々民衆に與へる事件が起つたことを大に遺憾とする。そうでなくてさへ檢察當局のファッショ化と言ふやうな忌はしい非難の聲が一般に流布されて檢察當局に對する民衆の信頼が多少動搖してゐる今日である。事が此所まで來た以上、司法當局は寧ろ事の眞相を洗ひざらひ公表する方がよいのではあるまいか。檢察當局の如き事實上人身の自由と極めて密接な關係をもつ役所が何となく陰影に包まれてゐることは一般民衆にとつて甚だ不愉快でもあり又不安でもある。よろしく速かに檢察事務の明朗化を計るべし。これこそ刻下何よりの急務であると吾々は確信する。

尾去澤事件

尾去澤事件の原因如何については、我々未だ正確なる具體的知識を與へられてゐないから、事件に對する具體的批判は此際なほ差し控へておきたい。しかし一般的の法律問題として此際是非とも指適せざるを得ないのは、鑛業警察に關する現行規定の不備である。鑛業法第七十一條に依ると、鑛業に關する保安警察の權限は商工大臣及び鑛山監督局長に屬せしめられてゐる。何故に鑛業に關する限り特に此種の例外が設けられてゐるかの理由を考へて見ると、恐らく鑛業の特殊性に鑑み鑛業に深き理解を有せざる一般警察官をして監督を行はしむるときは、動ともすれば鑛業の産業的利益を害する虞があると言ふような顧慮に出でたものと考へられる。しかし各種産業に關する保安警察制度發達の歴史を全般的に考へて見ると、初め産業行政に隷屬してゐた警察權が漸次に遊離して一般警察に融合するのが一般的傾向であつて、かくしてこそ始めて保安警察の目的を完全に達成することが出來るのである。鑛業警察に關する現行制度は産業的利益を顧慮するの餘りこの一般的發達の趨勢から取り殘されたものであつて、これでは保安警察の機能が充分發揮されないのは當然である。今回の事件に關聯して新聞紙の傳ふるところによるも、當該堰堤の瑕疵が相當早くから監督所側に知れてゐたとのことであるが、若しもこれが事實であるとするならば、事實危害の發生を豫防するため適時に監督的機能を發揮しなかつた監督所當局の責任重大なること素よりであるが、當局をしてかくの如き失態を演ぜしむる根本的原因が現行制度そのものの不備に存することを深く考へねばならない。吾人は今回の慘事に鑑み當局者が一日も速かに制度を改廢して將來に備へんことを切に希望してやまない。

前埼玉縣會計課長の事件

前埼玉縣會計課長の百萬圓詐取事件に關しては、法律的にもいろいろの問題が考へられるが、特に吾々が考へなければならないのは形式上極めて嚴格な現行會計制度の下に於いて、どうしてかくの如き不正行爲が長きに亙つて行はれ得たかと言ふ問題である。具體的に見れば種種複雜な事情も存在するのであらうが、近頃のように知事其他上級官吏が短い時間のうちに頻頻として轉任する結果、行政の實質が下級屬僚の手に歸して、上級官吏はたゞ表面的の監督を行ふに過ぎないような實情になつてゐることがこの種事件の發生を可能ならしめる素地を爲すものと言ふことが出來よう。

屬僚行政の弊風は一面行政の形式化を伴ふ。屬僚は事を具體的に考察して適宜の處置をとることによつてやがて責任の生ずべきことを恐れる。現在中央地方諸官廳に於けるいはゆる官僚主義的行政の弊はまさにこれである。

その上この種の屬僚行政は行政の實質を上級官吏から引き離す傾向をもつ。專ら自身の榮進を思ひ若くは政治的方面に眼を奪はれがちな上級官吏は行政事務を專ら屬僚の手に委ねて、兎角上すべりをする傾向がある。今回の不正事件の如きも此種の弊風から生まれたものと考へるのは果して不當であらうか。

法律時觀

一九三七年三月号（九巻三号／通巻八七号）

農業政策の貧困

廣田內閣の所謂庶政一新の諸政策を通覽して吾々が最も遺憾に思つたのは、其中に織り込まれた農業政策の極めて不十分不徹底なことであつた。成程地方財政交付金制度確立の如き比較的規模の大きい計畫はあつた。而して今や此計畫が林內閣の下に於て撤回されたのを見て、農村關係の議員其他政治家等は聲を大にして其不都合を非難し、交付金を增額せよとか金額を復活せよとか主張してゐるが、農村を眞に庶政一新的に救濟する見地から考へると此問題の如きは寧ろ末であつて、根本は寧ろ農業そのもの、國家的改組に置かれねばならない。資本主義經濟組織の下に放任されて自ら商品生產企業化した農業そのもの、內部に包藏されてゐる矛盾こそ現在世界各國に通有する農業困窮の根本的原因に外ならない。さればこそ世界大戰此方各國それぐ其國の特殊事情に應じて新に國家的見的《ママ》から農業を見直し組織し直さうとしてゐるのである。我國も勿論從來此點に於て全く無爲でゐた譯ではない。殊に農產物價格調整□農家負債整理・農村經濟更生等個々的に見れば相當意味のある色々のことが爲されてはゐるもの丶、其すべてが國家經濟的見地から理論的に一貫した原理の下に行はれてゐない爲め、とかく不徹底に陷り易く、時には一の政策と他の政策とが矛盾牴觸するが如き結果に陷りつ丶ある。此故に、今日「廣義國防」的に、若くは「兵農兩全」的に、もつと正しく言へば全國家的見地から農業を現在の窮乏から救ひ出すが爲めには、此窮乏の根本的原因を深く掘り下げて其病源を適確に突き止め、其認識の下に必要なる救治の政策を全體的に且徹底的に究明し且實現することが必要である。

吾々は今茲に其方策を全般的に叙說せんとするものではないが、少くとも負債整理事業を徹底的に實施すること及び小作問題解決の急務なることを特に主張して置きたい。無論今回提案せられたる農地法案の中にも小作問題に對する當局者の意圖の片鱗は之を認め得るけれども、吾々が前々から主張してゐる通り、良き小作法を伴はない自作農創設は徒らに地主（農業恐慌此方金融業者其他にして小作地を持ち扱つてゐるもの丶非常に多くなつたことに特に留意せよ！）の賣り逃げを助長するのみである。若しそれ負債整理の急務なるは農村の實情に通ずる人々の均しく認むる所、政府は此所にこそ其全力を集中すべきであると吾々は考へてゐる。

輸出統制稅法案と低賃銀

政府は「外國貿易ノ進展ノ爲ニ必要ナル經費ニ充ツル爲」、人造絹織物及人造絹の交織物、綿織物及綿の交織物、羽二重及絹紬、メリヤス製品、ゴム靴、自轉車、同部分品及附屬品の六種商品の輸出に輸出統制稅を課す趣旨の法律案を議會に提出した。其提案理由なりとして結城藏相の表向き說明してゐる所は輸出貿易の進展を圖るに必要な各種施設に要する經費を得るにあるとのことであるが、尙別の機會に於て「餘リ安イ品物ヲ持ツテ行キマスノデ、各地ニ於テ却テ日本ノ貿易ヲ阻碍スルヤウナ結果ヲ生ジテ居ルノデアリマス、其邊ノ競爭ヲ避ケマスルコトト、ヤハリ或種ノ品目ニ對シテ課稅ヲシテ、ソレヲ他ノ品物ニ振向ケルコトニ致シマシテ、其ノ邊ノ全體ノ統制ヲスル、斯ウ云ウコトガ輸出統制稅ノ目的」であると言つてゐる所から考へると、提案の主たる目的は寧ろ我國輸出商品中の或ものが不當に低廉なるが爲め諸外國に邦品排斥の口實を與へてゐる、それから生ずる關稅障壁を打破せんとするにあるものと考へられる。

此法律案に對しては、提案の際岡崎及び上田兩代議士が資本家的立場から、又河野代議士が勞働者的の立場から反對論を唱へてゐるが、其中特に河野氏の發言中には大に傾聽に値するものがあると考へられる。

我國輸出商品の或るものが不當に廉價であることに對する非難は、獨り外人のみならず、在外邦人の殆どすべての口から聞き得る所であつて、之に對して適當の措置を施すの必要あることは吾人も亦之を認める。しかしながら本法案が其措置として最善のものなりやは大に疑はしい。我國は嘗て加へられたる「ソシヤル・ダンピング」の非難に對して朝野口を揃へて抗議した。吾人も亦其非難を其まゝ許容するものではない。其所には幾多の誤解がある。しかしながら、邦品低廉の重要原因の一が少くとも低廉勞働に在ることは疑ひない。無論我國の勞働が特に低廉であることは我國社會の特殊事情に原因してゐるのであつて、外人非難の根底には其點に關する認識の不十分が橫たはつてゐるのであるが、ともかく低廉勞働が商品低廉の原因であり、そうして若しも商品低廉が輸出の障碍を爲してゐるのであるとすれば、其弊害を救治する最も適當な方策は寧ろ不當に低廉なる勞働を除去するにありと考へるのが常識的である。現在のやうに勞働者の力が弱い限り、統制稅の負擔はやがて勞働者に轉嫁せらるゝ虞あること火を睹るよりも明かである。敢て今回法案中に擇び上げられた品目に限らず、特に低廉勞働の故を以て不當に廉價を維持してゐる商品のすべてに付いて、賃銀を適當に統制按配する方策を考慮することこそ刻下の急務なりと吾人は考へるのである。

拷問事件と法の威信

貴族院に於ける小久保氏、衆議院に於ける濱野氏の發言に依つて神奈川縣下其他の拷問事件が曝露せられ、之に對して河原田內相及び鹽野法相より縱令部分なりとは言へ事實を承認する旨の答辯があつた。

議會に於て拷問其他警察官の不當行爲に對する非難の發言が爲された例は從來にも屢々ある。しかし從來當局者は隱蔽的庇護的態度をとるを通例とし、それが爲め反つて民衆の間に疑惑を殘し反感を高める結果を來たしてゐた。それに比べると、今回内相及び法相が率直に事實を認めた態度は大に賞揚に値する。希くは更に突き進んで惡弊の病源を根本的に探究し以て一日も速に病弊を一掃根絶せんことを法の威信の爲め熱望してやまない。

拷問事件を機會に檢察當局に對する民衆の疑惑を一掃すべし

今回の拷問事件が原因となつて一二檢事の責任問題を生じたるのみならず、更に之に關聯して檢察當局内部に紛糾が發生し、所謂少壯檢事の間に上司に對する反抗的氣勢が起りつゝあると言はれてゐる。吾々は前號に於て檢事總長の更迭に關聯して檢察當局部内に對立抗爭を生じたるが如き風説が巷間に流布せられつゝあるを遺憾として、檢察當局に對する民衆の疑惑を一掃すべきことを主張したが、更に今回の事件に關聯して重ねて更に聲を大にして同じことを主張せざるを得ないのを甚だ遺憾とするものである。重ねて言ふ。檢察當局の如き事實上人身の自由と極めて密接な關係をもつ役所が何となく陰影に包まれてゐることは一般民衆にとつて甚だ不愉快でもあり又不安でもある。よろしく速かに檢察事務の明朗化を計るべし。若し夫れ拷問の如き忌はしい事件の發生に對して上司の指揮乃至暗示が多少とも原因になつてゐると言ふやうな事實があるとすれば、よろしく上司自らの責任を明かにすべし。檢察當局の名譽の爲めに吾人は此事を希望して已まない。

東京市從業員の立候補禁止

東京市々會議員改選を前に市從業員の立候補を禁止せんとする意向が市首腦部の間に在ると傳へられてゐる。大久保助役談なりとして新聞紙の傳へる所に依ると「局長課長に立候補を禁じてゐる以上傭員にのみ許すことは出來ない、禁止する以上は平等に禁止です」と言つてゐるとのことであるが、苟も市民である以上すべて立候補を爲し得べきが本則であつて、之を禁止するが爲めには何等か特に支障を生ずべき重大なる事由あることを必要とする。局長課長は性質上言はゞ當局側に立つべき上級吏員である。彼等をして市民代表の立場に立たしめることの不可なるは吾人も之を承認し得る。しかしながら一般從業員を之と同一視せんとするが如きは暴論、何人も之に承服することは出來ない。神聖なる市民權は市當局者の恣意的專擅に依つて濫りに奪はるべく餘りにも貴重である。

試驗はよろしく嚴正なるべし

今や全國の諸法科大學は試驗時期に入らうとしてゐる。

吾人の所信を以てすれば、試驗は要するに學生に對して學力テストの機會を與へんとするもの、要するに學習の一手段に外ならない。從つて教師の試驗に對する責任は平常の教授に於けると同樣重大であるにも拘らず、近時官私諸大學を通じて教師の間に試驗の價値を輕視するの風ありと傳へられるのは甚だ遺憾である。試驗の成績それ自身が互に個々の學生の人物及び學力を證明するものでないのは勿論であるけれども、現在の諸法科大學のやうに多數の學生を擁してゐる以上、せめて試驗でも嚴正に行つてやらない限り、學生に對して學習の張り合ひを與へることが出來ない。學習は苦しいものにきまつてゐる。試驗は苦しければこそ價値があるのである。苦しい試驗を眞面目にやらせてこそ教育の效果が發揚されるのである。然るに、近時傳へられる所に依ると、教師の間に試驗を眞面目に考へないものが多いとのことである、採點を寬大にし、甚しきに至つては不正行爲までを輕視して、專ら受驗學生の意を迎へんとするが如き教師が少くないとのことである。吾人は疑ふ、かくの如くにして何所に眞の教育があるのか。敢て反省を促す次第である。

法律時観

一九三七年四月号（九巻四号／通巻八八号）

司法官の官制を一新すべし

學識經驗に富む老練な司法官を直接先づ民衆に接すべき下級裁判所の判事や下級の檢事豫審判事等に任用することが出來るやうに司法官の官制を改正すべし。これが恐らく司法制度改革の最も良い方策であらうと私は考へてゐる。直接先づ民衆に接すべき地位に生活經驗の少い年少の司法官を配置すればこそ人權蹂躪その他の不祥事も起り易いのである。官等や俸給に關する現行の制度を改めて適材をして永く適所に止まらしむべき途を開くの必要は獨り司法官に付いてのみならず廣く一般の官吏に付いても痛感される所であるが、其必要の最も著大なるものは司法官である。當局の思ひを此所に致されんことを切望する、果して吾々のみの私見であらうか。

工業監督制度の根本的改革を望む

尾去澤の慘劇其記憶尙生々しき今日、復こゝに持越金山慘事の報に接す。吾人甚だ之を遺憾とす。官私其局に當る人々一日も速に萬全の策を樹てゝ將來に備へざるべからず。之を希ふ、恐らくは輿論の一致する所であらう。吾人は嘗て此種不祥事の原因の一として現行鑛業警察制度の不備を指摘し、其の改革を要望したことがあるが、其後議會に於ても其點が問題となり、政府當局に於ても鋭意改革のことを研究中なりとの答辯が與へられたと傳へられてゐる。吾人は適正なる改革の一日も速かに實現されんことを希望して已まない。

たゞし茲に附け加へて置きたいのは、鑛業警察權の管轄を内務系統に移しさへすれば、それだけで萬事が解決するのではない、と言ふことである。從來產業行政の下に隷屬して充分機能を發揮し得なかつた鑛業警察を內務系統に移管するの必要あるは理の當然、必要なる改革の第一步に過ぎない。吾人は更に進んで監督の內容方法が充實革新されることを要望する。從來の工場監督だけでさへも充分其機能を發揮し得なかつた當局者が更に多少趣を異にする鑛山の監督を引受けるのであるから、監督機構其他に付いても十分工夫用意して萬遺漏なきを期せねばならない。

獨り鑛山に限らず、一般の工場に付いても、從來の監督方法は、一面に於て不十分であり形式的である缺點をもつと同時に、他面に於いては企業主側との間に不必要な摩擦を生ずる缺點をもつてゐた。其結果企業主をして、誠心・誠意勞働者の福利增進に努力せんとする氣持を起させるよりは、萬事要領よく專ら表面を繕つて法規違反の摘發を受けざることにのみ意を用ふるが如き弊風を生ぜしめた。是れ一には直接監督の局に當るものに其人を得ざるが爲めでもあるが、吾人は寧ろ監督機構の官僚的なることを最大原因として擧げたい。此機構を現在のままにして置く限り、如何に監督人員を增加し若くは其優遇を講じても、徹底的な改善の實は擧らない。

現在のやうに監督官憲は法規違反を摘發することのみに專念し、企業主は又專ら法規潜脫を念としてゐるやうな有樣では、工業監督の實があがる筈がない。官憲企業主勞働者の三者が協力して如何にせば勞働者の爲めに利益でもあり、又企業主の爲めにも都合がよく企業の能率を上げることが出來るか、其方法を共々に具體的に講究する位の心掛でなければ、眞に意味のある監督は實現されない。よろしく勞資兩當事者に自由に意見を述ぶべき機會を與ふべし。かくしてこそ初めて能率よき工業監督の實現を期することが出來る。それには中央及び地方に勞資混合の工業安全委員會を設けて監督官の活動を助成是正せしめるやうな制度を實施することが最も望ましいが、其外現行の船舶安全法第十三條が規定してゐるやうに勞働者に職場安全に關する申告を爲す正式の機會を與へるやうな制度を設けるのも一法であらう。

既成政黨の自己否定

既成政黨の更生に多少の期待をかけてゐた吾々は、今回國民保健康保險法案の審議に付いて彼等の示した態度を見て、今更ながらあきれ果て丶仕舞つた。彼等には黨として何等の主義もなければ定見もない。醫師の數は年々激增して醫師自らの生活さへも年と共に苦しくなつてゆく。それにも拘らず全國多數の部落には今尚一人の醫師さへもゐない。醫師が滿ち〳〵てゐる都會に於てさへも無產者は容易に良き醫療を得ることが出來ない。此現狀に當面して誰にも思ひ付く救治の對策は醫療の社會化でなければならない。それにも拘らず現在の既成政黨は之を政綱として堂々公衆の前に主張する勇氣をもつてゐない。民政々友の區別を問ふことを已めよ、すべては唯當業者の運動に動かされて右往するかと見れば、新聞紙其他を通して現はれる輿論の批評を恐れて左往する。彼等の專ら念ずる所は自黨の勢力と內部統制とを維持することであつて、社會民衆の福利ではない。かくの如くにして既成政黨は時々刻々自ら其墓穴を掘りつ丶ある。

今議會全體を通じて最も吾々の眼についた特色は衆議院があらゆる機會を捉へて議會の權威恢復の爲め種々劃策したことである。しかし衆議院の大勢を制する諸政黨が行爲に於て積極的に民衆を引きつける力を示さない限り、言論上如何に他を非難することに成功しやうとも、又如何に五箇條御誓文を記念する決議を行ふやうなことをしやうとも、議會の權威が之に依つて寸毫も恢復されないのは勿論、政黨の信用亦聊かも復興せらる丶ことはない。

法學敎育改革の急務

今回法學敎育に關して廣く讀者の間に寄稿を求めた結果吾々の知り得た所だけから考へても、現在全國各地の官私立諸大學で行はれてゐる法學敎育には色々改善を要すべき點が非常に多いやうに思はれる。此問題を全體的に論ずることは別の機會に讓りたいが、少くとも弊害の最も大なるもの丶一として大學及び敎授が一般に敎育方法に關して無關心である爲めに教育の能率が擧がつてゐないことを指摘せざるを得ない。

現在諸大學に於ては官私立の區別なく如何にせば法學教育の能率を擧げ得べきかの問題を眞面目に考へてゐないやうに想像される。成程大學は單なる教育機關ではなくして、研究も亦教授に課せられた重大な任務であること素より言ふを俟たない。しかしながら研究を重しとするの故を以て教育のことを輕んずべからざる、是れ亦素より當然である。然るに現在の大學では教育自由の美名の下に教育內容は勿論教育方法に付いてさへもすべてを各教授の自由に放任し、各教授亦多く如何にせば教育の能率をあげ得べきかの問題に付いて全く無關心であるやうに考へられる。吾人の最も遺憾なりとするのは此點である。

今回の寄稿によつて知り得た所に依ると、先づ第一に教育的目的から學科の配列を考へることを爲さず、例へば民法の如き學科を篇別に依つて數人の教授に分擔せしめ、甚しきに至つては一篇を機械的に別けて數人の教授に分擔せしめ、其上學生聽講の便宜をも考へずに教育的には寧ろ最初に行はるべき講義を後廻はしにするやうなことが「科目制度」の美名の下に今尙廣く行はれてゐるらしい。第二に、自分の得意とする事だけを長々と說明して本來講義の範圍に屬する事柄の大部分を講義未了のまゝに濟ますやうな教授が今尙可成多いやうに想像されるが、吾々の經驗から言ふと學生にとつて此位迷惑な講義はないのである。學生を素直に育て上げる爲めには萬遍なく基礎知識を與へて一日も早く自ら考へ得るやうに仕立てゝゆかなければならぬ。基礎知識のないものに徒に六かしい理窟ばかりを斷片的にきかせても何の役目にも立たない。恐らくは頭の惡い學生の眼に唯何となく教授先生がえらそうに映るだけのことであらう。終に最もひどいと思ふのは自ら大學と稱してゐる學校の中に今尙只管國家試驗の試驗委員である人を教授講師に任用して學生を引き付けることにのみ專念してゐるとしか思はれないもの、あること、教授の中にも試驗殊に國家試驗を餌にして自著を賣りつけることを目的としてゐるのではないかと思はれるやうな講義をしてゐるものがあると言ふ噂を聞くこと等々、吾々仲間がお互に腹を割つて遠慮なく話し會へば極めて卑近な所に改革を要すべき缺點の多いことが直に解る程、今の法學教育には不合理が多く無駄が多い、其事を今回の寄稿に依つて敎へられた。茲に謹んで寄稿者諸君に感謝の意を表する。

法律時観

一九三七年五月号（九巻五号／通巻八九号）

第七十議會の解散

第七十議會の解散は從來の先例に比べると誠に異様な解散である。成程法律的に言へば、「解散ハ固ヨリ理由ヲ示サズ、何等ノ動機に出ヅルモ法理上之ヲ不法ナリト爲スヲ得」ない（穗積八束博士）、「法律論トシテハ無制限ニ如何ナル場合ニ於テモ之ヲ行フコトヲ得ルモノト爲サ」ねばならない（上杉博士）。しかし兩博士が解散の政治的作用として例示して居るもの、中にも今回の如き場合は含まれてゐない。殊に上杉博士が「解散ハ人ノ或ハ說クガ如ク衆議院ニ對スル懲罰ニ非ズ」と言つてゐる點は此際特に注目に値する。

今回の議會を顧るに、成程政黨はあらゆる機會を捉へて政府の爲す所に相當手剛い批評を加へたけれども、結局に於て豫算案其他重要法律案に對しては殆ど例外なく協贊の態度を示してゐる。解散に依るの外打開の途なしと考へられるやうな政治的軋轢は殆ど存在しなかつたのである。然るに政府が解散奏請の理由として世上に發表した所に依ると、「最近衆議院に於ける審議の狀況も極めて誠意を缺き、殊更に國防、國民生活の安定に至大の關係ある重要法案の進行を阻み、緊切なる時務を澁滯せしめ、果して眞に重大なる時局を認識し、立憲の洪猷翼贊の誠を致せるかを疑はしむるから、國民の公正なる良心に訴へ是非を天下に問ふが爲めに解散を奏請したのである」と言はれて居り、又林首相が地方長官會議に於て解散奏請の理由を説明した訓示の中には「衆議院に於ける審議振には誠意の認め難きものが少くなかつたのみならず、遂には既存の選擧違反者の責任を輕減し若くは免れしむるが如き結果を生ずる極めて身勝手な衆議院議員選擧法中改正法律案を提出し、之が通過を以て陰に停滯せる政府案の進捗の代償たらしめんとするものなるやの印象を與へて世人を顰蹙せしめた」と言ふ一節がある。尙其後閣僚の一人が新聞記者に語つた言葉の中にも、議員の素質改善を求めるのが解散の理由であると言ふやうな趣旨が現はれてゐる。此等から推して考へると、今回の解散にはどうも「衆議院ニ對スル懲罰」の意味が含まれてゐるやうに考へられてならないのであつて、吾人が今回の解散を異様なりと言ふのはそれが爲めである。

成程、解散は「法律論トシテハ無制限ニ如何ナル場合ニ於テモ之ヲ行フコトヲ得」るに違ひない。しかし政府が解散を奏請するに付いては必ずや一定の理由がなければならない。そうして解散の結果總選擧を行つても政府所期の目的を達し得ざること明かになつた場合には、それに對して政治的責任をとらなければならないのは極めて當然な事理である。今回政府は解散奏請の理由を説明して上記のやうなことを述べてゐるけれども、一體總選擧からどう言ふ結果が現れゝば解散の目的を達したものと考へ、又どう言ふ結果が現れゝば解散の目的を達せず、從つて自ら政治的責任をとる積りであるのであらうか。其點が甚だ不明瞭であることを吾人は最も遺憾とするのであつて、政府は一體吾々國民に對してどう言ふ態度を以て總選擧に臨むべきことを要望してゐるのか、又如何なる場合には自ら解散を奏請した政治的責任をとる積りであるのか、それを明かにしてゐないことは解散の如き重大事を奏請したものとして甚だ無責任であると言はねばならない。

若しも閣僚の或るものが言つてゐるやうに、解散奏請の理由が議員の素質の改善を求むるにありとすれば、一體どう云ふ議員が政府の所謂素質の惡いものに相當するのかを具體的に明示して貰はないと、吾々國民は總選擧に臨む態度を決するについて甚だ困難を感ずるのである。若しも政府が概括的に議員の素質が惡いとはどう言ふことを意味するのであるかを説明してくれるか、若しくは素質の惡い議員とは具體的に誰々を意味するのであるかを擧示してくれれば、吾々國民も選擧の態度をきめることが出來るし、如何なる場合には政府が政治的責任をとる積りであるかを知ることが出來る。唯漠然と「衆議院に於ける審議の狀況は極めて誠意を缺」くと言ふやうなことを言はれても、國民としては一體どう言ふ選擧をすればよいのか全く解らない。之を非立憲と言はずして、何をか非立憲と言ふことが出來やう。

社會立法社會政策を充實すべし

廣義國防がいつの間にやら狹義國防に變つて、國民生活安定の問題が置き去りにされやうとしてゐるのを吾々は何よりも遺憾とする。

考へやうに依つては、國防充實と國民生活の安定との間に到底調和し難き矛盾があるとも考へられる。資本主義經濟の現狀から考へると今後に向つて國民生活の向上を求めることは甚だ困難である。しかし少くとも國民生活に最小限度の安定を與へることが出來なければ、經濟從つて之を基礎とする政治が今後に向つて存續し得る見込がないのは明かである。

傳ふる所に依ると、政府は現下の社會情勢に鑑みて勞働立法其他社會政策の充實に力め、以て人的資源の涵養に力をいたすとのことであるが、それには何と言つても或程度の財源を必要とするのであるから、政府としても唯我武者羅に狹義國防にのみ專念せずして、此方面にも適當の財源を廻はすやう考慮をめぐらす必要がある。

殊に、此際注意を希望するのは、現存の各種私設社會事業が最近の低金利に依つて著しく其機能を阻害されてゐることである。吾人は政府が此現狀に鑑み一日も速に社會事業法を制定し、一面社會事業を整理統制して其合理的普及を計ると同時に、他面必要なる所に必要なる助成を與へるやう適當に考慮することを希望してやまないものである。

尙社會事業は其本質上精神的要素を重しとするものであるから、政府が之を統制助成するに付いても徒に物質的方面のみに留意して、社會事業家の精神的要求を輕視するやうなことがあつてはならない。政治のあらゆる方面に於て官僚的統制的傾向が段々と顯著にならうとしてゐる折柄、吾々は特に此點に付いて注意が拂はれるやう政府當局者に向つて注文を發せざるを得ない。

窓口行政事務の改善

政府が政策の一として所謂窓口行政事務の改善を策してゐるのは大によろしい。一見政策と稱するには餘りにも些細な事柄のやうにも思はれるが、政治と民衆との接觸を圓滑ならしめることは行政の能率を上げる爲めに極めて大切な事柄である。「役人の頭」が行政の能率を上げるに付いて如何に重要な役割を爲してゐるかを考へて欲しい。たゞし窓口行政事務の宿弊を單に下級官吏にのみ關するものと考へるのは誤りである。現在行政組織の根本的缺點は、官吏をして如何にせば行政の能率をあげ得べきかに專念せしめるよりは、寧ろ如何にせば自己の職務上の責任を免れ得べきかに專念せしめるやうな仕組が一般的に出來上つてゐることである。そして窓口行政事務現在の弊害も實を言ふと此組織の缺點の一の現はれに外ならない。

宿弊の根元が現在の行政的技術組織乃至官吏制度の根本的缺陷に存することに氣付かなければ、結局實際上大して改善の實を擧げ得ないことになるであらうことを此際豫め警告して置きたい。

三瀦博士を悼む

我國ドイツ法研究の第一人者でもあり又民法學一方の權威者でもあつた三瀦博士が突如長逝されたことを我國法學界全體の爲めに悲しみ且惜む、其情や恐らくは讀者諸君一般に共通する所であらう。

我國に於ける外國法研究の學的意義は時と共に變化した。しかし今でも其價値は少しも減損されてゐない。殊に最近に於けるドイツ法及びドイツ法學の傾向には我國としても多大の注目を拂ふ必要があると考へられる。此際我國ドイツ法研究の第一人者たる博士を失ふことは悼みても尚餘りある事柄であると言はねばならない。

檢擧と褒賞

犯罪を摘發檢擧した警察官に褒賞を與へる制度が檢擧の能率を上げることに役立つことは吾々も亦之を認める。しかし同時に此の制度の爲めに無用不當の檢擧が行はれ勝ちになり易いことも之を度外視するを得ない。

選擧肅正大に可なり。しかし此褒賞制度の爲めに動ともすれば人權蹂躪的弊害を生ずる虞があるとすれば、此際三省に値すべきもの、大に存在することを吾々も亦聲を大にして主張せざるを得ない。

法律時觀

一九三七年六月号（九巻六号／通巻九〇号）

總選擧と林首相

解散の結果行はれた總選擧の結果は萬人の均しく想像した通りである。しかし林首相は今尚果して解散の目的が達せられたかどうかは分らないと言ふ。首相は果して今でもまだ今回選出された反政府諸政黨所屬の代議士が所謂滅私奉公的に現内閣に追隨して來ることを期待してゐるのであらうか。

首相は恐らくムッソリーニやヒットラーが彼等を全面的に支持する擧國一致的政黨をもつてゐることを羨しく思つてゐるのであらうが、彼等が今日あるを致したに付いては、彼等それ〴〵の國々にかくの如き情勢を馴致するに適した特殊の事情のあつたこと及び其事情に順應して彼等自ら血みどろの努力をした結果終に多數民衆の支持を得る所まで進み得たことを忘れてはならない。首相は恐らく我國についても今日同様の「非常時」的事情が存在するにも拘らず、一般民衆がそれを認識せずして徒に抗爭的態度に出ると言つて慨嘆して居られるのだと想像するけれども、それならば徒に慨嘆するのをやめて、自ら馬を陣頭に進めて民衆を敎へ民衆に訴へ民衆を激励し以て其支持の下に彼を支持する擧國一致政黨を樹立する所まで邁進させたらいゝではないか。

擧國一致は必ずしも獨伊流のファッショ的方法に依つてのみ達成されるのではない。英のナショナル・ガヴァメントも米國ルーズベルトの政治も廣義のファッショ政治であり、之に依つて或る程度の擧國一致政治が實現せられつゝある。そうして賢明なるそれ等の國々の選擧民はかくの如き政治を行はしめる爲めに各自其欲する候補者に、そうして政黨に投票することを知つてゐる。今日一部の人々が妄想してゐるやうに、獨伊流のファッショ的方法に依らなければ、現在の經濟從つて社會情勢に適應した擧國一致政治が行はれ得ないとするのが抑もの誤りであつて、各方面の人々が此點の誤謬に氣付きさへすれば、我國政治の明朗化を實現することも決して不可能ではないと考へてゐる。

豫審判事と證人

豫審判事を其取扱つた事件の證人として訊問することを禁じた法規は存在しない。しかし今回問題になつてゐるやうな關係に於て、豫審判事を證人の立場に立たせることの當否は、司法權の威信を重視する吾々の立場から見て、大に之を問題とせざるを得ない。

藤井裁判長は今回の事を説明して「裁判所としては事こゝに至つた以上、どうしても事案を明確にせねばならぬ立場となり、屢々檢事に對し確答を促したが、明確を缺くために、やむなく豫審判事を證人として喚問することゝなつたもので、實に異例なことであるが、これも全く異例の原因が起つた故であつて、愼重會議の結果喚問することなつたものです」と言つてゐる。吾々も裁判長の苦しい立場に對しては十分の理解と同情とをもつことが出來る。しかし檢事が公判廷で主張してゐる所の正否を確める爲めに、職務上之と交渉した豫審判事を公判廷に喚問しなければならないやうでは、司法權の威信は目茶々々である。そんなことをせずとも、判事が心證を得る道は他にいくらでもあるのではあるまいか。

無論事態をこゝまで窮迫せしめた最大の責任は檢事に在る。被疑者の自白を誘導する爲めに問題の信書を利用したことそれ自身が既に甚だ不穩當である。それが爲め豫審判事の許可を得たりや否やの如きは寧ろ枝葉末節に過ぎない。其上此問題に關聯して檢事が辯護士の追窮に答へて執つた態度が甚だ公明を缺いてゐる。無論辯護士側の態度にも多少思はしくないと思はれる點があるけれども、事態をこゝまで窮迫せしめた最大の責任は何と言つても檢事にあると考へざるを得ない。

しかし事がこゝまで來た以上、徒に過去を責めるのみが吾々の能事ではない。吾々は一面關係者一同の協力に依つて今回の事件に因つて司法權の威信が傷けられやうとしてゐる、その結果を極力緩和するやう努力するやう關係者一同に切望すると同時に、他面今後に向つて此種の不祥事が再びされないやう司法關係の各方面の注意を促さゞるを得ない。吾々が屢々主張する通り司法權の威信は關係者一同の協力に依つてのみ之を維持することが出來る。一時の利害や體面に捉はれて司法權の威信を害するが如き行爲を敢てすることは司法の運用に關係する人々の等しく心して極力避けねばならない所である。

少年愛護委員と少年法

少年法の實施上必要な觀察保護の方法を擴充する爲め、同法に依る公式の保護機關たる少年保護司の外に、最近財團法人日本少年保護協會の手で漸次各府縣に多數の少年愛護委員が設けられやうとしてゐるのは非常に喜ぶべき事柄である。少年保護事業の働きを完全にする爲めには、一面國家が必要なる人的並に物的施設を充實する爲め萬全の努力を爲さねばならないこと勿論であるが、事柄の性質上民間の自發的協力が非常に大切である。これがなければ國家的施設が如何に完備しても到底十分に少年保護の實を擧げることが出來ない。此意味に於て吾々は少年愛護委員の新設を歡迎すると共に、其活動に多大の期待をかけてゐるものであるが、同時に此機會に於て少年法の制定此方其施行に關して國家の施設した所が果して吾々を滿足せしめるだけ充實してゐるかどうかに付いて多大の疑を抱かざるを得ないのを甚だ遺憾とする。

此點に於て吾々の最も遺憾に思ふのは、少年法施行の實質的效果を確保するに必要なる物的施設が今尚甚だ不完全であることである。先づ第一に指摘せらるべきは少年救護院の不足である。次には少年審判所及び矯正院が全國的に行き亙つてゐないことである。第三には又少年が少年審判所の手に渡されるまでの保護施設が不完全なことである。如何に法律の網だけを形式的に立派に引き廻はしても、其實效を確保すべき物的施設を完備せざる限り、すべては唯畫かれたる餅に過ぎない。政府當局者よ、此方面にもつと金を使はなければいけない。

社會立法

政府が社會立法を擴充すべきことを提唱してゐるのは大によろしい。頃日養老年金法の制定までが宣傳されてゐるが、どうかそれが空宣傳に終らないやう誠意ある努力を希望して已まない。

しかし現下の情勢に鑑みて最も必要な社會立法は勞働組合法ではあるまいか。吾々も今日最早自由主義的な勞働組合法を制定すべき時期ではないと考へてゐる。しかし勞働者をして規律ある統制の下に國家經濟の圓滿なる運營に奉仕せしめる爲めには、是非共其目的に適する勞働組合法の制定を必要とする。此頃のやうに、勞働爭議が頻發するにも拘らず、國家が之を豫防する爲めに何等適正の方策を施設してゐないことは、どの方面から見ても不都合千萬である。爭議を合理的方法に依つて豫防することを考へなければいけない。徒に警察力にのみ頼つて爭議を豫防乃至解決しやうとするが如きは、策として下の下なるもの、かくの如きは畢竟反つて勞働者の間に無用の反感を惹起する作用をなすに過ぎないであらう。

恐るべき保険犯罪

生命保険・火災保険を利用する犯罪は決して近時に始まつた事柄ではないが、最近神奈川縣下で發覺した火災保險犯罪事件のやうに大規模且惡質なものは蓋し稀れであらう。

其原因に付いてはそれぐの場合に色々入り組んだ具體的な事情があると考へられるけれども、何と言つても保險會社が多數存在して互に激烈な競爭をする結果、各社の勸誘員や保險代理店等の間に無節制な競爭が行はれ勝ちであることを第一の原因として擧げざるを得ない。勸誘員や保險代理店は保險會社から半ば強制的に一定額以上の契約締結を強要されてゐる。其結果彼等は甘言を弄し陋策を構へてまで極力契約者を求める。さなきだに金の欲しい民衆が誘惑に陷り易いのは當然である。

此種犯罪に對する對策として勸誘員代理店等に嚴重な取締を加ふべきことを主張する人も少くないけれども、現在のやうに保險會社が多數併存して互に競爭し一面成るべく多額の契約額を求めつゝ、他面契約締結に要する費用を成るべく節約しやうとしてゐる以上、勸誘員・代理店等が無理をし易いのは自然であつて、彼等の取締を嚴重にしさへすれば不正を根絕し得べしと考へるのは誤謬である。

よろしく保險會社の合併を奬勵すべし。更に進みて保險國營にまで赴くべし。そうして國營を通して被保險者相互の間に眞に相互連帶の自覺を作るとき、此種の犯罪は初めて之を絕滅し得るであらう。保險國營論は既に他の動機からも一部の人々に依つて主張されてゐるが、上述の理由も亦國營論の重要なる根據となり得べきことを特に此際强調して置きたい。

法律時観

一九三七年七月号（九巻七号／通巻九一号）

人氣

林内閣と近衛内閣、實質的には結局同じ程度のことしか出來ないであらうと言ふ議論は、事を唯物的に考へる限り正しいやうに思ふ。しかし實際政治の價値は唯物的の尺度のみを以て之を決定し得るものではない。唯物的には同じことでも、一般被政治者を納得せしめ得るものは政治的に價値をもち、納得せしめ得ないものは其價値をもたないのである。事の形式にのみ着眼して彼此を辨ぜざるもの、到底共に政治を語るに足りない。

俗語を以て言へば、近衛内閣は林内閣に比べて遙かに人氣がある。然らばそれは何故であるか。一言にして言へば、林内閣の場合に於ては林首相を初め内閣諸公の言説がとかく一般民衆の常識的に考へる所と合致せざるものありしに反し、近衛内閣にあつては近衛首相を初め内閣諸公一般が如何にも吾々一般民衆と同じ空氣を吸つゝ、同じ人間的思想の下に生活せんとしてゐるやうに見える所に、其原因があるやうに思はれる。

吾々は此故を以て直に近衛内閣が今後爲さんとしてゐる所のすべてをそのまゝ無批判に肯定せんとしてゐるのではない。しかし、政治者と被政治者との間に――理窟を超越した――人間的同情乃至同感が存在することこそ政治の要諦であつて、それは立憲政治とかファッショ政治とか言ふやうな政治形式の上に超越した最高の政治的原理であると吾々は考へてゐる。

市長の選出方法

現在進行しつゝある東京市長銓衡の實情に當面して誰れか現行選出方法の不都合を痛感しないものがあらうか。嘗て都制案に關聯して都長を官選とすべきか民選とすべきかゞ論議の對象となつたことがあるが、現在市長選出について行はれてゐるやうな「民選」であるならば其不可なる殆ど論議の餘地がないと思ふ。但しそれが爲め直に官選に赴くべしとの論に對しては尙大に疑を挾むべき餘地がある。吾人は自治制度の性質上飽くまでも民選を可なりとするものである。しかし其方法に至つては大に考慮の要がある。例へば市民をして直接市長を選擧せしめる方法でも現在の市會議員をして銓衡決定せしめる方法よりは遙かに優つてゐると思ふ。北米合衆國の大統領選擧に於けるが如く、選ばるべき市長候補者を掲げて其銓衡委員を市民の選擧に依つて決定せしむるが如き方法も研究の價値が十分にあると思ふ。

吾人は現在行はれつゝある東京市長の銓衡問題に當面して、人々が從來よりももつと深刻に且具體的に制度のことを考慮研究せんことを希望して已まない。問題は官選か民選かにあるのではなくして、寧ろ如何なる方法に依つて民選すべきかにあるのだと考へる。關係諸方面の考慮を希望して已まない。

吳市々會議員選擧に關する行政裁判所の判決

市會議員が總辭職した場合に、次點者の繰上げ當選を行ふべきか又は新に總選擧を行ふべきかの問題に關して、最近行政裁判所は在來內務省の執り來れる方針に反對して前者の考に依る判決を與へたと傳へられてゐるが、吾人はこれこそ最も悪い意義に於ての概念法學的缺點を暴露した悪判決であると思ふ。

議員の一人が辭職すれば繰上當選を行ふ、だから二人辭職した場合にも三人辭職した場合にも終には全員が同時に辭職した場合にも同理に依つて繰上當選を行ふべしと言ふのが行政裁判所の考であるらしい。

しかしかくの如きは總辭職の政治的意義を理解せずして、徒らに形式的な法律論に捉はるゝものと言はねばならない。試みに衆議院議員が總辭職した場合を假想せよ。政治的に見てそれと解散との間にどれだけの差異があるであらうか。吾人は其間に何等の差異をも見出し得ないではないか。行政裁判所は一人の辭職も二人の辭職も同じであるから總辭職も結局一人の辭職の算術的合計に外ならないと考へてゐるらしいが、かくの如きは辭職の政治的意義を理解せざるの最も甚しきもの、近頃此位不當な判決はないと吾々は考へる。

尙今回の判決について最も許し難いと思ふのは、それが從來殆ど決定的に安定してゐた行政實例と學說とを無視してまで行はれたことである。凡そ司法裁判所たると行政裁判所たるを問はず、法的安全の確立を念とすべきは其最大の職責でなければならない。無論在來の慣例若くは學說が眞に不合理であり、其結果實際的にも不都合を生ぜしめてゐるやうな場合であれば、裁判所が敢然其不都合を是正する爲め、從來確立してゐる慣例學說等を無視して新なる方策の樹立を促す態度をとるのも何等差支ないと思ふけれども、今度の判決は斷じてかくの如き見地から與へられてゐるのではない。吾人は行政裁判所の猛省を促してやまない。

所謂法科萬能問題

近衞首相談として法科萬能の弊を是正したいと言ふ希望が述べられてゐるのを聞く。吾人は此人にも尙此種の無理解偏見あるを見出して痛嘆に堪えない。

現在法科萬能の弊なりとして言はれてゐる點は、結局從來諸官廳に於て技術出身者が一般に法科系統のものよりも比較的虐待されてゐると言ふことに外ならないのである。果して然りとすれば、弊害の根源は法科萬能にあるのではなくして、寧ろ現行の官制俸給令等の不合理にあるのだと考へざるを得ない。

元來法科の學は複雜した人事寓端を公平に且秩序正しく處理する方法の研究を目標として存在するのであるから、此學を修めた人々が、諸官廳諸會社等に入つてから統率的方面の仕事につくことゝなるのは寧ろ當然であつて、其所に何等不合理も存在しないと考へる。

悪いのは現在の官吏制度である。其缺點は多々あるが、其中根本的なものは官廳に於ける職務上の地位と官等俸給等との間に不可分な關係が作られてゐることである。此事あるが爲めに偶々或る特殊の仕事について特別の優れた知識技能經驗等をもつてゐる官吏でも、官吏として出世する爲めには、彼にとつて適所である地位に何時までも止まつてゐることが出來ない。强ひて止まつてゐれば、或程度以上に官等俸給等が上り得ないやうに制度が出來てゐる。其結果法科出身の官吏でも、官吏として出世する爲めには、成るべく狹い局部的の專門家にならないやうに力めねばならないのが現在の實情である。此故に、法科出身者に比して一般的に技術家が虐待されてゐるのではなくして、專門家が一般的に官吏として優遇されないやうに出來てゐるのである。專門家を――技術家たると法科出身者たるとを問はず――其專門的知識技能經驗等を必要とする地位に永く止まらしめつつ、而かも十分官吏として優遇し得るやうに制度を變へさへすれば、問題は自ら解決するのである。關係當局者の深甚なる考慮を煩はしたい。

高文試驗委員に望む

頃日或雜誌で、高文試驗合格者等が「受驗準備の爲め如何なる教科書を讀んだか」の問に答へてゐる記事を見たが、其掲げられてゐる書名を見て非常に奇異な感じに打たれた。卽ち高文受驗の爲めに多く讀まれてゐる本は、吾々が學術的見地から見て價値を認むるや否やとは無關係に、何等かの標準に依つて選び出されてゐる。それを見ると受驗の世界と吾々が住む學術の世界とが、一面互に密接の關係をもつにも拘らず、同時に相當距離のある別の世界であると云ふ感を禁じ得ないのである。

其所で吾々から試驗委員諸氏に對して希望を述べて置きたいのは、受驗者が特殊の本を讀んだり、或學者だけが使つてゐるやうな特異的な術語を知らずとも、立派に答案を書き得るやうな問題を出して欲しいことである。試驗委員の出題態度が直に鋭敏に受驗者の準備態度に影響するのであるから、受驗者に無用の苦勞をさせないこと及びすべての受驗者の爲めに極力公平を期することは委員の一瞬時も念頭から去つてはならない心掛けでなければならない。此點の注意を怠ると如何に嚴格な試驗を行つても結局一種の受驗術に長じたもののみが合格して試驗本來の目的を達し得ないのみならず、受驗者に無用の苦勞をさせる上彼等を卑屈にする虞がある。

從來の試驗問題を通覽すると、中には以上の見地から考へて如何かと思はれるものが少くない。殊に其年或大學の學年試驗に出題されたと同じやうな――一種特殊な――問題が出されてゐるものなどを見ると、故意とは思はれないまでも、出題者の過失を責めざるを得ないやうな氣持になる。希くは、何所の大學を出た者でも、平均水準以上に法學知識をもつてゐれば、誰れでも安心して受驗し得るやうにして欲しい。受驗者が萬一を慮つて諸大學のプリントや諸委員の著書までをも一々目を通さなければならないと思ふやうな試驗をしないで欲しい。

法律時觀

一九三七年八月号（九巻八号／通巻九二号）

司法省調査部に望む

司法省内に調査部の新設されたことを心より喜ぶ。調査部が今後何を爲すべきかに付いては當局既に萬全の計畫を樹立してゐること丶考へるが、此事に多大の關心をもつ部外者の一人として吾々にも亦多少の希望を述べることを許されたい。

先づ第一に調査は科學的に且繼續的に行はれねばならない。從來官廳の調査は各時々の必要に應じて臨機的に行はれる關係上、科學的見地から見て調査がとかく不完全なものになり易い、其上折角努力して蒐集した資料や作り上げた調査の結果も事後には空しく死藏されることゝなり易い。此故に、新設の調査部は初めから一定の調査計畫を立て、常時科學的に調査を行ひ、それが爲め一面部員の充實を計ると同時に他面資料の蒐集に努力し必要ある場合直に有效に働き得るだけの用意をして置く必要がある。殊に部員に其人を得ることは最も必要であつて、平素有能の材を迎へて專心研究に從事せしめて置く位の覺悟がなければならない。

次に調査資料の整備上必要な事は內容充實し且充分に整頓された圖書室の設置である。こゝに內外の優れた法律書を備付ける必要があること勿論であるが、殊に必要な事は諸外國の法令を漏れなく蒐集すること、英米等に付いては更に判例書をも備付けることである。此種の外國法令及び判例の蒐集は嘗て東京帝國大學法學部研究室の企てた所であるが、其後漸く人々に依つて其有用性が認識され掛けてゐた際、不幸大震火災の厄に遭つて事業は終に頓挫して仕舞つた。此種の蒐集は我國中一個所でいゝから、大學なり議會なり外務省なり何處かに必ずなければならないものであるが、今回調査部が新設された以上此處に置かれるのが最も所を得たものと言ふことが出來るであらう。但し唯徒に書籍を集めたゞけでは其效用を十分に發揮することは出來ない。蒐集についても整理についても外國法及び外國語に通曉した人を置いて事に當らしめねばならない。そうして立法事業の爲めにでも又裁判の爲めにでも外國法に關する智識が求められた場合には直に適確な答を與へ乃至は精確な資料を提供し得るだけの用意をして置かねばならない。例へば、現在では訴訟上外國法殊に英米法に關する疑問が生ずると、大學教授に鑑定を求めるのが例になつてゐるが、此種の疑問に對しては調査部が直に解答を與へ得る位の用意をして置いて欲しい。但し此事言ふは易くして、實行には非常な困難がある。費用も要るし、人物も要る、其上相當の時を假さなければ到底立派なものは出來上らない。調査部が今から萬全の計畫を立て、將來に備へるやう努力されることを希望してやまない。

第三に判例及び諸官廳の指令通牒同答取扱例類の蒐集整理發行等も調査部の重要な仕事である。此等の資料の良き蒐集整理は立法の爲め必要缺くべからざる參考資料を提供するのみならず、法の運用に關係する裁判官辯護士其他朝野の人々に極めて有用な參考資料を與へ、法的安全の樹立上極めて有益な働きを爲すものである。現在では僅かに大審院の判決だけが大審院判例審査會の手で審査公表されてゐるが、此仕事の如きですら事柄の性質から言ふと寧ろ調査部の手に移さるべきであると思ふ。尙戸籍及び登記に關しては司法省の解釋例取扱例等が實際上極めて重要な法源をなしてゐるにも拘らず、此等に關して從來二三の私的出版物があるのみであつて、部外の者が其全貌を知るについては多大の困難を感ずる。調査部に於て一日も速かに蒐集整理して之を公刊せんことを希望したい。

尙調査部の蒐集整理した資料は獨り官廳關係者に其利用を許すのみならず、廣く朝野の利害關係者をして之を利用せしめねばならない。それが爲めには、一面隨時資料の公刊を行ふべきこと勿論であるが、同時に一般民間者にも圖書其他の閲覽を許し、出來得れば外國法のテキスト等を求めに應じて分けてやるやうな設備をして欲しい。此種の事は既に外國にはいくらでもある例である。よろしく其等の先例をも調査して速急に適宜施設されんことを希望してやまない。

高等試驗に對する希望

現在高等試驗に於ては、各科目毎に數人の試驗委員を置いてゐるが、其委員のすべてが答案のすべてを讀むのではなくして、例へば委員が四人あれば答案を四分して各委員は單に其割り當てられた四分の一を讀むに過ぎないことになつてゐるとのことである。蓋し受驗者過多の爲め已むを得ず行つてゐる便法であらうと想像する。しかし公平を期する上から言ふと可成り危險な遣り方であると言はねばならない。例へば甲委員に當たれば八十點の評點を受け得べき答案が、偶々乙委員に割り當てられた爲め七十點の評點しか貰へないと言ふやうな事例は果して輕視していゝ程稀有の例外事に過ぎないであらうか。

受驗者が現在のやうに多數である以上すべての委員にすべての答案を讀むことを望むのは、恐らく事實上無理であらう。しかし出來るだけの範圍で成るべく公平を期する爲め何等か考慮することは正に當局者の責任であると吾々は考へる。

例へば、現在のやうに答案を分けることが已むを得ないとすれば、試驗問題を考へるについても、どの委員の手にかゝつても大體同等の評點を受け得るやうな問題を擇ぶ必要がある。從來委員は出題上此點を充分に考慮してゐるであらうか。例へば今年度司法科試驗に於ける民法の問題中代理占有に關する分の如き、吾々の考へでは事柄の性質上委員の如何に依つて評點上相當の開きを生ずる虞のある問題であると思ふ。

尚例へば司法科試驗に於ては、一科目に付き大學教授二名司法官二名を委員に委囑してゐるが、大學教授と司法官とでは答案審査上自ら眼の着け處も違ひ得るから、少くとも一教授と一司法官とを一組として一答案は必ずいづれかの組に屬する委員全員に讀んで貰ふやうな仕組を考へて見てはどうであらうか。恐らく現在に比べて遙に公平な結果を得ることが出來るのではあるまいか。

以上は單に差し當り思ひ付いた點を例示したに過ぎないが、考へらるべき事項は勿論之のみに限るのではない。試驗制度そのものに付いて全體的に徹底的な再檢討を加へる必要もあるであらう。又試驗方法に付いても色々考慮を要すべき點が多々あると思ふ。當局者諸君が、も一度自ら受驗者になつた積りで、細心に且親切に此事を再檢討されるやう切望する。

學士院への希望

學士院第一部の定員も最近穗積重遠博士が會員となられたことに依つて今や漸く滿員になつたと傳へられてゐる。久しく法學者殊に吾々現役法曹人に緣の近い學者の任命を見ないことを嘆じてゐた吾々は、先に牧野博士の任命を見、今又穗積博士の任命を見て心より之を喜ぶ。希くは學士院が此の充實された新陣容を以て吾々法學界の爲めに大に寄與する所あらんことを、法學界の一隅に身を置くものとして此際希望を述べざるを得ない。

學士院の爲すべき仕事には色々あるであらう。しかし吾々から見て最も重要な仕事の一は後進者の引き立てに依る學術の奬勵であると思ふ。現に學士院では從來此事の爲めに授賞を行つてゐるが、吾々の見る所では從來授賞の例は自然科學の方面に多くして文化科學殊に法學の方面に於ては極めて稀れである。これは果して眞に授賞に値すべき學術的業績が一般に自然科學方面に多くして文化科學方面に少いと言ふ事の反映に外ならないであらうか。此點に付いて吾々は多大の疑ひを抱くものである。

學士院に於ける授賞の標準が從來如何なる點に置かれてゐるかに付いては局外の吾々不幸にして何事をも知り得ないが、此點に付いて吾々が先づ第一に疑問に思ふのは從來の標準が自然科學に於けると否とを問はず一般的に漠然と「世界的」と言ふやうな點に置かれてゐるのではなからうか、又若しそうであるとすればかくの如き標準が法學の場合に果して適當であらうかどうかと言ふことである。吾々と雖も決して片々たる註釋書教科書の類に授賞せよと言ふのではない。しかし事柄の性質上「世界的」たるに適しない國内法に關する仕事と雖も、非凡の努力と優れた才能との成果として其學的價値遙かに一般水準を拔くものありと認められるものに對しては、單にそれが「世界的」でないと言ふやうな理由だけから授賞を拒むべき理由は少しもない。元來授賞の目的は學術の奬勵に在るのであるから、各科學それ〴〵の範圍に於て眞に表彰に値すと認むべきものがあれば各科學それ〴〵獨自の標準に依つて授賞を行ふべきが當然である。學士院は從來此點を如何に考へてゐるのであらうか。

次にも一つ吾々が常々考へてゐることは、法學に於ては自然科學に於ける程現に會員たる法學界の先輩と後進者との間に緊密なる有機的の學的關係がない、先輩が後進者に對して指導性をもたないのみならず、後進者の仕事に對して餘り學的關心をもたない方々が多いのではあるまいかと言ふことである。先輩にして若しも學界の爲めに新進後繼者を引き立てる學的熱意があるならば、從來と雖も多數新進學徒の業績の裡に授賞に値すべき珠玉を見出すこと必ずしも不可能ではなかつたのではあるまいか。誠に無躾な申分ではあるが、學を愛する眞心から敢て此事を言ふ次第である。牧野穂積兩博士が新に會員となられた此機會は常々抱懷してゐた此の私見を開述すべき絶好の機會なりと考へるからである。

法律時観

一九三七年九月号（九巻九号／通巻九三号）

議會の能率化を計れ

今回の特別議會は從來に比べて比較的能率よく仕事をした。之は主として無用の質問に制限を加へたことに起因してゐる。吾々と雖も決して質問の政治的作用を輕視するものではないが、政黨若くは個人の賣名的質問の爲めに獨り議事の能率を害してゐるのみならず、議會そのもの、信用までが害されつゝある事實を認めざるを得ない。よろしく質問制限を非常時一時のものたらしむることなく恒久の慣行たらしむべし。そうして民憲暢達の爲めには別に方策を樹てることこそ刻下の急務であらう。

尙現在議會の能率を害してゐるもの、一として無用の形式が多いことを指摘せざるを得ない。開會式當日からでも直に實質的な仕事を初めるやうにしては如何。短期の特別議會が頻繁に召集されるやうになれば尙更のことである。議會制度改革事業の一題目として是非共此事を考へて欲しい。

陪審法改正の失敗

今回の陪審法改正案は單に技術的に事を考へる限り一應首肯するに足る合理的理由をもつてゐたと思ふ。それにも拘らず衆議院の反對に會つて終に審議未了の悲運を見るに至つたのは何故であるか。具體的には色々事情もあるやうであるが、要するに司法當局者が陪審法そのもの、根底に横たはつてゐる政治的因子を輕く視過ぎたことが其最大原因であるやうに吾々は考へる。

吾々は一派の人々のやうに陪審制度そのもの、價値を非常に大きく見るものではない。しかし現在のやうに中途半端な内容をもつた陪審法でさへも一時の政治的情勢は絶對的に其制定を必要としたのである。そうして其後實施上官民兩方面の不評判にも拘らず、尙直に之を廢止すべしとするが如き議論が餘り起らず、又少くとも大勢を制し得ない狀態にあるのは、あの比較的活用されてゐない制度でさへも單に其存在すると言ふ事實だけで民衆の司法に對する不滿を多少共緩和する政治的作用をなしてゐるものと一般に考へられてゐるからである。

現行の陪審法には、初めから陪審制度そのもの、本質に背反するが如き缺點がある。例へば第九十五條の如き其最たるものと言ふことが出來やう。そして同法が其後實施上民衆の側から餘り歡迎されないのも、恐らくはそうした缺點に原因するのである。初めから民衆に對する官僚的不信用を織り込んで組み立てられてゐる陪審法であるから、更に單なる技術的理由から之を非民衆的のものたらしめやうとするが如き改正案が當局の側から提案され、ば、之に向つて民衆の側から反撥が起るのは蓋し當然であらう。

司法當局者よ、衆議院今回の反對を以て單なる一時的の感情に基くものと考へてはならない。陪審法改正すべくんば改正を加ふべき點は尙他にも多々ある。之に手を觸れずして、今回のやうな改正が提議されても民衆が之に反感をもつのは當然である。當局者はもつと陪審制度そのもの、根底的因子を重く考へる必要がある。

國民健康保險法案の流産と內閣の責任

國民保健を重要國策の一として標榜する近衞內閣が國民一般から期待された國民健康保險法案の提案を閣僚間の意見不一致の爲め終に斷念したことは甚だ遺憾である。傳ふる所に依ると其意見不一致は、法案の本體的部分に關せずして單に末梢的部分に關するに過ぎない、それにも拘らず、首相終に裁斷を下し得ず、閣內平和の爲め終に不提案の已むなきに至つたと言ふに至つては、內閣內部の事情の爲め國民保健の公益を犧牲にしたと非難されても一言もないのではあるまいか。

元來產業組合法に依る醫療組合は現行醫療制度の不備に對する民衆の自助的對策として生まれたものであるから、之と開業醫從つて醫師會との間に衝突が起るのは當然であつて、前議會に於ける代用規定をめぐる紛爭の如きも畢竟其一現象に外ならないのである。此故に、本問題に對する政府唯一の對策は醫療制度を根本的に改革して一面醫療に對する民衆の需要に合理的なる滿足を與へると同時に、醫療の組織化を計り醫師をして其組織の內に醫療し從つて生活し得るやうな仕組を考案實現することでなければならない。換言すれば、民衆の爲めには醫療組合のやうな變態的な自助手段に賴らずとも容易に必要なる醫療を求め得るやうな組織を作つてやり、醫師の爲めには又現在の開業醫の如き自由職業的形式に依ることなく、國家的に經營せらるゝ醫療組織の中に入つて全體として國民保健の重責を負擔しつゝ、働き且生活し得るやうな制度を作りさへすれば事は自ら解決するのである。開業醫の立場を全體として見れば現行の醫療制度は彼等自らの爲めにも亦極めて不滿足なものであつて、さればこそ彼等自らが不完全なりとして非難する醫療組合の爲めに生活を脅かされるのであり、又全體として醫師の總數が增加してゆくにも拘らず無醫村の數が年々增加してゆくと言ふやうな一見不可解な現象が發生するのである。此際醫師會關係の首腦者に於ても、徒らに現狀維持にのみ執着するが如き消極的態度を棄てて、反つて自ら進んで積極的に醫師全體として國民の爲め保健に奉仕する自發的方策を樹てる必要がある。政府當局者も徒に一時の安きを求めてボス的分子と妥協するが如き態度をとつてゐてはならない。大に進んで醫師全體の爲めに彼等が心から働き甲斐のある新しい醫療組織を樹立すべし。其時こそ實に問題が自ら徹底的に解決される時である。

吾々は保健社會省新設最初の仕事として政府當局者が國民健康保險法原案を一擲して、更に一層徹底した國民醫療組織を樹立して之を來るべき議會に提案せんことを希望して已まないものである。

銃後の熱誠を組織化すべし

銃後にこの熱誠あり、また何事をか之を憂ふべき。さりながら組織なき熱誠はやゝもすれば普遍性を缺き易く永續性を缺き易い。祖國の爲め戰線に生命を曝す同胞の爲めに、も少し銃後の組織を固める必要があるのではあるまいか。

法律として軍事扶助法あり入營者職業保障法あり、更に政府は公私の關係者を勸奬督勵して只管銃後の守りを固めるべく努力してゐると傳へられてゐる。そうして某々工場では出征職工に對して引續き賃金を支給することになつたとか、某所では又向ふ三軒兩隣相互扶助に依つて出征家族の世話が行はれてゐると言ふやうな記事がしきりに新聞紙上に現はれるけれども、吾々が憂ふるのはかくの如き賃金支給や相互扶助が法的根據なしに果して普遍的に且永續的に行はれ得るであらうかと言ふことである。

例へば賃金支給の問題にしても、多數の職工を擁する優良工場から少數の職工が出征したと言ふ程度であれば、出征後引續き賃金を支給することも比較的容易に行はれ得るであらうが、これでさへ事が永引いたり出征者が多くなつて來れば段々實行が困難になるのは當然である。此故に現在二三の工場が事實上爲しつゝある所を單に勸奬的方法に依つて普遍化しやうとしても到底滿足に其目的を達することは出來ない。無理をすれば弱小工場は結局立行かなくなるだけのことであつて、單なる愛國心のみでは實際上此困難を克服することは出來ない。

現在の軍事扶助法は、最近の改正に依つて漸く多少「救護」的色採を脱したとは言ふもの丶、依然として尙一の扶助法に過ぎない。扶助より更に一歩を進めて、出征者の爲めその蒙るべきIucrumcessomsを國民全體の相互保險的組織に依つて互に補給し合ふやうな積極的な制度を樹立することは出來ないのであらうか。此事を政府當局者に考へて貰ひたい。

例へば工場の職工使用人等について言へば、健康保險法に於けると同じやうに、大企業についてはそれ〴〵企業毎に軍事扶助組合を作らしめ、又自ら獨立の組合を作り得ない中小企業については健康保險法の場合直接政府が管掌する保險組織と同じやうに政府が直接全體の爲めに保險する組織を作ればいゝ。かくの如き方法に依つて出征勞働者に對する銃後の援助は初めて普遍化され又永續化されるであらう。

工場勞働者以外の者についても、それぞれ其特質に應じて適當なる相互扶助組織を作るがいゝ。凡そ――一般社會事業に於けると同じく――こうしたことについては關係者の自發的熱誠が極めて重要な要素をなしてゐること素より言ふを俟たないけれども、組織のない熱誠はとかく一時的に終はり易く、又とかく局部的に止まり易い。よろしく熱誠を組織化すべし。かくして初めて吾々は出征同胞の爲め根本的に後顧の憂を絶つことが出來るであらう。

此點に付いて注目すべきは、最近二三の工場に於て出征職工死亡の場合に處する方法として團體保險の利用を考慮してゐると言ふ事實である。政府はよろしく此種の方法を普遍化すべき方策を考慮すべきである。

法律時観

一九三七年一〇月号（九巻一〇号／通巻九四号）

事變と勞働法

事變の必要に應じて經濟其他社會各般の施設に適當な調整を加へる必要があるのは素より言ふを俟たない。勞働對策についても非常時獨特の方策がなければならない。殊にあらゆる勞働力を動員して適材を適所に働かしめつゝ其能率を極度まで發揮すべき用意は何を措いても先づ爲されねばならない。

しかしながら、此點に付いて先づ第一に注意されねばならないのは事變は――國家永遠の生命から見れば要するに――一時のこと、一時の必要に應ずるが爲め無用に國民永遠の生命に救ひ難き損傷を加へるやうなことがあつてはならないことである。頃者傳ふる所に依ると、商工省方面には生産力擴充の必要を充たすが爲め、現に鑛夫勞役扶助規則第十一條ノ二が規定してゐる年少者及女子の坑内勞働の禁止を撤廢せんとする意向があるとのことであるが、かくの如きは此際最も戒しめねばならない暴擧であると思ふ。年少者及女子の坑内勞働が如何に彼等の健康と德性とを害するかは周知の事實である。而して彼等の健康と德性とこそは次代國民の健全なる發達を期するについて必要缺くべからざる條件であつて、さればこそ現在の禁止規定があるのである。此故に、若しも鑛業方面に勞働力の不足があるならば、他に別に勞働力補充の途を講ずべきが正道であつて、濫りに年少者及び女子の坑内勞働禁止を解くべきではない。無論事態急迫の際に至れば一時の必要の爲め永遠的犧牲も亦之を避け難い場合も生じ得るけれども、現在今日の程度に於いて國家永遠の生命保持にとつて重要な意味をもつ禁止を解かんとするが如きは甚しき愚策であると言はねばならない。

尙右に關聯して此際特に注意されねばならないことは、事變の必要を理由として工場法其他勞働者保護法規の適用を緩かならしめてはならないことである。一時的の必要だけから見ると、勞働者保護法規の如きは一見妨害物のやうにしか考へられないけれども、此種法規の無視は頓て反つて勞働の能率を害したり國民永遠の生命に救ひ難き損傷を與へることゝなるのである。爲政者の大に此方面に留意されることを希望してやまない。政府が一面に於て如何に國民一般の體位低下の傾向に對する救治の策を講じても、他面に於て其低下の原因それ自身を除くことを怠れば、百の救治策も終に何等の效果を現はさないであらう。現に國民體位低下の最大原因なりとして傳へられてゐる結核の全國的瀰漫の如きにしても、地方子女の工場勞働に原因するもの最も大なるものありと言はれてゐるではないか。爲政者はこゝに思ひを致さねばならない。

次に政府は職業紹介事業の國營化を此機會に於て斷行實現する意圖をもつてゐると傳へられてゐるが、吾人は其事實ならんことを切に希望するものである。尙新聞紙は此點に關し、全産聯側に反對意見があるとの噂を傳へてゐるが、吾人は其虛報ならんことを希望して已まない。我國のやうに、勞働需給の自治的組織が確立してゐない社會では、需要の一時的激增も供給の一時的激增も直に無政府的混亂を生ぜしめ易いのであるから、政府が自ら進んで其組織を確立する必要が自治的組織の發達してゐるイギリスなどよりも一層大きい譯である。これなしには事變非常の要求に應じて適當に勞働力の配給を行ふことは出來ない。殊に軍需工業動員法に依る勞働者の徵用制度でも實施されるやうになれば、國家的に經營せらるゝ勞働力配給の組織なしには到底圓滿に事は行はれ難いであらう。

更に進んで、事變後に於ける復員時代の狀況を豫想して見ると、今のやうに不完全な勞働力配給組織を以てしては到底其時代に發生すべき混亂を克服することは出來ない。其時代に至れば、職業紹介と言はんよりは寧ろ職業の管理が政府須要の責務となるであらう。而して現在の如き職業紹介の組織を以てして、政府が十分に此責務を遂行し得やうとは何人も考へることが出來ない。

政府當局者よ、單に職業紹介機關の國營化を策するのみならず、進んでは職業の國家的管理の爲めに組織を考へねばならない。かくしてこそ初めて事變非常時の需要に答へ得るのみならず、事後復員時代の混亂を豫防し解決することが出來るであらう。政府當局者の善處を要望して止まない。

司法部の人事刷新

司法部が人事の刷新に意を用ひつゝある大に可なり。鹽野法相が全國控訴院長檢事長會同の席上に於て與へた訓示の中にも、「清新なる異動が部內士氣の昂揚に大なる力を有することは各位の了知せらるゝ所であります、而して清新なる異動は、都會より地方への轉出、各控訴院管內相互間の轉換、優秀者の拔擢等に依るべきことは多言を須ゐざる所でありまして、此の際職員は滅私奉公の心を以て此の異動を圓滑にし、司法部內の刷新に力を盡さねばなりませぬ」との一節があるが、吾人も亦其意圖する所に双手を擧げて贊意を表したい。

判事は「其ノ意ニ反シテ轉官轉所」せらるゝことなしとする裁判所構成法第七十三條の規定が司法權の獨立を保護する爲め重要なる規定であることは吾人も亦十分に之を理解してゐる。しかし同時に此規定が如何に司法部に於ける新進優秀者の拔擢其他人事の合理化に多大の妨害を與へてゐるかの事實を看逃がし難い。此故に法相が右法規の存在に拘らず職員に求むるに「滅私奉公の心を以て」自發的に合理的なる人事異動に協力すべきことを以てしてゐるのは大によろしい。しかし吾々の考では、此際寧ろ一歩進んで法規を改正し轉官轉所の制限を廢止するか又は緩和した方がいゝのではあるまいかと思ふ。事の性質を考へても「轉官轉所」と「停職免職減俸」との間には同等視すべからざる差異がある。無論轉官轉所の制限にも判事の地位に保障を與へる大きな作用があること吾人も亦之を否定しないけれども、此制限の爲めに起り得べき人事の沈滯に因る弊害の多大なるものあることを考へ合はせて見ると、此制限には寧ろ害多くして益少きの感を禁じ得ない。此規定が設けられた當時に比べると、現在では輿論の力が發達してゐる。濫用的に行はるべき轉官轉所の如きは輿論の力に依つて十分之を防遏し得ると思ふ。是れ吾人がこゝに法規の改正を提言する所以である。

尙人事刷新の問題に關聯して特にこゝに言つて置きたいことは、司法官の地位保障に因つて起る弊害の最大なるものは司法官の老年化にあらずして寧ろ若朽化であることである。司法官の停年制に對する反對は終始變はらざる吾人の持論である。若朽の弊害を防止し得さへすれば、司法官は決して老年の爲めにのみ司法官としての適格を失ふものでない。若朽の爲めにこそ、高々六十歳前後に達した司法官の適格が疑はれるのである。若朽化の原因を除きさへすれば、司法官の老年何等恐るゝに足らず、寧ろ司法の性質上喜ぶべき事柄ではあるまいかと吾々は考へてゐる。此意味に於て、吾々は今回司法當局者が司法官の若朽化防止を企てたことに對して滿腔の賛意を表するものであるが、新進優秀者拔擢の必要を思ふの餘り、老年者の適格を濫りに否定せざらんことを希望してやまない。

遵法週間

今年の司法記念日を遵法週間の第一日として民衆の間に遵法精神を鼓吹する計畫があると傳へられてゐる。大に可なり、賛成々々、何等異議の挾むべきものある筈なし。しかし民衆に向つて遵法を望む以上、政治者自らが極力遵法を實踐しなければならない。民衆に遵法を要求するのはいいが、政治者自らに寸毫たりと言へども遵法精神に反するやうな行動があれば、百の宣傳も終に民衆を服するに足りないであらう。このことを司法當局者は素より警察關係者其他官憲一般は心から反省する必要がある。

穗積博士の辯論

穗積博士が帝人事件公判廷に於て友人大久保偵次氏の爲めに特別辯護人として辯論された所が最近印刷されて、吾々も其一本の贈與を受けたが、近頃刑事辯護の辯論として此位實際的にも價値があり理論的にも興味の多い論旨を含んだものは恐らく稀有であらうと思ふ。

其情を說き理を述ぶるに於て殆ど剩す所なしと思はれるまでの用意周到振り今更ながら敬服の外ないが、特に吾々の同感措く能はざるは、博士が辯論の末尾に於て法廷に於ける檢事辯護士の過度なる闘争氣分を戒しめてゐる點である。博士の言ふ通り「裁判は判事檢事辯護士三位一體の共同事業」でなければならない。

法律時觀

一九三七年一一月号（九巻一一号／通巻九五号）

法的强制と自發的協力

本來ならば法律を以て規定すべき事柄を行政官廳の勸告に依つて行はうとする傾向が近頃特に吾々の注意を惹く。

特に法的强制に依ることなく單なる勸告に依つて各人の道義心に訴へ度く人々をして自發的に社會的協力を爲さしめることが出來れば素より之に越したことはない。從つて、爲政者の心掛けとして平素極力此種の自發的協力を可能ならしむべき社會的條件を作ることに力めねばならないのは勿論であるが、此故を以て法治に代ふるに行政的手續を以てすることが今後政治の向ふべき本道であるやうに考へるのは誤りである。

事變非常の際に至れば人性の自然期せずして自ら自發的協力の美しい發現を見る。爲政者之に適當の指導を與へれば、以て爲し遂げ得べき所のものは決して鮮少ではあるまい。しかし此種の現象は畢竟之を可能ならしむべき社會的條件が一時的に完備した爲めに發生するものたるに過ぎずして、之を經常的のものと考へることは出來ない。

非常時に際して此種の現象を政治的に善用するは大に可なりと雖も、其利用には自ら局限のあることを考へねばならない。

自發的協力の美しさに眩惑されて、組織を忘れてはならない。組織に依つてこそ初めて社會的協力が普及的且永續的に行はれ又最も能率よく實現される。そうして組織は法的規律に依つてのみ之を作ることが出來る。

事變此方國民一般に依つて示された自發的協力の美しい發現を見て心から感激してゐる吾々は、同時に他面爲政者に向つて一日も速かに組織を立てることを要望せざるを得ない。事變が擴大すればする程、又永引けば永引く程、萬事を組織化する必要が增大する。爲政者の絕大なる努力を希望して已まない。

國際的智的協力の重要性

事變の今日突如として我國はとかく國際的宣傳が下手で困ると言ふやうな聲を諸方面から聽く。政府も周章て丶國民使節を諸外國に送ると言はれてゐる。しかし事が既に始まつてから今更らしく言譯けがましいことを言つて廻はるよりは、平素からもつと文化宣傳と國際的智的協力の仕事に力を入れて我國文化の實相に對する理解を廣く世界に弘めて置いた方が、今日諸方面から加へられつ丶ある誤解を防ぐ目的だけから言つても遙かに效果的であつたのではあるまいか。理解のない所、友人のない所に、突然幾人の智者辯者が出掛けて行かうとも、其努力に依つて既に先入主になつてゐる誤解をとくことは到底容易ではあるまい。平素から理解と尊敬とを得るに力めて置きさへすれば、イザと言ふ場合にも第一に誤解の發生を豫防し得るし、發生した誤解をとくことも比較的容易であらう。

然るに、最近の我國は、一部に平素から此種の主張を爲すものが少くないにも拘らず、大勢的には國際的孤立の方向に向ひつ丶ある。政治的理由から國際聯盟を脫退するのはよろしい。しかし國際聯盟を脫退したるの故を以て、我國が國際文化の關係から離脫する必要もないし、又離脫し得る譯もない。否政治的に國際聯盟から脫退したればこそ、反つて他の諸方面から國際關係を緊急にする努力が益々必要となりつ丶あるのである。然るに、實際的には此種の努力さへとかく忘られ勝ちになり易い。吾人は甚だ之を遺憾とする。

此點に關して吾々の先づ第一に考へねばならないのは在外研究員の問題である。政府は主として財政的理由に因るのであらうが、今後在外研究員の派遣を制限し、直接軍事の必要に關係なきものは之を送らないことにする方針であると傳へられてゐる。財政上の理由から眞に必要なりとすれば、之も亦已むを得ないであらう。しかし在外研究員制度に依つて在來我國の得たるもの甚だ大なるを思ひ、今後亦得べきもの、多大なるべきものあることを思ふとき、之が廢止乃至制限を行ふに當つては財政的理由の外尙別に考慮せらるべき幾多のものあることを忘れてはならない。

成程在外研究員其他各省の官吏海外派遣の制度には從來實施上面白からざる缺點も色々あつた。其缺點を是正すべき必要は吾人も亦決して之を認むるに吝なるものではない。しかし此等の制度に依つて多年幾多有爲の同胞が諸外國に學んだ結果、其智識を通して獨り我國各方面の文化的發達に貢獻したことの多大なるものあるのみならず、廣く我國と世界的文化との關係交渉を密接ならしめた效果も亦之を輕視することは出來ない。而して今後と雖も廣く科學の全範圍に亙つて終始我學界と世界學界との間に緊密な關係を作つて置くことは絕對的に必要であつて、其必要の甚大なる到底短見者流の想到し得べき所ではない。我國が世界文化の中心に立つて今後とも少くとも一人前の顏を爲し得る爲めには、一面絕えず日進月步の世界文化と接觸して聊かたりとも後れをとらないだけの用意をする必要あると同時に、他面智識を通し人間を通して我國に關する理解を廣く世界に弘める必要がある。此必要を充たすに要すべき費用の如きは一面冗費なるが如くにして然らず、我國の世界的地位を益々高からしむる爲めにはいやが上にも必要な費用であると言はねばならない。政府當局者の三思を望む所以である。參考までに記して置くが、國際收支を調整する必要から一般國民の海外旅行をさへ極度に制限してゐる現在のドイツに於てさへ、在外研究員派遣の爲めには吾々の常識的に想像する以上の費用を使つてゐる。以て他山の石とするに足るであらう。

第二に、科學的其他文化的國際會議に對する代表者派遣も之を制限したい意向が一部に存在すると傳へられてゐるが、かくの如きに至つては言語同斷、愚擧之よりも甚しきはなし、吾人は切に其虚報ならんことを希望してやまない。百の宣傳使節を送るよりも、一の國際的文化に對する學的協力使節を送るべし。先づ協力せよ、理解を與へよ、かくしてこそ初めて尊敬を受け同情を得ることも出來る。此重要事の爲め僅少なる費用をおしむが如き、國家百年の大計を誤る蓋し之よりも大なるものはないであらう。

吾々は最近歸朝された山田・杉山兩博士の口から、吾々の直接關係する法學界に付いても吾々の國際的協力が如何に重要性をもつてゐるかを聞き知つて、叙上の感を愈々深くする。政府當局者其他廣く國際文化の問題に關係する方々の反省と努力とを希望して已まない次第である。

國際的智的協力と國內組織

國際的智的協力の使命を充分に果たし得るが爲めには、先づ其協力の基礎として國內に完全なる學的組織が成り立つてゐることを必要とする。此點に於て吾々の法學界は從來遺憾ながら自然科學其他の諸科學に於けるよりも遙に後れてゐる。われに學者なきにあらず、適當なる組織なきが故に眞に我法學界を代表し得べき學者を一々適當の場合に送り得ないのである。最近我國はイタリアに田中博士を送り、フランスに杉山博士を送り、ドイツに孫田博士を送る等、個々の學者を通して此等國々の法學界と密接な關係をもつに至りつゝあるが、此關係をして一層深からしめ一般的ならしめ永續的ならしむる爲めには、かくして送らるべき諸學者の背後に國內的學界の完全なる組織が確立されてゐる必要がある。さもないと、折角の努力もとかく個人的となり一時的となり易く、我國學界をして全面的に且永續的に世界の學界と接觸せしめ得ない。此意味に於て吾々は國際的智的協力の基礎として我國に有力なる法學會が正式に組織される日の一日も速に來らんことを切望する。

國內的の必要だけから考へても、從來我國の法學界には學的協力の組織が著しく不足してゐる。それが爲め組織を以てしさへすれば既に早く解決されてゐたであらうと思はれる事柄までが多く未解決のまゝに殘されてゐる。此缺點を補正する爲め法學的協力の組織を作ることが刻下の急務たるは恐らく多數學者の均しく認める所であると思ふが、更に此國內組織を通して諸外國の學界と接觸したり國際會議に代表者を送ることが出來るやうになれば、我法學界の國際的地歩を高揚するに付き貢獻する所蓋し一層大なるものあるべきことを吾々は信じて疑はない。

法律時觀

一九三七年一二月号（九巻一二号／通巻九六号）

昭和十二年を送る

政治的には多事なりし昭和十二年、法律的にはどちらかと言ふと無事なりし此年を、感慨無量の裡に送る。恐らく來るべき昭和十三年は我國政治經濟全般の上にもつと〳〵統制的傾向が強く現はれる年であらう。法律家の之に對處する覺悟は果して十分であらうか。統制が或限界を越えると價値の轉換が行はれる。其時になつて茫然自失爲す所を知らざるが如き、凡そ法律家として最も恥ずべきことであると言はねばならない。

鑛業災害と鑛業法改正の必要

尾去澤鑛山の慘事を契機として現行の鑛業警察制度が一般批評の對象になり初めてから時を經ること正に一年、問題未だ何等の解決を見ざる今日、又茲に小串鑛山慘事の報に接したるは吾人の甚だ遺憾とする所である。吾人は今回の事件の原因に關して未だ具體的に何事をも知らないから、今直に之に對して具體的批評を加へる意思はないけれども、昨年あれまでに世間を騒がした事件以來既に一年を經過した今日尙、當時事の根本に關すとして政府當局の一部に依つてさへ指摘された鑛業警察制度に何等の改革が加へられないのを甚だ遺憾とするものである。調査の結果制度の缺陷が全然事件と關係なく、從つて事件の故を以て制度を改革する必要がないことが明かになつたと言ふのならば、又それでもよい。しかし若しも制度に缺陷ありと考へられるならば速に改革の實を示して欲しい。いづれにしても吾々世間は一日も速に事の實相を知りたい、又改革にして必要ならばそれが一日も速に實行されることを希望してやまないのである。先頃設けられた鑛業法改正委員會は恐らく此問題をも含めて鑛業法全般に亙る改正を目的とするものと考へられるが、全般的改正を目的とする調査の故を以て徒に日時を費し、それが爲めに特に緊急を要する事柄の解決までをも後延ばしにすることがないやう切望する。

尙今回の鑛業法改正事業に於て調査考究せらるべき事項は多々あるであろうが、特に廣義に於ける鑛害の豫防及び塡補の問題は最も重要にして而かも緊急に解決を要する事柄であらう。特に無過失主義に依る鑛害賠償制度を確立することは何よりも急務であるが、此事は獨り被害者に對する救濟を完全ならしむるのみならず、惹いては災害を未然に豫防すべき作用の大なるものあることを忘れてはならぬ。

無產政黨の後退と社會政策の必要

勞働組合と無產政黨とは、其從來主張し若しくは爲し來れる所に比べて著しく後退の態勢を示しつゝある。吾々は今茲に此事それ自身に對して批判を加へんとするものではないが、若しも勞働組合乃至無產政黨に從來社會的に存在すべき理由があつたとすれば、彼等後退の跡には必ずや或る空虛が生ずるに違ひない、そうして何物かを以て其空虛を充たすことが社會的平安を維持する爲め絕對的に必要であることを極力主張せざるを得ない。そうして此空虛を充たすことは何よりも先づ政府の急務であり、政府の萬遺漏なき社會政策的施設によつてのみ此空虛は或程度まで充たされ得る譯であるが、政府をして此方面への努力を爲さしむべき重大にして困難な仕事は今や後退しつ丶ある無産政黨諸氏の双肩に依つて正に荷負はるべきものであることを此際特に聲を大にして叫ばざるを得ない。

ビスマルクは勞働運動に對して極度の弾壓を加へつ丶而かも社會政策の完成に全力を盡すことを忘れなかつた。現在のナチ・ドイツは勞働組合のすべてを「國民勞働秩序法」の下に禁遏して仕舞つたけれども、同時に苦しい國家財政の下に於て尙極力社會政策的施設の充實に努力しつ丶ある。彼等は「自由」を與へない、しかし其代はりに極力「安全」を與へやうと努力してゐる。

今や保健社會省の新設を見やうとしてゐる今日、吾々は政府當局者が此理を明認して社會政策の施設に向つて萬全の努力を拂はれんことを希望してやまない。これこそ銃後の守りを愈々固からしむる所以であり、又戰後の經營をして圓滿完璧ならしむべき唯一の道であらう。

官吏制度の改革

行政官吏の任用制度及び身分保障制度の改正が問題になつてゐると傳へられてゐる。時勢の進運に鑑み行政官吏任用の門戸をも少し廣くすべしと言ふのは恐らく一般の輿論であろう。或省の官吏の間に反對があると言ふことを耳にするのは甚だ慮外千萬である。外交官任用の方法を改めて廣く人材を天下に求むるの必要あることはつとに人々の廣く認む所、大藏省や商工省にしても此頃のやうに爲替管理や貿易管理の如き技術的の事務が增加した以上廣く技術に優れた人々を民間から迎へて事務の敏滑を計るべきが當然であらう。

官吏が自分等の地位を護る爲めに排他的になるのは甚だ面白からぬ事柄である。寧ろ自分等の仲間に優秀なる人材を迎えて、陣營を充實してこそ反つて全體として其社會的地位を上昇せしむる所以ではあるまいか。從來諸官廳の間には互に割據して專ら自分等の地位を護ることにのみ吸々たる傾向があるけれども、外から迎ふべきものは大に之を迎え、又各官廳の間に人事の融通を計るやうなことをしてこそ全體として行政の能率はあがるのである。

身分保障制度の問題に至ると、官吏が其改廢を恐れることこそ笑止千萬であると思ふ。元來此制度が設けられるに至つた最大の原因は政黨の權力濫用に對して官吏の地位を護るにあつたのであるから、最近のやうに政黨の勢力が減退した以上最早制度をこのまゝに保持すべき理由は殆どなくなつたと言ふことが出來る。無論今後更に別の方面から權力の濫用に依つて官吏の地位を脅かすが如き事態の發生すること亦決して絕無ではあるまいが、それを恐れて徒らに形式的な保障制度に戀々たるよりは、寧ろ官吏自らが全體として自肅自彊、劣者は自力を以て之を陶汰し、適材を適時適所に用ひ得るやう自治の組織を固める方が大事であると思ふ。

戰爭と國際法

戰爭に際して屢々國際法規が遵守されない事實があるのを見て、世の中にはまま輕卒に國際法の權威を疑つたり、甚しきに至つては其法的性質をさへ疑ふものがあるけれども、吾々は之とは反對に戰爭の際にこそ寧ろ國際法の法としての眞面目を見得ると言ふ感を禁じ得ない。成程一面に於て國際法規違反の事實は屢々發生する、しかし他面に於てそれ〴〵の交戰國が生死の瀨戶際に立つてさへ尙極力國際法に違反せざらんと努力してゐる事實、對手國の行動に對して極力國際法規違反の非難を加へつゝある事實、又かくの如き非難を加へられつゝある國は反對に其行動の法規違反ならざる所以を極力辯明してゐる事實等々、此等を通して吾々は寧ろ國際法の權威の如何に偉大なものであるかを痛感せざるを得ない。法律違反に對する制裁制度が確立してゐる國內法を見慣れてゐる人々の眼から見ると、とかく違反され易い國際法規は如何にも法律らしく見えないかも知れないけれども、制裁が十分制度化されてゐないにも拘らず尙且法の權威が援用される事例の甚だ多い所にこそ反つて國際法存在の社會的根據が十分に認められると吾々は考へてゐる。

諸政策大に斷行すべし

毎年十一月豫算案編成の季節になると各省から新政策提案の放送が爲される。而かも其放送が結局無結果に終はることが多いのは吾々が經驗する不愉快な經驗である。

今年も既に農林省から農業保險法案及び農地法案の提案が宣傳されて居り、内務省からは又職業紹介所の國營化が放送されてゐる。何れも時節柄極めて適切なる政策、希くは此等のすべてが流産に終はらざらんことを。

一九三八（昭和一三）年

法律時観

一九三八年一月号（一〇巻一号／通巻九七号）

法律家の使命

法のみを以て機械的に世を治めることも出來なければ、人に對する信頼のみに頼つて秩序を立てることも出來ない。畢竟は兩々相俟つて初めて完全なる社會秩序の確立を見るに外ならない。然るに、嘗ては法治萬能の主張が到る所に聞かれたのに反し、近來は又何となく法治の價値を疑ふ傾向が段々と目について來る。法律家はよろしく此傾向を直視して事の眞相を見極めねばならない。一體此傾向は何に由來し、又何を物語つてゐるのであるか。

ドイツ・ナチの綱領中に「吾人ハ唯物的世界秩序ニ奉仕シツ、アル羅馬法ニ代フルニ獨逸的一般法 deutsches Gemeinrecht ヲ以テスルコトヲ要求ス」との一條があることは廣く人々の知る所である。此所に言はれてゐる所が羅馬法を排斥して獨逸固有法を以て之に代ふべしと言ふが如きナイヴな排外思想を表現したものでもなければ、又第十九世紀に於けるゲルマニステンの主張を理論的に承繼したものでもないことは、誰れしも容易に之を理解し得る。こゝで眞に排斥されてゐるものは政治も亦法の下に立たねばならぬとする法治思想、自然法的意義に於ける個人の自由を出發點とする法治主義的政治思想である。こゝで要望されてゐるものは、人と人との信頼を基礎とする全體主義的法律秩序に外ならない。法に依る政治に代へて、人に對する信頼を基礎とする政治を以てすることが要望されてゐるに過ぎない。而して今日ドイツに於てかくの如き要望が明言され、我國に於ても亦同一傾向の聲が何所からともなく響いて來るのは、要するに自然法的意義に於ける個人の自由を出發點とする法治主義的政治思想の妥當する社會事情が漸次に薄らぎつゝあるからに外ならない。

しかし、此故を以て直に法に依る政治に代はつて、人に對する信賴を基礎とする政治が全面的に進出すべしと考ふるが如きは、一時の激情にかられて社會の實情を具體的に精査し靜思することを忘れた過激の論に過ぎない。法に依る政治にも無論弊害は大にあり得るけれども、其弊害を强調するの餘り、にわかに人に對する信賴を基調とする政治を以て全面的に法に依る政治に置き換へ得べしと考ふるが如きは甚しき妄想であると言はねばならない。

具體的な法的實踐が具體的な社會事情に適合しないやうになると、人々はやゝともすると直に法それ自身を非難したがるけれども、此際非難せらるべきは其具體的な法的實踐であつて、法それ自身ではない。

變轉過渡の現代に於ては、左からも又右からも「法の制度ならびに司法的に適用せらるゝ法規」に代ふるに「行政的な制度」卽ち「各事態各紛爭に對して官吏によつて與へらるゝ命令の制度」を以てせんとするが如き要求が聞かれるけれども、ロスコー・パウンド氏も言つてゐる通り「行政的方法によつて人と人との關係を節調し行動を規正してゐる獨裁者でも、近代社會にあつては、親から行政を行ふことは出來ないのであるから、人心に深く根ざした心理、すなはち、自己の意志が他人の意志に放恣的に服從せしめらるゝことに對する人々の反感のために、獨裁者は自己の行政機關の職務執行を法によらしめねばならぬことを覺悟すること、なるであらう」(高柳氏解說 The future of law 八九頁)。

被疑者の名譽

帝人事件の第一審判決が下されたが、吾々はまだ之に對して實質的の批判を加へる立場に立つてゐないが、此機會に於て事件の進行中感じた事柄を一二述べて置きたい。

第一に、自白がこれ程までに價値がないものであるならば、「本人ノ故意又ハ重大ナル過失ニ因ル行爲ガ起訴、勾留、公判ニ付スル處分又ハ再審請求ノ原由ト爲リタルトキハ第一條第一項ノ補償ヲ爲サズ」と言ふ刑事補償法第四條第二項の規定は之を削除するか、又は少くとも自白は重大なる過失にあらざる旨を明かにする趣旨の改正を加ふべきもの丶やうに思ふ。現行法の解釋としても、訊問に際し不當の威壓を加へられた爲め虛僞の自白を爲したやうな場合には之を重大なる過失と言ひ得ないのは勿論であるが、事後に於て不當の威壓が加へられたことを證明するのは多くの場合困難であるのみならず、補償請求の訴訟がある都度此種の事柄が公に問題にされるのは司法の權威を保持する上から考へても甚だ望ましからざることであるから、寧ろ斷然上記の如き改正を加へて仕舞ふ方がい丶と思ふ。

第二に、豫審調書の公表若くは少くとも新聞紙掲載は之を禁止する方がい丶のではあるまいか。被疑者とされたことそれ自身が既に甚しく當人の名譽を傷けるやうな實情である以上、たとへ豫審調書とは言へ一應公式に犯罪事實を認定した文書を公にすることは一般民衆に對して犯罪に關する豫斷を與へる效果が甚しいから、これだけは是非共やめて欲しいと吾々は考へる。

終に、刑事事件の進行中關係官吏は一般に現在以上もつと被疑者の名譽に留意して欲しい。現に司法警察職務規範第九條にも「司法警察ノ職務ヲ行フニハ祕密ヲ嚴守シテ捜査ノ障礙ト犯行ノ傳播トヲ防止シ且被疑者其ノ他ノ者ノ名譽ヲ毀損セザルコトニ注意スベシ」と言ふ規定があるが、從來新聞紙の記事を通して吾々が推察する所に依ると、警察檢察の當局者が此點に付いて十分の注意を加へてゐるかどうか大に疑ひを容れざるを得ない。一體現在我國の官吏は一般に新聞記者に對して餘りにも臆病である。それが爲め職務上の祕密を無用に漏洩して關係當事者に迷惑を與へる傾向がある。殊に警察檢察の官吏は其取扱ふ事柄が一般にニュース・ヴァリューをもつてゐる爲めとかく新聞記者の誘導に陷つて祕密漏洩の弊に陷り易いやうである。而かも其不用意な行爲がやがて被疑者にとつて致命的損害を與へることになり易い。當局の深甚なる考慮を要望してやまない。

農地調整法案

小作法案から農地法案へ、そうして今や農地法案から農地調整法案へ、こゝに吾々は時勢の推移のまざ〳〵と反映してゐるのを看逃がし難い。

之を嘗て小作法案が目指したるが如き小作條件改善の見地より見れば殆ど問題にもならない下らない法案であるけれども、第七十議會に提出された農地法案の中途半端なるに比すれば確に一の見識をもつた法案であると言ふことが出來る。本法案は最早法律に依つて小作條件を改善することを斷念してゐる。專ら小作關係の安定と農地利用の能率とを目指してそれに必要なだけの規定を設けてゐる。農村現在の實情よりすれば、或は最も時宜に適した立法であるやうにも考へられる。希くは農地委員會の構成及び機能適正を得、爭議を防ぎつゝ而かも關係當事者のすべてに滿足を與へ得るやう此機關が運用されて欲しい。

尙本法が自作農創設維持又は農地貸付事業を行ふ爲め未墾地を開發せんとする場合に「開發に必要なる未墾地を收用又は使用することを得る」旨を規定したのは自作農創設問題に關して多年關係者の要望した所を採擇したもの、吾人も亦其實現を希望してやまない。

戰死者と內緣の妻

戰死の日時以後に婚姻の屆出が爲された場合の取扱方に關して司法當局から通牒が發せられたと傳へられてゐる。其事それ自身素よりなきに優る誠に結構なことではあるが、吾々の考では此際恩給法を改正する等もつと徹底的な方法で此問題を解決して欲しいと思ふ。

先づ第一に、內緣の妻を法律上の妻と同一に取扱ふべき旨の規定を設けて欲しい。そうして內緣と雖も眞に事實上夫婦關係があつたならば、其妻に法律上の妻と同一の取扱を與へてこそ遺族扶助の目的は最も適當に達せられる。たゞし事實上眞に夫婦關係ありたりや否やの判定は愼重に行はれねばならないこと言ふまでもないが、それが爲めには普通の裁判手續以外に簡易な審判手續を設けて迅速輕易に事を解決する途を開く必要があると思ふ。尙此問題は單に內緣の妻に遺族扶助料等を支給するや否やの問題ではなくして、內緣の妻と其他の遺家族との間に支給せらるべきものゝ爭奪を惹起するのであるから、右の審判手續と同時に調停的手續を設け、遺家族の狀態等を具體的に審查して遺家族全體の爲めに最も適當する和解を成立せしめ、以て遺家族の間に不幸なる家庭的內紛を殘さないやう萬全の注意を爲す必要がある。

第二に、右の改正法の適用は之を事變の初めにまで遡らしめる必要がある。吾吾が現に知つてゐるだけでも、夫に戰死された內緣の妻が此問題の爲めに困つてゐる事例は少くないのであるから、是非共遡及效を認める必要があるし、又之を認めても別に何等の弊害の發生も豫想されない。嘗て關東大地震の後制定された借地借家臨時處理法第三條に於て——相當弊害を豫想し得る場合に付いてさへ——遡及效を認めた例があるのであるから、今回の如き非常事變に對する對策として最も良き結果を爲すには遡及效を規定するについて聊かたりとも躊躇すべき理由はないと吾々は確信してゐる。

法律時観

一九三八年二月号（一〇巻二号／通巻九八号）

帝國議會第五十年

軍國の秋擧國萬民力を協はせて君國の爲めに其全力を捧げねばならない今日、萬機公論に決すべきことを理念して開設された帝國議會が、春秋幾波瀾の歴史を後に殘しつゝ、茲に第五十年目の春を迎へて吾々の前に登場しやうとしてゐる。誰れか感慨の無量なるものあるを禁じ得るものがあらうぞ。

今や吾人全力をつくして外と闘ふ、内に無用なる内爭を許すべき餘地なきこと何人も之を信じて疑はない。さりながら同時に眞の擧國一致は國を思ふすべての人々をして腹藏なく其信念を述べしめるに依つてのみ成り立ち得るものなることを忘れてはならない。此意味に於て吾人は事變非常の際なればこそ議會が益々其本來の使命の爲めに健闘して奉公の誠を致されんことを熱望するものである。

無責任の發言、或は以て國家の信を外に失墜せしめ或は又民心を内に惑亂せしむるが如きものは素より斷乎として之を禁遏せねばならないけれども、擧國一致の美名の下に廣く衆智に事を聽く雅量を失ふやうでは、爲政者として到底其重大なる職責を十分に果たすことは出來得ないであらう。

社會政策の擴充を望む

厚生省新設の此機會に於て吾々が當局者に向つて最も熱心に希望したいのは社會政策の擴充である。

統制從つて自由の否定を根本原理とする政治は社會安定の組織の上にのみ之を築くことが出來る。自由之を否定すべくんば、人々のすべてに向つて安住の地を與へ得るやう社會を全體的に機構する必要がある。此故にこそドイツのナチ政府は其執政此方鋭意社會保險の改組擴充其他新しい見地よりする社會政策の確立に異常なる努力を續けつゝあり、嘗ては自由の原理に立つて例へば社會保險の價値を甚しく輕視したアメリカに於てさへ近年社會安定の必要から各種社會保險制度の樹立を要望するものが漸增しつゝあるのである。

萬人をして全體的計畫的に協働せしめる爲めには、所謂自由主義的意味に於ける自由を許し得ないこと素より言ふを竢たないけれども、其代はり彼等に與ふるに安定を以てせねばならない。其安定を確保する爲めに組織を樹立すべし。これこそ今日吾々が要望する新しき意味に於ける社會政策である。敢て當局者の考慮を切望する所以である。

國際勞働機關脫退の問題

我國が國際勞働機關に加盟することの無意味なるは加盟の當初より吾人の主張した所である。元來同機關は英國を初め歐洲の聯合諸國が、一には大戰中勞働者に與へた幾多の約束を充たして彼等の不平を緩和する目的を以て、二にはドイツ及び我國の如き後進資本主義國が低廉勞働を武器として國際經濟競爭場裡に活躍することを押へる目的を以て案出されたものである。此故に、我國の如く國內事情から言つても必ずしも多く參加の必要を見ず、對外關係について言へば經濟競爭上徒らに條約に依つて不利な壓迫を受けるに過ぎない國が之に參加するの愚なるは初めから明瞭であつて、さればこそ我國は第一回の勞働總會此方屢々不當に苦汁をなめさせられたのみならず、折角締結した幾多の條約にも今尙批准を爲し得ない狀況に在るのである。

吾々と雖も我國の勞働條件が國際勞働機關加盟の影響に依つて可成りの程度まで改善されたことを全的に否定するものではない。しかし我國の如く國際關係上特殊の地位に在る國に於ては初めから我國特殊の事情に基いて獨自的に勞働條件を定むべきが、當然の道であつて、此事を歐米諸國と條約するが如き甚だ無意味であると言はねばならない。

此故に、今日世上に脫退を要求するの聲をきく、吾々理論として何等之に反對すべきものあるを發見しない。さりながら、具體的政治の問題として今日が果して脫退の最適時なりや否や、其所には尙大に問題が在る。殊に事變此方急遽幾多の國民使節を歐米諸國に送つて先方朝野の間に諒解を求めることの必要を感じたやうな事情から考へると、寧ろ平素から勞働機關のやうな國際機關を通じて態とらしくなく諸外國の有力者と聯絡關係をもつことの價値亦之を輕視すべからざるを痛感せざるを得ない。一時の激情にかられて輕擧せざらんことを希望してやまない。

法學教育とプリント問題

現行のプリントが教授の著作權を害するものであり、場合に依つては名譽をも毀損するものであることは素より言ふを竢たない。又プリントが講義の妨害を爲し教育の能率を害してゐると言ふ事實も亦明かである。此意味に於て吾々は今回東京帝國大學法學部諸教授に依つて行はれつゝあるプリント征伐に贊意を表するものである。

しかしプリントの盛行と法學教育との關係は極めて微妙なものであつて、プリントがある爲めに學生が聽講を怠り易いと言ふ理由だけからプリントを禁遏すべし、と言ふやうな單純な議論には吾人到底贊意を表し難いのである。

若しも聽講を怠つてもプリントを讀みさへすれば聽講に依ると同樣の學習效果を擧げ得るものだと假定すれば、何もプリント勉强を禁ずる必要はない。反つて態々多數の學生を一堂に集めて聽講を强ゆる必要が何所にあるかと言はざるを得ないのである。

元來教育方法としての講義には講義獨特の長所があるのであるから、教授も學生も其長所を利用して教育し又學習することを力めねばならない譯である。然るに教授の中に動ともすると其長所を利用することを忘れるものがあつたり、又學生の間にも聽講に依つてのみ爲され得べき學習の特色に氣付かないものがある爲めに、聽講を怠りつゝ專らプリントに依つて勉學若しくは受驗しやうと言ふやうな風習が發生するのである。

教育は形式的に智識を詰め込むことを目的とするものではなくして、科學的に物事を考へる力を養成することを目的とするものである。所が我國の現狀では、既に小學此方受驗の爲めにのみ學習すると言ふ惡風が濃厚になつてゐる爲め、學習者自らも學習に依つて自己の思考力を洗錬せんとするよりは寧ろ形式的に智識を詰め込んで試驗場裡の優勝者にならうと努力する傾向に陷り易く、教育者の中にも其傾向に迎合せんとするものが少くない有樣である。

殊に法學教育は法律的に物事を考へる力を養成することを目的とするものであるにも拘らず、我國法學教育の現狀には其理想と甚だ遠いものがある。此故に、現下の情勢に鑑みて最も重要なことは法學教育の方法を其教育目的に適合するやう根本的に考へ直すことであつて、それとの關聯に於て考へればプリント征伐も意味があるけれども、それを離れて唯プリントを征伐しさへすればいゝと考へるが如きは甚だ無意味である。

法律的に物事を考へる能力をもつ人間の必要は今後と雖も決して減少しない。其必要は寧ろ益々增大するであらう。最近又々法科萬能を非難する聲が各方面から聽かれるやうになつたけれども、多數の人を統合して複雜な事務を圓滑に處理して行く爲めには法律的に物事を考へ得る人間の必要であることは多少とも複雜した事務に關係した經驗をもつ人々の均しく認める所であると思ふ。

世間には大學で習つたことなどは世の中に出て見ると何の役にも立たないと言ふやうなことを言ふ人があるが、かう言ふ人は彼等が意識的に習得した形式的な智識が役に立たないことを知りつゝ、然かも無意識的に體得した法律的思考力が識らず〳〵の內に役立つてゐることに氣付かないのである。我國今後の法學教育はもつと此種の思考力を養成する任務を意識しつゝ行はれていゝのだと思ふ。かくして教育の內容と方法とに適當なる變革を加へればプリント問題の如き自ら解消するであらうと吾々は考へる。

法律時観

一九三八年三月号（一〇巻三号／通巻九九号）

司法權の威信を確立すべし

我國現時の情勢に鑑みて最も重要なことの一は司法權の信威を確立することであらう。吾々は決して單に一帝人事件の不始末の爲めに此事を言ふのではない。司法當局者は司法官の增員と待遇改善とを以て此際最も重要な對策なりと考へてゐると傳へられてゐる。又政黨方面には裁判所と檢察廳とを完全に分離すべしとの意見が有力に行はれてゐると傳へられてゐる。吾々はそのいづれに對しても賛意を表するものであるが、重要なことはもつと寧ろ別の方面にあるのであるやうに考へるのである。試みに其一二を述べると、先づ第一に現行の刑事辯護制度に根本的改革を加へ判示檢事辯護士の三者が刑政の正しき實施の爲めに恊力恊働する仕組を考へることが何よりも大切であると思ふ。刑事訴訟に於ける辯護士の職務が被告人の立場を保護するに在るのは言ふまでもないけれども、現在の制度に依ると辯護士は被告人の全然私的な利益擁護者たるが如き立場に置かれてゐる、それを改めて、恰も檢事が公益の代表者として刑事訴訟に參加すると同じやうに、辯護士も亦公益的見地から被告人の爲めに刑が正しく行はれるやうに努力するものであると云ふ趣旨を制度の上に明かにすることが必要である。其目的の爲めに考へられる方策にも色々あらうが、刑事辯護者を公的機關化すると同時に、辯護者の刑事訴訟への干與を全面的ならしめることが何よりも必要であると吾々は考へる。現在のやうに辯護士が被告人から私的の依頼を受けて其利益の爲めに訴訟進行の或段階に於てのみ外から訴訟に參加するやうなことになつてゐるのではいけない、檢察機關と同じやうに辯護機關も亦終始實質的に訴訟の進行に干與して、それ〴〵の立場から刑事事件を正しく處理することに協働するやうに仕組まねばならない。

次に考究を要すべきは檢事同一體の原則の價値如何である。此原則あるが爲めに檢察事務の執行に統一性と柔軟性を與へ得る長所は大に之を認め得るけれども之が爲め檢察事務への政治的影響が容易になり易い短所があることを輕視し得ない。現在のやうに檢察當局をして直接には政治的責任を負はしめない制度になつてゐる以上、も少し檢察事務を政治的影響の外に置くやうな工風が必要であつて吾々は此意味に於て同一體の原則の價値に少からざる疑を抱いてゐるのである。

尙終りに吾々は現行の司法官停年制度と地位保障制度とに對して再檢討を加へる必要があるやうに思ふ。高齢者が必ずしも司法官として不適當なのではない、司法官の若朽化的傾向を防止する適當の手段を別に設けて置きさへすれば、單に年齢の故を以て優秀なる司法官を現職から退かしめる理由は少しもない、否高齢者こそ反つて司法官としての或適格性を備へてゐるものと考へられる。問題は寧ろ如何にして若朽化を防止し、無能者を除去すべきか、其方法を具體的に考慮することにあると吾々は考へてゐる。

民法の部分的改正

司法省の法規整備事業の成果の一として不取敢此議會に民法に部分的改正を加へる法案が提出されたのは非常に喜ばしい。從來世上には民法は私法關係に關する根本法典なるが故に濫りに之に改變を加ふべからずとする一種の考方が相當廣く行はれてゐたが、このことの爲めに必要なる改正が適時に行はれずして、民法と社會の要求との間に輕視すべからざる乖離が出來てゐたことは人々の均しく遺憾とする所であつた。今回改正法案の規定する所は極めて部分的であつて、それだけに付いては特に言ふべきことも餘りないが、今後此方針の下に着々必要なる改正を行つてゆけば、大規模な總體的改正を企てるよりは反つて速かに民法全體に亙つて必要なる改正を實現し得るやうに思ふ。

唯批評が許されるならば、今回の改正提案が餘りにも末梢的なものに限られてゐるのはどうしたことであらうか。同じく時效に關する規定に手を着けるのならば、もつと重要な點にして速かに改正を要すべき點がいくらもあるのではあるまいか。當局者今後の努力精進を希望してやまない。尙今回の改正提案を喜ぶ此機會に於て、吾々は親族篇相續篇の改正事業が遲々として進まないことに對して非常な不滿を感じてゐることを赤裸々に表明して置きたい。

淳風美俗の保全を名としてあれ程まで花々しくスタートをきつた改正事業が今尙かくの如く停頓してゐるのは果して如何なる理由によるのであらうか。若しも改正案の運用上重要な働きを爲すものと豫期されてゐる家事審判所の全國的新設が財源上困難であると言ふことが其原因であるとすれば、過渡的便法を設けて、一時家事審判所の設置を全國中重要な一部地區に限るが如き方法も考へられるではないか。若しそれ改正委員會の仕事の能率が惡い爲めに事の進捗が遲れてゐるのであるとすれば、委員會の組織に適當の改變を加へてゞも、速急に事の解決を計るべきではあるまいか。いづれにも、吾々は事の初めが花々しかつたのに比べて結末が如何にも遲々として動かないことに對して多大の不滿を抱いてゐることをこゝに卒直に記して置きたい。敢て司法當局者の善處を要望してやまない次第である。

尤も考方に依つては、法制審議會が親族法相續法改正問題に付いてとつた態度そのものに今から考へると批議に値すべきものが少くなかつたと言ふ意見も成り立ち得るやうに思ふ。もしもそうであるとすれば、長年の行き掛りを一擲して初めから仕事をし變へる方が反つて速に改正の目的を達し得るのではあるまいかとさへ吾々は考へる。

司法科試驗を獨立せしむべし

高等試驗制度の改革が世上の問題になつてゐる。そうして又しても試驗科目中より法學的要素を減少すべしとの意見が如何にも有力らしく行はれてゐるが、行政科試験に付いてならばともかく、若しも司法科試験に付いてまでその種の俗論が有力に侵入して來る虞があるのであるとすれば、吾々は此際司法當局者に向つて確乎たる信念の下に斷然俗論と抗爭する態度をとられることを要望せざるを得ない。

吾々の信ずる所に依れば、現在大學の法學教育それ自身が既に司法官辯護士を養成する目的から言ふと甚だ不徹底であると思ふ□あの程度の教育を受けたものの中から現在のやうな中途半端な試驗に依つて合格者を選び出し、それに短期間の試補乃至修習的の修業をさせて見ても到底之に依つて一人前の司法官や辯護士が出來上る筈はない。吾々の考では、有爲なる司法官や辯護士を作る爲めには、現在の大學に於ける法學教育を其目的に副ふやうにもつと充實する必要がある、現在三年の修業年限さへ短きに失すると思ふ。況んや現在のやうに法學素養を試驗する目的から考へると甚だ不完全な試驗に依つて司法官辯護士の適格を定めるやうなことをしてゐるのでは、いつまでたつても適材を此方面に得ることは出來ないと思ふ。

司法官や辯護士として何よりも大切なことは法學的素養を十分にもつてゐることである。然るに、現在の實狀では大學自らも十分な法學教育を施し得ず、司法科試驗も亦生やさしく出來てゐる爲め、法學的素養の十分でない者が易々と試驗に合格し得るやうな實情にある。こんなことではいつまで經つても司法制度の改善は望み得ないと言ふのが吾々の持論である。

人或は司法官の待遇をよくしさへすれば優秀な青年を司法方面に引きつけ得るやうに考へてゐるやうであるが、待遇の故を以て所謂秀才を司法方面に誘引する必要は少しもないのである。司法の爲めには生來司法に向いた人物、法學的に十分の教育を受けた人物をとればいゝのである。待遇、況んや物質的待遇の如きは抑も末である。適材を適所に迎へ得べき方策を司法當局者はも少し熱心に考慮して欲しい。

此故に、吾々は言ふ、高等試驗制度大に改革すべし、さりながら少くとも司法科試驗に關する限り法學的素養の必要はもつと〳〵强調されねばならない。現在のやうに不完全な教育を受け、不徹底な試驗を通過したものに、一年や二年の試補的教習を加へただけで、吾々の生命財産を托するに足るべき立法《ママ》な司法官が出來るとすれば、それこそ實に奇蹟ではあるまいか。此意味に於て吾々は高等試驗制度改革の議ある今日、司法科については今日より一層嚴重に法學的教養の程度を試驗し得るやう制度を機構されんことを希望してやまないものである。

法律時観
一九三八年四月号（一〇巻四号／通巻一〇〇号）

自治制五十周年を迎ふ

明治二十一年四月十七日、自治制（市制町村制）が公布せられてから、茲に正にその滿五十周年を迎へるに當り、慶祝の念を禁じ得ない。この自治制度が、「地方共同ノ利益ヲ發達セシメ衆庶臣民ノ幸福ヲ增進」せんとする當時の宣明が、この五十年史を貫いて實現せられ來つたことを顧るとき、その實績の跡を尋ね、將來益々自治制の發達を期するための對策を練ることこそ、慶祝すべきこの日の重要な記念事業でなければならない。

「抑々予ガ我ガ法律案ノ起草ヲモッセ氏ニ命ジタルハ我邦從來ノ五人組庄屋名主總代年寄ヲ設ケタル制度中ニ於テモ自治制度ノ精神固ヨリ存スト雖、明治二十年トモナリテ歐米列國トノ間ニ處スベキ當時ナレバ他ノ制度トノ調和ヲ圖ルタメ獨逸ノ自治制度ニ則リ、其形體ニ遵據」したのであつたことは、山縣公がモッセに立案を委囑した辭であつた。從つて、明治十七年五月、村田保の起草に係る草案を採用せずに、新に制定された市制町村制は劃期的な大改革であつた。全國七萬餘の區町村を一萬三千の市町村に改編し、自治の内容に於ても、從來の因襲を改め、公民をして地方の公務に參劃せしめることこそ、立憲國家の基礎を鞏固にする所以であつたのである。

今、この根本精神を將來に向つて擴充せんとするのとき、當面の改正の眼目は、黨爭の弊を除き、官治の因襲を脱し、公民の經濟生活の安定を劃し、さうして自治團體をして、銃後の護りを堅くすることにあるであらう。

自治團體の分化

この五十年の間に、經濟の發達につれて、都市と町村との間に本質的な區別が生じ來つた。農村は住民相互の隣保團結によつて結ばれる地縁社會であるが、都市では人を結ぶものは地縁ではなくて職業であり、都市は利益社會化した。してみれば、かやうに型を異にする兩者は異つた自治制を要求する。

第一に、自治制制定の當時と異り、現在町村の地域は新に劃定し直される必要に當面してゐる。産業大都市の農町村合併がそこに進行した現象であることはいふまでもないが、交通機關の發達した現在、現行の町村の地域も或ひは狹きに失し、或ひは現在の經濟關係に適應して改廢分合をなすべき町村も尠くない。そして又、財政的理由により獨立困難なものについては、部落を行政單位とすることが事宜に適してゐる場所も尠くない。

第二に、都市と町村との間に本質的な區別が生じた以上、兩者の區別に立たぬ劃一的な自治制は解消すべく、更に、現行市制の如く人口三四萬の小都市も數百萬の大都市も同一に律することは、妥當でなく、大都市には特別市制の實施を見ねばならぬ。そして、大都市の市政が著しく複雜化せる今日、市參事會、市參與には、特別な技能經驗を有する技術的專門家が加へられ、市會には、ある程度の職能代表制が導入せらるべく、この見地から都制案の實施が再檢討されていいであらう。さうして、改正は、かかる自治行政にあつては事柄は卑近であるが市町村民との接觸の場面からなされねばならぬ。卽ち、自治團體當事者と市町村民との接觸を融合せしめるため、公民生活上の苦情・愁訴・非難・要望を訊く常設機關を設置し、窓口事務を改善し、議員は選擧區民に對して必ず義務的報告をなすが如きが之である。

行政自治より産業自治へ

自治制施行當時から、市町村の固有事務は、ともすると閑却せられて來た。市町村の事務の大半は教育・土木・衞生に關する委任事務である。この尨大な委任事務も所要經費を充分に償ふ程度の財源が附與されてゐるならば、勿論問題が生ずる餘地がないが、國家事務に要する費用のために自治體の本來の使命に支障を來すことは三思を要する。從つて、委任事務と固有事務との限界を分劃し直し、之に伴ふ税制整理を斷行し、委任事務の大部分に對して、國費支辨、又は十分の補助を與へて、地方財政の負擔の輕減を計る工夫がこの際根本的に考へられて然るべきであらう。

從來、自治は行政自治にのみ基本が置かれ産業自治の方面が看過されてゐる。農會・産業組合等、公民の經濟生活に直接影響をもつ自治の機能は、市町村自治から離れてゐる。從つて、現在、産業自治を行政自治と並んで市町村自治の中に織り込み、農會・産業組合等の産業的自治組織を市町村自治の一部としてそれと有機的に連絡せしめる必要がある。勿論、これらは現行法の下で監督官廳を異にする異別の系統に立つてゐるものではあるが相互の連絡を有機的にし、相互の關係を聯合體組織とし市町村にこれらの産業機能を司らしめることは緊切であらう。

町會・部落の意義は、軍事救護、農山漁村更生計畫、方面委員・社會事業法の制定と共に、新に再出發さるべきものである。

衞生・兵事・夜警・救護・人事相談などの町內會・部落の事業は、今次の事變によつて進展し、出征兵の留守宅の世話・防空演習等に町會が中心となつて活動してゐる。又、部落は從來とても共有林の管理經營・共同財産の維持管理に於いて、又、經濟更生計畫に於ける事業單位として活動してゐる。部落は、この種の更生計畫に於いて、最適の大きさをもつてゐる。農事實行組合・養蠶實行組合・負債整理組合が部落を單位としてのみ實績を擧げてゐるのも、このためである。

從つて、町内會・部落に對しても或る範圍の法人格を認め、適當な權限を附與し、公共自治團體としての一部行政事務を處理せしめ、民意の自發的暢達と上意の下達機關としての役割を有たしめることも必要となつてゐる。

新法學士諸君へ

陽春四月茲に大學の業を卒へ目出度く巣立される新法學士諸君へ老婆心から一言忠言がましい言葉を述べて置きたい。

諸君が大學で學び得た法に關する形式的な智識がそのまま世の中で役に立つのではない。教育及び修養によつて作り上げられた諸君の人間としての力こそ世の中に出て物を言ふのである。殊に法學を專攻された諸君としては法律的に物事を考へ物事を處理する力をもつことこそ諸君の特色であることを忘れてはならない。しかし又同時に諸君が大學に於て得られた此力は此種の力としてはまだ極めて初歩的なものにしか過ぎないことを忘れてはならない。諸君が今もつてゐる法律的に物事を考へる力は例へば初等幾何學にも比すべきものである。諸君現在の力を以て複雜多端な人事、日進月歩の社會に對處するとき、茫洋として事の捕捉し難きに苦まるゝこと、恰も初等幾何學の智識を以て直に現實な空間を測定し得ないと同樣であらう。大學では教育目的の爲めに明確にして簡單なる概念と公理とを與へる、さうしてそれ等の與へられたる道具を使つて處理し得る限りの單純なる事例を處理して見せたり、學生自らをして其處理を爲さしめる。初めから道具が簡單であり又對象が單純であるから、事の處理それ自身も容易であるし、其間の理合ひを飲み込むことも比較的容易である。かくして諸君が得られた智識と力とはやがて無限の世界に對處し得べき立派な力にまで成長すべき貴重な萠芽ではあるけれども、それ自身のみでは實際的に極めて限られた效用しかもつてゐないものなのである。だから諸君は今後實社會に於て複雜多岐な問題に遭遇しつゝ自ら實踐的に漸次諸君の現在もつてゐる力を伸ばすやう努力されねばならない。それには讀書することも必要であり、先輩に付いて適當な指導を受けることも必要であるし、又實地に付いて自ら工風することも必要である。かくして實踐的に法律的に物事を考へ處理する力を伸ばしてゆかれてこそ複雜多端な世事に對處しつゝ諸君が社會人として立派な貢獻を爲し得るのである。

此事は決して諸君が司法官辯護士の如き職業法律家となられる場合に付いてのみ言はるべき事柄ではなくして、行政諸官廳は素より實業方面に向はれる場合に付いても同樣に言はれ得ることである。實際社會には人事萬端法律的に處理を要する事項が滿ち〳〵てゐるのであつて、それに適當な法律的處理を與へ得てこそ世の中が旨く動いてゆくのである。無論法律的と言つても何法第何條に依つてと言ふやうな形式的なことを言ふのではない。多數の複雜な事務を過不及なく規則正しく處理してゆく能力をもつ者は如何なる社會に於ても必要であつて、其能力こそ諸君の特色たる法律的に物事を考へ處理する力に外ならないのである。

嘗て法學を學んだ經驗をもつ中年の社會人に接して見ると、一方には大學で學んだ當時得た力が其後一向成長して居らず、依然として生硬な法律論を振り廻はして得々たるが如き人があるかと思ふと、他方には嘗て學び得た法律的の力は全く忘れ棄てゝ仕舞つて唯々實踐的に得た經驗乃至感だけで其場々々をとりつくろつてゐるに過ぎないと思はれるやうな人も少くない。日進月步の複雜多端な世事を處理してゆくのだから實踐的經驗の重んずべきは素より言ふを竢たないが、苟も法學を學んだことを特色として世の中に立つ以上其實踐的經驗を以て自らのもつ法律的道具を日に〳〵鍛錬して如何なる新しい事態に當面してもそれを立派に法律的に處理し得るだけの力を養つて置かねばならない。社會が進化し世態が變化するにつれて其所での事柄を法律的に處理する道具には日に〳〵新な調整を加へて置く必要があるのであつて、嘗て大學で與へられた舊式の道具を其後磨きもせず調整も加へずに居ればこそ法學の無用を感じたり、又は反對に世人から法律萬能の非難を受けることゝなるのである。世間それ自身が法律的な處理を要する事柄を無限に包藏してゐるのだから、自ら日に〳〵進步して其時々の必要に適應し得る力をもつ限り法學が無用となることもなければ、法律的處理の故を以て法律萬能の非難を加へられることもない。非難せらるべきは磨かれず又適當に調整されない舊式の道具を金科玉條視する人々であつて、法學自身ではない。

法律時観

一九三八年五月号（一〇巻五号／通巻一〇一号）

司法制度改革の速行を望む

司法制度改革事業は其後どうなつてゐるのであらうか。社會の實情・民心の歸向を靜かに眺めてゐると、遺憾ながら民衆の司法に對する不信の聲が何所からともなくしきりに聞えて來る、司法に對する不滿の氣分が到る所に漂つてゐるのを看逃がし得ない。

素より制度改まるも任に其人を得ずんば百の改革も終に何等の實を收め得ない。此故に、鹽野法相其他司法部首腦者があらゆる機會に於て司法精神の高揚を說く等極力「人」を改めることに努力してゐる、其苦心に對しては吾々も亦心より敬意を表するものであるが、其故を以て制度改革のことを忽にすべき理由は少しもないと考へてゐる。刑事司法に關して民衆の不信を買ふべき事件が頻發してゐる。救治の策として適切なる制度の改革を斷行すべき必要甚だ緊切なるものがあるのではないかと吾々は考へてゐる。民事に關しても民衆の間には今尙依然として裁判所近づき難しとするの念が漲つてゐる。訴訟の困難なるは素より簡短な非訟事件についてすら民衆は法に助けを求めるについて想像以上の困難を感じつゝある。而かも其等の困難を除去し若しくは緩和することが多少制度に改革を加へさへすれば必ずしも不能でないことを考へ見ると、つく〴〵制度改革事業進行の緩漫を嘆ぜざるを得ない。敢て當局者の勉勵を要望して已まない次第である。

法學教育の將來

教育審議會の事業今や將に其緒につかんとしつゝある。國家試驗制度の改革亦其原案既に成れりと傳へられつゝある。法學及び法學教育の之に依つて相當の影響を受くることあるべきや正に必至、希くは一時の激情俗論の爲めに法學及び其教育の健全なる發達が不當に阻害されることがないやう、之を切望するもの決して吾々の私情のみではあるまい。

我國從來の法學教育については、改革の必要極めて大なるものあると吾々も亦之を信じて疑はない。さりながら法學には自ら法學の立場があり、法學教育には亦自ら法學教育に固有な特殊性がある、之を理解せずして濫りに改正のことを論ずべきではない。

世に法學者多し、況んや法學教育を受けた者の數に至つては殆ど擧げて數ふべからず。而かも法學教育それ自身を科學的に研究してゐる者は殆ど皆無に近いと言つていゝ程少いのが遺憾ながら現狀である。吾々は一面政府當局者が法學教育改革のことを策するに當つて十分法學教育經驗者の意見を聽かれることを切望するものであるが、他面法學教育者一般に向つても法學教育それ自身に付いてもつと大きな關心をもたれることを熱望するものである。

法學大會

毎年四月大規模な醫學大會が開催されるのを見る度毎に吾々も亦法學大會をもたねばならぬと言ふ吾々永年來の持論が浮び上つて來る。

我國の法學界には一般に協働が著しく缺けてゐる。近年多少改善の傾向が認められるけれども、まだ〳〵理想を去る甚だ遠しと言はねばならない。先づ學科を分ち地方を別けて個々の學會が多數成立することを希望したい。そうしてそれを構成分子として全國的の法學大會が結成されることを希望したい。そうして學者互に智識を交換すると同時に協働的研究の實を擧げるやうにしたい。

今や我國には法及び法學に關しても衆智をあつめて研究考慮すべき事柄が非常に多い。之を從來の如く獨り政府の設くる委員會等の爲す所にのみ放任すべきではあるまい。よろしく法學者自らが自發的に立つて協働の組織を作り、以て法及び法學の進步改善に貢獻すべきである。此事の法學それ自身にとつて價値大なるものあるは素より、其國家並に社會にとつての意義も亦極めて重要なるものがあると思ふ。

外國法規の系統的蒐集

涉外關係が複雜化するにつれて諸外國の現行法に關する正確な智識の必要を感ずる機會が增大するのは言ふまでもないが、其必要に應ずる爲めには是非共諸外國の法規を擴く且組織的に蒐集して朝野官民の利用に供するやうな設備を設ける必要がある。嘗て東京帝國大學法學部研究室内には其種の蒐集が藏置されてゐて、獨り學内の人々に依つてのみならず、廣く各方面の人々に珍重がられたものである。所が大震災以來不幸にして此蒐集は復活を見るに至らずして今日に及んでゐる。それが爲め現在では例へば急に必要があつて某國の某法の正文を得たいと言つても、何人も容易に其目的を達し得ない狀況に在る。

此種の蒐集は出來得る限り多數の國々の法規を網羅するものでなければならないと同時に、絕えず up to date に整備されてゐる必要がある。中途半端なものでは十分に其機能を發揮し得ないのである。此故に國内に一個所でよいから出來得る限り完全なものを何所かに作つて廣く朝野の人々が利用し得るやうに設備して欲しい。外國には或は議會内に或は司法省の如き官廳内に此種の設備を設け、獨り一般人の閱讀を許すのみならず、希望者には費用をとつて法文のコピーを作つて吳れるやうな例さへある。

我國について言へば例へば司法省調査部内に此種の施設を爲し、獨り立法の參考資料に供するのみならず、廣く朝野の希望者に利用せしめるやうにしたならば非常に便利であらう。現在では諸官廳がそれ〴〵其時々の必要に應じて一時的に外國法規を蒐集するやうなことをしてゐるが、それよりも一個所に力を集中して網羅的にして且絶えずup to dateな、其上常時十分に整理されて、何人でも必要な場合直に必要な法文を求め得るやうな設備を作つて置く方が經濟的でもあり又便利でもあらう。

此種の施設は一見甚だ不急の事柄のやうに思はれ易いが、吾々の狹い經驗だけから言つても突然必要の場合外國法規の得難きに苦しむ例を諸官廳に付いても辯護士銀行會社等に付いても又吾々學者に付いても屢々見掛けるのであつて、吾々は其都度我國の諸事が今尙一般に泥縄的であることを非常に耻しく思ふ次第である。

法學入門者諸君へ

全國官私の諸大學が新に法學に志す多數有爲の青年を迎へた此際に於て一言新入門者諸君に研究上の助言を與へて置きたい。

何よりも先づ第一に言はねばならないのは、諸君が將に學ばんとしてゐる法學の學的性格を理解することが絶對的に必要なことである。此事は獨り法學に限らず他のすべての學を學ぶに付いても言はるべきことであるが、法學の場合には入門者の殆どすべてが此點に付いて無智に近いのを通例とするが故に特に之を言はねばならないのである。他の學に志す者は一般に初めから其學の如何なるものであるかについて大體の智識をもつてゐる。之に反し法學にあつては單に無智であるのみならず先入主的誤解をさへもつてゐる場合が非常に多い。而してこれは諸君が小學此方色々のことを學んだ結果大體學とは如何なるものであるかについて一應の考へをもつてゐる、然るに法學は其諸君が考へてゐる學の範疇に入り難い特殊性を多分にもつてゐることに原因するのである。此故に諸君は先づ教師乃至先輩について此點に關して出來得る限りハッキリした理解を得るやう力めねばならない。教師としても講義の初めに於て極力此點の理解を與へることを力めねばならない。さもないと誤解に初まつて誤解に終はり、それが爲め學それ自身に興味を感ずることさへ出來ないやうなことに陥り易いのである。

次に法學教育に於て學生の力めねばならないのは法學的思惟の修錬である。法規法制の內容を教へることのみが法學教育の目的ではなくして、法學的に物事を考へる力を養成することが寧ろ其主要目的である。從つて學生としても學習の初めから此事に向つて實習的に其努力を向ける必要がある。然るに從來學生の多數は其日々の努力に依つて此力を一日々々と伸ばして行くことを力めずして、唯々日常聽講しノートをとつて記憶材料を作ることにのみ腐心し、試驗期日近くや唯々之を暗記して形式的に良い成績を得やうとしてゐる。かくの如き學習態度の不可なるは他の學科についても勿論言はるべきことであるが、法學的思惟力の養成を目的とする法學教育については特に聲を大にして言はれねばならない事柄である。敢て入門者諸君の注意を促す次第である。

法律時観

一九三八年六月号（一〇巻六号／通巻一〇二号）

高等試験制度の改革と法科萬能の弊

官吏制度の革新に關聯して高等試驗制度にも相當の改革を加へる企てがあると傳へられてゐる。さうして現在行政官吏の通弊たる所謂法科萬能の弊を矯正する爲め、試驗科目の中から更に一層法科的科目を削減せんとする主張が有力化しつつあるとの噂があるが、吾々は此種の考に對して多大の疑問を抱くものである。

吾々と雖も現在行政官吏の間に所謂法科萬能の悪弊相當甚しきものあることを否定するものではない。事柄の實質を實質的に觀察して之を事物の性質に適するやう適當に處理することを忘れて、只管法規に依つて形式的に表面の辻褄を合はせることにのみ汲々としてゐる官吏の少くないのを遺憾に思ふ點に於て毫も人後に落ちるものではない。しかし、かゝる宿弊を除去する爲めに、單に法科出身者の行政官吏への進出を阻止したり、試驗科目から法科的科目を減少して見ても、それだけでは到底所期の目的を達し得ないのみならず、今度は反對に法科出身者中優秀な人材を行政方面へ迎へることが困難になるだけのことであると思ふ。

行政官吏の中に、法科出身者以外の者を加へたければ、それ〳〵特別な方法でそれ等のものゝ中から優秀者を擇ぶやうにすべきであらう。彼等と法科出身者とを一所にして採用試驗を行はうとすればこそ、試驗科目の中から法科的科目を減少して法科出身者以外のものゝ受驗をも容易にしやうと言ふやうな考が浮ぶのであるが、かくの如き中途半端な方法では、法科出身者以外の者はいつまで經つても受驗上困難を感ずるにきまつてゐるし、而かも法科出身者の中から優秀者を選ぶ方法としては甚だ不適當なものとならざるを得ないのである。

法科出身者も畢竟は一種の技術者に外ならないのであるから、之を官吏に採用する爲めには其技術的能力の優劣を試驗するのが最も良い方法である。其事は例へば土木學出身のものを內務省に採用するに當つては其土木學的學才の如何を試驗するのが最もいゝ方法であるのと全く同理である。

然るに、法科出身者と其他のものとを同列に列べた上、同樣の試驗に依つて官吏適格者を選び出さうとすればこそ、法科的科目を減じて法科出身者以外のものの受驗を容易にしやうと言ふやうな中途半端な考が生れるのであるが、かくの如き考を捨てゝ、法科出身者は法科出身者として其學才優れたるものを採り、其他のものは又それ〳〵其專攻する方面に於て優れた才能をもつものを選び出すやうにしさへすれば、所謂法科萬能の弊を先づ其出發點に於て抑へることが出來るのである。

次に問題とすべきは現在の官吏制度に於ける技術者の待遇である。技術者出身のものと雖も部局長に適する才能を有するものは、之を部局長たらしむるに付いて何等の制限を加ふべき理由もない。しかし技術者として優秀なるも部局長としては不適任なものがあれば、技術者としてそのまゝ官等も進み俸給も進み得るやうに制度を改めねばならない。現在では如何に優秀な技術者と雖も、部局長にならない限り官吏として或段階以上に昇進し得ないやうに制度が出來てゐるから、自ら技術者の側から不平が生まれ、法科萬能の非難なども發せられること丶なるのである。技術者には技術者として十分の待遇を與へ得るやうに制度を仕組みさへすれば、事は自ら治まるのであつて、かうした制度の不備の爲めに法科萬能の非難が加へられ、延いては法學教育の價値についてまで根據なき批評が發せられるやうになるのは甚だ遺憾である。

終に、現在官吏制度の革新に專念しつつある政府當局者に考へて貰ひたいのは、所謂法科萬能の弊が行政官吏の間に法科出身者が多いことそれ自身から直接に發してゐるのではなくして、寧ろ現行の官吏制度及び其傳統的運用の不都合から發してゐると言ふことである。現在の官吏制度及び其運用に於ては、官吏をして其適所に於て永く同一事務に專念せしめることが出來ない。官等が上り俸給が增える爲めにはどうしても或地位から他の地位へと移行せねばならないから、個個の官吏が自己の管掌する事務の實質に付いて眞の理解と興味とをもつことは困難である。彼等にとつて出世の最も良い方法は事務の實質は專ら之を屬僚の爲すがまゝに任せつゝ、自らは主として外部との接衝に當り、さうして其主管する課局に一錢でも多く豫算をとり一人でも多く定員をとるやうに努力することである。さうすれば、なまじ其主管する事務に理解をもつて下僚を指導督勵し以て事務の能率を擧げることに專念するよりは、遙に下僚の信望を得て有能若手官吏の盛名を博することが出來る。其結果、上級官吏は事務に通ぜず專ら理窟を言つて目前の相手を論破脫服することが出來れば能事足れりとなし、下僚は又傳統を墨守して只管其地位の保全を計るに至る。さうして其間上級者が其場々々で相手を論破して脫服する武器として所謂法律論が非常に役立つのは勿論、下僚が傳統を墨守する道具としても法規と慣例とは極めて有力に役立つのである。かくして民間よりする請願も、政黨よりする註文も、乃至又は閣僚其他政治的實力の把握者から來る要望も容易に此法律的トーチカを擊破することが出來ないのであつて、現在官吏制度改革の要望が「法律萬能打破」なるスローガンの下に、民間、政黨、其他あらゆる方面から叫ばれるに至つてゐるのは蓋しこれが爲めである。

人多く此種官僚の悪弊を法學の罪に歸せんとしてゐるけれども、吾々から見ると官吏制度の不備に起因する官僚の悪弊を保持する爲めに、偶々法律的技術が悪用されてゐるだけのことであつて、此故に法學そのもの乃至法學的素養をもつ者を排斥するが如き、不當之よりも甚しきものなしと吾々は信ずるのである。

物事に秩序を立てゝゆく仕事は、其場其場の局面に應じて無軌道に動かうとする人々からは屢々厄介物扱ひをされるけれども、多數の人を使ひ多數の人を相手として長期に亙つて大規模に行はるゝ事務が旨く行はれる爲めには、一面に於てこの秩序を立てる仕事が適當に行はれてゐることを必要とするのであつて、法學的素養の持主が行政官吏として役立つのも蓋し此點に存するのである。此故に、今日官吏制度の改革を企てるに當つても、良き法學的素養をもつ若者を採用する必要は毫も減退してゐるのではない。否行政事務が本來の監督的消極的なものから漸次統制的積極的なものに變化成長して其内容が複雑化するにつれて、優れた法學的素養の持主の必要は反つて増大しつゝあるのである。

然るに今や政府當局者は、官吏制度並に其運用の根底に横はつてゐる官僚的宿弊それ自身を除去することを忘れて、採用制度の變革に依つて法科出身者の進出を多少とも阻止すれば、所謂法科萬能の弊を矯正し得べしと考へてゐるらしいが、吾々から見ると此位間違つた考はないと思ふのである。

高等試験委員諸君へ

高等試験がもう間近に行はれやうとしてゐる。改めて言ふまでもないことであるが、行政科司法科それ〲試験の目的に副ふやうな出題をして欲しいこと、或試験委員の講義を聴くか著書を讀んだものでなければ良い答案を書き得ないやうな問題を出さないやうにして欲しいこと等、出題については呉々も注意をして頂きたい。故意に不公正不適當な出題をするやうなことは常識上想像し得ないけれども、從來不注意の爲めと思はれる不公正な出題に對して受驗者の口から不平を聴くことが屢々ある。又行政科には行政科らしく、司法科には司法科らしくそれぞれ其方面に向く人材を選び出すに適するやうな出題が爲されねばならないにも拘らず、實際には其點の考慮が足りないのではあるまいかと思はれる出題に接する例が稀れでない。

尙現在では受驗者の數が多い爲め、便宜答案を試驗委員の數だけに分けて、各委員は其割り當てられたものだけに評點することになつてゐるとのことであるが、私は評點方法の妥當さに對して大なる疑ひを抱いてゐる。受驗者數が多過ぎると言ふことだけでは現狀をこのまゝに保持する合理的な理由とはならないと思ふ。

委員の數だけ出題して、各問題毎に答案のすべてを同一の委員が評點するやうに改められないものであらうか。局外の吾々から見ると、かゝる改正の實現は極めて容易であるやうに思はれるのであるが。

若しそれが出來得ないとすれば、極力出題に注意してどの委員が評點しても大體同じやうな評點が與へられ得る問題を出すやうにしなければならないが、それでは出題の範圍が狹くなつて實際上困ると思ふ。

いづれにせよ現在の評點方法は今年からでも直に改められねばならない程甚しく不合理なものだと吾々は考へる。

法律時觀

一九三八年七月号（一〇巻七号／通巻一〇三号）

議會制度審議會

政府は新に議會制度審議會を設けて貴衆兩院の組織其他議會制度全般に時代の要求に應ずる改革を加へやうとし

てゐる。其企てや大によし、世の中には今日既に此審議會の業績の成否に付き疑を抱くもの少からざるも、健全なる輿論は尙大に業績の見るべきものあらんことを希望してゐるのである。

さりながら、此審議會に與へられた仕事は、理智に依つて解決せらるべく餘りにも政治的である。政府にして若し眞に相當徹底した改革を實現せんとする希望と決心とを有するならば、よろしく自ら改革案を提出し、健全なる輿論を背景として斷乎直接の利害關係者たる貴衆兩院出身の委員と戰ふだけの用意を爲し且其意氣を示すべきである。さもない限り結局議論に議論を重ねて終に何等の結論に到達し得ないか若しくは高々大山鳴動鼠一匹の結果に陷るの外ないであらう。近衞首相の英斷を希望して已まざるもの恐らくは吾人一人のみではあるまい。

民法第四十年

本年七月十六日を以て吾々は民法實施第四十回の記念日を迎へる譯であるが、此四十年の間に民法典は抵當及び賃貸借の二箇所に於て相當重大な修正乃至追補が加へられた以外、殆ど何等重要な變改を加へらるゝことなしに今日に及んでゐる。親族編及び相續編に付いては夙に「淳風美俗」の要望に添はんとする趣旨に於て大規模な改正が企てられたが其事業は今日尙未だ成果を見るに至つてゐない。要するに、抵當及び賃貸借の部分を除けば四十年の永きに亙つて民法典は今尙原形のまゝ存續してゐるのである。

此事は、何よりも先づ法典起草の重任に當られた先輩諸先生の苦心の賜物である。諸先生の異常なる努力に依つて完備した法典が作られたからこそ、今尙其權威が失はれずにゐるのである。吾人等しく諸先生の功業を偲んで深く感謝する所がなければならない。

しかし、かくの如く民法が長い間原形を保持してゐる間に、商法典が既に過去二回に亙つて大修正を加へられたことを考へ合はせて見ると、其所に民法それ自身に固有なる保守的性格の現はれ顯著なるものあるを看逃がし得ないのである。商法は實際の商取引に對して直接形成的作用を爲す組織法的の法律であるから、取引社會の變遷は必然直に之に照應すべき商法の改正を要求する。之に反して民法は物權法親族法等を除くの外主として裁判規範的法規から成り立つてゐる、民法の規定が直に實際生活關係に向つて形成的に働くのではない、從つて法と社會との間に乖離が生じても商法に於ける程直に生活上の支障を生ぜしめない。是れ民法が商法に比べて比較的保守的であり我民法典が又四十年もの永い間多く修正を加へらるゝことなしに存在を續けてゐる所以である。而して此一般的には保守的な民法の中で特に抵當法のみが他と比較にならない程著大な改正を加へられたのも、一面此點に關する社會の需要が急激に變化したことに原因してゐるが、同時に此部分の法規が組織法的であつて法の改正なしには必要な社會關係を形成することそれ自身が不可能だからである。

次に民法典の生命保持に貢獻した最大の功績者として吾々は判例及び學說の創造的作用を擧げざるを得ない。若しも此創造的作用なかりせば、四十年前に制定された民法が今日尙多くの支障なしに行はれてゐる筈はない。法文が形式的には原形を維持してゐる間に判例及び學說に依つて不斷に實質的な修正補充が行はれてゐる。さればこそ法と社會との間に甚しい乖離を生ずることなしに今日に及んでゐるのである。

判例學說の步んだ過去の道程を顧みて重要な出來事を拾つて見ると、先づ第一に吾々は、明治三十七八年の頃からドイツ法學の影響が洪水のやうな勢で我國の法學界に侵入し來たつてドイツ法學派の理論的傾向を根強く我法學界に植付けたと言ふ事實を看逃がし得ない。若しも此事實なかりせば我國の法及び法學に現在と餘程異なつた相貌を呈してゐるに違ひない。ともかくドイツ法學は善かれ惡しかれ我國民法の運用上に巨大なる足跡を殘してゐるのである。

此ドイツ法學の影響は今尙力強く吾々の間を支配してゐるが、之と雁行して世界大戰の末期頃から我國獨自の民法學を作り上げやうとする新しい傾向が擡頭した。此新傾向は一にはドイツ法學的傾向に對する不滿と反動とを意味するものであるが、同時に十數年の永きに亙りドイツ法學派の考方で耕され培はれた我民法學が一先づ第一段の完成を遂げて、新に自ら我國獨自のものを生み出すべき素地が築き上げられたことを意味するものに外ならないのである。而して此傾向は、或は自由法學的な法律理論となつて現はれ、或は判例研究となつて現はれ、又或は新しい意味に於ける法史學的乃至比較法學的傾向となつて現はれたが、要するに嘗て專ら法そのものに注意を集中し法そのもの、中に沒頭してゐた法學者が、新に注意を轉じて社會を見、生活に聞くに至り、かくして實際生活の事實そのものを直觀しつゝ、自己の頭で之に對する法的規律の方法を考へるに至つたことを意味するものに外ならないのである。

かくして實際の生活事實に對して自力的に獨自の法的規律を加へんとする努力の初まつた所に實を言ふと初めて我國獨自の民法學が生まれた譯である。此新しい傾向が健かに成長する爲めには、一には在來の概念法學的傾向と戰ふ爲めの理論が必要であつた。而して自由法論的法律理論こそ實にそれに外ならなかつたのである。此理論に依つて外側を守られながら、其中で實生活の需要に卽しつゝ我國の民法學が獨自の成長を遂げることが出來たのである。二には又法と生活との接觸面に注意を向けて法の實際に働く有樣を事實に付いて觀察研究する仕事が學者に要求されるやうになつた。それが爲め學者が新に初めた仕事の最も主なものは判例研究である。かくして我國の民法學は從來概說的原理に過ぎなかつたものに事實の複雜性を反映せしめて之に變化と動きとを與へ、或は生活の需要に照して理論を修正し、或は判例と力を協はせて法的安全の確立に努力するが如き新な步みを初めるに至つた。尙かくして吾々が自らの眼を以て社會の現實に當面し、自らの力を以て之に法的規律を與へんと企てたとき、吾々の直に見出したものは、吾々がドイツ民法學から繼受したゞけの法律技術では到底滿足な結果に到達し得ないことであつた。法竝に法學の歷史を顧み、又各國の法制及び法學を比較的に研究して見ると、各時代各國々にはそれ〴〵其社會の現實に卽した法があり法の理論があり法の技術があることを見出す。今まで主としてドイツ法學を繼受して技術の貧困になやんでゐた學者は、玆に今までとは比較にならない程廣い源泉から技術的思想を汲みとつて新に自ら我國の生活を規律するに適する法律技術を編み出すことを企てるやうになつたのである。以前には我民法典の解釋に直接役立つと言ふだけの理由からドイツ民法學を學んだ吾々は、今や眼界を擴げて各時代各國の法及び法學を其時代其國の社會との關係に於て觀察し、其所に法學者が驅使してゐる法律技術を廣く深く研究するに至つたのである。しかし理想的に言へば此點に於ける學者の努力は今尙不十分である。我國獨自のものを立派に育て上げ築き上げる爲めには、更に一層の努力に依つて技術の貧困を克服せねばならない。其意味に於て吾々は今後法史學竝に比較法學の研究が層一層隆盛に赴くべきことを希望してやまないのである。

過去四十年の間に於ける民法の實質的成長の爲めに判例の爲した貢獻の偉大なるものあることについては今更特筆を要しないであらう。判例の法源性は今や現實の事實として何人も之を否定し得ず、判例を知らずして現行民法の何たるかを知ることは今や殆ど不可能となつた。但し法曹の判例に對する態度が今尙一般に判例の中に現はれてゐる理論に重きを置き、事實と法との接觸面に於て法が複雜且微妙に躍動してゐる有樣を學的に捕捉する努力が甚だ缺けてゐるのは甚だ遺憾であつて、これが爲め幾多の價値多き判例あり且學者の之に對する綿密な研究があるにも拘らず、判例と學說との協力に依る法的安全の確立が比較的後れてゐるといふ事實を看逃がし得ないのである。

かくの如くにして民法は實施以來四十年の歲月を經て今尙立派に生活を續けてゐる。現在企てられつゝある親族編相續編の改正を除けば、其外必ずしも大規模の修補を要せずして今後に尙永く其生命を持續するであらう。しかしながら理想を言へば、個々の部分にして修補を要すべきもの、少からざるは多く人々の認むる所である。司法當局者が今後不斷の努力を以て此修補に萬遺漏なきを期し判例學說と協力して世界に誇るに足るべき完備した民法と其運用とを實現してゆくやう盡力されんことを希望してやまない。

辯護士協會の合同を望む

現在では全國的の辯護士會が二の協會に分れてゐる。最近辯護士の一部の間に其合同を主張するものがあるとのことであるが、吾人も亦双手を擧げて之に贊同したい。司法權の威信を確立することは現在我國に於て最も重要なる事業の一である。それが爲めには、官民一途心を協はせて努力する所がなければならぬ。特に在野法曹の智と力とが全國的に合一されて此事業に向けられることは何よりも大事である。過去に於ける一切の行き掛かりを捨て、全國辯護士の單一協會化されることを心より希望する。

法律時觀

一九三八年八月号（一〇巻八号／通巻一〇四号）

統制と遵法精神

事變第二年に入つて戰時體制日に〳〵强化の度を加ふ。正に是れ國家總動員の秋、物心兩方面の總力を集中して時局の有利なる解決に邁進せねばならない。

統制の網は日に〳〵緊密の度を加へて各種の物質に及び、頓ては勞働力にまで及ばうとしてゐる。官民一致大に努力して統制の效果を有意義ならしめねばならない。

統制は法に依つて行はれる。法に制裁ありと雖も、制裁は寧ろ末である。何よりも先づ國民一般をして統制の意義と必要とを理解せしめ、國民の側から進んで協力するの氣分を養はねばならない。

それには宣傳に依つて國民を敎へることが最も必要であるが、其宣傳を有效に行ふ爲めにも廣く適材を天下に求める必要がある。現在政府は講演・ラジオ・印刷物等に依つてしきりに宣傳を行つて居り、其效果亦相當見るべきものがあるやうに考へられるけれども、吾人を以てすれば人選の範圍尙未だ狹きに失し、方法亦適正ならざるが爲め國民全體を心から納得させるだけの迫力が缺けてゐる。國民の感情に訴へて其意氣の發揚を求めることも必要で

あるが、同時に理智に訴へて理解よりする自發的協力を求めることが必要である。此點に於て尙工風を要すべきものが多々あるのではあるまいか。宣傳と同時に必要なことは、官民相互の信頼關係を一層緊密にすることである。必ずしも戰時に限らず、凡そ政治が圓滑に行はれる爲めに最も必要なことは、治者と被治者との間に同情・理解・信頼・尊敬・服從等の諸德を內容とする人的關係が成り立つことである。在來の法治國思想は法の力を說きつゝ寧ろ法の基礎たるべき人的要素を輕視する弊がある。治者被治者を信ぜず專ら威力を以て之に臨み、被治者亦治者を信ぜず唯威力を恐れるやうなことでは到底眞の政治が行はれる筈がない。此故に今日政府の最も意を用ふべきは此信頼關係を實質的に强化することである。吾々は今日各種統制の局に當つてゐる高級下級の官吏一統が愛國の赤誠に燃えて日夜努力してゐることに對して滿腔の敬意を表するものであるが、國民の心よりする信頼を得んとする點に於て尙大に缺くる所なきやを心より憂ふるものである。極めて末梢的なことのやうであるが、直接窓口で人民に接する官吏の心構態度の如きでも實際には非常に大切であつて、例へば人民が統制の爲めに被るべき不便迷惑を十分に理解して之に同情を持ちつゝ而かも國家的必要の爲め涙を飲んで統制を行はねばならないと言ふ親切な氣持は一瞬と雖も此等官吏の忘れてはならない所である。

統制は必然すべての國民に犧牲を要求する。國民は勿論之を忍ばねばならない。しかし政府としては極力計畫の最善を計つて無用の犧牲をなからしむべきは勿論、出來得る限り犧牲の公平を計らねばならない。此意味に於て此際最も必要なことは跛行景氣的傾向を極力抑制すると同時に已むなき犧牲者の爲めに社會政策的考慮よりする救濟の施設を行ふことである。非常の際素より萬全を期することは出來ないけれども、出來るだけのことは極力爲されねばならない。さもないと國民のすべてをして心から納得して統制に服せしめることは出來ない。

特に司法官の養成に意を用ふべし

司法制度調査委員會に先づ第一に提出された諮問が司法官養成のことに關してゐるのは大によろしい。蓋し局に其人を得ざれば、百の制度改革も終に何等の成果をも擧げ得ないからである。

司法官改善の爲め先づ第一に注意せらるべきは現在大學に於て行はれつゝある法學教育である。現在大學の法學教育に於ては主として法律家の養成を目的とする法律學科に於てさへ必ずしも司法官辯護士の如き法律專門家を養成することを主たる目標として教育を行つてゐない。特に司法官に必要な智識教養を與へることを目的とした特別の教育は全く行はれてゐない。從つて、司法官改善の爲めに大學の協力を求めんと欲するならば、先づ大學に於ける法學教育に相當の改革を加へて貰ふ必要がある。當局者が大學の協力を考慮の外に置いて事を考へることなきやう希望してやまない。

第二に考ふべきは、現在の司法科試驗制度が果して優秀な司法官向きの青年を選拔するに適してゐるかどうかである。司法科試驗に於ては行政科と違つて現在よりもつと嚴重に法律的學科を試驗すべきである。そうすれば、特に法學的能力の秀れたものを選拔することも出來るし、又自ら司法官向きの青年を引きつけることも出來る。

次にこれは一見些細なことのやうであるが、現在司法省の採用決定が他の諸官廳に比して著しく後れる慣例になつてゐることが、實際上如何に學生の司法官を志望する決意を鈍らせる作用を爲しつゝあるかを考へる必要がある。現在では實業方面の就職決定は大體卒業の前年中に終つて仕舞ふ。行政諸官廳の採用も四月早々には決定する。然るに司法省のみは五六月までも採否を決定しないのであるから、學生に非常な不安を與へる。五六月頃になつて不採用と決つても、今更他に職を求めることは殆ど不可能であるのが現在の實情であるから、就職上安全を期する學生は司法科試驗に合格したものでさへも他に早く就職口が見付かれば其方に行つて仕舞ふのである。當局に於ては或はかくの如き不安を感ずるものは結局優秀者ではないから、それを失ふことは實質上大した損失ではないと言ふやうに考へてゐるかも知れないけれども、かかる實情が現に初めから優秀學生の司法官志望を阻止する傾向あることを忘れてはならない。優秀者と言つても自分の身になつて見れば決して必ず採用されると言ふ確信をもち得ないのは當然であるから、多少でも不安の殘る方面は自然忌避することゝなるのである。此間の微妙な理合を當局者はもつと深刻に考へる必要がある。

終に司法省自らが行つてゐる司法官養成方法にも再考の餘地が大にあると思ふ。僅か三箇年の大學教育を受けた青年に現在程度の實地指導を施して直に之を判檢事に採用してゐることそれ自身が既に大に問題になるのではあるまいか。吾吾の考では現在のやうに短期間試補として下級裁判所乃至檢事局の仕事を實習せしめるのみならず、上は大審院から下は登記の事務に至るまであらゆる司法關係事務を相當長期實習せしめた上、初めて各人の才能に應じて之を向き〱の方面に配屬せしむべきだと思ふ。

尚司法當局の間には再教育のことを考へてゐる向もあるとのことであるが、司法官にとつて大切なものは技術的智識よりも寧ろ廣い意味に於ての法曹的教養であるから、一時的の講習等に依つて司法官の資質を改善することは困難であらう。それよりも大事なことは恐らく現行裁判所構成法の規定する身分保障制度に或程度の改正を加へて、此方面から常時刺戟を加へることであらう。現在のやうに「其ノ意ニ反シテ轉官轉所」をさへ爲し得ないやうなことでは、到底司法官各自に常時自發的に研鑽することを望むのは無理であらう。

法律時觀

一九三八年九月号（一〇巻九号／通巻一〇五号）

朝令暮改亦可なり

朝令暮改を忌むは政治の常道、其局に當るもの須臾も之を忘るべからず。さりながら非常の際には又機に臨み變に應ずるの策なかるべからず。之を令するに當り極力愼重の用意がなければならぬのは勿論であるが、臨機必要を認む、直に改むるに勇なるを要する。

事變關係の諸法令、之を立案するに付き計畫愼重を要すべきは勿論であるが、一度改變の要を認むるに於て一瞬の躊躇も之を許すべきではない。官僚はとかく批評と責任とを恐れて此際に躊躇し易い。しかし事は初めから緊急の處置に過ぎない。令する所時宜に適せずと認むるに於ては直に之を改むべし、又若し事情急變して新に之に卽應すべき改變の要あらば直に必要の處置をとるべきが當然であつて、批評と責任とを恐れて機宜の處置を誤るが如き官僚として其職に忠ならざる蓋しこれよりも甚しきはないであらう。玆に改めて朝令暮改も亦可なる所以を力說する次第である。

統制と自治的制裁

統制が强化するにつれて、民衆をして統制の必要を理解せしめる必要が愈々增大する。之を理解せしめて心よりする協力を求めてこそ初めて水も漏らさぬ固い統制を行ふことが出來る。

統制を强化するが爲め制裁を規定するは可なり。上より警察的方法に依つて監督することも亦勿論必要である。しかしながら、統制の完璧を期するが爲めには是非共同時に民衆の心よりする自發的協力が必要であり、其自發を促す爲めには彼等をして事態を十分に理解せしめることが何よりも必要であるが、同時に其協力を確保する爲めには民衆の內部に自治的制裁の關係を作ることが必要である。官僚にはとかく民衆を信用しない弊習があるけれども、此際の如き其宿弊を改むる絶好の機會であらう。

よろしく民衆をして直接統制の事務に干與せしむべし。そうして彼等の自治的制裁に依つて協力關係を確實にすべきである。經濟統制と中小商工業との關係とを圓滑ならしむるが如き恐らくは此種の用意あるに依つてのみ其目的を達し得るであらう。

司法制度改革と辯護士制度の根本的革新

昭和八年の新辯護士法は舊法と同じく辯護士を自由職業とする立前をとつてゐる。所が其後に於ける我國司法制度全體の動きを見てゐると、辯護士それ自身が全體として最早自由職業として放置するに適せざるものとなりつゝあり、又辯護士が自由職業になつてゐることが現に要求せられつゝある司法制度の改革を幾多重要なる點に於て妨げつゝあるやうに思はれてならないのである。先づ第一に注目すべきは一面に於て仕事なきに苦しむ辯護士は其後益々増加しつゝあるにも拘らず、他面に於て安んじて相談し得べき辯護士を得るに苦しむ民衆の數は愈々多くなりつゝあると言ふ一見甚だ理解に苦む現象の存在することである。新辯護士法に於ては辯護士の無制限なる増加を抑制するに付き相當の注意を拂つてゐる。又非辯護士の法律事務に干與することを禁ずる爲めに、同法と同時に「法律事務取扱ノ取締ニ關スル法律」が制定された。それにも拘らず世上多數の辯護士は依然として仕事の少いのに苦んでゐる。それが爲め其後辯護士は一面に於て多少とも彼等から仕事の機會を奪つてゐる――例へば調停の如き――制度を非難して極力其改廢を主張し、他面に於ては又彼等の爲し得べき仕事の範圍を少しでも擴大しやうと色々制度の改革を畫策してゐるが、それ等の主張畫策が目的を達する爲めにはそれが十分の社會的根據の上に立つことが必要であつて、さもない限り强ひて職業を守らうとあせればあせる程社會的需要と乖離して實際上反つて仕事の機會が減少するばかりであらう。

現に多數の民衆は實體的に主張し得べき權利を有するに拘らず、實際上之を主張すべき手段を奪はれてゐる。辯護士に依賴して訴訟を爲し得ないのは勿論、辯護士に相談することさへ容易に出來得ないのが實情である。さればこそ上記三百退治の法律嚴として存在するに拘らず三百は依然として大に活躍してゐるのであり、辯護士が如何に現行調停制度の不都合を叫ばうとも民衆の調停利用は少しも減退しないのである。そうして識者が或は無料法律相談乃至辯護制度の必要を叫び、又或は少額裁判所・夜間裁判所等の設置其他民事訴訟の簡易化を主張してゐるのも畢竟此民衆の需要を察知すればこそである。

辯護士が從來通り自由職業である限り、そうして彼等が從來通の自由職業的思想を本にして只管其地位の保全を計らんとする限り、此等民衆の需要に聽從することは直に辯護士から仕事の機會を奪ふこと丶なる。それが爲め辯護士は其從來の地位を保持せんが爲めに色々とあせつてゐる譯であるが、大局的に事を考へるとかくしてあせればあせる程實際上の結果に寧ろ所期に反すること丶なり易いのであるから、吾々としては寧ろ辯護士制度それ自身に根本的革新を加へて辯護士を公的機關化し、同時に司法制度を徹底的に改革して辯護士が公的機關として其間に活動し得べき恒常的機會を作り、之に依つて一面民衆の需要に應へると同時に他面辯護士にも全體として正規の仕事があるやうにするのが、此際最も時宜に適した處置であるやうに思はれてならないのである。

刑事に關しても、民衆の平均的利益から言へば、例へば輕易な事件の爲めには一層簡易迅速な手續の設けられることが望ましい。又上告審に於ける事實審理の如きも寧ろ廢止せらるべきものであらう。辯護士は恐らく其職業的立場から——而かも表面上は人權擁護を名として——此等の改革に反對するものと想像されるが、民衆全體の利益を考へると此等の改革による司法の能率化から實質的に得られる利益の方が、人權擁護の美名に依つて飾られた現行制度から形式的に與へられてゐる利益より遙かに大きいやうに吾々は考へるのである。

司法當局は現在開かれてゐる司法制度調査委員會を通して果してどれだけの革新を實現せんと期してゐるのであるか、素より吾々の豫測し得る限りでないが、此會が亦——其他多數の調査會の如く——最近に於ける議會の言論に現はれた司法に對する非難に對して一應のカムフラージユ的働きを爲すに過ぎないものに終はらざらんことを希望してやまない。

辯護士にしても現在議會に多數の議員を擁してゐることを利用して唯徒らに現狀維持を計り若くは私的動機から職業的利益を保全することにのみ沒頭するに於ては、嘗て沒落期に於けるギルドが同業組合的團結に依つて其職業的利益を保持せんとした行動が民衆に依つて「公共に對する陰謀」Conspiracy against the public なりとして非難されたと同じやうに、辯護士は全體として益々民衆を離れて沒落の道を急ぐこと丶なるであらう。吾々は今回の調査會を機會に辯護士の側から寧ろ積極的に司法制度を根本的に改革して、社會の需要に應へると同時に辯護士の地位をも亦公的機關化せんとするが如き革新的提案の爲されることを心より切望するものである。

法律時觀

一九三八年一〇月号（一〇巻一〇号／通巻一〇六号）

支那に於ける法的慣行調査の必要

我國が今後如何なる形で支那の政治に關係してゆくかは今から適確に之を豫測し難いが、其形の如何に拘らず政治を通して我國と支那民衆との間に種々の關係交渉を生ずべきこと勿論であつて、其關係は部分的には今日既に初まつてゐると言ふことが出來る。而してそれ等の關係を圓滑ならしめる爲めに今日から用意されねばならない事柄は多々あるであらうが、吾々法律家の目から見て是非共必要なりと考へられることは一日も速に支那民衆の間に行はれつ丶ある法的慣行を精細に調査することである。假りに今後我國と支那民衆との間に形成せらる丶政治的關係が間接的なものに過ぎないとしても、苟も政治を通して新しい民衆に接せんとする限り、其民衆の間に行はる丶法的慣行を調査し知悉することは絕對的に必要であつて、此用意なしに輕卒に事に臨まんか無用の摩擦頻繁し政治上不測の支障を生ずべきこと歷史の明かに敎ふる所である。

すべての社會には其社會の生活諸關係に具體的な規律を與へてゐる獨自の法的慣行が存在する。現在の我國のやうに政治の發達した國々に於ては政治的意義に於ける法とかくの如き社會的法としての慣行との間に著しき乖離存在せず、從つて政治的意義に於ける法が直に行爲規範として民衆の間に現實的規律を形成してゐるやうに見え、從つて法的慣行の獨自的存在竝に價値が人々の注意の外に置かれ易いけれども、此場合に於てさへ法律社會學的眼光を以て現實の社會關係を仔細に觀察して見ると、政治的意義に於ける法と社會との關係は寧ろ著しく觀念的であつて、現實の社會的規律は別に其社會獨自の法的慣行に依つて與へられてゐる事例を隨所に見出すのであつて、其法的慣行こそエーリッヒが法律社會學の研究對象なりとする「生きた法」に外ならないのである。

かくの如き法的慣行が政治的意義に於ける法と離れて獨自的に存在し、そうして當該社會に具體的規律を與へるものとして重要な價値をもつと言ふ現象も、政治の發達してゐない國々、政治力が十分民衆の間に透徹してゐない國々に於ては特に顯著に之を見出すことが出來る。かかる國々に於ては政府の法令あり之を執行する各種の機關ありと言へども、それ等の機關を通して法令が行はれること丶は別に、民衆の間には別に獨自の法的慣行が存在して社會的規律を作つてゐる。蓋し政府の法令は權力の故を以て表面的には行はれるけれども、民衆の生活關係に直接規律を與へる所まで其具體的の力を推し及ぼし得ないのである。又か丶る國々の政府は屢々政治に必要な限度に於てだけ法令を以て民衆と接觸し、濫りに民衆內部の生活にまで立ち入らない方が政治上賢明であると言ふ風に考へて、寧ろ意識的にか丶る法的慣行の社會的作用を認め、反つて之を政治的に利用することさへ行ふのである。

其結果、か丶る國々に於ては民衆は身分關係財產關係取引關係等について獨自の自治的規律乃至制度をもつのみならず、自ら社會的秩序を維持する爲めに獨自の自治制度を有し、自治的警察・制裁等の制度を有し、自治的稅制さへもつて、政府の政治の下に立ちつ丶自ら獨自の法的規律の下に社會を形成してゐるのが通例である。

かくの如き法的規律は當該社會の「生きた法」である。それは單なる風俗習慣ではなくして法であり、又屢々舊慣なる名稱を與へらる丶に拘らず、過去の死したる法にあらずして現に生きて居る法であり、將來に向つて生命を續ける「生きた法」である。從來法學者はや丶ともすると、政治的意義に於ける法のみを法なりと考へ、法的慣行の如きは單なる風俗習慣に過ぎずとなし、其結果例へば新に立法を爲さんとするに當り、其參考資料として在來の慣行を調査するやうなことは之を行つても、一度立法が出來て仕舞へば在來の慣行は直に過去のものとなつて仕舞ふやうに考へ易いのであるが、法律社會學的に社會の現實を觀察すると、かくの如き觀念的な物の見方位現實に合はないものはないのである。

例へば、滿洲國創立此方同國政府は各種法典の整備に努力してゐるけれども、かくして制定される法典は畢竟政治の道具に過ぎない。無論それは政府の裁判の規準として役立つのみならず、實際社會に法的安全を與へる爲めにも或程度までは間接的に役立つであらう。殊に對外關係に於て法治國の體を爲すが爲め急速に法典編纂の要ありしことは吾人も亦素より之を認めるけれども、法典新に制定せられたるの故を以て民衆の間に於ける現實の社會關係が直に法典の規定する通りに變化し、獨り在來の法的慣行が消滅するのみならず、將來に向つても新な慣行が發生してゆくことはあり得ないと言ふが如き考は全く成り立たないのである。此故今後滿洲國の政治に從事する者の最も心すべきは、常に此種の法的慣行を知ることに力め、濫りに之を蔑視することなく、寧ろ之を政治的に善用することでなければならない。無論眞に必要あらば進んで指導的態度をとるべきこと素より當然であるが、無智若くは輕卒にして濫りに法的慣行を蹂躪するが如きは嚴に戒めねばならない。

中華民國には既に前々から法典があり、裁判所の設備亦一應整つて居るけれども、法典の規定する所が民衆の間に滲透してゐる程度は今尙我國などゝは全く比較にならない程低いのであつて、現實社會の規律としては法的慣行が遙かに強い力を以て民衆の間に行はれてゐるのである。此故に、今後我國が政治的に支那民衆と接觸してゆく爲めには何より先づ彼等民衆の間に行はるゝ法的慣行を知らねばならない。そして之を尊重し之を利用しつゝ彼等との關係を調節してゆくことこそ最も重要な用意であると言はねばならない。此用意をかくと折角親切に考へたことも民衆からは反つて無用の干渉と考へられ、やがては「法匪」の汚名をさへ着せられるやうなことになり易いのである。

明治此方我國の行つた慣行調査には、民商法制定の準備として內地全國に亙つて行つた舊慣調査、臺灣領有後行つた慣行調査、朝鮮併合後同地に於て行つた調査、滿鐵が臺灣の例に倣つて行つた調査等幾多の例があり、中でも臺灣のそれは極めて立派な成果を生んでゐるが、調査成績の良否は一に調査機關の人的構成如何と調査方法の適否如何とにかゝつてゐるのである。何よりも先づ法的慣行が政治的意義に於ける法とは別に現實の社會的規律として存在することを認識し得べき法學者特に法律社會學の素養ある法學者を動員せねばならない。之に加ふるに社會學者、經濟學者、史學者、地理學者等を以てし、以て調査機關の陣容を整備せねばならない。そうして先づ調査方法を確立した上速急且大規模に調査の實務を行はねばならない。

吾人は學術振興會の如き、又最近特に設立された東亜研究所の如き機關が、一日も速に此種事業の重要性を認識して此種調査機關の組織に著手せんことを希望してやまない。物的資源素より大に之を調査すべし。さりながら同時にそれにも劣らず重要なことは人を知ることであらう。凡そ人を知らずして政治を行はんとする位無謀なことはあり得ないのである。

假りに百歩を譲つて、此種の調査が政治的には何等の價値をもたないと假定しても、從來大に調査すべくして十分調査され得なかつた支那民衆の間に行はるゝ法的慣行を此際大規模に調査することは學術的に大に意義あることであつて、新しき意義に於ける「支那學」の端緒をさへこゝに見出し得るのではないかと吾々は考へてゐる。吾々は政府の文化工作が卑近なもの若くは回顧的なもののみに限定せらるゝことなく、大に此種の生きた仕事に向けられることを希望してやまないものである。

法律時観

一九三八年一一月号（一〇巻一一号／通巻一〇七号）

高等試験制度の根本的改革を望む

一

政府は現在高等試験制度の改革を企圖しつゝあるとのことであるが、事は獨り行政刷新に關係するのみならず、教育殊に大學教育に影響する所が多いから、此方面のことをも十分考慮に入れて案を立てゝ欲しい。

今日傳へられてゐる改革案中、先づ第一に行政科と外交科との區別を撤廢する案は吾人の宿論に合致するもの、双手を擧げて之に賛同したい。日夕學生に接してゐる吾々の所見を以てすれば、かくしてこそ初めて外務省が有爲の青年を廣く天下に求めることが出來るのである。

第二に、司法科の試驗方法改正の一部として民事訴訟法と刑事訴訟法とを必須科目として併課する案に對しても、吾人は滿腔の賛意を表したい。元來司法科試驗は專ら法學智識の優れたものを選抜することを目的とするものであるから、行政科試驗とは全く別な方針の下に行はるべきものである。然るに、現在では兩者の間に根本的の差異なく、一面行政科に於ては必要以上に法科的科目を强要し、他面司法科に於ては必要なる法科的科目をも十分に試驗してゐないのである。世上法科萬能の非難に恐れ其要望の精神を十分咀嚼せずして、行政科司法科の別なく法科的科目の削減及び文科的科目の添加なる中途半端の改革をやつた所に、現行制度の不都合が存在するのである。

今回の改革案に於て民事訴訟法と刑事訴訟法とを併課せんとするのは大によろしい。更に進んで如何にせば法學的素養の優れたものを最もよく選抜し得べきかを考へて徹底的な改革を斷行して欲しい。

二

現行の行政科試驗には徹底的な改革を加へる必要がある。しかし、此試驗は本來技術官以外の一般行政官に適する人物を選拔することを目的とするものであるから、大體大學の法學部乃至經濟學部出身者を對象として試驗方法を考へればいいのであつて、工學部醫學部等は勿論文學部の出身者などまでが、法學部乃至經濟學部の出身者と同樣全く何等のハンデイキヤツプなしに受驗し得るやうな試驗方法を考へる必要は全くない。技術的學科の卒業生はよろしく技術官として別途に之を採用する途を開くべし。其上で若しも彼等の中に一般行政官としての適任者が見出されるならば、彼等を自由に其方面に任用し得るやう官吏制度を改革すればいゝのであつて、彼等までをも行政科試驗の對象として考へることが抑も甚しい間違の元である。

次に行政科試驗は行政官吏に必要なる最小限度の能力智識を試驗することを目的とするものであるから、其試驗科目は極力之を少くすることが望ましい。若しも各省が實際採用する者についてそれ以上の智識を要求せんとするならば、各省それぐ〵が其必要に應じて詮衡上特に其試驗を行へばいゝのであつて、行政科試驗としては極めて一般的な能力智識を試驗すれば足りる譯である。

從つて試驗せらるべき智識の內容乃至程度にしても、司法科試驗に於けるとは異なつて最小限度のものでありさへすればよろしい。同じく法律的科目を試驗するにしても、司法科試驗に於けるとは全く違つた考で試驗を行ふべきである。例へば同じく民法を試驗するにしても、法律的に物事を考へる能力ありや否やを試驗する程度に止むべきであつて、司法科試驗に於けるが如き高等の技術的智識を求める必要はない。

然らば、かゝる考の下に、如何なる科目を如何なる程度に試驗するのが行政科試驗として最も適當であらうか。

此點については勿論人に依つて色々意見があると思ふが、先づ第一に吾々は選擇科目の制度を全廢して、必要なる最少限度の科目を必須科目とすることを提唱したい。第二に其科目としては、法律的科目として憲法及び民法の二科目、其他は歴史地理及び經濟の二科目を加ふるを以て足ると考へる。憲法を試驗するのは、之に依つて國家組織の大本に關する智識を試驗せんとするのである。民法を試驗するのは法律的に物事を考へる能力を試驗せんとするのである。民法に依つて此種の能力を試驗すれば、行政法の如き特に之を試驗する必要はない。行政官になるのだから行政法を知らねばならぬなど考へるのは甚しい素人考である。次に歴史地理及び經濟を試驗科目に加へるのは、文化經濟に關する素養常識を試驗せんとするのであつて、如何に法律的智識が優れてゐても此種の常識をもたない者は行政官吏たるに適しないと言ふのが此等を試驗科目に加へんとする吾々の理由である。

三

無論國家試驗と大學教育とを無關係に考へる譯にはゆかない。行政科試驗をかくの如きものに變へる以上、大學の中にも特に行政官に適する人材を養成するに適する學科を設けることが望ましい。吾吾の考では現在の法學部と經濟學部とを合體した上之に文學部の社會學科を加へ、一方に法律專門家の養成を目的とする法律學科を置き、他方に經濟の高等技術者の養成を目的とする產業學科を置き、其中間に行政官吏の養成を目的とする政治學科を置き、こゝで獨り法律的科目に限らず廣く現代の事情に卽して凡そ行政官吏として必要なる智識と素養とを與へるやうにすれば、上記の試驗方法と對應して最も有能なる行政官候補者を養成し得ると思ふ。

大學は眞理の探求を目的とする所であつて職業教育を目的とするものではないと言ふやうな空論を破却せざる限り、少くとも政治的學科に關する限り眞に徹底した教育は行はれ難い。從つてそれとの關聯に於て行政科試驗の制度を合理化することも考へ得ない。行政科試驗制度の改革を考慮しつゝある政府當局者が同時に大學制度の改革に向つて意を注がれるやう希望してやまない。

行政裁判所の人的構成を改める必要はないのか

最近公刊された美濃部博士の公法判例評釋の序文中に、行政裁判所の判決には「徒に形式的な論理に拘泥し、實際上甚しく不穩當であることが一見明瞭なやうな類のものが、往々にして見出されるのは頗る遺憾に思はれる。裁判判決に於いて、最も尊重せらるべき基本的な要件とも謂ふべきものは、健全な法律的常識から見て、當該具體的事件に付いて何が正しい法であるかを判斷することにならねばならぬ。これを判斷する上に於いて、正確な論理は勿論其の重要な手段たるべきものであるが、併しそれよりも一層重要なものは其の前提となるべきもので、若し前提に誤が有れば、論理だけは如何に正確であつても、其の結論は必然に誤つたものとならねばならぬ。而して正しい前提を求むる爲めには、法令の定めあるものに付いては、第一に法令の明文に根據を置かねばならぬことは言ふまでもないが、法文の正しい解釋は決して文字のみから得らるゝものではなく、健全な法律的常識が基礎とならねばならぬのみならず、法文の定めの無いものに付いては、常識の判斷が一層重要である。行政裁判所の判決の中には、時として斯かる意味に於いての法律的常識の不足を疑はしむるものが無いではない」との一節がある。さうして博士はそれを論證すべき多數の例を示してゐる。

若しも博士の言はれる通り、行政裁判所の判決が大審院のそれに比べて一般に多くかくの如き缺點をもつてゐるとすれば、それは我國の司法制度上由々しき重大事であつて、吾人は極力其原因の那邊に存するかを探究して一日も速かに之を矯正するやう努力せねばならない。

勿論それが爲めには具體的事例に付いて愼重な研究を爲す必要がある。輕々に事を豫斷して兎角の批評を爲すが如きは素より嚴に戒めねばならないが、吾々の從來考へてゐた所に依ると、行政裁判所の人的構成に何等かの不備があり、それが頓て如上の缺點を生む一の原因をなしてゐるのではないかと言ふ疑ひを禁じ得ないのである。現在行政裁判所の評定官は五年以上高等行政官又は裁判官の職を奉じたる者の中から任用されることになつてゐるが、吾々はこの高等行政官から評定官を採用する制度の適否を甚だ疑ふものである。簡短に事を考へると、行政官の經驗をもつ者こそ評定官として最も適任者であるやうに考へられるけれども、元來行政官としての法律運用と司法的法律運用との間には著しい差異があるのであつて、前者の經驗ある者必ずしも直に司法的に法律を運用する適格者とは言へないのである。司法的に法律を運用して事件を適當に處理し得るが爲めには特別の智識と技能經驗とを必要とする。さうしてそれ等はいづれも司法官としての體驗に依つてのみ得られるのであつて、行政官として如何に法律論を闘はすことに長じてゐる人であつても、直に司法的に旨く法律を運用することは出來ないのである。此故に、吾々は現行制度の適否に付き甚しい疑ひをもつ。美濃部博士の指摘してゐる缺點の原因が或はこゝら邊りに伏在してゐるのではなからうか。

法律時觀

一九三八年一二月号（一〇巻一二号／通巻一〇八号）

昭和十三年を送る

第七十三帝國議會は九十に近い新法律案に協贊を與へた。其後に公布された多數の命令類を加へると世は正に新法令の洪水である。かくして事變に對する直接的對策の諸制度が日に〳〵完備を見つゝあるのみならず、既に事變以前から進行しつゝあつた經濟統制の傾向が一層急速に進展して、今や我國の經濟機構は全體的に組み代へを要すべき態勢にある。かくして從來自由經濟を基準として組み立てられた諸制度にして更に改變を要すべきもの益々多きを加ふべく、自由經濟を根底とする從來の法律思想にも、自ら修正を加ふべきもの愈々多きを致すであらう。

今は尙匆々過渡の際であるから、制度相互の間に多少の矛盾があり、又思想上の不調和などがあつても已むを得ないけれども、今後長きに亘つて此統制的傾向が續いてゆく以上、すべての制度を全體的に新事態に適應した矛盾なきものに仕上げてゆく必要がある。さもないと、或は無用の摩擦混亂を生じて直接事變の處理上に支障を來たすのみならず、永く今後に向つて好ましからざる社會的影響を殘すであらう。

茲に多事なりし昭和十三年を送つて、建設の新年を迎へんとするに當り、吾人の責任亦日に〳〵重きを加ふべきを想ひ聊か所懷を述べる次第である。

社會保險の體系的實現を望む

保險院は新に職員健康保險法案及び船員保險法案を立案して保險制度調査會に附議した。吾人は調査會が愼重審議の上一日も速に答申を行ひ、政府之に基いて法律案を起草すると同時に、其實施に要する財源を考へ、是非共次回議會に提案して其通過に努力せんことを希望してやまない。傳へ聞く所に依ると、大藏當局の間には之が財源に關して相當の難色を示すものありとのことであるが、事變の解決が長期化すればする程人的資源涵養の爲め社會保險制度の全面的確立を計ることは極めて緊要であつて、之に十分なる財源を與ふることを躊躇するが如き國家永遠の生命を思ふ政治家として到底爲すべき所ではない。

自由經濟の否定は必然に社會安定の政策を要求する。一方に於て統制經濟の恒常化を要求する政治家は、他方に於て社會安定の政策を樹立する責任を負ふ。而して適正なる社會保險制度こそは社會安定の政策として最も重要のものであることは、萬人の均しく認むる所である。目前一時の必要にのみ捉はれて、此要務の解決を逸するやうなことがあつてはならない。敢て政府當局者の考慮を望む所以である。

國家總動員法の全面的發動を前にして

事變の必要は今や正に國家總動員法の全面的發動を要求してゐる。而かも諸般の情勢から考へると此發動は決して一時的に止まるべきものとは思はれない。かくして自由經濟は日に〳〵我國の社會から姿を消して統制的傾向は愈々强化するであらう。此時に當つて吾人の最も要望する所のものはかくして行はるべき統制經濟が相當永い將來を看透かした計畫的のものでなければならぬことである。一時的のことであれば、徵發的統制經濟にも人々は尙喜んで服するであらう。しかしながら、事が永きに及ぶ以上すべては計畫的でなければならぬ。其計畫に相應して國民各人が安んじてそれ〴〵將來の策を樹て得るやう計畫は飽くまでも徹底的であり確固たる條理の上に立つものでなければならない。最近第十一條の發動に關聯して政府の內部に何等か意見の相違あるが如き印象を與へる事件が起つたのは、此點から考へて吾人の最も遺憾とする所である。眞に第十一條發動の必要あらば、其必要の限度も自ら明かでなければならない譯である。政府が初めから經濟計畫の一部として其限度を明確に摑んでゐさへすれば、かゝる事件は初めから起らなかつた筈である。今後の爲め政府當局者の自重を要望してやまない。

試驗制度と試驗方法

高等試驗の試驗科目に相當大なる改變が加へられることになると傳へられてゐるが、吾々の見る所では科目の改變も大事であらうが、試驗方法を合理化することが、更に一層重要である。例へば、同じ法律の科目を試驗するにしても、行政科と司法科とでは、受驗者に向つて求めらるべき智識の內容乃至程度は相當違つて然るべきであるから、問題の出し方も自ら違つて然るべきであるし、採點の規準も異なつて然るべきである。然るに、從來の試驗問題を見ると、最近には多少の斟酌が加へられてゐるらしい進步の跡を認め得るけれども、全體としては尙甚だ不用意であると言ふ感を禁じ得ない。司法科試驗に付いては、法律家的素養の有無をもつと嚴格に檢定するに適する問題を出すやう努むべきであらう。又反對に行政科試驗に於ては、餘り細い技術的智識を試すやうな問題を成るべく出さないやうにせねばならないにも拘らず、事實は尙未だ此理想に遠いと言はねばならない。

一體大學の教育に於ても、司法科向きに法律を敎へるのと否とでは相當教育の內容並に方法に差異があつていゝのだと思ふ。然るに現在大學では殆ど此區別を立てゝゐないから、同じ一の講義が或る種の學生の爲めには過多であり、他の種の學生に過少であると思はれる場合が多い。又或る種の學生には講義式の教育方法で足りるが、他の種の學生の爲めには寧ろ例へばケース・メソード式の教育方法が適すると思はれる場合が少くないにも拘らず、現在では全く其種の具體的な注意が施されて居らず、すべての法學教育は十年一日の如く大衆的講義を以て終始してゐる。

故に、先づ改めらるべきは大學に於ける法學教育であつて、高等試驗の方法の如きはそれに相應して自然變化すべきであるのかも知れない。しかしそれとは別に、高等試驗當局者に於て、試驗方法に關する意見を試驗委員其他朝野の有識者に求め、以て試驗方法の合理化を計ることは、試驗制度の全般的改革が企圖せられつゝある今日、是非共行はねばならぬ事柄である。さもないと、科目を如何に變へて見ても、改革本來の目的は終に達せられないことになる虞がある。

婦人辯護士

愈々婦人辯護士が實現することゝなつた。吾人は此事を婦人の社會的地位の向上と言ふやうな狹い觀點からのみ考へたくない。單に婦人も男子と同樣辯護士になれるやうになつたと言ふだけのことであれば、さなきだに辯護士の多きに苦しむ所に更に辯護士になれる人間の範圍が擴大されたと言ふことは決して喜ぶべき事柄ではない。婦人が辯護士になる以上、從來男子の辯護士に依つては到底與へられなかつた何物かゞ特に彼女等に依つて與へられること、ならねばならない。かくしてこそ初めて婦人辯護士の出現にも特別の社會的意義ありと考へることが出來るのである。

此故に、吾々は將に實現すべき婦人辯護士が從來男子辯護士の立ち入り得なかつた新分野に向つて開拓の歩みを進めることを勸告したい。特に希望したいのは無料若しくは低廉な料金を以てする法律相談事業の經營であつて、これこそは最も婦人辯護士に適當した事業であると吾々は考へるのである。

一九三九（昭和一四）年

法律時観

一九三九年一月号（一一巻一号／通巻一〇九号）

昭和十四年を迎ふ

昭和十四年は愈々我國の大陸政策が建設的方面に向つて其第一歩を進める年である。今後長きに亙る建設事業達成の爲めに國民のすべては次々にと起るべき幾多の苦難を克服すべき覺悟を固めねばならない。戰鬪行爲の華々しさは漸次に減少するものと想像される。從つて從來主として其華々しさに依つて刺戟され支持されてゐた國民の志氣を今後に向つて愈々旺盛ならしめる爲めには、政府としても特別の對策を必要とすべく、國民亦此必要に對處すべく特別の覺悟を固める必要がある。

國家總動員法が愈々全部的に發動した結果、戰時的統制體系は一先づ之に依つて完成された譯であるが、今後長期に亙る建設事業を圓滑に進展せしめる爲めにはかくして完成された統制體系を戰時的一時的のものから移して漸次恒常的のものとする必要がある。戰時的統制は徴發的であつても差支ないけれども、永きに亙る恒常的統制組織は經濟的合理的でなければならない。一部に無理があれば經濟全體の動きに支障を生ずる、其支障を防ぐに足るべき合理的組織を作ることが吾々今後の仕事である。政府當局者が國家總動員法の全部的發動に滿足せずして、統制組織恒常化の爲めに一層の工風努力を拂ふやう希望してやまない。

長期建設の事業は安定したる國民生活の上にのみ之を築くことが出來る。國民としてはもとより今後次々にと發生すべき幾多の苦難を忍從し切抜けてゆく覺悟を固めねばならないけれども政府當局者としては徒らに國民を督勵して其發奮を强要するのみを以て其責を盡し得たりと考ふべきではない。よろしく國民生活に安定を與ふべき政策を樹立實行すべし。國民はもとより如何なる苦難にも屈しない覺悟を固めねばならないが、かれ等がかくして悲壯な覺悟を固めてくれればくれる程、政府當局者としては彼等の爲めに生活の安定を保障すべき政策を大に實行する必要がある。其意味に於て此際吾々の最も希望することは、物價政策の適正を期するにつき萬遺漏なからしめることであるが、現に制定せられんとしつゝある職員健康保險法・船員保險法を一日も速かに實現すべきは勿論、其他社會保險制度を全般的に充實して國民生活に安定を與へることは此際何よりもの急務であると吾々は考へてゐる。今まではまだ事變應急の臨時的措置の爲めに國民一般がそれ程深刻に苦難を體驗してゐないけれども、今年こそは愈々其體驗の現實化すべき年である。政府當局者が此情勢に對處すべく萬全の方策を考慮實行せんことを希望してやまない。

舊臘東京に東亞文化協會が開催せられ、法律についても特別の專門部會が設けられること、なつたのは大に喜ぶべきことであるが、此事業をして日支兩國にとつて眞に有意義のものたらしめるが爲めには、先づ初めに仕事の目標を明確にすることが何よりも大切である。

法典の上に現はれた形式的の法並に其解釋に付いて言へば、今では兩國の間に必ずしも大なる差異がある譯ではないから、仕事を其種の點に限局する限り、兩國學者の提携を以てするも殆ど何等得る所なきは明かである。又我國人中には支那を研究すと言へば、直に古典を想ひ、古典に現はれた法思想を研究することこそ兩國文化の交換上我國學者に課せらるべき最大の仕事であると考へる向が少くないやうであるが、かくの如くにしてわれに何程の得る所あり彼れに何物を與へ得べきかを考へて見ると、吾人の豫想は甚だ悲觀的たらざるを得ない。吾人の信ずる所を以てすれば、古典の研究亦可なり、殊に新しき見方を以ても一度古典を見直ほすとき依つて得らるべきもの、決して鮮少ならざるべきことは之を認めるけれども、それよりもつと大事なことは現に兩國々民の腦裡に宿り生活態度の上に現はれてゐる法律思想を事實に付いて具體的に比較研究することだと思ふ。兩國々民の法律に對する考方には相當大きな開きがあるらしい。從つて又彼等の實生活を支配してゐる生きた法律の間にも大なる間隔があるやうに思はれる。これをお互に研究して知り合ふことは、獨り學的に極めて價値あることであるのみならず、兩國々民の交渉を圓滑ならしめるにつき最も大切なことである。此意味に於て吾人が法律專門部會の方々中特に我國の關係者に最も熱心に望みたいのは、既に支那民衆の間に行はれてゐる生きた法律を事實について科學的に研究することである。よろしく速に兩國の青年學徒を動員して此問題の共同的調査研究を爲さしむべし。これこそ此際兩國法律學者に依つて行はるべき最大の文化提携の事業である。敢て當局者の深思を望む所以である。

家事調停法の制定を望む

司法當局に家事調停法制定の意ありと傳ふ。吾人の双手を擧げて賛意を表せんとする所である。

元來社會の諸關係中には比較的調停に適するものと否との區別があるが、中でも親族關係は最も調停に適するものである。親族關係は永續的の關係である。たとへ一時の紛爭ありと雖も、之を訴訟的の方法で一刀兩斷的に裁斷したのでは反つて後に永いうらみを殘す虞がある。寧ろ調停的な方法で當事者相互の諒解の下にハツキリした勝負をつけずに事を和解的に片付けた方がよいのである。此故に、將來民法改正の際にも、現在公表されてゐる改正要領中に規定されてゐる以上遙かに調停的の制度を利用する必要が大にあるのだと吾々は考へてゐる。

辯護士の間には在來の調停制度に對して相當强い反對意見が行はれて居り、或程度までは其主張が政治運動化してゐるやうであるが、此反對が家事調停法の制定に對してまで及び來らないことを吾々は希望してやまないものである。

辯護士の調停制度に對する反對は、色々理由付けられてはゐるもの丶、要するに調停が盛んに行はれる結果辯護士の訴訟的仕事が減少する傾向がある所に反對の主要根據があるのだと思ふ。しかし吾々の考へる所では、辯護士の多數が漸次に訴訟的仕事を失ひつ丶あるのは、現在の訴訟制度の根本的缺陷に原由する現象であつて、調停制度の爲め辯護士の仕事の減りつゝあるのではない。此故に、辯護士が自己の職場を守る爲めに調停制度に反對するが如き消極的態度をとるのが抑もの間違ひであつては、寧ろ積極的に現在の訴訟制度を改正して民衆の利用に便を與へ之に依つて多數辯護士の間に自ら仕事が行き亙るやうに工風するなり、若くは辯護士一般の仕事を訴訟的よりは寧ろ豫防的乃至調停的の方面へ振り向けるやうにすべきであると思ふ。辯護士が舊來の考へ方に捉はれつゝ無反省の態度を以て家事調停法の制度に反對せざるやう希望してやまない。

尙家事調停法の制定上是非共考へねばならないのは、在來實際の必要以上にはびこつてゐる「身分法の諸規定は强行法規である」と言ふ獨斷的信條を打破することである。身分法の諸規定は事人情風俗道義に關するが故に公益的であり、從つて强行法規なりとする考方が從來法律家一般の間には相當廣く行き亙つてゐるが、此種の考方が力强く行はれてゐる限り、たとへ家事調停法が制定されても十分その活用を望むことは出來ない。

吾々の考へる所では、關係當事者の間に異存がなければ、在來學者が一般に唱へてゐるよりは遙かに廣く身分關係の自治を許していゝのだと思ふ。殊に調停制度が出來て實情を精確に調べる手立てが十分に整ふのであれば、成るべく自治を許して實情に應じた解決を與へるやうにする方が家庭關係の圓滿平和を計る上から言つても甚だ望ましいのである。家事調停法制定の機會に此問題が學者に依つて理論的に考へ直されることを希望してやまない。

法律時観

一九三九年二月号（一一巻二号／通巻一一〇号）

法科大學の再建

今更文部大臣の意見を聞くまでもなく今や法科大學は根本的に再建せらるべき運命に逢着してゐるのだと吾々は考へてゐる。

吾々は決して最近主として政治的動機から一部の人士によつて加へられつゝある批評を無批判に受け入れよと言つてゐるのではない。官立大學はもとより私立大學をも含めて、我國の法科大學一般が果して我國現代の必要に適應するやうに仕組まれてゐるかどうか、そのことを現實の事實に付いて反省せよ、そうしてその反省の上に積極的に自らの改造を考慮すべしと言ふのが吾々の主張である。

從來我國の法律學は專ら外國人が外國の事實について考へた所をそのまゝ受けついでゐる、自ら廣く内外の事實に付いて獨自の考慮を加へると言ふよりは寧ろ外國人が外國の事實について考へた所をそのまゝ受けついでゐる分量が今でも不當に多過ぎる、其所にこそ現在我國の法律學の根本的缺點があるのだと吾々は考へる。

外國の法制を研究するにしても、其法制の背景たる社會的政治的乃至經濟的事情を明かにして、それとの關係に於て法制を理解することに力むべきであるにも拘らず、從來法學者はとかく背景の研究を怠つて、法文に關する形式的智識を以て滿足してゐる。其結果例へば、ナチ・ドイツの法制を研究するに當つても、法制と社會・政治・經濟の諸事情との間に存する有機的關係を實質的に考究せずして、或は彼の法制を形式的に模倣せんとし、或は彼國學者の所説をそのまゝ受け賣りするが如き弊に陷りつゝある。甚しきに至つては、我國肇國の精神に基いて從來自由主義の弊を是正すべき革新的意見を述べると稱しながら、實はナチ・ドイツ學者の所説を受け賣りしてゐるに過ぎないと思はれるやうなものさへ見受けられるのである。かくの如きは明治大正時代の法學者が專ら外國學者の所説を繼受することにのみ汲々としてゐた態度と傾向を同じうするものであつて、遺憾ながら我國法學者が一般に尙獨創性を缺いてゐることを證するものと言はねばならない。

然らば、此獨創性の欠缺は何に原因してゐるのか。之に付いては考へらるべき事柄が色々あると思ふが、何よりも先づ指摘すべきは、現在一般に行はれてゐる解釋法學の影響であると思ふ。現在我國の解釋法學は法律の背景たる政治經濟文化と無關係に法律を考へる習慣を學者にも又學生にも與へてゐる。別に法史學法律社會學比較法學等幾多の法律事實學的の學が存するにも拘らず、それ等と解釋法學との間に有機的な學的關係が十分に成り立つてゐない。其結果、學者も一般に外から與へられた法律的考方を墨守するのみであつて、事實に付いて自ら獨自に考方を創成せず、學生も亦一般に敎授の敎へる所に從つて形式的に論理を操ることのみを習ふだけであつて、法律背景たる事實との聯關に於て法を理解し法を考へる力が全く養はれない、かくして大學敎育から法律の熟練職工は生まれ得ても、獨創力ある法律技師は容易に生まれないのが現在の實情である。

此故に、法科大學再建の仕事として先づ第一になさるべきは法律事實學的學科を盛にすることである。そうして法律を政治經濟文化等との聯關に於て考へる傾向を興せば、形式論理を操り行るを以て能事終はれりとするが如き在來の弊風も自ら矯正されて、事に臨んで自ら獨創的に意見の立つ人間を養成することが出來ると思ふ。現在でも法制史、外國法等の敎授は一般に行はれてゐるけれども學生はもとより大學當局者さへも此等の學科に重きを置かず、又之に重きを置くやうに敎育一般が仕組まれてゐない。從つて此等の學科の敎育を通して、やゝともすれば形式化し易い解釋法學的な考方に活を入れゆとりをつけるやうな作用が實際上殆ど行はれてゐないのである。此故に何よりも先づ法律史學を盛にすべし、正しき意義に於ける比較法學を盛にすべし、尙又法律社會學を盛にすべし、これこそ法科大學再建の根本義であると吾々は考へるのである。

次に解釋法學の研究及び教授に專念してゐる現在の法科大學は、法律政策學の價値を輕視してゐる。これは上記の如き法律事實學の輕視と同列に位する傾向であると同時に、法律哲學が一般に形而上學的傾向を辿つて現實への指導原理を生まないものとなりつゝあることと密接に聯關する事柄である。而して此事の爲めに、解釋法學に優れた學者必ずしも現實の經濟問題社會問題を立法的に處理する能力を有せず、學生亦從つて法律政策學的な教育を少しも組織的に受けてゐないのが現在の有様である。此故に、吾々は現在經濟政策・社會政策等の名の下に政治學科で教へられてゐる事柄を法學的立場から取り上げて之を法律學生に教授することが刻下の急務であると思ふ。

尚現在法科大學で一般に行はれてゐる教育方法にも大に改革を加へる必要あること勿論であるが、此點は嘗て一度論じたから茲には再説しない。

無任所大臣の問題

近衛樞密院議長を無任所大臣に奏請したのは「樞密院ハ行政及立法ノ事ニ關シ天皇ノ至高ノ顧問タリト雖モ施政ニ干與スルコトナシ」とする樞密院官制の規定に違反するものにあらずやとの質問に對して、平沼首相は次の如き答辯を與へた。「樞密院ト云フモノハ樞密院全體トシテ御諮詢ノ府トナツテ居リマスルノデ、陛下ノ御諮詢ニ御應ヘヲ致シマスルノハ樞密院全體、卽チ會議體タル樞密院デゴザイマス、此ノ樞密院ハ施政ニ干與スルコトハ出來ナイノデアリマス、併シ法理論ト致シマシテハ、樞密院議長、樞密院副議長、各顧問官、是ハ個々ニ考ヘラレマシテ、只今樞密院ハ施政ニ干與スルコトナシト云フ此ノ條文ニハ嵌ラナイノデアリマス、唯自分ガ卒直ニ考ヘテ居リマスル所ハ、樞密院全體ガ既ニ施設《ママ》ニ干與スルコトナシト云フコトニ相成ツテ居リマスカラ、之ヲ構成スル所ノ議長、副議長、樞密顧問官モ亦成ルベク、他ノ官職ヲ兼ネナイト云フコトガ妥當デアルト云フコトハ自分ハ固ヨリ信ジテ居リマス（中略）今回ノ事モ成ルベク斯ノ如キコトハナイ方ガ宜シイ、樞密院全體ハ既ニ施政ニ干與スルコトガ出來ナイコトニナツテ居リマスルカラ、其ノ構成員タル議員モ他ノ官職ニ兼任スルト云フコトハ、成ルベク避ケルノガ宜イト考ヘテ居リマス」

何故にかくの如く「成ルベク避ケルノガ宜イト考へ」られることを敢てするに至つたかの政治的理由は素より吾々の關知する所ではないが、此答辯中に表明されてゐるやうな形式的な法律論が優れた法律家である平沼首相の口から述べられたことを吾々は心より遺憾とするものである。言ふまでもなく樞密院は「施政ニ干與スルコトナシ」とする規定に於て最も重んずべきは其ノ精神である「會議體タル樞密院」はもとより「其ノ構成員タル議長」等も專ら「行政及立法ノ事ニ關シ天皇ノ至高ノ顧問」たることを其職分とすべきであつて「施政ニ干與スル」が如きは極力之を避けねばならない、これが本規定の精神である以上、如何に政治上の必要ありと言へ、首相今回の措置は法律的に考へて決して妥當のものとは言ひ難い。

吾々が疑ふのは、首相が自らも妥當ならずとしてゐる所を政治上の理由から實行する前に、何故に近衛前首相を無任所大臣にする別の方法を考慮しなかつたかと云ふことである。是非共必要があれば「各省大臣ノ外特旨ニ依リ國務大臣トシテ内閣員ニ列セシメラル、コトアルベシ」とする内閣官制の規定の活用を計つた方がいゝのではなからうか。從來學者が此活用の妨げなりとして主張してゐる所は殆どすべて技術的に止まつてゐる。眞に無任所大臣の必要あらばかくの如き技術的障害を除いて廣く無任所大臣を置く道はいくらでも開き得ると思ふ。吾々は、平沼首相が此正道を開拓するの勞を執らずして、自らも妥當ならずと考へてゐる權道をとつたことを甚だ遺憾とするものである。

法律時観

一九三九年三月号（一一巻三号／通巻一一一号）

手續の價値

目的さへ善ければ手續の如きは問題にならないと言ふやうな氣持が人々の間に浸潤しつゝあることを吾々は心より憂ふるものである。

手續は畢竟目的を達する手段に過ぎないけれども、同じく目的を達するにしても圓滑に其目的を達し得るやう工風されてゐる所にこそ手續の價値があるのである。

法律家はやゝともすると、手續の手段性を忘れて其形式にのみ捉はれる弊に陷り易いが、之と反對に法律家以外の人々の間には――否此頃では法律家の間にさへも――手續の價値を輕視する傾向が強くなりつゝある、此事を吾々は心より遺憾とするものである。

人事調停法の精神

平沼首相が岩田宙造氏の質問に答へて貴族院に於て述べた所の中に「私ハ成ルベク國民ノ間ニ融和ノ觀念ト云フモノヲ保ツテ參リマス爲ニハ、此ノ調停ノ如キ方法ニ依リマシテ、オ互ニ主張スル所ハアリマシテモ之ヲ圓滿ニ解決致シマシテ、當事者間ニ恨ヲ遺サヌト云フコトニ致シマスルコトガ、我ガ國ノ古來ノ醇風美俗ヲ維持スル所以デアルト考ヘテ居ルノデアリマス、之ガ爲ニハ此ノ調停法ト云フモノハ最モ良イ制度デアルト考ヘラレマス、殊に親族間ノコトニ付キマシテハ最モ是ハ大切デアラウト思ヒマス、親族間ニ於キマシテ一度裁判所デ曲直ヲ争フト云フコトニナリマスルト、何時迄モ親戚間ニ争ヲ繼續スルト云フコトニナリマスルカラ、是ハ成ルベク表向キノ裁判ニ現レマセヌヤウニ致スノガ相當デアラウト自分ハ考ヘテ居リマス」と言ふ一節があるが、これは人事調停法の精神を最も適切に述べてゐるものと思ふ。

現在行はれてゐる借地借家調停法、小作調停法、商事調停法及び金錢債務臨時調停法の實施成績に對しては世上とかくの批評を爲すものが少くない、特に金錢債務調停に關しては現に岩田宙造氏も貴族院に於て述べてゐる通り相當強い非難の聲が聞かれるのであつて、吾々もこれには傾聽に値すべき相當合理的な根據があるやうに思ふのである。

しかし此事の爲めに、調停制度を全體的に不都合なりとして排斥せんとするのは間違であつて、各種の事件中特に金錢債務に關するものは其性質上調停に適しないのではあるまいか、之に反し人事に關するもの丶如きは事の性質上最も調停に適するのではあるまいかと言ふやうなことを積極的に考へるのが吾々の仕事でなければならない。

元來世上の紛爭中には、訴訟と裁判とによつて一刀兩斷的に裁斷するに適するものと然らざるものとの區別があるのであつて、特に借地借家・小作・人事の如き繼續的關係に關する紛爭は裁判に依つて一刀兩斷的に勝負を決めて仕舞ふと、表面上の爭それ自身は一應片付いても關係それ自身を永く將來に向つて平和化することは出來難い。此理は特に人事に關して最も強く感ぜられるのである。

此故に、吾々は在來の調停諸制度の實施上色々の弊害があるとしても、それはそれとして適切な矯正策を講じさへすればいゝのであつて、此事の爲め人事調停法を拒否すべき理由は少しもないと思ふのである。

調停委員の人選

人事調停法が制度として如何によいものであらうとも、之を運用すべき人に適任者を得なければ、到底所期の成績を擧げ得ないのみならず、反つて色々の弊害を生ずる虞がある。人事の紛爭は借地借家・小作等の關係に於けると異なつて事が人間の感情氣持と深い關係をもつのみならず、一家内の私事祕密に關する所が多いから、調停委員が當事者から見て十分信頼する人でなければ、到底調停の妙を發揮し得ないのみならず、人々も安んじて事を調停に托するやうにならないのであらう。此故に、人事調停法の實施上最も意を用ふべきは調停委員の人選である。

岩田宙造氏は在來の實情に關して次のやうなことを述べてゐる。「適當ナ良イ調停員ヲ得ルト云フコトハ非常ニ困難デアリマス、段々ト眞面目ナ良イ人ハ嫌ツテ之ヲ避ケルヤウニナリマシテ、進ンデ出ル人ハ日當ヲ當テニスルヤウナ人ガ多數出ルヤウニ相成リマシテ、次第ニ此ノ調停ト云フモノガ素人デハアリマスルガ、一種ノ專門的ニナツテ、調停屋ト云フヤウナ者ガ段々ト出來テ（中略）、色々ノ弊害ガ既ニ萠サムトシテ居ルノデアリマス、是ハ調停員ノ選任ト云フモノニ力ヲ盡セバ、サウ云フ弊害ハ無クナルノダト言ツテ居ラレマスガ、是ハ到底言フベクシテ行フベカラザル事デアリマシテ、所謂惡貨ハ良貨ヲ驅逐スルト云フコトハドノ方面ニモ行ハレルノデ、此ノ調停員ト云フモノノ素質ガ段々惡クナルト云フコトハ是ハ免レナイノデアリマス」云々。

鹽野法相の之に對する答辯に於ても「調停委員ノ中ニ不正ノ人ガアラウトハ考ヘマセヌガ、事件ヲ處理致シマスル場合ニ、取扱ヲ急ギマスルヤウナ場合ニ、親切丁寧ヲ缺クト云フヤウナ事例モ幾多アツタヤウニ承ツテ居リマス、又調停主任タル判事ガ自ラ原動力トナツテ調停委員ヲ指揮致サナケレバ相成ラヌニモ拘ラズ實際上ハ調停委員ニ一任致シマシテ、實質上事件ニ關與ヲシナカツタト云フヤウナ事例モ遺憾ナガラ多少ハアルノデアリマス」と述べられて居り、今後は調停委員の選任を嚴重にすべきは勿論、判事の人員增加を計つて事實上判事が調停事件の處理に關與しなかつたと言ふやうなことをなからしめるやう努力すると約束されてゐる通り、從來は調停者の人選乃至處理に相當不完全な點があつたやうに思はれるのである。

而して此點は人事調停に關して特に重要であるから、司法當局者の特別なる注意を要望する次第であるが、此際吾々の特に言ひたいのは人事調停に關しては判事が直接實質的に調停の中心に立つて事件の處理に當られたきこと、事件の内容如何に依つては調停主任のみで調停に當る方が當事者の信頼を得る所以であること、調停主任たるべき判事を増員することもさることながら適任有爲の判事を調停の方面に振り向けて調停の實質を改善するやう努力されたいこと等である。殊に此最後の點は最も大切であつて、從來は特に調停に適してゐる判事をして特に調停事務を執らしめると言ふやうなことが餘り考へられてゐないやうであるが、そう言ふことでは如何に立派な人事調停制度を作らうとも到底十分な成果を期待することは出來ないと吾々は考へる。

金錢債務臨時調停法と少額裁判所

岩田宙造氏は金錢債務臨時調停法の實施に關して次の如き重要な意見を述べてゐる。「金錢債務臨時調停法ノ事件ノ如キハ、近年非常ニ數ガ多イノデアリマシテ、司法省デ公ニサレマシタ所ヲ見マシテモ、此ノ法律ガ施行サレマシテカラ昨年ノ暮近ク迄ノ間、六箇年ト一箇月ニナルノデアリマスルガ、其ノ間ニ四十三萬何千件ト言フモノガ其ノ調停事件ニ現レテ來テ居ルノデアリマス（中略）、區裁判所ノ普通ノ訴訟事件ガ、昨年ノ十月ニ新ニ提起ニナリマシタノガ八千五百何件、之ニ對シマシテ金錢ノ調停事件ガ三千九百何件約四千件デアリマシテ、普通ノ區裁判所ノ訴訟事件ノ約半數ノ調停事件ト云フモノガ現レテ來テ居ルノデアリマス」、そうして司法省ではかくの如く金錢債務調停事件が増加するのを如何にも法律の效果であるかのやうに誇つて居られるやうであるが、「私ハ其ノ事件ノ數ガ多ケレバ多イ程、是ハ悲シムベキ現象デハナイカト思フノデアリマス」、「裁判所ニ行ケバ負ケルニ決ツテ居ル」ことでも調停へ行けば何とか色を着けてくれる、「泣キ付キサヘスレバ幾ラカニナルノデアリマスルカラ益々殖エル一方デアルノデアリマス、デアリマスルカラ斯樣ナ法律ハ徒ニ國民ノ義務ノ觀念ヲ消耗シ、正義ノ觀念ヲ紊ツテ、サウシテ一方ニ於テハ司法權ノ威信ヲ失墜スル虞ノアルモノト考ヘマスルノデ、是ハ何トカシナケレバナラヌノデハナイカト思フ」云々。

而して岩田氏は此弊害に對する對策として金錢債務臨時調停法を廢止し之に代ふるに簡易訴訟手續法を以てすべ

きことを主張して居るが、これは吾々としても大に考慮する價値のある提案であるやうに考へられる。蓋し金錢債務事件は性質上初めから必ずしも調停に適するのではない、若しも眞に調停的に負債整理の目的を達せんとするならば、經濟力を伴つたもつと合理的な負債整理制度を作らねばならない、借地借家の問題を調停するやうな調子で金錢債務の問題を解決しやうとするのが抑もの間違である、と考へられるからである。

此故に、吾々も亦岩田氏と共に、此際は寧ろ金錢債務臨時調停法を廢止して少額裁判所の如き簡易訴訟制度を設くべきであると言ふ意見を提唱したい。たゞし其制度の內容については尙大に考慮すべき點が少くない。吾々の考へる所では、事情に應じて適當に期限を許與する權限を裁判所に與へさへすれば、簡易訴訟制度に依つて十分債務調停の目的を達しつつ、現行法による弊害を十分防止し得るやうに思はれるのである。

法律時觀

一九三九年四月号（一一巻四号／通巻一一二号）

新法學生諸君へ

陽春四月全國各地の官私諸大學が數千の新しい法學生を迎へる此機會に於て諸君の爲めに一言法學入門上の注意を述べて置きたい。新に法學に志す青年諸君は一般に法學が學問として凡そ如何なることを研究するものであり、法學教育が如何なる目標の下に行はれてゐるかに付いて十分の豫備智識をもつてゐない。自然科學の諸學科や文科の學問を志す人々が其將に學ばんとする學問が如何なるものであるかを相當よく理解してゐるのに比べると、比較にならない程法學志望者の豫備智識は一般に不十分である。從つて、新入學生の多數は其將に學ばんとする法學に付いて特別の學的興味を感じてゐる譯ではなく、唯法科大學を卒業して官吏になりたいとか辯護士になりたいとか會社に入りたいと言ふやうな漠然たる志望を抱いてゐるに過ぎない。それにも拘らず、現在の諸法科大學は一般に新入學生に向つて先づ初めに凡そ法學が如何なる學問であるかを理解せしめる爲めに特別の指導を與へることなしに、初めから民法刑法等諸法の講義を行つてゐる。其結果學生の多數は入學後相當長い間、其現に聽講しつゝあるものが何であるかを本質的に理解せず、恰も中學生が地理や歴史の講義を聽いてゐるのと同じやうな氣持で聽講し、所謂暗記物を勉强するやうな調子で唯無闇にノートをとつて記憶の材料を作り、それを試驗前に暗記して受驗する、これが現在多數學生の爲しつゝある所であるやうに考へられる。無論特に素質の良い學生、特に勉强する學生等は遲かれ早かれ聽講自習の間に自ら法學の學的特質を悟つて正しい學習態度をとることが出來るけれども、中には卒業するまで法學の何たるかを十分に理解せずして、唯敎へられた所を暗記して機械的に答案を書いてゐるとしか思はれないやうなものさへ屢々見受けられるのである。此弊害を除く爲めに爲さるべき事柄は色々あると思ふが、何よりも先づ大事なことは初學入門者に對して彼等が將に學ばんとしてゐる法學が如何なる學問であるかを敎へて、學習の道を立てしめることである。

現在我國の大學に於ける法學敎育は一般に法典の註解を內容とする講義を通して行はれてゐる。これは一面現行法の內容を說明しながら、他面同時に之を通して法律的に物事を考へ物事を處理する力を養成する目的を以て行はれてゐるのであるが、中學以來の敎育に慣れた學生はとかく現行法の內容を理解し記憶することだけが彼等の仕事であるやうに考へて、此敎育を通して法律的に物事を考へる力が養はれるのだと言ふ法學敎育の根本義を忘れ易いのである。無論現行法の內容を理解することの必要なるは言ふまでもないが、それよりも大事なことは法律的に物事を考へる力の養成である。法律的に物事を考へる力は法律的に公正に人事萬端を處理し得る力である。此種の力は獨り司法官辯護士の如き職業的法律家にとつて必要であるのみならず、すべて多數の人間を相手として複雜多端な事務を公正に處理して人々に不滿を與へず諸事を圓滑に運んでゆく爲めに必要なのである。例へば、行政官になつたり營利會社に入つてゆくにしても、法學士が特に法學士として役に立つのは、決して民法商法行政法等個々の法律について技術的智識をもつてゐるからではなくして、法學教育を受け法學研究をしてゐる間に自ら養はれる法律的に物事を考へ物事を處理する力をもつてゐるからなのである。

此點から考へると、現在諸大學に於ける法學敎育の方法にも變革を加へる必要が多々あると思ふが、學生自らが此點に思ひを致すことが何よりも大切である。法律に關する技術的智識を機械的にため込むことのみが學生の仕事ではなして、其日々の聽講並に自習の間に自ら養はれてゆく法律的に物事を考へる力の涵養こそ法學教育乃至學習の主眼であることを忘れてはならないのである。であるから、例へば卑近な事を言ふと、其日々の講義を忠實に聽講すること、無闇にノートをとること計りに專念せずして教授の敎へる所を其場々々で理解するやうに力めること等が學習態度として必要になるのであつて、プリントを讀んだりノートを忠實に作つてそれを暗記しさへすれば受驗の成績を擧げることが出來ると言ふやうな考では到底法學々習の能率を擧げることは出來ないのである。

次に、法學生の注意すべきは、法學の學習と併行して經濟學政治學社會學等法それ自身を別個の角度から研究する諸學の研究を怠つてはならないこと及び法的規律の對象たる社會諸事象に關する具體的智識の攝取を怠つてはならないことである。法は要するに形式である、法學は結局形式の學である。而かも形式と實質とは不二一體、濫りに一を以て他を律すべからざる密接有機の關係をもつものである。從つて法律を學ぶものは常に法的規律の對象たる事實に付いて精密な智識をもつやう努力する必要がある。それが爲め、其事實に關する智識を豐富にする必要あるは勿論、其同じ事實を他の學的角度から觀念研究する諸學の敎へる所にも十分注意を拂ふ必要がある。然るに、現在では法學生は勿論法學者自らさへとかく法學の殼の中に立籠つて社會を見やうとしない傾向が著しいのであつて、此事は新に法學に志す諸君の特に注意せねばならない所である。

尙例外的な事柄ではあるが、初學者の中に初めから法律哲學的方面に興味をもつて學習的努力を專ら其方面に集中するものをまゝ見受けることがあるが、之も學習方法としては本末を顚倒するものと評せざるを得ない。先づ具體的法に關する豐富な智識をもつことなしに法律哲學的方面に入ると兎角思惟が獨斷に陷る虞がある、具體的法の問題を離れて徒に形而上的方向に走る危險が多い。このことは初學者として特に注意せねばならない大切な事柄である。

法律案提出の遲延

現に議會でも問題にされてゐるが、政府提出の法律案が會期の後半に至つて初めて多數提案されるが如き弊風は一日も速に之を矯正除去せねばならない。苟も議會制度が存在する以上、議會に十分審議の時間を與へねばならないことは今更言ふまでもない。此理は政府當局者も十分諒解してゐる譯であるにも拘らず、實際上提案がとかく後れ勝ちになるのは行政機構に缺陷があるからである。

其缺陷として先づ第一に擧ぐべきは、各省割據の弊である。各省がそれ〴〵主管事項を抱んで割據してゐるから、一省が其主管事項に關して立案する法律案が愈々成案となるまでには關係各省との交渉に多くの手數と時間とを要する。殊に經費を伴ふ諸法律案の如き初めから主管當局と財政當局とが協力して立案に當りさへすれば事が圓滑に運ぶ筈であるにも拘らず、現在の實際では此點にも割據主義の弊が現はれてゐる。第二に問題となるのは法制局である。現在では各省の手で一應成案になつた法律案を更に法制局に於て審議することになつてゐるから、こゝでも又多くの時間を費すことゝなる。各省で立案したものゝすべてが法制局に詰めかけて來るのであるから、此上法制局の人員を少し位增員しても事が迅速に運ぶ筈はないのである。

此故に、吾々は法制局と企畫院との統合を主張したい。更に又豫算案の編成を大藏省から企畫院の手に移すことを主張したい。かくして各省がそれ〴〵其主管事項に關して立案した所を直に企畫院に提出せしめ、企畫院をして國策的見地から綜合的に事を檢討せしめるやうにすれば、現在行はれてゐる二重三重の手續を省いて一擧に成案を得る所まで運び得ると思ふのである。無論それが爲めには企畫院そのもの、構成並に行政上の地位に多大の變革を加ふるの必要あること素よりであるが、とかく斯くの如くにして法律案を一擧に綜合的に審議立案する制度を設ける必要の緊急なることについては恐らく何も異論のない所であると思ふ。

法律時觀

一九三九年五月号（一一巻五号／通巻一一三号）

經濟警察と自治的制裁

經濟統制は今や第三の段階に入つたと言はれてゐる。統制は愈々其廣さと深さを増大する。政府は果して何物を以て此統制の正確な實現を確保せんとしてゐるのであらうか。恐らく一方に於ては經濟警察の活動を一層充實して法規違反に對する監督を益々嚴重にせんとしてゐるものであらう。又地方に於ては國民精神總動員運動を通して國民の時局認識を一層深からしめこれによつて彼等の自覺自律自戒を促さうとしてゐるのであらう。經濟警察可なり、精動亦大に可なり。吾人も亦其成果を希望する點に於て毫も人後に落ちるものではない。しかしながら同時に考へざるを得ないのは、先づ第一に警察の力にも自ら一定の限度があると言ふことであり、第二に精動もやり方次第では結局上すべりに終はつて十分に所期の效果を擧げ得ない虞あることである。吾人は決して我國警察の無能力を主張するものではない。又精動が態勢を新にして大に活動を開始せんとしてゐる今日濫りに不祥なる將來を豫斷せんとするものでもない。しかし、警察にも自ら其作用に限度あることを信じ、精動も唯上よりする教訓乃至宣傳の尙大に研究を要すべきものある所以を力說せんとするものである。

凡そ權威國家の思想に基いて社會に規律訓錬を與へる爲めには、政府が唯上から訓令するだけではなく社會それ自身を統制に適し得るやうに下から組織せねばならない。此組織を通して上の欲する所直に自ら下に徹し、下の欲する所亦自ら直に上に通じ得べき國民組織が作られてこそ初めて上よりする他律的統制が同時に國民の間に自律自戒的の效果を現はし得るのである。此故に、吾々は昨秋一時輿論關心の對象となつた國民再組織の問題を卑近な政治的動機から離脫して新な見地から眞面目に再考すべき時期が吾々の眼前に迫まり來れることを痛感し、政府當局者が此問題解決の爲め深甚なる考慮を拂はれんことを希望してやまない。

敢て直に伊太利流の組合國家理論を模倣すべしと言ふのではない。しかし、若しも我國に於ても組合を基礎として國民を組織し組合を通して自律的に統制を行はしめるやうな機構を我國社會の實情に卽して適當に考案實現することが出來れば、今日經濟警察の力を以てしても達成し得ず、精動の力を以てしても到底實現し得ないやうな經濟統制が比較的容易に行はれ得るのだと思ふ。

吾人は又決して直にドイツに模倣して Ehrengerichtsbarkeit の如き自治制裁制度を樹立すべしと主張するものではない。しかし、統制違反防壓の目的を達するが爲めには、徒に上から官僚的な監督を行はんとするよりは、利害關係者相互の間に自治的に監督從つて制裁を行ふやうな組織を作らしめ、利害關係者自らの名譽と廉恥の精神に訴へて自ら法規違反が行はれないやうにする方が實際上遙かに能率的であるのみならず、國民の間に「長いものには捲かれろ」と言ふやうな卑屈の氣分を釀成する虞も少いと思ふ。

自治的制裁の制度乃至慣行は近代的の中央集權制度が發展して警察司法の機能をすべて中央政府の手に集中せんとする傾向が發達するまでは廣く各國各地に行はれてゐた。我國も亦其例に洩れるものではない。然るに國家的制裁の制度が發達するに伴つて、自治的制裁を違法視する思想が漸次に擡頭して今日では略常識化するに至つてゐるけれども、社會の實情を具體的に考へて見ると、すべての制裁を例外なしに直接國家の手に依つて行はうとするよりは、國家の監督の下に或程度まで自治的制裁を許す方が今日と雖も反つて社會秩序の維持に適すと考へられる場合が少くないのである。例へば、地方農村等には今尙「村八分」「町省き」其他の名稱で部落的共同絶交が行はれてゐるが、之を單純に「法治下に許すべからざる私刑」なりとして一般的に違法視すると、實際上村落的共同生活の反逆者が勝利者となつて其反社會的行動が是認され、其結果反つて村落の內部的秩序が紊れるやうなことになり易い。此故に、現に大審院も此種の事件に關して「絶交ハ實際上種々ナル事情ノ下ニ行ハレ、其原因モ亦區々ニシテ一定セズシテ、背德ノ行爲又ハ破廉恥ノ行爲ニ對スル社交上道德上ノ制裁トシテ一般ニ認メラレタル所ナレバ、多衆共同ノ絶交ガ正當ナル道義上ノ觀念ニ出デ、被絶交者ガ其非行ニ因リ自カラ招キタルモノナルトキハ之ニ對シテ救濟ヲ與フルノ必要ナク、絶交者ガ之ニ因リテ被絶交者ヲシテ義務ナキコトヲ行ハシメ又ハ行フベキ權利ヲ妨害シタル場合、又ハ其絶交ガ正當ノ理由ナキトキハ、玆ニ初メテ違法性ヲ有スルコトトナル」との理論を認めて、一定の制限の下に自治的制裁を是認せんとする傾向を示してゐるのである。

現在政府は經濟統制の目的を達する爲めに專ら經濟警察の力を利用せんとしてゐるが、限りある警察の能力を以てして果して能く完全に其目的を達し得べきや否や甚だ疑はしいと言はねばならない。此故に、吾々は同業者を組織化して一定の規約の下に違反者に對して自治的制裁を加へしめるが如き制度を設け、之に依つて國家的監督の足らざる所を補はしめることが此際時宜に適した適當の方策であると考へる。我國江戸時代の組乃至株仲間に於ても申合條目卽ち組合規約を以て自治的制裁を定めてゐた。それは道德的制裁を主とするものであつたが、事實違犯者に對しては譴責を加へ取引を拒絶する等の制裁が行はれたのであつて、手工業組合組織建設の爲めにする千九百三十三年十一月二十九日法律及び附屬命令が手工業組合の組合長に認めた懲戒權及び名譽裁判の制度は此種の同業組合的自治的制裁の思想を現代的制度の上に再現したものに外ならないのである。我國に於ても經濟統制の必要上經濟的自由が漸次に制限されてすべてが組合的に組織化せられやうとしてゐる今日、組合の內部に此種の自治的制裁の制度を設けしめて自律精神の發揚を圖つて之を國家的統制に利用することの有用性極めて大なるものあることを吾々は確信する。

究明を要すべき一の現象

今春東京帝國大學法學部に入學した學生中法律學科を志望するものと政治學科を志望するものとの比率が從來に比べて突然著しい變化を示し、後者が前者に比べて顯著に增大したことは、輕々に看過し難い現象である。此事の原因は果して何所に存するのであらうか。或者は之を解して、一面時局の影響によつて行政官吏志望者が激增しつゝあると同時に、他面昨年來高等試驗制度改革の報世上に傳はり、其改革案に於ては一方に於て法律的試驗科目が著しく減少すると共に他方財政學の如き經濟的科目が必須科目中に加へられることになると豫想されてゐることに最大の原因があると言つてゐる。又或者は現在法律學科に於て外國法を必須科目として學生に無用の負擔を課してゐることが彼等をして法律學科を回避せしめてゐる最大の原因であらうと說いてゐる。其他此點に付いて色々の想像說を述べるものがあるが、吾々の考へでは、此際極めて顯著な此現象を輕々に看逃がすべからざること勿論であるが、同時に單なる常識的の想像說から輕々しく對策を考へるやうなことも絕對に之を避けねばならない。先づ愼重に科學的に其原因を究明すべし。かくして知り得た結果を資料として愼重に其對策を考究すべし。若しも此現象が一時の浮薄な風潮の現はれに過ぎないとすれば、特に業々しく對策を考へるまでのこともないであらう。しかし究明の結果現行の教育乃至試驗の制度に何等か改革を加ふべき必要が發見されるならば、其改革の斷行に付き何等躊躇する所なからんことを當局者に希望してやまない。

吾々が茲に一大學內の事實を特に取上げて問題とする所以のものは、時代の要求に應じて必然斷行されねばならない我國法學教育の改革を促す大なる力が何となく此事實の陰に隱れてゐると言ふ直感を禁じ得ないからである。

法律時観

一九三九年六月号（一一巻六号／通巻一一四号）

統制諸法令は適時に改廢せざるべからず

朝令暮改の不可なるは素より言ふを竢たない。さりながら正に改むべきものを改めずして時期を失し反つて害惡を大ならしむ、此事の不可なる亦素より明かである。吾人は此理を今日事變對策として行はれつゝある幾多の統制諸法令に關して特に力強く主張せざるを得ない。

現在の統制諸法令は比較的不用意の間に勃發した事變に對する臨機の對策として制定されたものであるから、其後實施の實績に徵して適時に適宜の補正を加へらるべきは初めから豫期せられた所である。殊に統制の對象たる經濟事情には刻々に變化があるのみならず、變化の原因中にも幾多の不可測的因子が含まれてゐるのであるから、相當永い將來を看透かした統制方式を立てることは事の性質上初めから不可能に近いのである。此故に、此種法令の制定に當つては、初めから實施の實績に照して適時に適當の補正を加ふべき方法が考察されねばならないのである。卽ち經濟事情の變化を科學的方法に依つて出來得る限り精確に測定しつゝ、適時に指導的豫報を發し得べき經濟測候所的の施設を設け、其所から發せられる豫報を資料としつゝ、適宜の補正を適時に加へ得べき用意がなければならないのである。測定と豫報とが飽くまでも科學的方法に依つて行はれねばならないのは素より言ふまでもないが、徒らに精確を求めて時期後れの統計を待つやうなことでは到底適時に臨機の豫報を與へることは出來ない。測候所が十分なる資料を以て科學的に装備されねばならないのは言ふまでもないが、經驗と洞察力とに富む有能な經濟技師を常備して刻々に變化する經濟事情の觀測に當らしめるのでなければ到底實際的に役立つ豫報を期待することは出來ない。然るに現在の經濟統制當局にはかくの如き用意が甚しく缺けてゐるから、一旦樹立した統制機構が愈々行き詰まつて救ひ難き破局に陷るまで適當の補正が加へられないやうなことになり易いのである。

其上傳へられる所に依ると、從來官僚の通弊として、一旦或ることを定めた以上それが時宜に適せざることを發見した場合に於ても容易に之が改廢を爲さず、徒らに官僚的な責任感乃至體面思想に捉はれて修正に時機を失するの弊があるとのことであるが、かくの如きは經濟統制の局に當る者の態度として最も不適當なものと言はねばならない。彼等の局に當つて策を樹つる素より十分愼重、用意周到でなければならないのは勿論であるが、元來彼等の仕事それ自身が性質上初めから不完全を免れない資料を以て而かも速急に臨機の措置を爲すにあるのであるから、昨日是としたる所今日非とせらるゝことあるべきは理の當然である。よろしく虚心淡懷情勢の變化に卽應して機宜の處置を誤らざるやう、特に希望してやまざる所以である。

今や物價對策根本的に改定せられ、賃金に對する統制亦將に實施の緒につかんとしてゐる。當局者の其間に處する、特別の科學的用意と革新的の覺悟なかるべからず。局外に立つ吾人敢て所信を披瀝する所以である。

再び法的慣行調査の問題について

大陸諸國の民間に行はれてゐる法的慣行を科學的に調査して之に關する精確な知識を得ることが現下の情勢に鑑み政治的にも經濟的にも又學問的にも極めて有意義であること、否絶對的に必要であることは吾人のつとに主張した所であるが、今こゝに「滿洲の法律・慣習」特輯號を世に送るに當り重ねて主張を新にし一日も速かに朝野諸方面の協力に依つて本調査事業の創設されることを要望する次第である。

現在の我國に於けるが如く國家法制の整備してゐる法律狀態の下に住み慣れてゐる人々には、國家法制の支配下に立ちつゝ而かも尙民間に法的慣行が行はれて獨自の存在を續け、之によつて現實の社會的秩序が形成されてゐると言ふが如き事實は甚だ認識し惛い事柄であるかも知れないが、法律社會學的見地よりすれば、實を言ふと、程度の差こそあれ此現象は如何なる國家社會についても容易に見出し得る所であつて、何等特に異とすべき事柄ではない。殊に國家法制不備にして其力未だ十分民間に徹底し居らざる社會に於ては、此現象が最も顯著に現はれてゐるのであつて、新に此種社會に接觸して其民衆と政治的乃至經濟的交涉を開始せんとするものは大に意を用ゐて之に關する調査を行ひ其認識を深めるやう萬全の努力を爲さねばならない。

世上非法律家の間には、否相當高い法學教育を受けた人々の間にさへ、苟も政府が法令を制定した以上、其法令の規定し適用せらるゝ事項に關する限り、民間の法的慣行は直に消滅するか、若くは少くとも其實效を失ふもの、如くに考へるものが少くないのであるが、かくの如き觀念的な法律觀に終始する限り到底社會民衆の間に於ける法的秩序の實相を捉へ得ないのは言ふまでもない。又かくの如き法律觀に捉はれた人々は、假りに慣行の存在を認識し得たとしても、結局それは國家法制の整備につれて滅び行くべき不合理な舊慣に過ぎずと考へて、其重要性を理解し得ないのが通例であるが、法的慣行の社會的習俗規範としての力は決して而かく脆弱なものではないのであつて、程度の差こそあれ、現にあらゆる社會に於て日に〳〵成長し變化しつゝ存在を續けてゐるのである。決して一片の法令を以て一擧に生命を失つて舊慣化すべき性質のものではない。無論政府の法令も亦慣行の成長變化に對して大なる影響を與ふべきものたるは素より疑ひないけれども、法令の施行と共に法令と慣行とが一擧に置き換へられて後者が死滅するものと考へるのは餘りにも社會の現實を無視した觀念的な見解である。此故に、慣行調査のことは決して學者好事の閑事業でもなければ、法典立案の準備としてのみ一時的に價値をもつ事柄でもない。現實の社會秩序は習俗的規範に依つて規律立てられて居り、民衆日常の現實的生活は其規律の下に營まれてゐるのであるから、之と接觸して政治的交涉をもち若くは経済的取引を行はんとするものは此點に關して最も精確な認識をもたねばならない。是れ吾人が既に一旦民國政府の法令に依つて近代的法制を有するに至れる中國諸地方については勿論、既に一應法制の整備を見つゝある滿洲國についてさへも今尙慣行調査の必要極めて大なるものある所以を力說する所以である。

當面の急務に迫はれてゐる政府當局の間に此理が今尙十分理解されずに至るのは、一面已むを得ない事ではあるとしても、又甚だ遺憾なことであると言はねばならない。最近民間には事の必要を痛感主張する人々が段々と增加しつゝあり、部分的には諸方面で或程度まで調査の仕事が始められてゐるやうであるが、此種調査の完璧を期するが爲めには、初めに先づ廣く各方面から眞に此事業に適する有爲有能の士を集めて精密な綜合的調査計畫を樹立し、且調査の分擔並に協力關係を明確にし、飽くまでも科學的方法に依つて綜合的に調査を實施し且其結果をまとめねばならぬ。さもないと一面或部分に無用の重複を生ずると同時に、他面他の部分に調査の手及ばず、其上調査方法不統一なるが爲め折角多數の人の努力にも拘らず統一整備せられたる結果に到達し得ざる虞の多分に存在することに注意せねばならぬ。

此故に、今日吾人が政府當局者に特別の考慮を望みたいことの第一は素より本調査の爲め相當多額の經費を支出されたいことであるが、それにも增して大事なことは調査機關の組織及び調査の方法を決定するにつき以上の觀點よりして萬遺漏なからしむるやう萬全の用意をされることである。假りにも所謂官僚獨善的の考から不用意な計畫を立てゝ中途半端な仕事を初めるやうなことをしてはならない。凡そ調査には調査の科學があるのである。其科學の要請を無視して調査が行はれる限り、如何に多額の費用と勞力とを費さうとも結局何等價値ある結果に到達し得ざるべきことをよく〳〵考へて欲しいのである。

法律時観

一九三九年七月号（一一巻七号／通巻一一五号）

民法改正事業の再進行

しばらく停頓してゐた民法改正事業が再び進行を初めたことを心より喜びたい。傳ふる所に依ると、司法當局者は此際大に事業の促進を圖つて次期議會に法案を提出したい意向をもつてゐるとのことであるが、吾人も亦双手を擧げて其意圖に賛意を表したい。

しかしながら、今後事業を進められるについて是非共注意して欲しいと思ふ事柄が二三ある。

其一は法案を議會に提出する前に是非共成るべく早くそれを公表して世上輿論の批評を聽いて欲しいことである。同様のことはその他の法案についても望ましいこと勿論であるが、民法中親族篇相續篇の如く直接一般民衆の日常生活に深い關係をもつ法律を改正するに付いては事前に極力民衆の聲を聽くやう努力せねばならない。例へば商法の如き主として技術的な法律であれば其立案制定を專門家に一任して置いても大した間違ひは起らない。之に反し親族法相續法の如く民間の習俗道義感情と交渉する所多き法律を改正するに付いては最も意を用ゐて民間の批評を聽く必要がある。改正事業關係者の中に如何に優れた法律家が網羅されてゐやうとも法律家は要するに法律的技術者に過ぎない。彼等の獨善的處置に依つて決定せらるべく事が餘りにも深く民衆の生活に直面してゐることを呉々も忘れないやうにして欲しい、之を希望するもの恐らくは吾人一個の限られたる希望ではあるまい。此故に若しも議會に提案する前に十分公衆の批評を聽く餘裕がないやうにしか改正立案の事業が進行しないやうであれば、提案を更に次の議會に讓つても尙輿論の批評を聽くやうに處置されたいのであつて、前議會に於て與へた言質に捉はれて無理をしないやう呉々も希望してやまない。

次に吾々が改正立案の關係者に望みたいのは、今となつてはもう臨時法制審議會の改正要綱に餘り捉はれないやうにされたいことである。あの要綱が議定された當時に比べると、社會事情に大なる變化あるは勿論、判例法も非常に發展したし、學說も亦大に進步を示してゐる。此故に、今日民法改正のことを議する以上、最早要綱の定むる所に盲從するが如き態度は事物の性質上到底許し難いのであつて、吾人は關係者が此點に於て最も自由に處置されることを希望してやまない。

終りに希望したいのは、今回人事調停法が制定されたに付いては、改正法の立案上是非共これとの關係を十分に考慮されたいことである。前にも吾人が屢々論じた通り、若しも身分法上の規定は事公益に關するが故にすべて強行法規であるとすれば、たとへ人事調停の制度が出來ても、身分法的の諸關係を調停によつて和解調整することは事實到底不可能である。而かも身分法上の爭議は性質上多く訴訟に依るよりは寧ろ調停的方法に依つて解決されることが望ましいのであるから、改正法の立案に當つては是非共此點を十分考慮に入れて、調停の餘地を大に廣くする用意がなければならない。改正要綱は家事審判所の介入によつて規律に相當の伸縮性を與へやうとしてゐるが、人事調停法に依る調停をして爭議の實情に卽した適當のものたらしめる爲めには身分法上の法規を廣く強行法規とする立前それ自身に根本的な修正を加へる必要がある。さもない限り民法それ自身が如何に立派に改正されやうとも、各家庭の實情に適した人事關係の調整を實現することは到底望み得べくもないと吾々は考へるのである。

家庭内部の財產關係にしても、現行民法は餘りにも之を財產法的原理のみに依つて規定しやうとし過ぎてゐる。例へば夫婦の共同生活に關する法定財產制の如き、夫婦間の情義を顧慮しつゝ、ゲマインシヤフト的原理を基礎とするに依つてのみ適當に規律せらるべきものであるにも拘らず、現行民法は夫婦を互に個人的對立者であると言ふ考方に立脚しつゝ、專らゲゼルシヤフト的原理に依つて其關係を規律せんとしてゐる。これは要するに、民法起草者が人事關係の規律について餘りにも多く財産法的原理に捉はれ過ぎてゐる爲めに生まれた結果であつて、若しも今回の改正に於て此立前が根本的に揚棄されないとすれば、財産關係に關してだけでも人事關係の諸問題を争議の實情に卽して適當に裁判し調停することは到底不可能であらうと吾々は確信するものである。

朝鮮の民事令改正

民法改正事業の再進行に伴つて、朝鮮でも、民事令中人事に關する部分の改正問題が考慮されてゐるやうであるが、元來人事に關する法律は民間の習俗慣行・道義心・宗教等と極めて密接な關係をもつものであるから、濫りに我を以て彼を律すべきではなく、大なる差支なき限り成るべく在來の習俗を尊重する態度を以て愼重に事を議すべきであると思ふ。

朝鮮新聞の傳ふる所に依ると、總督府當局者は人事關係に付いても大體內地と同樣の制度をとることが理想的であるやうに考へてゐるらしいが、吾々には寧ろ反對に考へられるのであつて特別の必要なき限り多少事務上の不便などがあつても濫りに同化的態度を以て臨むべきではないと思ふ。吾々內地人から見れば比較的輕く考へられる事柄でも半島人にとつては極めて重要に考へられる例も少くないのである。例へば姓の問題にしても若しも內地と同樣に同じ家に屬する者はすべて同姓を稱すべきであり、從つて甲家に嫁したる女はすべて當然に甲家の姓を稱すべきであると言ふやうな制度を布くとすれば、姓を改むるを恥とする習俗的感情今尙濃厚に存續してゐる民衆の間には相當強い衝撃を與へるであらう。

此故に、吾々は言ひたい、人事法に關する限り成るべく民間の習俗を尊重すべきであつて、濫りに內地の制を彼に推し及ぼすべきではない。敢て當局者の再考を促す次第である。

國家試驗に對する一の疑ひ

現在國家試驗に於ては各受驗科目に與へられた評點を平均し、其平均點數が一定の限度に達するや否やに依つて合格不合格を決定してゐるらしい。其上——公表こそされないもの丶——其平均點數の上下に依つて合格者の順位を云々してゐるらしい。しかし現在のやうに選擇科目が多い上に、文科的科目までが加へられてゐる制度の下に於てかくの如き方法をとつてゐることの當否について吾人は大なる疑ひを抱いてゐる。

先づ第一に科目によつて試驗委員の評點態度に相當大きな開きがあるであらうことが想像される。かくして偶々一二の科目について飛び拔けて良いか若くは惡い評點が與へられることがあり得るとすれば——元來受驗科目數が少いのであるから——それが直に平均點數に著しい影響を及ぼすこととなる。從つて如何なる試驗科目を選擇したか又如何なる試驗委員に依つて評點されたかの偶然事に依つて平均點數に著しい差異が出て來る譯である。此故に吾人はかくの如くにして得られた平均點數に重きを置く現行制度の合理性に對して甚しい疑を抱く。國家試驗は元來官吏として採用するに足るだけの學識ありや否やを試驗することを目的とするものであるから、受驗科目のすべてに付いて一定標準以上の成績を現はしてゐるや否やに依つて合格不合格を決定しさへすればい丶譯であつて、平均點數に依つて合格不合格を決定しやうとしてゐることそれ自身が初めから間違つてゐるのではなからうか。科目毎に點をつけて其平均を求める代はりに、科目毎に合格不合格を定めて一科目でも不合格のものがあれば、全體として不合格にすることは一見受驗者にとつて甚だ酷に失するやうであるが、合格標準を餘り高くしさへしなければか丶る不都合は起らない。其低い合格標準に一科目でも達しないやうなものを不合格とすることは資格試驗の性質上寧ろ當然であつて、現在のやうに偶然性の多い平均點數を以て合格不合格を決する制度こそ寧ろ甚だ不合理であると吾々は考へるのである。

法律時観

一九三九年八月号（一一巻八号／通巻一一六号）

司法研究所の新設を祝す

「制度よりは人」、如何に法規制度が完備し、設備が整頓しても之を運用するにその人を得なければ所期の成果を収むるを得ずとする鹽野法相の信念に基き、司法官の資質改善の目的を以て設置された司法研究所が愈々去る七月十日を以て開所された。吾人茲に衷心より祝意を表すると同時に其事業着々として進捗して所期の功を成さんことを希望してやまない。

開所式に際して法相の與へた訓示に依ると、研究所の目的は、第一司法官の人格錬磨、第二識見涵養、第三司法に關する研究を爲さしむるにある。而して人格錬磨に關しては「國體を明徴にし司法精神を體得すると丶もに職務の重大を自覺して責任を尊重することが肝要である」と言はれ、識見涵養に關しては「社會常識、經濟知識に通曉すべきは勿論進んで實生活に卽したる社會經濟各般の問題を研究して智見を博め以て事件の眞相を把握するに遺憾なからしむべきである」と言はれ、更に司法研究に關しては「裁判檢察の實務、殊に證據に關する研究によつて事實の認定に誤りなからしめ、進んでは司法に關する各種の機關相互の關係を審究し指揮監督其他司法上の須要なる事務をも研鑽せしむべきである」と言はれてゐる。尙將來經費の許す限り犯罪及び證據に關する科學的研究施設をも完備するとのことである。

法相の言ふ所いづれも適切、何等特に異議を挾むべきものなきも、司法官の資質改善を目的として廣く其手段を考へれば、今茲に法相が言はれてゐる所の外に尙大に考究に値すべきもの少からず、法相の言はれてゐる所それ自身に關しても尙希望の述ぶべきものが少くない。

其一は司法官の資質改善の目的を以て司法官養成と大學に於ける法學敎育との間に有機的聯絡をつける必要なきかの問題である。現在の大學法學部には一般に法律學科なる特別の學科が設けられてゐる。此學科が設けられた本來の目的は恐らく司法官辯護士法學者等專門的法律家の養成に在ると思はれるのであるが、從來實際に爲されてゐる敎育は必ずしも其目的に適當してゐるとは思はれない。成程法學的學科の講義が數多く行はれてゐることは事實である。しかし其敎育は全體として特に專門的法律家を養成する目的を以て、從つて特にそれに適する方法を以て行はれてゐるのではない。特に專門的法律家を養成する目的から言へば、同じく法學的學科を敎へるにしても特にそれに適する方法で敎へられねばならないのは言ふまでもないが、現在實際の敎育に於ては特にかくの如き注意は殆ど施されてゐない。其上司法科試驗に於ても極めて形式的な法學智識を試驗するに過ぎないから、學生も自然其試驗に合格するに必要なる智識を形式的に吸收するを以て滿足し司法官其他專門法律家たるに適する資質を研ぎ上げるやうな努力は殆ど全く行はれてゐない。從つて司法科試驗の合格者必ずしも司法官としての適格を有するとは限らず、偶々各種の事情から司法官を志望した者の中比較的試驗の要求する形式的智識を有するものが合格するだけのことである。無論「司法精神」の體得とか「裁判檢察の實務、殊に證據に關する研究」とか言ふやうなことは一應實務の經驗をもつた者に對してのみ之を望み得べく、此點の敎育は到底大學の能くする所ではないけれども、司法官養成の目的から考へると現在大學に於ける法學敎育には改善の餘地が大にある。吾人は此意味に於て司法當局の方面から大學に向つて法學敎育の改革に付き何等かの注文が出るであらう日の遠からざらんことを期待するものである。

次に研究所が犯罪及證據に關する科學的研究を目指してゐるのは大に喜ぶべきことであるが、此種の研究は、裁判乃至檢察の實務に付き經驗を有する法律家の手のみでは到底十分に爲し遂げ得られるものではない。醫學者心理學者等の科學的協力を借りてのみ此種の研究に科學的基礎を與へることが出來る。吾人は司法研究所が此種の學者を本格的な研究員として採用し之に研究の資料を十分に供與して眞に科學の名に耻ぢざる研究を大成せしめるやう努力されることを希望してやまない。

法律時觀

一九三九年九月号（一一巻九号／通巻一一七号）

警官難

警官の不正事件がしきりに傳へられる。吾人は果して偶發的の不祥事として之を輕々に看過し得るであらうか。吾人は此事の故を以て徒に關係當局の無能を非難攻擊せんとするものではない。否吾人が此際最も憂慮するのは、現下我國の政治情勢から考へると、警察の機能は今後益々重要性を增すべき趨勢にある、それにも拘らず警察に關する考方が依然として舊のまゝである爲めに、其組織構成時運の進步に伴つて改變せらるゝことなく、自然警察の手足であり耳目であるべき警官にも時勢の要求に應じ得るが如き有能者を得ることが出來ずにゐるのではあるまいかと言ふことである。

統制經濟の發展につれて警察の經濟方面に於ける機能が重要視せらるゝに至つたのは言ふまでもないが、敢て此一點のみに限らず、政治のあらゆる場面に統制的傾向が逐次其色彩を濃厚にしてゆくにつれて、警察機能の重要性が單に量的に增大するのみならず、質的にも亦飛躍的の變轉を遂ぐべき情勢にある。警察は本質的に消極的ならざるべからずとする在來のドクマが、今や漸次に其權威を失つて、指導的の作用さへが警察に向つて要求されるに至りつゝある。從つて警察が此要求に應じ得るが爲めには、其組織と人的構成とを根本的に改變せねばならない情勢が現前の事實となつてゐるにも拘らず、實際上其改變が斷行されない爲めに、自ら各種の不都合を生ずるのである。傳ふる所に依ると、現在警察では警官の募集に困難を感じてゐるとのことであるが、此事と警官の間に無能者不正者を出すことゝは同じ原因に基いてゐるのである。要求せらるゝ警察の政治的機能が飛躍的に變轉しつゝあるにも拘らず、警察の組織並に人的構成が依然として舊を守つてゐる、其結果現在必要とせらるる警察的機能を十分に果し得るだけの人的要求が現在の警察には備はつてゐない。其所に凡百の弊害の根本的原因が伏在してゐるのである。

此故に、現在吾々の望みたいのは、警察制度そのものを時勢の要求に應じ得るやうに改革すること、換言すれば警察の政治的地位の變化に卽應し得るやう其組織と人的構成とを改革することである。かくするとき初めて警察の活動が能率化して無能不正の非難も自ら解消すると吾々は考へるのである。

勿論吾々は、旣に屢々主張してゐる通り、統制の圓滿な運行は上よりする監督のみに依つて十分に行はれるのではなくして、關係當事者の自然的順應と自治的統制とが一層重要なる作用をなすものなることを確信するものであるが、直接民衆と接觸すべき警官に其人を得なければ、關係當事者を監督しつゝ之と合理的に協調してその心よりする順應を求め得ない、或は監督を名として徒に暴威を奮ひ、又或は協調の機會に於て不正を働くやうなものがゐるやうでは、到底官民協力して經濟統制の大目的を達成することは出來ない、かく信ずるが故にこそ吾々は此際警察の改革充實を主張し、敢て當局者の深甚なる考慮を要求する次第である。

內緣の妻と準扶助料

從來陸海軍の下士官兵及び相當官の遺族中には、內緣關係にあるの故を以て恩給法に依る扶助料を受け得ないものが少くなかつた。其弊を救ふ爲めに今回軍人援護會が準扶助料給付の制を設け、愈々來る十月から其給付を開始するに至つたことは、誠に機宜を得たるの措置、吾人の双手を擧げて心より喜ぶ所である。

さりながら、軍人援護會が此給付を爲すに當り、內緣關係卽ち事實婚關係の有無を事實について判定することが可能であるならば、政府は何故に更に一歩を進めて恩給法そのものに依る遺族扶助料の給付についても內緣關係を考慮するやう法制そのものを改正しないのであらうか。從來此點に關して決定的の支障をなすものと言はれてゐた婚姻關係證明の困難は決して絕對的のものではないのであつて、當局者にさへ問題解決の熱意がありさへすれば、事は比較的容易に之を解決し得るのである。無論從來戶籍の記載を唯一の材料として形式的に事を判斷してゐたのに比べれば、難易素より比較にはならないけれども、事の重要性を考へる限り、吾人は此際當局者が多少の困難を犯してゞも問題の根本的解決に向つて一日も速に其步みを進めることを希望してやまないものである。

例へば今回新設された人事調停機關の如き、現在では制度上單なる調停機關に過ぎないけれども、此種の機關の手を通して家庭の實情を具體的に審査することが可能になつた以上、更に一步を進めて此種の機關に婚姻關係の存否を判定せしめる權限を賦與することも一の道として考へ得るのである。吾人は軍人援護會の手を通して行はれた今回の補足的措置が恩給法それ自身の改正に依つて一日も速かに一般的正規的のものとなるやう希望してやまないものである。

時局と婦人勞働者

時局の進展に伴ひ婦人が漸次各種産業部門に進出して勞働者の不足を補塡しつゝある。國家國民の總力を擧げて困難を克服せねばならぬ今日、蓋し當然已むを得ざるの現象と言ふべきであらう。

しかしながら、たとへ一時急迫の必要ありとは言へ、臨機の處置の爲め永く禍根を後世に殘すが如きは極力之を避けねばならない。今日婦人勞働者の各種産業部門への進出は現下の情勢上眞に已むを得ざるものであるとしても、これが爲め生ずべき害惡を最少限に止むるやう努力することは關係官民一同の重要なる責任であると言はねばならない。

此點から考へると、今回鑛夫勞役扶助規則が改正されて從來は「主トシテ薄層又ハ殘炭ヲ採掘スル石炭坑」に付いてのみ例外的に許されてゐた女子の坑內就業が廣く一般の鑛山に付いても許されやうとしてゐることは大に注目を要すべき重要事であると言はねばならない。

家庭保全の必要から考へても、國民保健の見地から見ても、又人口問題の立場から考へても、婦人の職場進出に對しては極力愼重な注意を必要とする。殊に坑內勞働の弊に至つては、つとに人々の廣く認識したる所、たとへ時局非常の必要に出づるとは言へ、出來得る限り之を避くべきが理想的であり、已むを得ずんば極力其弊を最少限度に止むるやう萬全の用意を必要とする。

今回の改正を斷行實施するに付いては當局に於ても此點にはかなり周到の注意を拂つてゐるのであつて、先づ第一に、今回の改正は昭和十七年三月三十一日までの臨時處置に過ぎない、第二に女鑛夫使用の許可は先づ男鑛夫を求めた上而かも必要なる勞働力を得難き眞に必要已むを得ざる場合に限り其必要の限度に於てのみ與へられる、第三に坑內に就業せしめ得べき女子は二十五歳以上のものに限り且當該鑛山の鑛夫の妻其他家族に限つて許可される、第四に瓦斯又は炭塵の著しく多き石炭坑其他有害危險なる鑛山には許可を與へず、又女子鑛夫の深夜業を許可しない、第五に、每年二回以上醫師をして健康診斷を爲さしむるの外、女子に關する保護規定を勵行すること、坑內作業條件の改善、休養衛生榮養保育等の福利施設の整備に努むること等保健上必要なる各種の注意が爲されてゐる、第六に、姙娠中の者の坑內就業を禁ずるの外、乳幼兒の保育に關し保育所其他必要なる施設ある場合にあらざれば女子の坑內就業を許可しない。等々、其實施さへ嚴格に行はれさへすれば弊害防止上相當の效果あるべしと思はれる幾多の事項が規定され又命令されてゐるのである。

希くは現地監督の任にある者並に各鑛業權主が深く中央當局の意の存する所を察知し、一時の必要の爲め貴重なる人的資源を不用意に荒廢せしむるが如きことなきやう萬全の努力をされたい。從來とても鑛山に付いては工場に比して監督が比較的十分に行はれ難いうらみがあると言はれてゐる。殊に現在のやうに直接國家的必要を名として生產擴充が極度にまで要求されてゐる實情の下に於ては、とかく關係者の間に保健福利等の問題を輕視する傾向が生じ易いのであるから、此際監督者に向つて特に嚴格な態度を以て事に臨まれることを希望してやまない。產業報國運動にしても餘程注意をしないと徒に勞働强化にのみ役立つて、勞働力保全涵養の任務を忘れる虞がある。今回の新令が實施されるについては、此運動の方面に於ても新令の精神を存する所を深く考へて、不用意なる勞働强化に依つて永く人的資源を荒廢せしむるが如き禍根を殘すことこそ最も此運動の精神に反するものなることをよく〳〵考へて欲しいと思ふ。

法律時觀

一九三九年一〇月号（一一巻一〇号／通巻一一八号）

司法記念日を迎ふるに當りて

十月一日司法記念日を迎ふるに當つて司法の制度並に運用に關して日頃吾人の感じてゐる事共の一班を述べて當局者の一考を煩はしたいと思ふ。殊に今年は裁判所構成法實施五十年の記念日を近く迎へやうとしてゐる折柄でもあるから、此日をして單なる行事的祝賀の一日たるに止まらしむることなく、此機會に於て明治此方幾多先人の苦心努力に依つて司法制度の發達完備今日を見るに至れる過去を回顧しつつ、同時に國家社會の新情勢に鑑み此制度をして今後愈々完全のものたらしむべく必要適切なる改革の方途を考究せんことを希望してやまないものである。

今日我國の司法制度に關して人々の最も希望する改革は裁判の簡易化である。制度並に其運用が如何に優秀であらうとも、其恩惠に浴し得るものが社會一部の人々に限られるやうなことがあつてはならない。然るに、現在我國の實情に於ては訴訟に要する時間と費用とが餘りにも多きに過ぎる。民衆の多數は司法の恩惠に浴すべくして而かも事實浴し得ない實情に在る。裁判を簡易化して廣く一般人に利用の道を開くことは此際一日も速かに實現せらるべき改革である。裁判簡易化の要求は既に古く大正の末期此方識者の均しく主張した所である。而かも事の必要寧ろ日に〳〵増大しつゝあるにも拘らず、未だ全く改革の曙光を見ることなしに今日に及んでゐる。此際當局者の猛省を望むもの決して吾人の私見ではあるまい。

辯護士其數寧ろ多きに過ぎて、民衆は而かもそれを利用し得ない。玆にも亦吾々は徹底的なる革新の必要を認める。辯護士制度の恩惠を廣く一般人の間に行き亙らしめる目的より言へば、現在の辯護士數必ずしも多きに過ぐるとは言ひ難い。而かも一面辯護士にして仕事なきに苦しむもの少からず、他面民衆の多數は辯護士を利用し得ないと言ふ事實は、明かに現行の辯護士制に徹底的な改革を加へる必要あることを物語るものと言はねばならない。辯護士を自由職業とする現行の制度を改めて之を公吏化する必要があるのではあるまいか。當局者の注意が此問題の研究に向けられることを希望してやまない。

次に司法官の資質改善の必要は司法當局に於てもつとに之を認めて種々對策を講じてゐるけれども、此問題に關しては事の根本が大學に於ける法學教育と極めて密接に關係してゐることを忘れてはならない。司法官たるに適する教育を十分に受けた素質の良い青年を司法部に迎へ入れることが、司法官の資質改善上最も大切であるとは今更言ふまでもないが、現在大學に於ける法學教育は一般に司法官志望者の養成に對して特別の注意を拂つてゐない。行政官を志望する者も、實業方面に向はんとする者も、皆一樣に同じ講義を聽講する、それが現在普通大學に於て行はれてゐる法學教育であるから、司法官を志望する者も何等特別の教育を受ける譯ではなく、從つて法學教育を通して特に司法に對する理解興味等を與へられることもないのが現狀である。此故に、司法官の資質を改善する爲めには、此大學に於ける法學教育に改革を加へることが何よりも大事である。然るに司法當局者は殆ど此方面に注意を拂つてゐない。其上司法科試驗の試驗方法に於ても不當に法律的科目を減少せしめてゐるやうな有樣であるから、受驗者の法學的素養は段々に落ちるばかりである。吾人は當局者が此點に注意して一面大學と連絡して法學教育の改善を促すべく努力すると同時に、試驗方法をも司法科獨特のものに改め、以て眞に司法官たるに適する有爲の青年を司法部に迎へ入れるやう大に工風あらんことを希望してやまない。

尙終に、新聞紙の傳ふる所に依ると、司法當局に於ては今後調査部の調査方針を一變して主として國內事情の調査に力を用ゐるとのことであるが、吾人の考ふる所に依ると調査部の機構を大に擴充して各種法律の運用狀況、司法に對する社會の要望等に付いて本格的な調査を爲し得るだけの人的並に物的施設を爲すにあらざれば、國內事情の調査の如きも到底十分には行はれ難いのである。裁判所構成法實施五十年の今日、我國の司法制度全般に亙つて改革を加ふべき點は非常に多いと思ふ。此改革事業を當面の調査事項として大に積極的に現狀を調査すると同時に改革の企劃を爲すことこそ此際調査部に課して然るべき好適の仕事である。敢て當局者の深甚なる考慮を要望する所以である。

地代家賃統制令の實施について

新內閣は去る九月十九日の閣議に於て國家總動員法第六條、第八條、第十一條、第十九條並に第三十一條に基く六勅令を制定して國民生活全般に亙る高度の統制を圖り以て戰時體制の整備を爲すことに決し、近く勅令案を總動員審議會に附議すべく鋭意準備中なりと傳へられてゐる。其中地代及び家賃の統制に關する勅令案の要綱なりとして新聞紙の傳ふる所を見るに、同令は大體昭和十三年八月四日に於ける地代家賃を基準としてそれ以上の增額を禁止せんとするものであつて、其目的を達するが爲め地方長官に減額命令の權限を附與してゐる。卽ち地方長官は地代家賃が著しく不當なりと認むるときは地代家賃審査會の議を經て其減額を命じ得るのである。

地代家賃の變更を命じ得る制度は、在來既に借地法、借家法及び借地借家臨時處理法の規定する所であつたが、從來の制度は當事者の請求によつて初めて發動する消極的のものに過ぎなかつた。之と異なつて今回設けられんとする制度に於ては、借地借家關係のすべてを一括して行政的監督の下に置き職權を以て積極的に地代家賃の增額を防遏せんとしてゐるのである。戰時的必要に基く非常臨機の措置なりと言へ、永く自由取引に慣れ來れる一般民衆にとつては正に驚異に値すべき劃期的の變革である。希くは新制其運用よろしきを得て、一面統制の目的を完全に實現しつゝ他面無用の混亂と弊害とを惹起さざるやう特に運用の局に當る官憲の善所を希望してやまない。

特に家賃の統制よろしきを得ると否とは、住宅の增減と極めて密接の關係をもつ。家賃の增額禁止は動ともすると貸家の修繕を怠らしめる原因となる。家賃の統制よろしきを得ざるときは、貸家の新築が阻止され易い。其結果家賃の增額を形式的に阻止することは出來ても、住宅拂底の傾向はこれが爲め反つて激化される處が大にあることを忘れてはならない。此故に、吾人は地方長官が本令の運用に當つて特に此間の事情に意を用ゐんことを希望して已まないものであるが、それにも增して重要なことは政府自らが積極的に住宅問題を解決すべき方策を實行することであらう。各種の方法に依つて貸家の新築修繕を奬勵することも必要であらう。更に進みては住宅供給の國策會社を新設して住宅の供給を豐富ならしめる必要もあるであらう。要するに家賃の統制は直に住宅問題の根幹に觸るゝものなることに十分注意して、萬全の對策が講ぜられるやう特に當局者の注意と努力とを希望して已まないものである。

法律時観

一九三九年一一月号（一一巻一一号／通巻一一九号）

內閣總理大臣の權限强化

阿部內閣が組閣方針の一として、多年一部革新論者に依て主張されてゐた內閣機能の能率改善を企圖し、それが爲め一方に於ては少數閣僚制を標榜し、他方に於ては內閣總理大臣の權限强化を企てたことは、大に世人の注目を惹くに足る事柄であつた。たゞし其實際に行つた所を見ると、事は全く問題の核心たる內閣官制其他行政機構そのものには觸るゝことなく、單に現行制度の範圍內に於て革新論者の要望に答ふるが如きジェスチュアを示してゐるに過ぎない、吾人は何となく羊頭を掲げて狗肉を賣られたるの感を禁じ得ないのである。

組閣日尚淺き今日所謂少數閣僚制の既に破れんとしつゝある、識者のつとに豫期したる所なりとは言へ、餘りにも明白に彼等の標榜する所が初めから革新論者に迎合するジェスチュアに過ぎざりしことを暴露するものと評せざるを得ない。

所謂總理大臣の權限强化にしても、其實際に行つた所は、單に從來三相會議とか五相會議とか言ふやうな名目の下に非公式に行はれた委員會主義を公式化したに過ぎない。現行內閣制度の基礎たる各國務大臣平等の原則に何等の變化なきは勿論、各省大臣の權限の外形的形式にも何等變更が加へられたのではない。新制が總理大臣に與へたものは、要するに國家總動員法の施行に必要なる制度の改廢に關し事前に主務大臣及び外地長官より協議を受けたり指示を與へる權限に過ぎない、總理大臣は各省大臣に對して何等上級官廳としての指揮監督權を與へられたのではない。總理大臣の權限强化と名付くるに足るべき實質が果して何所にあるのか、之を疑ふもの恐らくは吾人一人のみではあるまい。要するに現內閣が總理大臣の權限强化の名の下に爲さんとしつゝある所は、閣議の外に於て總理大臣を中心として直接關係主務大臣との協議により政府施政の統一を圖らんとする最近歷代內閣の爲しつゝあり し所を法制化せんとするものに外ならないのであつて、凡そ革新政策と名付くるに足るべきものとは全く緣遠きものであることを明かにして置く必要があると思ふ。

一般に事の政治的運用の妙味を解せずして、制度の形式的改正の價値を過重視するの弊ある官僚出身の政治家等は此種の末梢的な制度改正に依つて何等か相當のことを爲し得たやうに考へてゐるらしいけれども、學者は素より直感力の鋭い民衆は彼等の官僚的自己陶醉に對して皮肉な冷笑を投げかけてゐるに過ぎないことを呉々も忘れないやうにして欲しいと思ふ。

經濟警察の强化問題

價格等統制令其他所謂物價停止を目的とする諸令の實施を確保するが爲め經濟警察を更に强化する企てがあると傳へられてゐる。しかし外部からの監督のみによつて統制の目的を達せんとする限り、如何に警察官の數を增し若くは其質を改善しても、到底十分に其目的を達することは出來ないであらう。政府はよろしく民間の關係者自らをして自治統制の團體を組織せしめて之に自治的制裁の權限を與ふると同時に、直接各團體に指導官を配屬せしめて內部から積極的に指導し統制して自ら法規違反を生ぜざらしむるが如き仕組みを作り上げて行くべきであると吾々は考へてゐる。新聞紙の傳へる所に依ると、政府は經濟警察强化の爲めに民間經驗者の協力を求め其智識經驗を警官の敎習上にも利用せんとしてゐるとのことであるが、外部からの監督從つて法規違反摘發を唯一の武器とせんとする限り、此程度の方法では到底十分に統制の目的を達することは出來ない。適當の指導官を得ることも無論相當に困難ではあらう。しかし自治統制の團體組織さへ旨く出來れば、其內部に在つて團體幹部の相談相手となりつゝ法規違反の豫防に協力し得べき人を得ることは必ずしも困難ではあるまい。要は考方の根本を置き換へることであつて、現在のやうに外部よりする監督に重點を置く限り、警察力を如何に增强しても統制の目的を十分に達することは到底不可能であらう。

地代家賃統制令と借地借家調停法

地代家賃統制令は地方長官に地代家賃其他借地借家の諸條件に干涉し得べき權限を認め、其諮問機關として地代家賃審査會を置く旨を規定してゐる。而して今後は借地借家調停法に依る調停に依るも、地代家賃の增額其他之に類する賃借人の負擔增加は一切爲し得ないこと丶なつたのである。

所が同時に政府は此機會に於て借地法・借家法及び借地借家調停法等の施行地域を全國に及ぼすことを企て丶ゐると新聞紙は傳へてゐるが、かくして成立すべき司法系統の調停制度網と地代家賃統制令に依る厚生系統の統制組織網との關係を如何に調節すべきかは實際上相當な問題であり又極めて重要な事柄である。

調停制度の圓滑なる運行を期する上から言ふと、調停に利用し得べき諸條件中地代家賃の値上と言ふ點だけを機械的に押へられたのでは非常に調停がし憎くなる。借地借家に關する爭議は其內容が一般に極めて複雜であるから、借地借家關係の全體を綜合的に調節するに依つてのみよく爭議調停の目的を達することが出來る。地代家賃の値上だけが機械的に押へられてゐるのでは適當なる調停の餘地は非常に狹隘化される。

無論今回の地代家賃統制令は臨時非常の措置であつて、其有效期間も昭和十五年十月十九日までに限られてはゐるものの、たとへ一時なりとは言へ之に依つて調停制度の運用を困難ならしむるが如き制度を設けることは、借地借家關係の性質上相當問題であると思ふ。吾々の信ずる所では、借地借家關係は性質上最も調停に適するものであり、調停に依つてのみ其合理化を期し得るもの丶やうに思はれる。從つて同じく地代家賃の値上を禁ずるにしても調停を介入せしめて借地借家關係を全體的に考へつ丶値上禁止の目的を實質的に實現せしむるが如き有機的な方法が寧ろ望ましいと吾々は考へるのである。敢て昭和十五年十月十九日をまつことなく、借地借家調停法が全國的に實施せらるゝ其機會に於て、地代家賃の統制事務を調停制度の機構中に吸收して、一面統制令の目的を達しつゝ、同時に借地借家の關係を全體的に合理化し得るやう適當に企圖されることを希望して已まない。

高文試驗に於ける答案審査方法に就いて

嘗ても一言したことであるが、現在の高文試驗に於ける答案審査方法位試驗の目的に副はない不都合なものはないと思ふ。

昔は答案のすべてを各科目に關する試驗委員の全員が目を通して採點した。然るに現在では答案を試驗委員の頭數だけに分けて、各委員は唯自己に割り當てられた答案のみを審査採點するに過ぎない。其結果偶々甲委員に割り當てられるか乙委員に割り當てられるかに依つて採點上不公平を生ずる虞が大にある。自然科學や數學語學であれば誰が試驗委員であつても採點上著しい差異を生ずることはない。之に反して法律政治に關する學問に於ては、同じ講議を聽いた學生の答案相互の間にも色々内容の違ふものが見出されるのが通例であつて、試驗官は其色々内容的には違ふ答案を通して受驗者の學力を推し測り之を標準として採點を行ふのである。從つて法律政治の學問に於ては試驗官が何人であるかに依つて評點に相當大きい開きが生じ易い。試驗官の間で豫め採點方法に付いて相當綿密な申し合はせをして置いても到底此結果を免れることは出來ない。

從つて、高文試驗のやうに色々違つた教育を受けた受驗者を相手とする場合には、昔のやうに試驗委員全員が答案のすべてを審査評點するのでなければ到底公平な結果は得られない。現在の制度の下に於ては例へば同じ答案が偶々甲委員の手にかゝると七十點の評點を受くべきに拘らず、乙委員の手にかゝつた爲め六十點の評點を與へられ、而して其十點の差が結局當該受驗者の運命を決すること〻なるやうな事例は大にあり得る譯である。

現在では選擇科目が多い爲め、科目の選擇如何に依つて相當不公平を生ずる虞がある、其上右の如き不公平があり得ることは國家試驗の性質上甚だ面白からぬこと、言はねばならない。試驗事務當局者の反省を要望するもの恐らくは吾人のみではあるまい。

元來國家試驗は官吏たるに必要なる最小限度の學識を試驗するに過ぎないものであるから、現在のやうに各科目に付いて一々評點した上其合計乃至平均數を求めるやうなことをせずに、各科目に付いて單に合格者若くは不合格の評點を爲し、而して受驗全科目に合格した者を合格者とする方法をとりさへすればいゝのだと思ふ。そうすれば、試驗委員にとつても一一細かく何點々々と點をつけるのに比べて答案の審査が非常に樂であるから、現在のやうに答案を各委員に割り當つることなく、委員全員が答案のすべてを審査する餘裕も出て來るであらう。そうして、例へば一科目に付き委員が三人ある場合に、中二人が合格の評點を與へてゐれば他の一人が不合格と評點してゐても全體として其科目を合格とするやうにすれば、受驗者の中普通の學識を備ふる者は大體すべて合格者と爲し得る、先づ公平な結果に到達出來ると思ふ。

ともかく現在のやうに答案を委員に割り當てる方法は何を措いても先づ止めて欲しい。それから先きのことはいくらでも考へやうがあらう。今の方法では如何にも受驗者に氣の毒である。敢て當局者の三思を望む所以である。

法律時観

一九三九年一二月号（一一巻一二号／通巻一二〇号）

日本諸學振興委員會と日本法學

日本諸學振興委員會の仕事として我國最初の法學大會とも稱すべき學術的會合の開催されたことは、多年法曹大會の開催を主張し來れる吾人の最も欣快とする所である。我國の法學界には正しい意味に於ける論爭と協同勞作とが不足してゐる。正々堂々たる討論の中に智見を交換琢磨するの風が缺けてゐる。時に偶々他人を批評するものあるも屢々批評の對象たるべき他人の所説を十分に正解せずして徒らに獨斷的の非難を加ふるの弊あり、甚しきに至つては初めから對手の立つてゐる立場に對して一應の諒解を與へることを爲さず徒らに漫罵排撃して反駁の機會をさへ與へないものがある。此種の弊を除去して互に對手を諒解することに力めつゝ批評し合ひ研鑽し合ふ機會を作ることは我國法學界の喫緊事であつて、それにはよく組織されよく運營された學會が何よりも必要である。是れ吾人がつとに法學大會の開催を主張し來れる所以であり、又双手を擧げて今回の會合を喜ぶ所以である。

會合の內容に付いて未だ精確な報告を受けてゐない吾人は今玆に批評的意見を述べる能力をもたないが、此種の會合をして十分に其效用を發揮せしめる爲めには、單に參加者をして講演を爲さしめるのみならず、豫め一定の題目を定めて二三者をして報告を爲さしめ、其上で參加者一同に討論を許す方式が是非共必要であるにも拘らず、今回の會合が結局極めて雜然たる講演の競演に終はつたことは吾人の最も遺憾とする所である。或は無理な注文であるかも知れないが、苟も日本諸學振興を標榜する以上主催者は何故に此機會を利用して、凡そ法學に關して日本的なるものとは何ぞや、眞に日本的なる法學を振興する方途如何と言ふが如き題目を選んで之を討論の課題と爲し、以て參加者一同をして十分討論を爲しむるの擧に出でなかつたのであらうか、後れ馳せ乍ら吾人は之を最も遺憾とするものである。

凡そ法學に關して日本的なるものとは何ぞ、凡そ日本的なる法學を振興する方途如何等の問題は苟も日本法學を口にする以上、先づ初めに十分學術的に檢究せらるべき事柄であるにも拘らず、今までの所未だ此點に關して殆ど何等の學的討究ありたるを聽かず、各自それ〴〵獨斷して淺薄若くは部分的な意見を述べてゐるに過ぎないのが遺憾ながら我國法學界の現狀である。それが爲め、或者は日本的法理念を提唱しつゝ、之を法的に活用せしむべき技術の研究を缺き、或者は自らの史的乃至比較法學的智識の不足に氣付かずして我國に於ける或種習俗の特殊性を過大視するの弊に陷り、又或者は自ら大に日本的のものを捉えんとして努力しながら若しくは捉え得たりと自稱しながら、實はそれを捉えるに必要な法的技術智識が貧弱である爲めに正に捉ふべきものを捉へ得ず若しくは看逃がしてゐる。これは明治此方の我國法學が專ら歐米風の法律制度を樹立すべき政治的必要に促されて發達した結果、法學的興味のすべてが解釋法學に集中されて、法史學・法哲學・比較法學の如きはすべて法學主流の外に置かれ、それが爲め法學者の智識が漸次に形式的技術化し、技術の手段性を忘れて技術を創作するの力を養ふことなく、徒らに既成技術の價値を過大視して其所にこそ法學そのものの特色あるが如く誤解し、既成技術を以て捉え得ざるものに法學的價値を認め得ざるは勿論、かくの如きもの、存在をさへも認識し得ない有樣である。今日世人の法學を非難するものの非難してゐる對象は正に此ゆがめられたる法學の現狀であるが、吾人を以てすれば現在非難を加へつゝある人々も此現狀の眞相を理解せず、非難を加へられつつある人々も同じく自己の現に立つてゐる立場に關する認識が不十分である爲めに十分非難に答へ得ない現狀に在る。

此故に、日本諸學振興の一事業として日本法學の振興を圖るが爲めには、何よりも先づ日本法學の現狀に關する精確な認識を得ることが必要である。今では現狀に滿足してゐる人々は勿論、現狀に不滿を感じてゐる人々も十分に事の眞相を理解してゐない。それが爲め現在我國の法學界が何となく全體として沈滯してゐるのである。此故に、吾人が此際日本諸學振興委員會に望みたいのは、委員諸君の努力に依つて我國法學の現狀に關する認識を一層深め、之に依つて眞に革新を要すべき點の何所に存するかを正確に認識しつゝ、之を中心議題として一日も速に第二回の會合を開催することである。

尙此會合と前後して、司法大臣が日本的法學樹立を目標として二三學者の會同を求めたと言ふ記事が新聞紙に現はれてゐるが、そこで如何なる事柄が話題となつたかに付いて吾人は未だ何事をも敎へられてゐない。吾人は唯こゝにも亦日本的法學の樹立に對する待望が露頭となつて現はれつゝあることを認めながら、頓てはこうした希望や努力が一所になつて貴重な鑛床を掘り當てる日が日一日と近付きつゝあるのであらうと言ふ豫感を禁じ得ないのである。希くは司法當局者よ、注意を末梢的な事柄に捉はるゝことなしに、何所に現在日本法學の病弊があるかを眞に學術的に考へて欲しい。今更特別の學的衝動なしに所謂日本獨特なるものを求めるやうな無駄のことを企てるよりは、現在司法官のすべてを例外なしに支配してゐる法學的智識乃至技術に根本的の缺陷なきや否やを反省して欲しい。今では明治大正の交に發達完成した形式的な解釋法學的智識乃至技術が骨の髓まで司法官に喰ひ入つてゐるのである。此眞相に目醒めざる限り、司法大臣も亦共に日本法學を談ずるの資格なしと言ふのが吾人の遠慮なき主張である。

支那慣行調査の開始を喜ぶ

東亞研究所中に支那に於ける法的慣行の調査を目的とする委員會が新設されたと傳へられてゐる。新政權の樹立近きに在り、彼我官民の接觸交渉日に〳〵密接ならんとしつゝある今日、吾々同胞が支那社會に關して精確なる智識を持つ必要の極めて大なることを愈々痛感する。天然富源・經濟事情等に關しては人々比較的容易に其調査の必要を理解し得る。之に反し支那の社會が如何なる機構に依つて組織され如何なる規律の下に動きつゝあるかを知る必要の如何に大なるものあるかは從來人々に依つて必ずしも十分に理解されてゐなかつたのである。然るに今回政府大に其必要を認識し、其實施を東亞研究所に委托されたるは、つとに此必要を强調し來れる吾々として何よりも喜ばしいことゝ言はねばならない。たゞし此事業たるや性質上極めて困難であつて、萬一調査方法よろしきを得ざれば、勞徒に多くして所穫甚だ貧弱なものになり易いから、事業開始の當初に於て十分愼重に本事業の目的の那邊に存するかを考へて調査方法の適正を計ることが望ましい。

法的慣行は動ともすると既に死滅し若くは死滅せんとしつゝある舊慣と誤解され易いのであるが、吾々が法的慣行の調査に期待する所のものは、現に生きてゐる支那社會が如何なる社會規範によつて規律せられつゝ、形成され且動きつゝあるかに關して科學的に精確な智識が與へられることである。從來此種の研究は或程度まで歐米の社會學者に依つて企てられてゐたのであるが、最も理想的に言ふと社會學者中特にエーリッヒの所謂法律社會學者に依つてのみ完全に爲し遂げ得べき仕事である。蓋し此仕事は支那社會を規律しつゝ成り立たせてゐる社會規範卽ちエーリッヒの所謂「生きた法」lebendes Recht の調査を目的とするものだからである。

尙經濟慣行の調査と言ふと、やゝともすると經濟事情の調査と混同され易いけれども、此混同も本事業の圓滿なる遂行上初めから十分に注意して之を避けねばならない。吾々が經濟慣行調査と言ふのは經濟社會乃至經濟取引が如何なる法的慣行卽ち「生きた法」に依つて規律せられつゝ、組織され又動きつゝあるかを調査することを言ふのであつて、實質的には法的慣行の調査に外ならないのである。

希くは調査の局に當らるゝ諸氏が、現地調査に於けると文獻調査に於けるとを問はず、十分此等の點に留意せられつゝ、調査目的に關する認識の統一を圖つて協働し、以て世界に誇るに足るべき成果を一日も速かに擧げられるやう吳々も希望してやまない次第である。

一九四〇（昭和一五）年

法律時観

一九四〇年一月号（一二巻一号／通巻一二一号）

皇紀二千六百年を迎ふ

こゝに皇紀二千六百年の元旦を迎ふるに當り、恭しく聖壽の萬歳をことほぎ奉り、國運の愈々隆昌ならむことを祈り奉る。我等平素法の研究、法の運用に從事するもの、此機會に於て更に愈々精進して我國法律文化の大成に貢献せんことを誓ひ奉らざるべからず。

凡そ一國文化の成るや其由る所極めて遠く、我國現在の世界の諸國に比して何等遜色なき法律文化の如きも決して明治一時代の所作とのみ見るべきではない。當時條約改正の必要上歐米に範を採つて急遽新規なる法制體系を樹立したけれども、我國國民の創造力の旺なる終に模倣を以て單なる模倣たるに止まらしむることなく、逐次能く事を消化して獨自の法律文化を建成するに至れる、是れ偏に悠久二千六百年を通じて、國史の上に記録されてゐる大和民族の偉大なる同化力創造力の發現に外ならない。

さりながら今や我國運は劃期的の大進展を遂げやうとしてゐる。法律文化も亦此形勢に卽應して更に發展せねばならない。此時に當り法を研究し又司直の事に關係する者の責任極めて重きものありと言はねばならない。此時に宮城法相より「今日は模倣の時代に非ずして獨創の時代であります。西洋流の自由主義個人主義の誤れるを一掃し、肇國以來受け繼ぎ來つた天業を輔翼するの精神を高揚するの秋であります」なる言葉を聞くは吾々の最も喜ぶ所である。希くは朝野協力、我國獨自の法律文化をして更に一層光輝ある大發展を遂げしめんことを。

統制强化の對策――他律より自律へ

形式的に物事を考へると、他律と自律とは互に全く相容れない別物であるやうに思はれる。しかし、實際上に於ては他律的なものが純粋に他律的のものと考へらる丶ことなく、被律者にとつて――程度こそ色々違へ兎も角――自律的のものと考へられ丶ばこそ規律が行はれるのである。此故に古來政治者は民衆をして他律的なものを出來得る限り自律的として感ぜしめる爲めに色々と工風してゐる。他律を他律としてそのま丶規律力を主張せしめんとするのは人に向つて奴隷の道德を强要するもの、決して人を人として遇しつ丶其心よりする服従を求める所以ではない。

所が政治者は屢々實際の必要に迫まられ若くは自己の力を過信して他律をそのま丶他律として民衆に差し向け勝ちなものであり、のみならずかくして十分所期の法律目的を達し得ざるを見るや飽くまでも他律力を加重するに依つて其目的を達しやうとあせるものである。實を言ふと、其際彼等の大に考へねばならないのは、何故に彼等の規律が行はれないかの原因を究明することであり、如何にせば民衆をして其規律を自律的のものとして心よりそれに悦服せしめ得べきかの方策を考慮することでなければならない。然るに功を急ぐ政治者は屢々此政治の要諦を忘れてとかく他律の强化にのみ走り勝ちである。

最近統制の必要愈々緊密の度を加へつつあるにも拘らず、世上動ともすると統制違反の事例益々多きを加へつ丶ありと言はれてゐる。而して傳ふる所に依ると、政府は對策の一として違反に對する制裁を愈々に嚴重にする計畫であるとのことであるが、如何に制裁を嚴重にしても之のみを以て民衆の遵法心を誘發し得ざるは素より言ふまでもない。吾人は政府が此際更に一歩を進めて遵法心涵養の爲め何等か積極的なる方策を實施せんことを希望してやまない。

國民精神總動員運動は國民の精神を誘動して自ら戰爭目的に協力せしめることを目的とするものである。此運動にして能く其功を成すに於ては、政府の命ずる所自ら民衆の欲する所と合致し、政府の他律する所自ら民衆の間に自律として行はるべき筈である。然るに、運動從來の實績を見るに、此理想を去る甚だ遠きものあるは何故であるか。此點に付いて考ふべき事柄は非常に多いと思ふが、少くとも從來此運動の指導者等の爲し來れる所がとかく他律的なる教義德目の押賣りに偏し、組織と理解とを基礎として自ら民衆を協力順應の方向に導かんとする努力が缺けてゐたことを指摘せざるを得ない。强力なる指導は決して他律的要素を强化するのみに依つて行はれるものではない。指導を受ける民衆の心を先づ十分に開拓することこそ指導强化の基礎條件でなければならない。それには一面教育宣傳によつて民衆の間に理解を徹底することも必要であるが、それよりも大事なことは民衆の間に組織を作つて運動の基底を下から積み上げることでなければならない。最近政黨が此目的から運動への協力を申し出でたとのことであるが、政黨が現在民衆の間にもつてゐる勢力の限りに於ては、此事も恐らく或程度まで效力があるであらう。しかし政黨現有の勢力は決して彼等自らが幻想してゐる程民衆の間に透徹してゐるのではない。此故に、今日吾々が要求したいのは、一面指導の中心勢力を眞に實質的に强化すると同時に、其勢力を支持する民衆組織を下から組み上げることである。一見事極めて困難なるが如きも、一面に於て眞に民衆をして奮起聽從せしむるに足るべき人的要素を指導の中心に置くことが出來れば、民衆組織の事も自ら容易となるのである。現在のやうに官僚的な仕組を如何に上から强化しても、民衆は立ち上らない。これが今日精神總動員運動の振はざる最大の原因であることをよく〳〵考へて欲しいと言ふのが今日吾々の率直な所感である。

尙産業報國運動も國民の自發的協力を誘致することを目的とするものとして極めて重要視すべきものであるが、從來指導者の爲し來れる所を見ると、とかく運動が他律的の傾向にのみ走つて勞資關係者の側から自發的に協力せんとする氣持が湧きあがつて來るやうに仕向ける仕組みが非常に足りないと思ふ。それには一面下から運動を組み上げる組織の問題も大切であるが、それにも劣らず重要なことは勞資關係者の双方をして眞に心より協力せんとする心組をもたせるに必要な物的基礎を精確に築くことである。第一に苟も資本の私有制を基礎とする以上、如何なる精神的指導原理も資本の本質に基く「物の論理」を無視することは出來ない。同様に又協力を求められる勞働者が人間である以上、人間の本質に由來する「人間の論理」を無視して彼等の協力を求めることは出來ない。然るに、從來此運動を指導してゐる人々の爲す所は國民精神總動員運動の場合と同じやうにとかく他律的な敎義德目の押賣りにのみ偏して、一面に於て他律的なるものを自律的なものに轉化せしむる組織を下から組み上げる努力を缺くと同時に、他面被律者の間に自ら規律に服せんとする心組をわき出でしめるに必要な物的用意を缺いてゐるやうに思ふ。例へば、指導者が如何に聲を大にして勞資一如恰も一家を成すが如くでなければならぬ所以を敎へて見ても、例へば一度不況の波が押し寄せると、企業主側の採算だけから無遠慮に解雇者を出すやうでは、如何に說敎が立派でも所期の目的を達し得ないのは當然である。又一方に於て如何に聲を大にして勞働力を商品視する傾向を非難し、勞働者に向つて人格的自覺を求めて見ても、他方に於て同時に能率本位の賃金制度の横行を許してゐるやうでは到底勞働者から物質的採算を超越した人間的協力を期し得る筈がない。眞に勞働者をして現在產業報國運動指導の敎へつゝある所に協力せしむる爲めには、別に以上の如き物質的矛盾を克服するに足るべき方策を考案用意し、之によつて彼等をして心より自發的に協力せしめるやうに仕向けねばならない。

眞に權威ある精神主義は物の論理を尊重する基礎の上にのみ成り立ち得る。世上精神主義を强調する人々は、唯物主義を排擊するの餘りや〻ともすると物の論理を無視する傾向に陷り易いけれども、眞の精神主義は一面に於て物の論理を十分に理解しつ〻、他面無批判にそれに聽從することなしに寧ろ反對に一定の理想の下に物の論理を驅使する所にこそ其本領を見出すのである。かくして運動指導者が物の論理を理解してそれを尊重しつつ、それを驅使して理想の達成に邁進する所にこそ他律を自律化して圓滑に統制の實を擧げ得る基礎的條件が存するのであると吾々は確信してゐる。

法律時観

一九四〇年二月号（一二巻二号／通巻一二二号）

調停前置主義

昨秋司法省に開催された民事實務家會同に於て、「現行民事裁判制度ノ改善ニ付考慮スベキ點如何」なる協議事項に對し、名古屋控訴院管内會同員一同より、「一般ノ民事々件ニ付テハ原則トシテ調停又ハ和解ヲ必要的手續トシ其不成立ノ後ニ非ザレバ訴訟ノ進行ヲ許サザルモノトスルコト、但シ或種ノ事件（會社又ハ手形ニ關スル特殊ノ事件）ニ付例外ヲ認ムルコト」なる答申が爲されたと傳へられてゐる。而して司法省の根本松男氏は本誌前號に「民事裁判制度の改革と調停前置主義」と題して右答申と略ぼ同趣旨の提案をして居られるが、吾人も亦之に贊意を表すると同時に、此提案を實行に移すに付き考へねばならない諸點に付き多少の意見を述べて置きたいと思ふ。

此種の制度は明治八年東京區裁判所支廳管轄區分並取扱規則第六條に「凡民事ニ係ル詞訟ハ金額ノ多少事ノ輕重ニカカハラズ詞訟人ノ情願ニ任セ支廳ニ於テ勸解スベシ」と規定されてゐる通り、明治二十三年裁判所構成法の實施までは實際に行はれてゐたのである。然らば裁判所構成法の實施と共に何故に廢止されたか。此點に關して當時勸解の實務に當つた經驗をもつ磯谷幸次郎氏が最近の法曹會雜誌裁判所構成法施行五十年記念號中に、「其の廢止の理由は良く判らぬが私の見る所では、當時勸解は全國を通じて判事がやつて居る所もあれば又勸解吏と稱する下級吏員に任かしてある所もあると言ふ有樣で、司法當局者も餘り勸解に力を入れて居なかつたのと又如何なる大訴訟も必ず一度勸解の門を通過せねば本訴訟に取り上げなかつたので、私等が治安裁判所で勸解をやつて居た時でも代言人の手に在る事件は當事者概ね出頭せず其の儘勸解不調となつて始めて本訴訟となる譯で、勸解は全く無益な形式であるとの非難で廢止されたものと思ふ云々」と書いて居られるが、吾々が玆に問題にしたいのは當時勸解をしてかくの如き運命に立ち入らしめたに付いては其原因たるべき何等か特殊の事情があつたのではないかと言ふことである。而してそれを特に問題にするのは、もしもかゝる事情が當時に特殊のものにあらずして、今日も亦存在すとせばそれを除去するに付き特別の努力を爲さざる限り、又それを取除くことが可能でない限り、制度そのものが理想として如何に立派なものであつても、實際上旨く行はれず再び「無益の形式」として廢止されることゝなるに違ひないと考へられるからである。

此點に關して先づ第一に考ふべきは法律及び裁判に關する思想の問題である。世上には今でも爭議はすべて法律に據り裁判に依つて解決すべきを本筋とすると言ふ法律萬能的な考方が行はれて居り、獨り辯護士の間のみならず、一般世人の間にも何となくそうした考が行はれてゐるが、これは明治初年此方官民一致して歐米風の法制を樹立することに努力した氣風の產物であると同時に、從來の封建的社會體制が崩壞するにつれて在來同業間部落內等に存在してゐた民間の自治的制裁組織が逐次消滅してすべてが政府從つて其機關たる裁判所に依つて裁斷せらるゝの外なきが如き情勢に立ち至つたこともかゝる考方を一般的ならしめた大きな原因であると吾々は考へる。だから恐らく法制未だ甚だ不備なりし明治八年頃には勸解の價値を認めた官民も、其後法制漸次に完備して裁判所構成法を實施する頃になると、追々法律萬能的な考方に支配されて勸解を回避するやうになつたのであらうと吾々は想像するのである。

爾來五十年爭議はすべて法律に據り裁判所に依つて裁斷せらるべしとする考方は、觀念として寧ろ漸次に有力化しつゝ今日に及んでゐるが、今日法律に據り裁判所に依つて與へられてゐる爭議の解決が實際上果して明治初年の人々が期待しただけの社會的效果を生んでゐるかどうか、觀念が何となく人心を支配してゐるから實際上外形にははつきり現はれてゐないものゝ、法律に據る裁判に依つて與へられる正義に對して、民間には今日既に相當强い幻滅感が生まれてゐるのではないか、吾々にはどうしても其感を禁じ得ないのである。裁判もいゝが、時間がかゝり金もかゝる、其上眞に爭議の實情に徹した解決を與へられるとは限らない、訴訟によらずしてもつと輕易且率直に事物の本質に適した正義妥當なる解決に到達する途はないであらうか。これが調停制度が——一部の反對にも拘らず——逐次盛となりつゝある最近十數年間に於ける民衆一般の聲である。卽ち明治初年から中葉へかけて調停其他裁判以外の解決方法よりは寧ろ法律に據る裁判を欲求した民間の空氣も、其後法制の完備と共に寧ろ反對に法律に據る裁判の實踐に對する不滿に色取られた新しい傾向に轉化しつゝあるのであつて、今こそ眞に調停制度が裁判制度と並んで民衆の正しい司法に對する要望をみたすべき情勢が形成されつゝあるのだと吾々は考へる。此故に、明治廿三年裁判所構成法の實施と共に調停制度を廢止した當時の事情から類推して今日新に調停前置主義を採用することに反對するのは甚しい誤りであつて、今では當時と寧ろ反對に法律に據る裁判に對する反動が動いてゐるのである。世上一部には現在行はれつゝある調停に伴ふ弊害的方面のみを指摘し若くは過大視して今尙調停制度の擴大に反對する向きがあるやうであるが、かくの如きは時勢の動きを洞察せざる保守の論に過ぎない。

次に明治初年の勸解制度が廢止せらるるに至つた原因の一として磯谷氏の指摘して居られる「司法當局者も餘り勸解に力を入れて居なかつた」と言ふことも輕視すべからざる大事な點であると思ふ。現在でも司法當局者は理論的に調停制度の重要性を主張してゐる割合に、調停の實踐に力を入れてゐないやうに思はれる、眞に調停に適する有能なる判事を調停係りとして調停の實績を擧げる爲めの努力は甚だ足りないと思ふが、明治初年に勸解制度を採用した人々は恐らく之を以て法制の不備を補ふ臨時已むを得ざるの處置と考へたるに過ぎず、勸解そのものに特有な長所を積極的に利用せんとするが如き意圖は全くなかつたものと想像される。さればこそ法制の完備に伴つて「司法當局者も餘り勸解に力を入れ」ないやうになり、終には「無益な形式」として廢止されるにまで立ち至つたのだと思ふ。此故に、今日新に調停前置主義を採用せんとするならば、眞に調停制度に特有なる其長所を理解して調停機關の充實を圖る必要がある。少くとも現在裁判機關の改善充實に拂ひつゝあると同樣程度の努力を以て有爲有能なる調停機關を作るのでなければ、新なる調停前置制度も結局は再び「無益な形式」として葬り去らるゝ運命に立ち至るであらう。

今でも一部の職業的法律家の間には法治主義の下に調停制度を排斥し調停制度の盛行は人民遵法の精神を毀傷するものなりと言ふが如き論を爲してゐるけれども、根本氏も言つてゐる通り調停委員が「豊富なる智識經驗を經とし、圓滑なる常識・健全な思想を緯として、當事者に對して義理を說き人情を諭」し、又「判事は解決の方向が法律の軌道を逸脫することのないやうに委員會を主宰する」、かくして「法律的正義と社會的正義とが渾然と融和して公正妥當なる解決へ當事者を指導する」所に、調停制度の理想が存在するのであり、出來得る限りかゝる解決に導くことこそ司法制度の理想であることを忘れてはならない。「例へば賃料不拂に基く家屋明渡の事件に付て、訴訟であるならば、先づ契約解除の前提たる催告に定めた期間が相當であるかどうか、解除の意思表示が何時相手方に到達したか、明渡は賃貸借終了を原因とするか或は所有權を原因とするか、といふやうな問題を形式的に取扱ふのが普通であるが、調停に於ては單刀直入何故家賃を滯納するに至つたかといふ實情を訊ねて、事件の核心に入つて行く」、こうした事件の實質に卽した事の解決方法こそ眞に民衆の欲求に適合したものであつて、若しも調停前置制度の實施に依つて此種の解決が一般的となることが出來れば、獨り民衆の益する所なるのみならず、法律平和の社會的確立にも資する所極めて大なりと言はねばならない。

世間には調停の盛行が辯護士の職業的利益を害すると言ふやうな露骨な議論を以て調停に反對するものもあるやうに聞くが、現在でも全體的に見ると辯護士は決して訴訟によつて收入を得てゐるとは言ひ難いのであるから、將來調停制度が愈々盛になる曉には辯護士の職能も自らそれに相應して變化せねばならず、又變化して然るべきであらう。目先きの職業を奪はれると言ふが如き偏狹な考から調停制度に反對してゐると、假りに當面の目的は達し得たとしても、其結果司法制度そのものが全體的に行き詰まつて、職業としての辯護士そのものも救ひ難き行き詰りに陥ると思ふ。

傳へる所に依ると、近時司法當局者の一部に日本精神に基いて我國法制の徹底的革新を圖るべしとの主張があるとのことであるが、若しも争議解決の方法として訴訟よりは寧ろ調停が重きをなすが如き世の中を作り出し得れば、これ程日本精神に適合した改革はないであらうと吾々は信ずるものである。吾々は其種論者が此問題の解決に協力を惜まざらんことを熱望してやまないものである。

時評

一九四〇年三月号（一二巻三号／通巻一二三号）

産業組合の問題

産業組合中央會々頭有馬頼寧氏の名義を以て營業保險三社を産業組合側に買ひとる計畫が暗々裡に進められてゐたことが曝露されると共に、各方面から色々な意見が述べられてゐるが、吾々の見る所では議論の多くが的を外れてゐるか若くは枝葉末節に走つてゐるやうに思はれてならない。假りに買取計畫を進める手續や其際利用した法律的技術に不都合若くは不當なものがあつたとしても、かくの如きは寧ろ末の問題であつて今からでも是正する途はいくらでもあらう。吾々はかくの如き末節に捉はれて根本問題の考察を忘れてはならない。

先づ第一に問題となるのは、産業組合中央會が、共濟組合其他如何なる名義に依るにもせよ、營業保險會社を買取つて保險業の經營に進出することは、産業組合が全國各地に亙つて有力なる地盤を占めてゐる關係上、他の一般保險業者を脅すに至る虞はないかと言ふことである。保險業者側では問題となつてゐる三社の如き微々たるものが産業組合の手に歸しても大勢には影響がない、と言ふ趣旨の意見を述べてゐると新聞紙は傳へてゐるが、産業組合が現在全國的にもつてゐる人的潜勢力を基礎として鋭意今後の經營に當れば、現在微々たる三社と雖も將來は極めて有力なものになる見込があるのではあるまいか、そうして一般保險業者の側でも暗に其將來を憂ひつゝ表面上は其言明を避けて、寧ろ別に反對の理由を求めてゐるのではあるまいか。もしもそうだとすれば、問題は産業組合の保險進出が産業組合の性質上望ましいかどうかの點にはなくして、寧ろさらぬだに最近社會保險の進出、其他各種の革新的政策に依つて何となく將來を案ぜられてゐる一般保險業が産業組合の進出に依つてどれだけの脅威を受けるかの見透に關する問題であると思ふ。故に、此際は政府當局としても法律的技術の末節に捉はれて事の是非を斷ぜんとするよりは、寧ろ保險に關する全般的政策の見地から問題を考慮すべきであると吾々は信ずるものである。

第二に注目すべきは、事が産業組合に於ける勞働問題に關係してゐることである。元來産業組合は組合員の經濟的相互扶助を基調とする團體である爲め、組合の仕事も組合員中の何人かゞ半ば名譽職的に引受くべきだと言ふやうな考方が今尚何となく一般に行はれてゐる。それが爲め從來産業組合從業者の物質的待遇は一般に悪いのであるが、産業組合の仕事が擴大し其社會的地歩が高まるにつれて職員中に有爲なる人物を迎へる必要が漸次に増大し、而かも在來の待遇では到底其目的を達し得ない所に現在産業組合の逢着してゐる大きな患みの一が伏在してゐるのだと吾々は考へる。産業組合の仕事が大きくなつたにも拘らず從業員に其人を得ることが出來ないと、經營上自ら不都合が起るのは當然で、昭和十三年産業組合自治監査法の制定を見たのもかうした事情に因るのだと吾々は想像してゐる。聞く所に依ると、共濟組合設置のことは從來既に地方の組合から屢々要求されてゐたとのこと、中央會今回の企ても此種の要求に動されてのことである由、從業員の優遇が産業組合一般にとつて如何に當面の重大問題であるかを察知することが出來る。

産業組合も全國的組織が完備するにつれて、中央會や聯合會の如き指導層には漸く有爲の人物を迎へて相當の高給を支給し得るやうになつてゐるやうであるが、それに比べて地方の産業組合が今尚一般に有能なる職員を迎へ得るだけに經營組織が出來てゐないのは輕視すべからざる缺陷であつて、此缺點を補塡することは現在指導層に在る人々の最も努力を要する所であると吾々は考へる。此意味に於て吾々は、中央會幹部が今回の企てを爲すに至つた動機にも十分の同情をもち得るのであるが、希望としては問題の中心に向つて正々堂々もつと根本的な解決の方策を施して欲しいと思ふ。今回の方法によつてどの程度まで共濟の實を擧げ從業員優遇の目的を達し得るのであるか、局外の吾々には全く解らないけれども、恐らくこれだけでは從業員優遇の全問題は解決しない、產業組合の經營上人的要素の重要なる所以を深く認識して經營の根本方針そのものに相當高度の改革を加ふるにあらざれば到底其目的を達し得ないと吾々は考へるのである。今度のことが問題となつた此機會に於て、產業組合の指導層に在る人々が當面の問題の切り拔けのみに腐心することなく思を深く此方面に致されんことを切望して已まない。

最近或人の口から「又こんなことをして幹部の中から澤山の會社重役を作ることになるのでせう」と言ふやうな言葉を聽いたが、指導層の諸氏は之を單なる惡推量として斥けることなしに此言葉の裏に含まれてゐる意味をよく〳〵考へて見る必要があると思ふ。

法令實施の結果を常時調査すべし

法令を制定實施した以上、單に其實績に關して形式的な統計報告の類を作成發表するのみならず、之に科學的檢討を加へ殊に法令の實施が社會に如何なる影響を及ぼしたかを精細に研究して、常時將來への對策を考へて置くことは實施の任に當たる當局者の重い責任であると思ふ。所が、從來各省の爲しつゝある所を見ると、此方面への注意が比較的足りないのではないかと言ふ疑を容れる餘地が大にある。

去る二月十二日貴族院本會議の席上中野敏雄氏の爲したる質問演說の中に「健康保險法ノ如キハ、當業者ノ實際ニ運用シテ其ノ弊害ヲ痛感シテ居ル話ヲ能ク聞クノデアリマス、是ハ一例デアリマスルガ、健康保險法デハ、三月ト四月ト五月、三月間ニ働イタ鑛夫ノ實收賃金ガ、ソレカラ後一箇年間ノ健康保險ノ基本賃金トナツテ居リマス、ソレデ七月八月頃ニナツテ怪我ヲスル、病氣ヲスル、サウスレバ其ノ基本賃金ノ六割ヲ貰フノデアリマス、ソレデ全部ガ全部デハアリマセヌガ、一部氣ノ利イタ稼働者ハ三、四、五ノ三月間ダケウント働キマシテ其ノ基本賃金ヲズツト高メルノデアリマス、而モ支給サレルノハ一箇月三十日ノ六割デアリマスルカラ、十八日分支給サレルコトニナツテ居リマス、サウシマスルト、達者デ元氣デ働ク者モ矢張リ十八九日ノ稼働日數デアリ、病氣デ臥テ居ル者モ十八日分ハ貰ヘル、ト云フコトニナツテ居ル所ニ陥リ易イ缺陷ガアルノデハナイカト思フノデアリマス。假病デモ使ツテ休ンダ方が得ダト云フコトニナリサウデアリマシテ、サウ云フ者ガ一人デモ出マスト、其ノ全鑛夫ニ及ス影響ハ頗ル多イノデアリマス」と言ふ一節がある、そうして氏はそれに續いて「一度法ヲ作ツタ以上ハ其ノ實績ヲ十分調査スル必要ガアルト思ヒマス、一體政府ハサウ云ツタコトニ付十分調査セラレタコトガアリマスルカ、私ハマダ寡聞ニシテ纏ツタ調査報告ノ出タコトヲ聞イテ居リマセヌ」と述べてゐる。氏が此質問演說に於て述べてゐる趣旨は全體として事變と勞働立法との關係に付いて極めて興味ある材題を提供して居り、中には大に檢討批判を加ふべき點が多いと思ふが、之に關する論評は之を別の機會に讓り、今玆には此最後に引用した一節のみを問題として官僚諸氏の考慮を促したいと思ふ。

吾々の知る限りでも、從來官僚は新しい法令を制定するとか在來の法律に大改正を加へると言ふやうな場合になると急に調査資料の蒐集に熱中するが、一度法律が制定されるとあとは技術的にそれを運用することにのみ沒頭して、調査の繼續を怠る傾向がある。調査部其他の名義で繼續的の調査機關をもつてゐる役所でさへ、法令實施の結果を常時科學的に調査して適時に適當な改正を加へ得べき用意をしてゐるものは殆どないやうに思はれる。それが爲め法令實施の結果よく〳〵の不都合が起つて世間から相當强い改正の要求でも出ないと、改正の仕事に手をつけない。そうして改正に着手するとなると又初めから調査をし直ほすと言ふやうな調子で、すべてが甚だ非科學的である。

利潤を目標として極力能率を上げることに努力してゐる會社では、常時經營の實績如何を調査して經營方法の改善に努めてゐる。然るに其同じことが役所では一般に十分行はれてゐない。實業家は一般に役所の遣り方を評して役人の無責任と言ふ。官僚は恐らく自ら辯護して自分等の仕事は單純に利潤を追ふのに比べると遙かに事柄が複雑だから簡易な實績調査などに依つて輕々に法令の改廢などを行ひ得ないと言ふであらうが、吾々をして言はしめれば事柄が複雑なればこそ一層周密な繼續的調査が必要なのである。役所に人手が足りないと言ふことも決して言譯にはならない。志さへあれば、學界なり民間との連絡を工風するに依つて容易に目的を達し得る。足りないのは人手にあらずして志であり熱意であり責任心である。

時評

一九四〇年四月号（一二巻四号／通巻一二四号）

新法學生を迎ふるに當りて

如何なる學問を研究するにしても、研究者が豫め大體其學問が學問として如何なる特色をもつものであるかを知り、そうして其學問に對して研究的興味をもつことが必要であるのは素より言ふまでもない。然るに、現在大學の法學部に入つて來る學生の大多數は其將に學ばんとしてゐる法學そのものの學問としての特色について殆ど何等の豫備智識をもつて居らず、從つて法學に對して特別の研究的興味をもつてゐる譯でもない。研究的興味から學に志すと言ふよりは寧ろ學習の結果得らるべき職業なり社會的地位なりを目指して漠然入學して來るのが通常の例であるやうに思はれる。

而かも法學は性質上高等學校の教育に依つて直接それに關する豫備智識を十分に與へて貰ふに適しない學問のやうに思はれるから、今後と雖も大學法學部は大體かくの如き新入學生を相手とする覺悟でなければならぬと思はれるのであるが、今までの所官私立の諸大學共此點を十分頭に入れて教育計畫上特別の用意をしてゐるものが殆どないやうに見受けられるのはどうしたことであらうか。

法學の何たるかに付いて十分の豫備智識を有せず、從つて法學研究に付いて殆ど何等の學的興味を感じてゐない新入學生を相手とするのであるから、學習の初めに是非共彼等に適當の指導を與へて入門の手引きをしてやるやう特別の工風をしなければならないのは當然である。其方法としては色々のことが考へられるが、私が特に必要と思ふのは學習指導の特別機關を置くことである。法學部はどこの大學でも學生數が非常に多いから一人々々手をとつて學習方針の手引きをしてやることは非常に困難のやうに思はれるが、大學に其志さへあれば決して不可能なことではあるまい。少くとも學習相談所の如きものを作つて、相談に來る學生に學習の心得を教へてやつたり、聽講すべき講義の選擇、聽講の順序等に付き指導を與へてやることは決して六かしいことではない、而かもこれに依つて新入の學生の學習上得る利益は非常に大きいと思ふ。

學生としても極力自らつとめて一日も速かに法學教育の目的の那邊に存するかを會得せねばならない。法學教育の目的は法律的に物事を考へる力を養成するに在るのであるから、學生にとつて最も大事なことは學習の初めから其積りで聽講もし讀書もし又自ら思索もして其日々々の努力に依り着々と法律的に物事を考へる力を養ふやう努力することである。然るに、吾々が永年學生の試驗をした經驗に依ると、學生の中には全く此點を理解せずして恰も中學生が所謂暗記物を勉强するやうな調子で勉强してゐたとしか思はれないものが毎年少からず見出されるのである。これは一面吾々の教育方法の缺點にも因ることであるが、學生自らが學習の初めに於て法學そのもの丶學的性質を十分理解することに力めない結果でもあると言はねばならない。今や新學年の初頭官私立の諸大學が多數の新法學生を迎へるに當り特に此事を記して一般の注意を喚起して置きたいと思ふ。

法學志望者減少の傾向

東京帝國大學法學部に一兩年此方一の輕々に看逃がし難い傾向が現はれてゐる。それは法學部學生中法律學科を志望するものの數が激減して、政治學科志望者との比率が以前に比べて全く反對にならうとしてゐることである。

此事の原因如何に付いては大學當局者の間にも今尙十分の研究が爲されてゐない。從つてまだ何等の對策も講ぜられてゐない譯であるが、若しも此現象が單に一東京帝國大學法學部にのみ止まらずして、全國的に認められるとすれば、單に法學敎育上重大な問題であるのみならず、司法省其他廣く法曹關係者一般に依つて大に考慮せらるべき重要問題であると言はねばならない。

此現象が初めて吾々の注意を惹いた當時、吾々によつて先づ考へられたのは近衞內閣の高文試驗改革案なりとして世上に傳へられたもの、影響であつた。當時新聞紙に依つて傳へられた該改革案は行政科試驗の科目中より法學的科目を除かうとする傾向を多分にもつてゐた。これが行政科受驗を志す學生に影響して法律學科よりは寧ろ行政學科に向ふ傾向を助成したのであらうと言ふのが當時吾々の抱いた一應の想像であつた。

然るに、其後近衞內閣が退陣して該改革案が一應現實の舞臺から退いた今日になつても、法律學科志望者の數が依然として減少しつ、あるのを見ると、更に吾々は眼を轉じて其原因を廣く他の方面に求めねばならないこと、なつた譯である。

一派の樂觀論者は世の中の景氣がよくなると兎角法律のやうな地味な學問をコツ〳〵やらうとする傾向が減退し易いのだと言ふて、當面の現象も一時的のものに過ぎないと考へ、從つて此際周章て、對策を講ずる必要はないと主張してゐる。又或る人々は之と反對に法律が政治的勢力の下に立つ傾向が段々強くなるにつれて青年の興味が法律を離れて政治に向ふのは當然である。法律學生減少の傾向も畢竟此一般的政情を反映するものに外ならないと言ふ理由の下に萬事を成り行きに任せるより外ないと言ふ悲觀的な意見を抱いてゐるらしい。

しかし、世の中が如何やうにならうとも専門的法律家の必要は決して絶滅するものではない。法律が政治的勢力の下に立つ傾向が強くなればなる程反つて正しい法學的教養をもつ優れた法律家の必要は寧ろ増大するのだと吾々は考へてゐる。從つて今日吾々の考へねばならないのは現在の法學教育制度が今や顯著に變化しつゝある政治的並に社會的事情に照して眞に今後の社會が必要とする法律家を養成するに適當した仕組みをもつてゐるかどうかであつて、制度を現在のまゝにして置いても其内には又法律學生が増える日も來るであらうと言ふやうに漠然樂觀的に物事を考へるのも間違であり、又反對に政治事情が現在のやうになつた以上法律學生が減るのは當然であると言ふやうに考へて制度改革のことを斷念する態度も甚だ間違つてゐると私は考へてゐる。

元來我國現在の法科教育の根底は明治時代の政治的必要に應じて仕組まれたものであつて、今では全體として可成り時代の要求に添はない缺點をもつてゐるやうに思はれるのであるが、さて之に改革を加へるとして其内容如何を問題にして見ると人によつて意見は必ずしも同一ではない。卽ち或る人は現在法律學科が一面専門的法律家を養成する目的から見ると甚だ不徹底であり、而かも他面行政官や實業方面を志望する者を養成する目的から考へると無用に法學的要素が多過ぎて、いづれともつかない中途半端なものになつてゐることを指摘して、法律學科は寧ろ専門的法律家の養成を専一的に目的とするものとして制度を改偏すべきであると主張するに反し、或る人は反對になまじ法律學科政治學科の區別を置いてゐることが間違ひの元である、法學部としては寧ろ一般的に法科的教養をもつ人間の養成に専念すべきであつて、専門的法律家の養成は寧ろ之を司法省なり辯護士會に一任すべきであると主張してゐるやうな次第であつて、改革に關する意見は中々一様ではないが、少くとも現在の法律學科が特別の學科として特に學生を惹き付ける特色を失ひつゝある、此點を改革しない限り法律學科は今後とも長く學生の減少に苦しむであらうと言ふのが多數者の意見であるやうに私は考へてゐる。

時評

一九四〇年五月号（一二巻五号／通巻一二五号）

制度の形式的整備と施設の實質的不備

我國には制度が一通り形式的に整備されてゐるにも拘らず、其實施の施設が實質的に極めて不備である場合が多い。少年保護に關する制度の如き其一例であつて、事變下の今日一面に於て少年犯罪激增の傾向が世人の注目を惹いて居るにも拘らず、他面に於て少年法施行第十八回の記念日を迎へた今日尙同法を中心として組み立てられてゐる少年保護制度は經費不足の故を以て內容的にも又地域的にも極めて限られた實際上の作用を爲してゐるに過ぎない。人的資源涵養の國家的必要が力強く叫ばれてゐる今日此點の缺陷を補正する方途を講ずることは刻下の急務であると吾々は考へる。

少年犯罪增加の傾向は戰爭に伴つて必然的に發生する社會病の一だと言はれてゐる。此病弊を豫防し救治する爲めには、教育其他色々の方面から綜合的に對策を講ずる必要あること勿論であるが、少くとも少年保護制度を十分に働かせて此傾向と戰ふ必要が大にある譯である。然るに、實際を見ると、少年法あり少年敎護法あり、少年審判所・矯正院等の制度ありと雖も、歷代の政府が此方面に十分の經費を出さない爲め、實施の諸施設は數も少いし內容も一般に貧弱であつて、吾々をして正に爲さるべきものが未だ甚だ爲されてゐないと言ふ感を大に抱かしめるものがある。殊に、法律には明かに規定されてゐる最少限度に必要な事柄までが經費不足の故を以て十分に行はれてゐないのは甚だ遺憾である。現に司法省保護課長森山武市郎氏が或雜誌の座談會に於て述べて居られる所の中にも

「少年保護といふことに就ては、醫師によく診察させるといふ規定があるんですが、何を申しましても豫算が極めて貧弱なものですから、充分に出來ない」と言ふ一節がある。經費が足りない爲め、個々の少年に付いて十分の診察を行ひ得ないやうな次第であるから、全體的に科學的研究を行ふやうなことは勿論不能であり、僅に民間の勞働科學研究所の如き寧ろ筋違ひの研究所に依頼して研究をして貰つてゐるやうな實情であるとのことであるが、少年保護のことが極めて重要視されねばならない今後に於て此現狀がこのまゝ續けられてゆくことは吾人の到底許し得ざる所である。現に政府は人的資源涵養の必要を認めて、或は多産奬勵の宣傳を行ひ、或は國民體力法・國民優生法の如きを制定して、肉體的にも精神的にも健全な素質の優れた國民後繼者の增加を計つてゐるではないか、其同じ政府が既に十八年前から出來てゐる少年法を完全に運用するに必要な費用を出し惜んで、少年の不良化を豫防し、犯罪少年を矯正するに必要な諸施設を不備のまゝに放任し、見す〳〵多數の少年が犯罪層に陷つてゆくのを救ひ得ないといふが如きは甚だ矛盾ではないか。敢て爲政者の猛省を促す所以である。

尚少年保護に關しては政府の施設と並んで外廓から協力する民間社會事業團體の働きが重要視されねばならないのであるが、歐米一流諸國に比べると我國のそれは在來既に甚だ貧弱であつたのみならず、殊に事變此方寄附金の募集難や低金利の爲めに甚しい資金難に陷つて一般に活動が鈍りつゝあると言はれてゐる。一方に於て保護を要すべき少年が激增する傾向にある今日、保護團體の現狀がこの有樣では將來が如何にも案ぜられるではないか。此事も同時に爲政者に依つて大に考慮されねばならない重要問題である。

文官試驗制度の改革

官吏制度の全般的改革を行ふ其第一着手として愈々文官高等試驗制度に相當徹底的な改革を加へる企てがあると傳へられてゐる。

所謂法科萬能の非難に應へる目的を以て不合理な妥協を基調として成り立つてゐる現在の制度が如何に不都合な

ものであるかは萬人周知の事實である。之に適當なる改革の施されることは吾々の前々から要望してやまない所であつたが、事の大學教育に對する影響が如何に大きいかを十分に知つてゐる吾々としては、政府當局者が彌が上にも愼重な態度を以て事に臨み、かりそめにも輕擧功を急ぐが如きことなからんことを希望して已まない。

吾々としては試驗科目、試驗方法等細い諸點に付いても色々希望したいことがあるが、こゝでは基本的の點に關して一二の希望を述べて置きたい。先づ第一に、試驗制度と大學教育との間には實際上極めて密接な關係があるから、大學教育と切り離して試驗制度のことを獨立に考へてはならない。無論大學は直接には高文試驗の爲めの準備教育を行ふことを目的とするものではないが、現在のやうに學生の大多數が受驗を目指してゐる以上、試驗制度の如何が直に學生に影響を與へ、惹いては教育そのものにまで影響を及ぼすことになるのは當然であつて、此現實の前に眼を閉ぢて試驗制度のことを考へるのは不合理である。無論吾々は、大學教育の現狀に滿足して之を現在のまゝに保置すべきことを主張するものではない。從つて此現狀に甚しい影響を與へるやうな改革は一切之を排斥すべきであると言ふのではない。寧ろ反對に試驗制度と大學教育とを互に十分關聯せしめつゝ、兩者にそれぞれ相當徹底した改革を加へる必要があることを信じてゐるものである。今日今後の我國が官吏として抑々如何なる青年を必要とするのか、現在の大學教育及び試驗制度がかくの如き青年を養成するに適しない缺點をもつてゐるとすればそれは具體的に如何なる點にあるのか、此等を十分愼重に考慮研究する必要を吾々は固く信じてゐるのであつて、吾々の最も恐れてゐるのは大學教育との關聯をも深く考へずに、輕々しく時流に迎合するやうな態度で試驗制度の改革が行はれることである。

第二に、行政科試驗と司法科試驗とは試驗科目に於ても試驗方法に於ても全然別個に考へらるべきものであつて、後者に於ては優れた法學的教養をもつ司法官向きの青年を選び出すことを主眼として制度改革のことを考へる必要がある。現在では科目も試驗方法も十分此目的に副ふやうに出來てゐない。行政科と全く引き離して獨自の考案が爲されることを希望してやまない。尙こゝでも大學教育との關聯が十分に考へられねばならぬのは勿論であるが、此點は司法當局でも相當考へて居られるとのことで吾々も大に喜んでゐるが、さうなると問題は寧ろ現在諸大學に於て行はれてゐる法學教育に改革を加へる必要なきや否やである。大學方面では此點をどう考へてゐるのであらうか。又司法當局から此點に關して何等かの注文がないであらうか。吾々は此點に最も大きな關心をもつてゐる。

報國債券と實施上の注意

報國債券が富籤的性質を有するの故を以て議會でも一部には強い反對があつたし、世間にも今尙相當有力な反對意見がある。其要旨は此種の債券は不當に射倖心を挑發して民間の美習良俗を破る虞があるといふにあるが、諸外國の數多い實例が吾々に教へる所によると、富籤には常に必ずかくの如き弊害の救ひ難きものが伴ふものだとは限らない。富籤の弊害は多くの場合寧ろ其實施方法よろしきを得ざることに原因するものゝやうに思はれる。其賣出や抽籤に際して不用意に華々しい挑發的なことをすればこそ、不當に射倖心を煽り立てるやうな弊害も起るのであつて、一般に傳へられてゐる吾國幕府時代の富籤の弊害の如きも多くは實施上の不用意に原因してゐるやうに想像されるのである。

現在富籤を實施してゐる歐洲諸國に於ては一般に具體的に何人が當籤したかを新聞紙に書くことを禁じてゐるが、これは今回我國の報國債券を實施するについても是非實行せねばならぬ大切な事柄であると思ふ。我國從來の例に依ると、新聞紙はとかく此種のニユースを事々しく記事にして讀者の好奇心を滿足せしめやうとする傾向があるが、報國債券の實施に關して富籤的弊害を防止するが爲めには是非共此傾向を抑へる必要がある。少くとも歐洲諸國に於て現に行はれてゐるやうに具體的に何人が當籤したかを報道することを絕對的に禁止する必要があるのだと吾々は固く信じてゐる。

時評

一九四〇年六月号（一二巻六号／通巻一二六号）

改正刑法假案の公表

司法當局者が立案新に成りたる改正刑法假案を公表して廣く天下に批評を求めたことは誠に賞讃に値すべき立派な處置であると言ふことが出來る。學者辯護士等在野の法曹はもとより苟も事に關係ある諸方面の人々はよろしく批評に依つて協贊の意を表すべきである。當局者もよろしく虚心淡懷局外者の意見を聽いて最善の最後案を作成するやう努力して欲しいと思ふ。

本誌は、次號を改正刑法を主題とする特別號にして、一面改正案を解說すると同時に、他面權威者の批評を貰ふ豫定にしてゐるが、こゝには、私が此假案を一讀して感じた所の一端を取り敢えず述べて置きたいと思ふ。

私は前號で少年法實施記念日に關聯して同法の實施情況が實質的に甚だ滿足すべからざる狀態に在ることを述べて置いたが今回の刑法草案を讀んで何よりも先づ第一に感じたことは、刑法の規定內容が如何に優れてゐても、政府が其實施に要する經費を十分に支出する用意をもたない限り、少年法に於けると同じ結果に陷るやうになりはしないかと言ふことである。少年法の規定それ自身は如何にも立派に出來てゐる。それにも拘らず保護・敎護・矯正等の諸施設が不完全である爲めに、法律所期の目的は決して完全に達成されてゐない。此事を考へ合はせると、例へば今回の改正案が保安處分として監護・矯正・勞作・豫防の諸處分を規定してゐるのを見ても、私には直に政府は果して此等の處分を完全に實施するに必要な費用を支出する用意をしてゐるのであらうか、其の點に關する深い疑ひが起るのを禁じ得ないのである。監護所・矯正所・勞作所・豫防所等々言ふは容易なり、矯正院さへ滿足に設備し得ない當局者に此等の施設をする用意が果してあるのであらうか。私の最も疑ふのは其點である。精神病院さへ不足してゐる現狀で、どうしてそうした色々の施設を作ることが出來るのか、私はそれを最も不安に思ふのである。

敢て言ふ、刑法改正を企てる前に、先づ少年法の實施を完全ならしむべし。少年法をさへ完全に實施し得ない政府が、どうして保安處分を完全に實施し得やう。保安處分を完全に實施し得ずして何所に改正刑法の面目があるのか。此點を當局者はどう考へてゐるのであらうか。私は改正案に對する批評家が、事を抽象的理想的にのみ考へることなしに、現實に卽して規定內容の實現性如何を具體的に檢討されることを希望してやまない。

次に考へられるのは、この改正刑法を實施して所期の效果を擧げる爲めには優秀なる刑務官保護司等多數の人を要することである。司法當局者は刑務官の採用・養成・待遇等についてよろしく革新的の處置を爲すべきであり、以て廣く各方面から適任有望にして而かも職として此事を愛し得る人々を迎へねばならぬ。醫師可なり心理學者可なり教育者宗教家社會事業家等亦大に可なり、法律家亦決して不可なるにあらずと雖も、法科萬能の弊は絕對に之を排斥せねばならぬ。又かくして採用された人々に對する待遇も決して之を單なる技術官としてのみ待遇することなく、一般行政官吏と同樣の待遇を與へる用意がなければならぬ。技術者冷遇の弊は現行官制上隨所に認められるが、刑務の如きは其弊を最も速かに除去せねばならぬ部門であらう。退職した判檢事を最も手頃の保護司と考へるやうな安易な考方も亦之を捨てねばならぬ。寧ろ刑務官保護司を通じて廣く採用の門戶を朝野に開くべきである。此點に關して當局者は現在どれ程の心的用意をもち合はせてゐるのであらうか。

法學教育と試驗制度

前號に鵜飼信成氏が米國エール大學のローデル教授の新著を紹介してゐるが、其中に法學教育の見地から見て看

逃がし難い極めて興味ある一節がある。曰く

「今世紀になつてから判例の研究によつて法學生を教育する革命的な方法が採用される様になつて來たが、しかし結局のところ學生は判例を通じて法の抽象的な原理を發見しそれを覺えなければならないので、試驗前には虎巻教科書をみる方が早道だといふことになる。ケースブックメソッドを徹底的に採用した或る『進んだ』法學校の卒業生は、司法科試驗を受ける爲めに法の抽象的な諸原理を速成教育で覺え込まなければならないといふ皮肉な事實さへある云々。」

私がこれを讀んで先づ第一に感じたのは、教育のことを考へるときには同時に試驗のことをも考へ合はせねばならぬ、教育と試驗との間に離るべからざる密接な關係があると言ふことである。從來我國では獨り法學教育のみに限らず教育の制度方法が研究されてゐる割合に試驗の研究が閑却されてゐるが、教育と試驗との間に密接なる關係あることを考へて兩者を不可分的に研究する必要があると私は思ふ。現在我國の法學教育では一般に抽象的な法律原理を敎へることにのみ專念して法律的に物事を考へ法律的に物事を處理し得る力をもつた法律家そのものを養成することを忘れてゐる缺點がある。而かも人々が一般にそれを甚しい缺點とも考へないのは、大學內の試驗でも國家試驗でも丁度法學教育がかくの如きものであるのに對應して抽象的な法律原理に關する智識の有無を形式的に試驗してゐるに過ぎないからである。試驗がそう言ふ仕組みに出來てゐるから教育の方でも態々骨折つて法的思惟力の錬成と言ふやうな六かしいことをせずに、恰も九官鳥に言葉を敎へ込むと同じやうに形式的に抽象的な原理を敎へさへすれば、利巧な學生はそれを記憶して試驗官の前で巧みに復誦して見せる、そうして優秀な法學士にもなれば、國家試驗にも合格し得るやうになつてゐる。だから大學で僅か二年間法學教育を受けたに過ぎない多數の學生が易々と國家試驗に合格し得るのであつて、之を外形的に見れば教育の効果が甚だ擧がつてゐるやうに考へられるけれども實を言ふと教育と試驗とが相通じて九官鳥を敎へたり鳴かせたりするやうなことをしてゐるに過ぎないのである。これでは採用後案外學力が不足してゐるとか物事を考案し處理する力が足りないとか言ふやうな非難が生

まれるのは當然であつて、此種の非難をなからしめる爲めには教育方法にも徹底的の革新を加へ試驗方法乃至は採用方法にもそれに相應した改革を加へる必要があるのだと私は思ふ。

ローデル氏は折角大學でケースメソッドに依つて教育しても、結局試驗を受ける爲めには試驗前に「虎卷教科書」を讀む方が早道であつたり、「法の抽象的な諸原理を速成教育で覺え込まなければならない」やうな現情だと嘆じてゐるが、それでもまだともかく教育だけはケースメソッドに依つて行はれ、從つて學生自らをして判例を通して法律原理を發見せしめるやうな練習をさせてゐるから、法的思惟力錬成の目的から言ふと恐らく我國に比べて遙かに教育效果を擧げてゐるものと私は想像する。だから、私は我國でも一應試驗と切り離してでも法學教育の方法そのものを改革することを官私の諸大學當局者にお勸めしたいし、更に進んでは試驗方法に新しい考案を施して教育への悪影響を除去するやうにして欲しいと思ふ。

多數の學生を一度に敎へ、多數の受驗者を簡易に試驗しやうと言ふことになると、とかく萬事が形式的になり上滑べりになり易いものであるが、如何に困難であらうとも此弊風だけは極力防遏せねばならない。現在政府は高等試驗制度の改革を企ててゐるとのことであるが、私の考では試驗科目を如何にすべきかよりは寧ろ試驗方法を如何にすべきかの方が寧ろ大事な問題だと思ふ。其意味に於て私は先づ第一に筆記試驗の試驗問題を思惟力考案力の檢出に適するやうに改正すべきであると思ふ。又口述試驗に於ては一層その點に注意して抽象的な原理に關する智識を形式的に試驗するやうなことをやめねばならぬと思ふ。受驗者から聞く所に依ると、かかる弊は特に司法官其他官廳側から出た試驗官に多いとのことであるが、これは一體どうしたことなのであらうか。

時評

一九四〇年七月号（一二巻七号／通巻一二七号）

産報運動と勞働組合

産業報國運動の發展は必然に勞働組織の根本的改變を要求する。經濟體制の全體的變革は自由經濟時代の遺物たる勞働組合と彼等の手に依る勞資關係の自由取引とを否定せずんば已まない。蓋し當然の經緯、何等特に異とすべきものなし。しかし、舊きを倒したる後之に代はつて新に勞働を統制する組織を如何に組み立つべきかに付いては產報關係者に於ても尙大に考究を要すべきものがあると思ふ。

先づ第一に、賃金其他勞働條件の規整に關して產報は如何なる方針の下に如何なる方法に依つて何事を爲さんとしてゐるのであるか。ドイツでは勞働組合を全面的に否定して勞働戰線を建設した當時、勞働組合從つて勞働協約に依る勞働規整が既に十分に行はれてゐたから、勞働管理官の仕事も實質的には之を承繼して比較的容易に行はれ得た。又イタリーでは從來の自由組合を否定すると同時に、法律に依る全國的組合組織を樹立し、之を通して依然勞働協約の形式で勞資關係を規整してゐる。此點に付いて我國は全く事情を異にしてゐる、產報運動の指導者及び政府の勞働關係者は果して如何なる對策を藏するのであらうか。

次に考ふべきは、組合解消の後勞働者の自律本能を如何に滿足せしむべき方式を如何にすべきかである。形式上勞働組合を解消せしめても、勞働者の自律本能を滅却することは出來ない。寧ろ彼等の自律本能を適當に滿足せしめてこそ統制も自ら圓滿に行はれ得るのである。例へば產報組織に於ける勞働代表者の決定方法にしても、無闇に上から押しつけがましい態度をとるよりは、成るべく勞働者自らをして選擧其他適宜の方法に依つて自治的に事を行はしむるを賢明とする。上よりする一方的統制に比べて、此種の方法による自律本能の尊重が如何によく勞働者を悦服せしむる力をもつてゐるかを十分考慮に入れる必要がある。とかく人間と言ふものは、他人のきめてくれたことには假令其内容が十であつても不平を言ふ、之に反して自分自らのきめたことであれば、よしんば其内容が七八に過ぎずと雖も尙滿足して不足を訴へないものである、此人情の機微を洞察することは勞働統制の要諦であると私は考へてゐる。

官吏と遵法精神

國民の間に遵法精神が健全に引き亙つてゐることは平時でも大に望ましいこと勿論であるが、非常の今日特に絕對に必要なること素より言ふを俟たない。

然るに、闇取引の横行に原因する遵法精神の頽退的傾向は遺憾乍ら今や甚だ顯著である。速に適當なる對策を講じて弊風の矯正を計ることなくんば、獨り現下の時局に對置するにつき支障愈々大きを加ふるの虞あるのみならず、國民道德に關し悔を永く後世に殘すの危險甚だ大なるものありと言はねばならぬ。國民精神總動員運動可なり、嚴罰主義亦決して不可ならず、統制機構にして改むべきものあらば、亦大に之を改革すべし。闇取引の名の下に違法を耻とせざるの風天下に横溢せんとしつゝあり、此弊を救治すること恐らくは現下最大の急務、當局者の至急適當なる對策を講ぜんことを切望するもの決して私一人のみではあるまい。

尙此機會に言ひ添えて置きたいのは、國民に遵法を求める以上官吏の言動最も愼重なるを要し、聊かも國民の信頼を裏切らざるやう注意せねばならぬことである。官吏の言に信を置き難いと言ふやうなことがあつたり、官吏が反つて法を破るやうなことがあつては、遵法精神發揚の爲め如何に大掛りの宣傳を行はうとも、徒に逆效果を喚び起すだけのことである。

此意味に於ては私は今回の官廳火災に關して新聞紙が傳へてゐるガソリンの不當貯藏に關する噂を重大視せざるを得ない。私は單なる噂を輕信せんとするものではないけれども、萬一民間に率先して範を垂れねばならぬ官廳の側に噂せられつゝあるが如き非違ありとせば、其人民一般に及ぼす影響決して少々ならざるべきを憂ふるが故に、特に此事に言及せざるを得ないのである。私は永年自ら自動車を運轉してゐるが、其間屢々見受けて常々最も遺憾としてゐるのは、官廳の自動車が最も多く交通規則を守らないことである。之は恐らく官廳の車に對しては事實警察の取締が及ばないことから馴致された運轉手の横着心に起因してゐるのだと思ふが、私の經驗上此位他の運轉手の遵法精神を害するものはないのである。一見運轉手のみに關する一些事に過ぎざるが如きも、此種の弊は官吏一般のとかく墮り易い所であつて、上司の常々最も注意して豫防に努力せねばならぬ事柄であつて、今回のことにしても若しも事實なりとせば、上司も亦其責任の一半を負はねばならぬと私は考へる。

官吏が人民の儀表たる覺悟を以て言動を愼まねばならぬことは從來とても言はれてゐるが、現在のやうに人民一般に向つて特に遵法の必要を强調せねばならぬ時に際しては、官吏が率先して遵法の實を天下に示すことが何よりも大切である。私が特に些事と雖も輕々に看逃がし難いと言ふのはこれが爲めである。

社會保險の擴充を希望す

昨年七十四議會の協賛を經て制定された職員健康保險法、船員保險法及び健康保險法中改正法律の三立法が愈々實施の運びになつたことは、人的資源保全の必要が强調せられつゝある今日、特に大に喜ぶべきことゝ言はねばならない。私は此機會に於て政府が更に一層努力して社會保險の理想的體系を全體的に樹立し且實施する日の一日も速に來らんことを希望してやまない。

尙此機會に於て、私は失業保險制度の代物として昭和十一年に制定された退職積立金及退職手當法に再檢討を加へ、現在の企業別組織を改めて社會保險化すると同時に、其適用範圍を擴大し、以て將來の失業に備へると共に、其有する賃金吸收作用をも大に活用すべきことを主張して置きたい。從來我國には自由經濟を前提として失業保險制度に反對する意見が相當力強く行はれてゐたが、經濟の計畫化によつて失業を統制する可能性が增大するに伴ひ、財政的見地から失業保險に反對すべき理由は大に減少しつつあると思ふ。寧ろ失業保險と言ふ貯水池をもつてゐてこそ今後行はるべき經濟の編成替を合理的に處理し得るのであつて、今こそ此制度を樹立すべき絶好の時期だと私は考へるのである。

府縣單位の統制方式に對する疑ひ

理想的に言へば、全國を一單位にしてこそ物資の配給並に消費統制も完全に之を行ひ得べき筈である。行政的取締の目的から言へば、府縣を單位とする現在の行政機構を利用することが最も便利であるかも知れないけれども、如何にも經濟の理法に反した不合理の處置であり、臨機一時の事としてはともかく、今後永きに亙つて持續せらるべき制度でないやうに私は思ふ。

傳ふる所に依ると、政府も去五月の會議に於ける地方長官の強い主張に動かされて、現制維持の決心をしてゐるとのことであるが、其議論の根據たる昨秋の地方事情そのものが不用意の間に突發した一時的ものであることを忘れてはならない。豫め配給機構を用意して初めから遺漏なきを期してかゝれば、全國組織も決して難事ではあるまい。すべて永きに亙る仕事は經濟の理法に順應して企劃し實行される必要がある。單なる行政の難易を理由として唯々現狀維持の易きにつかんとするが如き爲政者として大局を忘るゝものなりと評せざるを得ない。

時評

一九四〇年八月号（一二巻八号／通巻一二八号）

教育制度よりは寧ろ教育精神

近衛首相が就任初頭のラジオ放送に於て特に教育刷新の急務たる所以を強調したことは大に注目に値する。曰く「外交と云ひ經濟と云ひ、時勢に應じて大轉囘を試み、大困難を克服しやうとするときに、教育の方面のみ舊態を墨守することは許さるべきでない、否國家の前途を思ふときには國策の成否、國運の消長は、一にかゝつて教育の如何にあると言はなければならない。所謂皇國民の錬成、之を吾々は口先に於てゞはなく、又手先に於てゞはなく、その魂の根本に於て實現して行かなければならない。從來の學問が兎角抽象的思念を弄んで足の大地につかない弊のあつたことは深く反省しなければならない。而して眞に國體に徹し、國家を荷負ふべき第二の國民を養成せんが爲めには教育者自ら道を重んずるの誠をもたなければならない、政府はかくの如き方針の下に教育の刷新を圖るつもりである。」言甚だ簡なりと雖も、教育刷新に關する所信を極めて端的に表明したるもの、今日首相の重任に就く人の言として、誠に傾聽に値すべきものがあると思ふ。

從來とても時勢の推移に鑑み教育刷新の必要を唱へた人は極めて多い。現に文政審議會では前々から此問題の爲めに、長い〳〵審議を續けて居り、既に部分的には成案を得て實行の運びにまで至らんとしてゐる。しかし審議會の爲し得た所は主として制度の改正に止まり、刷新の手は遺憾乍ら十分教育そのものゝ實質に及んでゐない。教育刷新上最も重要なるは新教育精神の確立である。而して制度の改正の如きは新精神確立の後それとの關係に於て初めて考慮せらるべきである。然るに、文政審議會に於ては先づ初めに新教育精神を確立することを怠つたから、如何に制度改正のことを議しても徒に言葉と形式のみ多くして刷新の實を伴はない空粗なる現狀維持的の結果を生み出すの外なかつたのである。

然るに、今近衞首相は斷乎として教育刷新の根本精神に關して極めて明確に所信を述べてゐる。希くは此精神に基いて眞に教育刷新の名に相應しい實質的な教育刷新を斷行して欲しい。文政當局者は勿論現に諸學校に在つて教育に從事するものもよく此の意を味つて教育刷新の實を擧げるやう努力せねばならないと思ふ。

首相の言葉の中「從來の學問が兎角抽象的思念を弄んで足が大地につかない弊があつたことは深く反省しなければならない」と言へる一節の如き、之を法律政治經濟等の教育に當てはめても極めて適切なるものがあると思ふ。此等の諸學科は大學の諸學科の中でも工醫農等と同じく實用科學の範疇に屬すべきものであつて理文等の學科に於ける研究と教育とが專ら原理の探究と解明とに終始し得るのとは甚だ趣を異にしてゐるのである。然るに、從來の實際に於ては其研究と教育とが科學の名に於て動ともすれば抽象的原理の探究と解明とに終始し、具體的なる現實に當面して之を處理すべき力を養成するが如きことを忘れてゐる憾が大にある。卑近な例を引けば、工科の教育に於ては例へば道路を作り建物を建築することを敎へる、それが爲め一面大に理論原理を敎へることは勿論であるが、結局敎へやうとしてゐるのは現實の諸場合について道路を作り建物を建てることでありかゝる能力を育成することである。然るに現在法政經の諸學科に於ては專ら講義を通して原理と理論とを敎へてゐるに過ぎない。勿論この方法に依つてもそれ〴〵の學問に必要な物事の考方を大體習得することは出來るけれども、具體的な事例に當面して具體的に適切な處理方法を自ら考案するが如き能力は全く養はれないし、又現に此等の學科の教育に於ては一般に其方面に殆ど力を用ゐてゐない。そうして動ともすれば、敎へられる所が抽象的であればある程何となく科學的なりと考へるやうな弊風が教授の間にも學生の間にも見受けられる。これでは實用科學の教育として甚だ缺くる所があるのだと私は平素から考へてゐる。

勿論大學には大學として本質上奪ふべからざる本領がある。大學教育は決して單なる職業教育であつてはならない。職工を養成するにあらずして技師を育成せんとするのである。自ら考へる力、創造する力を十分に具備した人間を錬成せんとするのである。此本領に鑑みつゝ、文政當局者並に大學關係者の心よりする協力によつて大學をして眞に新日本の大學たるに適するものたらしめることは刻下の急務であると私は確信してゐる。

學生と政治運動

新政治體制の問題が具體化するにつれて學生の間にも政治的關心が漸次に高まりつゝあるやに見受けられる。一面大に喜ぶべき現象たると同時に、他面大に戒心を要する重要事である。之を喜ぶべしと言ふは、現下の時局に鑑み青年學徒をして帝國今後の重大使命に目醒めしめることは絶對に必要だからである。又大に戒心を要すと言ふは、年少客氣の赴く所時に正軌を逸して自他に無用の犠牲を及ぼすものあるを憂ふるからである。

世間殊に傳統に慣れた一般教育者の間には無闇と學生の政治運動に走ることを恐れるものが多いけれども、かくの如きは次代日本の重責を双肩に荷負ふべき青年學徒に正しき意味に於ける政治的訓錬を與へる必要の如何に日に〳〵增大しつゝあるかを、十分に認識せざるものである。學生は學習修養を本務とすべきものたること素より言ふを俟たないけれども、近き將來學窓を去るや彼等のすべては國家各方面の組織伍列の中に入つてやがては指導的地位に立つべき運命を負はされてゐるのである。此故に、一面大に學習して識見を深め智能を磨かしむるの必要あると同時に、他面政治的訓錬を通して指導者たるの適格を體得せしむるの必要亦極めて大なりと言はねばならない。人或は學生政治運動よろしく其萠芽に於て之を剪除すべきことを主張するものあるも、私は寧ろ反對に適當なる組織と指導とを與へて健全なる育成を圖ることこそ文政當局者の責務であると考へてゐる。

學生政治運動は學生自らの發意に基く學生自らの教育運動である。從つて外から組織と指導を與へるにしても、學生自らの發意と自主精神とを殺してはならない。蓋し其所にこそ學生運動の特色があるからである。しかし教育運動は飽くまでも教育運動の軌道を逸脱してはならない。政治に關する教育運動であるとしても苟も教育運動である以上其正道を踏み外してはならない。さもないと動ともすれば年少客氣の學生をして學生たるの本務を忘れしめ興味の赴くがまゝに政治的雜務に沒頭せしむるの虞がある。甚しきに至ると職業的政治家の走狗となつて而かも自ら悟らざるが如き弊に陷らしめる虞が大に存在するからである。

此故に、運動指導者に於て大に自ら戒心して愼重聊かも事を誤らざるの用意がなければならぬのは勿論、文政並に學校當局者も指導の適正に留意して此運動と一般教育との間に聊かも不調和を生ずるが如きことなきやう萬全の注意を拂ふ必要がある。現在では一般教育が大體在來の軌道の上を無反省のまゝ動いてゐるから、學生政治運動も自らそれへの反對者たるが如き外形を以て動いてゐるけれども、かくの如きは決して學生政治運動自らにとつて本道ではない。又學生政治運動をして長くかくの如き危道を歩ましめることは決して責任ある文政並に學校當局者として採るべき正道ではない。よろしく先づ何故に學生政治運動が今日起らねばならない情勢に立ち至つたかの原因を三思して虚心淡懷運動と學校教育との調和を圖るべき具體策を講ずべし、これこそ今日當局者の果たすべき最大の急務である。

傳ふる所に依ると、現在運動指導者の間には勿論、尖端的革新論者たる一部官僚の間には、學校教育との摩擦を當然事として豫想しながら運動を奬勵せんとするものが少くないとのことであるが、かくの如きは決して此運動の健全なる發達に貢献する所以ではない。彼等の罪恐らくは、自ら傳統になれて只管此運動の排撃を主張する一般教育者流と同斷であらう。私は朝野各方面の人々が眞に徹底した國民教育の見地から此問題を眞面目に檢討して協力一致一日も速かに適切なる方策を樹立實施せんことを希望してやまないものである。

時評

一九四〇年九月号（一二巻九号／通巻一二九号）

直観の教育と論理の教育

私は現在諸大學の法政經濟學科に於て一般に行はれてゐるやうな教育方法では「具體的な事例に當面して具體的に適切な處理方法を自ら考案するが如き能力は全く養はれない」と言ふことを前號に書いたが、此事は教育刷新のことが當面の論題となつてゐる今日極めて重要であると思ふから、更に一言を加へて置きたい。

現在大學では一般に科學的に整理された智識を授けるの外科學的に物事を考へる爲めに必要な論理を操る力の養成に力めてゐる。其結果優秀な學生は比較的容易に原理と理論とを理解し又論理的に物事を考へる力を修得するけれども、さて彼等を具體的事例に當面せしめて見ると、之を適當に處理すべき具體的方策を考案する能力が案外缺けてゐることが見出されるのである。

世上には恐らくかくの如き能力は結局世間に出て實際的に修練するに依つてのみ體得されるものであるから、大學教育に於ては必ずしも其方面に留意する必要なしと言ふやうな意見を抱いてゐる人も少くないと思ふけれども、かくの如きは全く教育の眞義を理解せざるもの、教育を通して創造的能力ある人物を育成せねばならない教育の大使命を忘れてゐるものと評せざるを得ないのである。

此問題を考へるについて私が常に思ひ起すのは、フランスの碩學アンリー・ポアンカレが其著「科學と方法」の中で數學教育に關して述べてゐる次の言葉である。曰く「證明するのは論理によるのであるが、發見をするのは直観によるのである、批判することを知るのはよい、併し創造することを知るのは更によいことである」。又曰く「論理はかくかくの道を行けば慥かに障害に會ふ虞れはないと言ふことを吾々に敎へるが、目的に達する道がいづれであるかを敎へはしない、その爲めには目的を遠くから見なければならぬ、而して見ることを敎へる能力は直觀である、これなくしては數學者は文法に通曉してゐるが書くべき思想をもたぬ著述家の如くであらう」。此言葉は直接には數學敎育について述べられてゐるのであるが、法政經濟學科の敎育についてもそのまゝ當てはまる稀代の名言であつて、此方面の敎育に關係する者の等しく三思するに値する重要事を極めて適切に言ひ現はしてゐるものと私は考へる。

現在我國の敎育に於ては一般に餘りにも智識を與へること、論理的に物事を考へる力を養ふことのみに力を注中し、直觀的に目的に達すべき方向と方法とを見出し、直觀的に事を創造する能力を育成することを忘れてゐる。而して實用科學である法政經濟學科の敎育に於て其弊の最も甚しきものあるを見出すのは吾々の最も遺憾とする所であつて、敎育方法の革新に依つて此弊が根本的に除去されない限り敎育制度を如何に改革しやうとも敎育の效果は擧がらないと私は考へるのである。

無論直觀に依つて發見されたものに更に論理的批判を加へて執るべき最善の道を考へることは勿論必要であるが、論理的批判を加へる前に先づ直觀に依つて進むべき道を發見することが何よりも大切なのである。然るに現在の敎育に於ては一般に論理的批判力を重んずるのに比べて直觀力の育成を輕く見過ぎてゐる。かくして法政經濟學科の敎育を受けた者の中から、明敏有能なる事務官事務員が生まれる割合に、具體的事例に當面して之を適切に處理し得べき獨創力をもつ政治家事業家が生まれないやうな結果になつてゐるのではあるまいかと、私は心密かに考へてゐる。

然らば法政經濟學科の敎育に於て直觀力を育成する爲めには如何なる方法をとるべきであるか。これは細かく考へると極めて六かしい問題ではあるが、要するに現在のやうに科學的に整理された智識を頭から敎へ込むやうなことをせずに學生をして直接教育素材に當面せしめて自ら解決の道を考へしめるやうに仕向けることが何よりも大切であると思ふ。近頃大學教育界にはしきりに演習の重要性を强調する傾向が認められる。これは明かに學生をして直接素材に當面せしめて自ら解決方法を考へしめやうとする教育意圖の表はれに外ならないと思はれるのであるが、私の考では初めに先づ理論的教育に依つて專ら論理的に物事を考へる力を與へた後演習に依つて其力の實際的活用を計らうとするが如き教育方法こそ抑も本末を顚倒してゐるものだと評せざるを得ないのである。

何故に初めから學生に素材を與へて學生自らをして解決策を考へしめないのか。それを怠ればこそ學生が與へられた智識の記憶と論理的批判にのみ專念して、事を獨創的に構想することを忘れるのである。

具體的に言ふと、政治の教育に於ては現在のやうに科學的に整理された智識を注入するよりは、寧ろ歷史教育に重きを置いて學生自らをして治亂興亡の跡を考へしめるがいゝと思ふ。科學的に整理された政治理論を教へることも無論大によろしい、しかしそれより大切なことは學生をして赤裸々な歷史的事實に當面せしめ、之に依つて將來に對する方策を自ら考案せしめることでなければならないと思ふ。更に法學教育について言へば、アメリカのケース・メゾードに於けるが如く、學生をして具體的事案について自ら法的解決策を考へしめることが何よりも大切であつて、現在のやうに智識と理論とを外から注入することに終始してゐるやうなことでは、到底法學教育の目的は達成される見込がないと私は考へるのである。

私は嘗て或る高段棋士から次のやうな話をきいたことがある。素人棋客、殊に教育のある方々は、無闇に定石を記憶したり理窟で道筋を考へさへすれば上達するやうに考へて居るらしいが、吾々が最も大事だと思ふのは、各時々の局面に當面して卽座に對策を直觀し得る能力である。吾々は棋で飯を食つてゐるから、直觀的に感得した所に更に論理的檢討を加へて萬全の策を講ずる譯であるが、素人衆が吾々の眞似をして無闇に考へても、結局最も大切な直觀力が出來てゐない、從つて考へる對象そのものがハツキリしないから、いくら考へてもなにもならない。吾々は直觀で大體どうすればいゝかを考へた上、それに理論的の檢討を加へて少しでも安全率を增さうと努力してゐるのであるが、素人衆殊に智識階級の方々はとかく初めから理論的検討を加へるに依つて執るべき方針がきまるやうに考へられるらしく、それが爲め結局「下手の考へ休むに似たり」と言ふやうなことになつて、いくら勉強しても上達しないのではあるまいか。此言他山の石として吾々の玩味に價するもの極めて大なりと私は考へるのである。

入營者職業保障法と從業者雇入制限令

入營者職業保障法は名譽ある歸還軍人の爲めに職業を保障してゐる。所が現在のやうに勞働力が不足して來ると、保障は寧ろ無意味となつて、反對に歸還軍人の爭奪が行れるやうになつたと傳へられてゐる。かくして嘗ての從業員が歸還後ムザムザ他人にとられて仕舞ふことになると、彼等の應召中引續き家族手當其他の名義で何等かの支給をしてゐた雇主は馬鹿を見る譯で、彼等を保護する爲めに何等かの對策が講ぜられねばならぬと言ふ要望が起るのは蓋し當然である。

私の考によると、應召は必ずしも勞働關係を消滅せしむるものではない。應召後休職其他の名義で明示的に勞働關係が持續されてゐる場合は勿論、應召後引續き何等かの支給が行はれてゐるやうな場合には、勞働關係は應召に拘らず尙依然として持續してゐるものと考へねばならぬ。勞働關係を民法的の契約關係として考へると、應召による勞務履行不能は當然勞働關係を消滅せしめねばならないやうであるが、勞働法原理に依つて事を考へると、應召は決して當然に勞働關係を絶止せしむるものではない。雇入契約の結果勞働者の取得した當該企業に於ける從業員たる地位は應召に因る勞務の履行不能に拘らず尙引續き存續し得るのである。殊に應召後も休職者として從業員たる地位が明示的に保持されてゐる場合其他應召後引續き何等かの支給が爲されてゐるやうな場合には、勞働關係は應召後も尙引續き存續してゐるものと考へねばならない。果して然りとせば、かゝる從業員が歸還した後他人が濫りに之を奪ひ去ることは、明かに從業者雇入制限令に違反するものと言はねばならない。

尙職業保障法の精神から考へても、國法は元來法的制裁を規定することなしに、舊主に雇入の義務を負擔せしめてゐる極めて德義的色彩を強くする法律であるから、雇主がかゝる義務を負擔する反面には舊從業員の側にも特別の事情なき限り舊主の所へ戻る德義的義務あるものと考ふべきが當然であつて、之に違反することは舊從業者として明かに同法の精神を蹂躙するものと考へねばならない。

傳ふる所に依ると、當局者は如上の弊害を矯める爲めに、職業保障法の改正を企圖してゐるとのことであるが、私は寧ろ之を無用なりと考へるのである。職業行政當局者がかゝる考を起す元は、抑も彼等が民法的契約原理に捉はれて、現實の勞働關係の實情に卽した勞働法的考察を怠つてゐるからである。職業其他廣く勞働行政當局者の間に勞働法原理に對する理解が擴まることを希望してやまない。

時評

一九四〇年一〇月号（一二巻一〇号／通巻一三〇号）

すべての動きは力の働きなしには行はれない。永年に亙る傳統的現狀を打破する爲めには相當強い力が働く必要あること素より言ふまでもない。しかし力の働きは、それが強ければ強い程、其本來目指す目的の外に逸脫して無用の副作用を起し易いものである。

今吾々の眼前に展開しつゝある所謂新體制運動を見てゐると、一面其標榜する所の大きいのに比べて力の働きが不十分であり、他面それにも拘らず必要以上の副作用が次々にと發生しさうな形勢である。

吾々は一面政治家に向つて力の實施について更に一層勇氣を示されることを希望すると同時に、他面無用なる便乗的副作用を阻止するやう大に睿智を働かされることを希望してやまない。今吾々が政治家に期待する所のものは力と睿智とである。

新體制の名の下に司法の革新が問題になつてゐる。こゝにも亦宿弊山積す、改むべきもの、すべてを大に改むべし。しかし凡そ改めると言ふことは、單に過去を破壞することではなくして、善き將來を創造することである。革新論者よ、よろしく一面宿弊の根源を洞察すると同時に、他面改革に關して賢明なる計畫を考案すべし。善き將來の創造の爲めに具體的に考察する能力なきものは革新を口にすることを遠慮して欲しい。

司法の改善について、窓口事務を改善するとか、判決文の口語化を計るとか、些末的なことが色々と言はれてゐるが、それ等些末的な事項にして改善を要すべきことの少からざるは吾々も亦之を認める。しかし眞に新體制の名の下に斷行を要する革新は決してかくの如き末梢的部分に存在するのではない。

若しも新體制を名とする革新が自由主義的宿弊の一掃を目的とするものであるとすれば、今日吾々の最も目指すべきは、辯論主義の名の下に當事者の自由を極度にまで許してゐる民事訴訟制度の根本的改革でなければならない。又被告人の人格的自由を極度にまで尊重してゐる現行刑事訴訟法の考方を徹底的に革新することでなければならない。此等の點を改正する必要は從來も多く人々に依つて言はれた所であるが、諸事革新のことが要望されてゐる今日、當事者が此點の改革を斷行する勇氣を示されることを要望するもの恐らくは私一人のみではあるまい。

現行の訴訟制度に慣されてゐる人々、特に在野の職業的法曹は恐らく此種の改革に反對するであらう。しかし爲政者にして此程度の改革を斷行する勇氣がない以上、革新を口にする資格はないと私は考へる。當局者の勇斷を希望してやまない。

新體制の名の下に希望されてゐる司法の革新に付いて吾々の最も重要なりと考へるものは司法官その人の心構への革新である。

嘗ては司法官に向つて、立派な司法官である前に先づ立派な一人前の「人間」になれと言ふことが要望された。

しかし今では其所謂「人間」とは何であるかゞ問題になつてゐるのである。司法官に日本的教養を與ふべしと言ふやうな主張も恐らくは司法官となる前に先づ「日本人」たるべしと言ふ要望を現はしてゐるものと私は考へる。

司法官に「人間」たるべきを要求する主張はそれ自身大に正しい。しかし「人間」の名の下に人々は屢々コスモポリタンになつて國を忘れる。それが爲めやゝともすると司法も結局は國の政治の一部に外ならないことを忘れる傾向が生まれ易い。さればこそ司法官よ、司法官たる前に先づ日本人たれと言ふやうな要望が生まれるのである。

司法も結局は政治の一部に外ならないと言ふことは決して司法の行政への從屬を意味するものではない。

凡そ司法は法の擁護者たる任務を盡せばこそ、如何なる政治の下に於ても獨自の存在を主張し得るのであつて、若しも司法が其特色を忘れるならば其存在の理由が根底から失はれて仕舞ふ。

法の擁護者は法の權威を主張して降らざるが故に、屢々政治家から邪魔物視される。しかし其邪魔物視される點こそ司法の特色であつて、これがあればこそ政治を各時々の政治家的氣まぐれから救ふことが出來るのである。賢明なる政治家は飽くまでも司法の此特色を尊重して政治に信あらしめることを心掛けねばならぬ。司法の局にある者も亦飽くまでも其特色の重要性を自覺しつゝ大政に翼贊し奉ることを力めねばならぬ。其特色を忘れることは獨り司法それ自身の自殺であるのみならず、臣として司法の局に當りつゝ大政を翼贊し奉る所以にあらざることを夢々忘れてはならぬ。

國家學會雜誌が其九月號を「執行權の强化」と題する特輯號とし、此問題に關する獨逸・伊太利・佛蘭西・北米合衆國等諸外國の實情を紹介してゐるのは、時節柄極めて意義ある編輯振りであると思ふ。

執行權の强化は近時各國を通じて認められる傾向である。而かも同じ問題が各國それ〴〵の實情に應じて各種様に解決されてゐる。其事情に關する智識は我國今後の問題を解決するにつき極めて有益な參考資料である。我國現下の局面を適當に處理すべき重責を負ふ人々は、よろしく此種の智識を豐富にして力めて獨善の弊に陷らざるの用意がなければならない。恐るべきは我國獨特の國情を深く考ふることなしに盲目的に或一國の或一時の事情の下に行はれた事柄を模倣することである。

廣く智識を世界に求めて自ら處すべき道を考へてこそ爲政者の責任が果される。無智にして而かも模倣するもの、これこそ最悪の爲政者である。

新體制など、形々しくはやし立てゝも結局何のことか分らぬではないかと言ふやうなことを言つて、我國刻下の大問題を白眼視するが如き傾向が所謂智識階級の間にあると傳へられてゐるが、それ程不都合なことはないと私は思ふ。

好むと好まざる所に拘らず、現下の我國は政治經濟文化其他あらゆる方面に於て舊來の體制を脱却せねばならない情勢に追ひ詰められてゐるのである。唯破壊のこと言ふに易くして建設のこと行ふに難きが故に、局に當る人々が迷つてゐるのである。智識人よ、白眼視的態度を棄てよ、消極的な批評を以て自己滿足に陶醉するが如き卑屈を清算すべし。今局にある者は智識の貧困になやんでゐるのである。智識人よ立て、そうして其智識を以て大政翼賛の誠をいたすことに努力すべし。

時評　一九四〇年一一月号（一二巻一一号／通巻一三一号）

日本法理研究會

最近司法官を中心として日本法理の研究・日本法學の樹立を目的とする研究團體の結成を見るに至れることを衷

心より喜ぶと同時に、關係諸氏の努力に依つて其事業の着々功を成さんことを希望してやまない。

我國の法學に獨自性乏しく、發達したりとは言へ結局模倣の域を脱せざるものあるは私の從來屢々指摘した所であるが、私が此際特に本會の成立について多大の興味を感ずる所以のものは、それが學者机上の理論的思索から生まれたのではなくして、日常司法の局に當つてゐる法曹の體驗に基く實感から生まれたことである。司法官の毎日相手にしてゐる人々は言ふまでもなく日本人として生き日本人として考へてゐる日本人である。然るに、司法官の彼等に接するに當つて使つてゐる法的の道具は制度法規より法律思想に至るまですべて外國傳來の模倣物であるから、恐らく個々の事件の取扱上日本人的道義感と法的要請との板挾みになつて矛盾を感ずる場合が極めて多いことと想像する。而して此矛盾感から生まれた苦みがやがて本會の結成を促す最大の動因をなしたものと考へるとき、私はそこに特別の意味を見出さゞるを得ないのである。

近年學者の日本法學を口にするもの二三にして止まらずと雖も、多くは唯空粗なる理念を説くのみにして、それを法的に具現すべき學的考察を示さず、又或は日本的の名の下に徒に傳統的なる特殊性にのみ捉はれて日本及び日本人が一貫した日本精神の下に日に〳〵生々躍動發展しつゝある所以を忘れてゐる例が少くない。新しきを知らんとするに當り、古きを溫ぬるの用意あるべきは素より當然なりと雖も、過去に於て形成せられたる「形態」に外ならぬものを「精神」と誤信し、之に依つて反つて生々發展の精神を死物たらしむるの弊は今日吾々の隨所に見出して甚だ遺憾とする所である。しかし此種の弊は多く「行」の前に「言」を先きにし、徒に言あげして自ら事足れりとする徒輩の陷る所に外ならないから、現に日夕司法の局に當り「言」よりは寧ろ「行」を重んぜねばならぬ立場に置かれてゐる人々に付いて此種の弊を想像するのは恐らくは全く杞憂に過ぎないであらう。

今日我國法學に於て最大の弊をなすものは、歐米の歷史を背景として生まれた法律制度及びそれに關する理論的體系をそのまゝ模倣的に受け入れて而かも自ら其模倣的なる所以を悟らず、濫りにそれを人間普遍のものと考へて自ら深く反省する所なきの點に存する。文化の世界化的趨勢が世界的法理念の成立を促す傾向あることは私も亦勿論之を認める。又技術一般がそうであるやうに法律技術にも亦普遍的に妥當すべきもの甚だ多きものあることを認めることに於ても私は決して人後に落ちない積りである。しかし、吾々は法理念の世界的なるものを認める前に先づ日本的法理念が一般に依つて承認されねばならぬ特殊として學的に其價値を主張し得べきであることを確信する。又法律技術の中に世界普遍的なるもの、極めて多いことは勿論之を認めながらも一定の技術は結局それの妥當すべき一定の事實を處理することにしか役立たないことを確信するものである。現在我國の實情を見ると、單に技術に過ぎないものが反つて現實の生活を制してゐる。我國現實の生活に卽した技術を自ら創造することなしに、反つて技術の爲めに生活そのものが抑制されてゐる。日本法理の研究・日本法學の樹立に志すもの、最も意を用ゐねばならないのは正に此點であると私は考へるのである。

凡そ自らの特殊性を自覺し、而かも其特殊たるべき所以を合理的に理解して、其特殊性の文化的價値を主張し得るが爲めには、一面自ら內に省みて其自ら特殊たらざるを得ない根據を探究する必要あること勿論であるが、他面同時に吾々の怠るべからざるは歷史的若くは比較的考察を通して自己の特殊性の世界史的意義を明かにすることである。從つて法に關して日本的なるもの、何たるかを求めるに付いても法史的乃至比較法的に古今東西の事實に關する精確な智識をもつことが絕對的に必要であつて、それなしに只管日本的なるものを求めやうとすれば結局世界史的に全く價値のない、從つて凡そ理性をもつ人間を納得せしめるに足りない獨善的なものが生まれるだけのことである。殊に法的技術に關しては廣く智識を世界に求めることが最も大切であつて、これに依つてのみ今日我國の法律界を支配してゐる極めて狹隘なる法的技術の拘束を免れて、我國の法生活を我國らしく伸び〳〵と活かすことが出來るのである。

要するに、世界文化の名の下に今日吾々日本人の特殊性を窒息せしめてゐる歐米的法理乃至は技術を根本的に克服して、自ら自由に而かも極めて豐富なる智識と深い認識とを本として現在正に日に〳〵生々發展しつゝある我國の法生活を指導するに足るべき法理念とそれを具現するに適する法律技術とを考慮案出することが、凡そ現在我國法律の理論及び實踐に干與してゐるもの、責務であつて、此意味に於て私は本會の直接關係者は勿論朝野法曹一般が今こそ明治此方の模倣的傾向を徹底的に克服して眞に日本的なるものを制度的にも又理論的にも創造樹立せんことを熱望してやまないものである。

議會制度の革新について

政治新體制の成否は一にかゝつて議會制度の根本的革新を爲し遂げるや否やにあると私は考へてゐる。大政翼贊運動その後の進捗狀況を見てゐると其點が如何にも心元なく思はれるので、此際特に此事を直言したいのである。萬機公論に決すべきは明治維新の際つとに我々臣民に與へられた勅命である。この後我々臣民に課せられた責務は如何にせば此勅命の御趣旨を最もよく實現すべきかの技術的問題の解決である。帝國憲法は此問題の解決に對して基本的綱領を示して居り、從つて憲法制定此方臣民は均しく此軌道に乘つて萬機公論に決すべき實踐的方策を講じて來た譯であるが、其間公論を名として私黨發生し、公器を弄して私益を壟斷するの弊風を生じた所にこそ今日革新の大論が發生した根本的原因が存在するのである。

傳へる所に依ると、舊政黨者流の間には今尙在來の私黨的形態を以て萬機公論に決すべき唯一合法の方法なるが如くに考へて、從來の議會形式を保持することにのみ專念してゐるものが少くないとのことであるが、かくの如きは實に憲政の形式に捉はれて萬機公論の根本精神を沒却するものと言はねばならない。嘗ては華かなりし政黨が――形の上こそ自發的なりとは言へ――沒落的の悲運に逢着したのは、政黨の手に依る議會政治の形式が實質的に萬機公論の要求を充たし得なかつたからである。此故に今日從來の議會政治の形式に捉はれて新なる萬機公論形式の生まれることを阻止せんとするが如きは、抑も明治維新の根本精神を沒却するものであつて、吾々は此際此種の行動を爲す人々に對して根本的なる革新的反省を要望せざるを得ないのである。

大政翼贊運動は最早聊かも後戻りし得ない立場に置かれて一路革新の目標に進行すべく運命付けられてゐる。今や國民のすべては何所の誰れが新體制の下に於て權力を握るかと言ふやうな私利私益的思慮から徹底的に脱却して一意大政に翼賛し奉るべき臣民的責務を負はされてゐるのである。此意味に於て吾々は今後翼賛會内部に於ける議會制度改革に關する論議が如何に進行すべきかに付いて最大の關心をもつものであつて、假りにも從來の政黨者流が私益的言動を爲すことあらば、これに對して徹底的なる排撃を加へねばならぬと考へて居る。

時評

一九四〇年一二月号（一二巻一二号／通巻一三二号）

社會保險制度の體系的完備を望む

勞働者年金保險法案の立案既に成り、次回議會への提案準備亦著々進行しつゝありと傳へられてゐる。昨年船員保險法の制定あり、之に依りて初めて我國にも勞働者年金制度實現せられたるを喜びたる吾々は、當時既に此制度が何故に船員にのみ限られねばならぬかの理由を疑ひ、やがてこれが一般勞働者にまで擴大せらるゝ日の一日も速に來らんことを心より希つたのであるが、事變の進展に伴ひ勞働力のすべてを國家管理の下に置かねばならぬ趨勢が愈々强化するにつれて、勞働力の涵養保全の爲め國家の施設を要するもの日に〳〵增大すべきは當然であつて、今回政府が企圖しつゝある勞働者年金保險法の如き現下の情勢上絕對的に必要なる國家的施設として最小限度のものに過ぎずとさへ考へられるのである。國家が勞働力を國家管理の下に置きそれを國家目的に集中して使用せねばならぬ以上勞働力の涵養保全が國家當然の責任たるべきは言ふまでもない。然るに、從來の實情に依ると、管理の要求が强化するのに比べて、國民の勞働力を國家自らのものと考へつゝ、之を涵養保全する用意が甚しく缺けてゐる。其結果一般國民の間にも不知不識の裡に管理の當事者たる政府當局者に對する不平が釀成されつゝあるのであるから、此際局に在るものとしては、一面國民のすべてに對して國家目的の爲めに滅私奉公一意協力すべきことを求めると同時に、他面國民の勞働力を國家自らのものとして哺育し涵養し保全することを忘れてはならない。今年金保險法の制定を見やうとしてゐる此機會に於て吾々の特に强調したいのは此事である。

尚新聞紙の傳へる所に依ると、政府は近く下級の官廳吏員の爲めに廣く共濟組合を組織實施するとのことである。かくして官民一般を通じて社會保險的制度に依つて勤勞者に生活の安定を與へやうとする傾向が日に〳〵强くなつてゆくことは吾々の大に喜ぶ所であるが、此際特に考へて欲しいことは、先づ第一に從來其時々の事情に應じて作られた各種の制度を比較研究して其間の不均衡を除去することである。官民の間に取扱上差等があつてはならないのは勿論、民間の勞働者中故なく或種のもののみが社會保險的保護の外に置き去られるやうなことをあらしめてはならない。此點に付いて此際特に指摘したいのは職員健康保險法の適用範圍が狹きに失してゐることである。

次に社會保險制度の整備によつて勞働生活に安定を與へることを目的とする以上、失業保險は絶對に逸すべからざる必要の制度である。自由經濟組織の下に於ける失業保險制度は、失業者の發生に合理的調節を加へ得ない關係上動ともすると國家財政に不當なる負擔を負はしめる缺點をもつてゐたけれども、經濟全體が統一ある計畫の下に運營される以上失業率を調節することも產業計畫の一部として容易に行はれ得るのであるから、財政的負擔を恐れて失業保險制度を嫌忌すべき理由は今後國家經濟が全體として計畫的に行はれるやうになる限り非常に減少すると私は考へるのである。而して勞働力のすべてを國家目的に集中せしめ、從つてそれを保全涵養することを國家の責任とせねばならぬ現下の情勢よりすれば、失業保險制度卽ち產業豫備軍の給養に關して合理的なる計畫を樹てることこそ刻下最大の急務であると考へざるを得ないのである。此意味に於て私は年金保險法制度の制定を企てた此機會に於て政府が更に一步を進めて失業保險の問題を解決するやう其意を固めんことを希望してやまないものである。

工業所有權制度の改正に付いて

工業所有權制度調査委員會に依つて審議決定された改正要綱の大要が新聞紙に發表された。改正內容は極めて多岐に亙つてゐるけれども、要するに從來の制度が權利保護にのみ專念して動ともすると國家產業の需要に副はざる憾みがあつたのを改めやうとするのが主たる目的であつて、それが爲めに要綱の定めてゐる諸點中特に注目に値するものを列記すると

一　審査事務を促進する爲め、審査期間を法定するの外、大審院出訴を廢止し抗告審判を以て最終審とすること

二　審判事件に付いては抗告審判を廢止し審判の審決に不服あるときは直に大審院に上告を爲さしむること

三　權利存續期間を短縮する爲め、期間の起算點を出願日と爲すの外、實用新案權及び意匠權は七年、商標權は十年に其期間を短縮すること

四　公用徵收制度の利用を容易ならしむるの外、不實施に對する制裁を加重すること

等であつて、從來は發明者等の權利保護のみを偏重した結果徒に無用の手續を重ねてゐたが、それを成るべく省略して事務の促進を圖らねばならぬ、又從來權利存續期間が長きに過ぐる結果として工業所有權制度が動ともすると反つて產業の自由なる發展を阻害する憾みが感ぜられた、發明獎勵の作用と調和し得る限り成るべく存續期間を短縮すべきである。尙今までの法律は發明者等の權利を保護することのみを考へて實際に發明そのものを利用して國家產業に役立たしめねばならぬ必要を比較的輕く見てゐたが、工業所有權制度の根本精神から考へると發明者等の個人的保護よりは寧ろ發明そのものを國家產業の爲めに最大限度に利用する方途を講ぜねばならぬ等の議論が結局此等の改正要點を產み出したのである。

事務促進の目的から右の外尙色々のことが提案されてゐるが中でも特許局の陣容擴充は最も重要であつて、現在

の陣容を以てしては國家產業の必要に應じ得るやう迅速適正に事務を處理することは到底不可能である、此事は政府首脳部に於ても特に注意して考へて欲しいと思ふ。

尙發明者の個人的保護よりも寧ろ發明の實施を重んずべしとの論より言へば、改正要綱に尙甚だ物足りなさを感ずる。特許權の存續期間の如き一層短縮して、國家產業の見地より見て特に保護の必要ありと考へらるゝものに付いてのみ期間の延長を許すべしとする議論の如き特に傾聽に値する價値をもつてゐると思ふ。又事變下の急迫した事情を考へ合はせると、公用徵收不實施に對する制裁等に關する改正案も甚だ不徹底であるが、此點は恐らく平時法としての特許法等に於けるよりは寧ろ國家總動員法の關係に於て考慮され解決せらるべきものと考へる、今回の改正に關聯して企畫院方面に於て特に此點を考慮せんことを希望してやまない。生產力擴充の必要が最も力強く主張されつゝある今日、工業所有權の保護が多少とも生產力擴充の妨害となるが如きことは絕對に許さるべき筈のない事柄である。所謂特許の公開、實施許諾料金の制限等時局に鑑み速急に解決を決すべき事柄は非常に多い。企畫院が此點を解決する爲めに自ら大に努力せんことを希望してやまないのである。

終に、我國現在の工業所有權制度は條約改正の問題に關聯して作られたものである關係上、今尙特許局竝に民間の此制度に關係ある人々の間には一般に必要以上に萬國工業所有權同盟條約を尊重する思想が行き亙つてゐるが、元來同條約は各國がそれ〴〵自國の產業的立場から定めた特許政策の妥協から生まれたものに外ならないのであるから、同條約に對する關係に於て我國も今後獨自の立場を一層強く主張する覺悟がなければならぬ。從來は外國特許中有力なるものに對し比較的容易に且極めて廣い權利範圍を認めて特許を與へる傾向があつたけれども、かくの如きは獨米等の外國特許に對して現在とつてゐる態度などに比べて甚だ不都合であると思ふ。外國に於て如何に優れた發明として特許を與へられてゐやうとも、我國は我國として獨自の立場から特許の許否を決すべきが當然であり、又許すべき權利範圍を嚴密に查定して苟も我國の產業に不當の妨害を與へることがないやう最大の注意が拂はれねばならぬ。外國特許に對する不當なる保護が我國產業に對して如何に大なる阻止的影響を與へたかは識者の廣く認識して從來甚だ遺憾とする所である。今回の改正を機會として、今後特許局が此點に關して實際上一層愼重に處置されることを希望してやまないもの恐らくは私一人のみではあるまい。

一九四一（昭和一六）年

時評

一九四一年一月号（一三巻一号／通巻一三三号）

地頭政治思想を拂拭すべし

統制强化と共に又しても官吏に對する非難の聲がしきりに聞えるやうになつた。しかし其一部は民衆の統制そのものに對する何となき不滿の感情が官吏其人に對する非難の形をとつて現はれてゐるに過ぎないから、之に對する對策としては一面民衆を教育して新經濟倫理の昂揚を圖ると共に、他面統制方式そのものゝ不備を逐次是正することに努力しさへすればいゝと思ふ。しかし民衆の官吏に對する非難は實を言ふと決して最近に初まつたことではなくして、封建時代の遺物たる「泣く子と地頭には勝てぬ」と思ふ思想が、憲政實施五十年後の今日尙依然として一般民衆の間に行はれて居り、それがあらゆる機會に色々形を變へて現はれるに過ぎないのである。人は兎角物事の形をのみ見て、我國にも嘗てデモクラシー的政治が行はれたことがあるやうに考へてゐるらしいが、嘗て政黨政治の下に行はれたものも、實はそれの反對物なりと一般に考へられてゐる官僚政治と同樣、地頭政治に外ならなかつたのである。嘗て政黨人は官僚政治を專制的なりとして非難したけれども、彼等が選擧を通して政權にありついた結果其實現したものは決して正しい意味に於けるデモクラシー政治ではなくして地頭政治に外ならなかつた。彼等も畢竟他人が地頭になることを欲しないだけのことであつて、自分は地頭になりたかつたのである。さればこそ彼等の政治が非國家的なりとして非難されたのである。要するに、明治此方今まで行はれた政治も、色々形こそ違へ、實質的には地頭政治であつた。民衆も自ら地頭政治に對する不平を述べながら、自分も亦出來得れば實は地頭になりたいのである。だから彼等の政治に對する不平は多くの場合陰性であつて建設性をもたない。爲政者の彼等に對する態度もとかく威壓的であつて好意的でない。お互に不平を言ひ惡口を言ひながら、實は自分が地頭になりたがつてゐるに外ならないのである。

大政翼贊運動が力強く動き初めてからも、翼贊會關係者に對する色々の非難が民衆の間から聞かれる。一般民衆の間には固より政黨人乃至官吏の間にさへも色々と惡口が行はれてゐる。肇國以來未曾有の國難に當面して速急何らか斷乎たる政治的處置の必要なることに付いて殆ど何人も異論がないやうに思はれるにも拘らず、危急の此際尚且翼贊運動に對してあらゆる角度からの批評や不平が行はれてゐるのは何故であるか。翼贊運動は憲法違反であるとか、迷彩せられたる赤化運動であるとか言ふやうなあられもない非難が平素有識者と言はれた人々の口からさへも聞かれるのはどうしたことであるか。私は要するに我國一般人の間に今尚正しい政治理念が行き亙つて居らず、苟も政權の位にある者を地頭と考へると同時に、自分も機會あらば地頭になりたいと言ふやうな卑しい政治思想が一般に行はれてゐればこそかう言ふことが起るのだと思ふ。今まで我國一般人の間には、何人若くは何等かの政治的仲間が政權にありつくに依つて憲法政治の理想が實現されるであらうと言ふやうな迷信が行はれてゐたけれども、地頭的政治思想が國民すべての頭から除き去られない限り、何人が政權を把握しやうとも眞に正しい政治は行はれないと私は考へるのである。

私は嘗て一九三六年ニユルンベルグの黨大會に於て、ヒットラー初め黨首腦者の口から極めて力強く「我々の政治こそ眞にデモクラシーの名に相應しい政治である」と言ふ言葉を聽いたが、今にして初めて私にも其意味がどうやらハツキリ摑めるやうな氣がするのである。大政翼贊會の諸公よ、希くは聲を大にして同じやうなことを呼號し得るだけの覺悟をきめて欲しい。

朝令暮改も亦可なり

朝令暮改を愼むべきは政治の常道である。さりながら過を見出して直に之を改むるも亦君子の道、況んや時遷つて舊令時宜に適せざるものあるを見出さば直に之を改めて政務の圓滑なる運營を期せざるべからず。是れ正に官吏として局に當るもの當然の責務であると言はねばならぬ。勿論法令の中にも色々の種類がある。容易く改むべからざるものもあれば、刻々にも改めて情勢の動きに適應せしめるやう隨時調整を加ふべきものもある。例へば經濟統制法令の如き其最も顯著なる例であつて、此等は臨時の必要に應じて速急に制定されたものであるから、初めから或は實情に適しない缺點をもつこともあり得る、況んや刻々に變化する情勢に卽應して臨時改廢を加へねばならないのは此種法令の本質上當然である。從つて當局者としては寧ろ制定實施の初めから鋭意實績に留意して適時に必要なる改廢を速行し得べき萬全の用意を爲し置くべきが職務上當然の處置であると言はねばならぬ。

然るに、從來の實情を見るに、この理として當然なるべき事柄が實際には必ずしも十分に行はれてゐない。之を怠慢と評する或は酷に失するやも知れないけれども、從來とてもとかく官僚の間には一定の制度を創設するに當つて非常な熱意を示すにも拘らず其後實績に鑑みて適切なる調整を施し之に依つて制度の運用を圓滿ならしめる努力が足りない傾向が見受けられた。それが如何なる事情に原由するかは今茲に詮索する限りではないけれども、ともかくそれと同じことがこゝにも亦現はれてゐるものと考へられるのである。而してこのことたる平時に於ては兎も角、分秒をも爭つて隨時情勢の變化に卽應し、これに依つて聊かの無駄をもあらしめざるやう努力せねばならない戰時に於ては絶對に許されないのであつて、私が今茲に特に聲を大にして官僚諸士の反省を求めるのは此故である。

本誌前號に掲げられた馬場檢事の論說にもある通り、「現下統制經濟の運營を全からしむる爲には配給機構の整備、最小限度の物資の確保、中小商工業者の具體的なる轉業對策の速かなる樹立と實行等の所謂行政手當、業者の心構への建直し卽ち所謂新經濟倫理の昂揚及び刑罰の三者が有機的に結び付き、三位一體となつて初めて其全きを期し得るもの」であつて、單に法令を改正するのみを以て經濟統制の完璧を期し得ないのは勿論であるが、現在の實情に於ては少くとも法令の不備が違反の鎭壓上相當大きい支障を爲してゐること極めて明瞭であつて、現に馬場氏の指摘してゐる所だけを見ても、(一)「最近犯罪は益々悪質化の傾向に在り、不當利得の額亦著しく増大し、今日の國家總動員法、臨時措置法所定の罰則を以てしては到底一般を警戒し犯罪豫防の目的を達すること能はざるを以て、罰則の强化が各方面より要望せられてゐるのであるが、殊に臨時措置法所定の最高刑が一年なることゝ罰金額の最高が五千圓に止まることは實務家が毎日の如く不便不合理を感じ速かなる改正を强く要望してゐる所である」、(二)「ブローカー的存在中には往々にして名譽よりも金錢を愛し、若し巨額の不法利益を私し得ると知れば寧ろ體刑を欲するものなきを測り難く、此點よりすれば體刑を課する場合にも利益は必ず罰金を併科して剝奪するやうにしなければ刑の目的を達し得ないと思ふ、此點よりも罰金額の引上、臨時措置法に於ける併科規定の新設等罰則規定の改正が强く要望せらるゝ次第である」(三)「犯罪悪質化の最後に述ぶべきは統制事犯に關聯して瀆職、物質配給切符の僞造行使、統制物質又は配給切符の窃盗横領等刑法犯の發生を見ること尠くない事實で、殊に統制事務の處理に當る官公吏又は統制團體の役員中往々にして黄白を得て業者の請託を容れ、或は之と氣脈を通じて統制を紊るものを生ずるに至りたることは邦家の爲洵に寒心に堪えない次第である。然るに統制團體の主流を爲す工業組合、商業組合、産業組合中、産業組合法には全然瀆職罪處罰の規定なく、工業組合法、商業組合法には夫々其の第四十四條に瀆職規定を有するも兩者共犯罪の主體を組合の理事、監事、清算人、檢査員のみに限定した爲、現實に物質の割當配給事務を擔當する組合の書記以下の瀆職行爲を處罰する事が出來ない」等卽刻にも改正を要すべき重要なる缺陷が見出されるのである。

私は現に統制企劃の局に在る人々が、此種の具體的研究並に體驗に基く示唆を率直に受け入れて、一日も速かに法令の改廢を行ひ、以て統制經濟の運營を圓滑ならしむべく萬全の努力を爲さんことを熱望してやまないものであるが、更に進んでは政府が適當なる官署——例へば企畫院——内に、常時法令諸制度の運營情況を具體的に觀察して必要に應じ逐次調整的企劃をなす部局を新設せんことを切望するものである。此種の測候所的施設は凡そ法令のすべてに通して極めて有用なるも、經濟統制法令の如く情勢の變化に卽應して隨時卽刻に調整的對策を施すことを必要とするものについては特に重要なる所以を特に力說したいのである。

時評

一九四一年二月号（一三巻二号／通巻一三四号）

豫算制度を根本的に改革すべし

現行の豫算制度位現在の政治的必要から見て時代後れなものはないと思ふ。それは政府に對する議會の優位を保全し、政府の專恣を抑止することにのみ專念して、それが爲め政治の能率が著しく阻害されることを□然度外視してゐる。無駄を許し得る過去ならば兎に角、寸毫の無駄も浪費をも許し得ない今日、此制度に對する批判若くは改革が實際上殆ど現はれないのは一體どうしたことであらうか。

先づ第一に、現行の豫算制度は浪費の最大原因を爲してゐる。各部局が其經費を成るべく豐富ならしめる爲めに豫算請求に際してとかく掛値を言ふ傾向があるのみならず、一旦與へられた經費は實際の必要如何に拘らず成るべく之を支出し盡さうとする。それが爲め如何に不當の浪費が行はれてゐるかは苟も行政のことに通曉するもの、何人も均しく熟知する所である。

第二に、現行の豫算制度は政治上臨機應變の處理を爲すことに對して極めて大なる障害を與へてゐる。無論現行法にも豫備費の制度あり、更に「勅令ニ依リ財政上必要ノ處分ヲ爲ス」道も開かれてゐるけれど、刻々に情勢が激變して急速なる臨機の對策が要求せられつゝある今日、これでは到底實際の需要に即應し得ないこと何人も均しく認める所である。政府は今議會に國家總動員法改正案を提出する豫定であると傳へられてゐるが、同法を如何に改正しやうとも、その運用が結局經費の關係から抑止されるやうでは十分に其效果を發揮し得ない。總動員法を發動する以上、それに伴ふ費用も當然同時に承認されるやうな仕組が作られない限り、如何に總動員法を改正しやうとも、同法本來の目的は達成し得ない。總動員法審議會の制度を設けて同法の發動に關し政府の專恣を防ぐ用意がしてある以上、經費についても同樣の方法に依りさへすれば議會の豫算審議權を全面的に否定することゝはなるまいと思ふ。

第三に、現行の豫算制度は所謂官吏のセクシヨナリズムに對して大なる原因を與へてゐる。現在では、行政の各部局は豫算に依つて與へられる費用を私有財產視する傾向がある。豫算の要求に當つて極力其額を大ならしむるに努力することはもとより、一度得た經費は行政全體の動きとは無關係に單に部局內の都合だけから極力消費しやうとする。それのみならず、一度豫算が與へられた以上、上司の下僚に對する指揮權もそれに束縛されて實力を發揮し得ず、與へられた豫算の範圍內に於ては下僚が上司に對する關係に於て自由に振舞ひ得るのみならず、各部局がそれ〴〵與へられた豫算を根據とし互に他と對立し抗爭する。官吏の繩張り根性と言ふも、實は人と人との爭にあらずして、豫算の末端と末端との牴觸であり豫算と豫算とが私有財產的に對立して人が反つてそれに動かされてゐるもの、それこそ實に現在の官吏セクシヨナリズムに外ならずと評しても過言にあらずと私は考へるのである。

傳へる所に依ると、政府は國家總動員法の改正に關してさへ、現在の豫算制度に手を觸れることを躊躇してゐるとのことであるが、かくの如くにしてどうして刻々に變化する情勢に即應する活きた政治が行ひ得るのであらうか。此際政府の勇斷を希望するもの恐らくは吾人ひとりのみではあるまい。

國家總動員法の改正と臨時措置法

現在の經濟統制は國家總動員法及び臨時措置法を基礎として組織されてゐる。それが爲め統制方式全體の上に多少の不均衡があることは周知の事實であるが、殊に看逃がし難いのは總動員法の發動には一々審議會の議を經ることを要するに反し、措置法は輕易に運用し得るが爲め、本來ならば總動員法によるべき事項までを措置法によつて解決せんとする傾向があることである。總動員法改正の機會に措置法を廢止して總動員法中に編入するの道を講ずるか、若くは措置法に改正を加へて兩法の間に有する不均衡を除去する道を講ずべきではあるまいか。

官吏制度の改革と法科大學の教育

高等試驗の必修科目中に國史が加へられたから、法科大學の教科目中にも國史學を加へろと言ふやうな卑近な功利論を主張するのではない。

官吏制度の改革には一定の目的がある。改革の形式の裏に、實質的に要望されてゐるものが何であるかを吾々は察知する必要がある。今回の改革は全體として從來法科大學の出身者たることが何となく官吏たる——唯一ではないとしても——主要の條件であると考へられてゐたのに對して、登用の道をもつと廣くしやうとするのが其根本目的である。しかし、そのことは決して法科大學の教育は現在のままでよろしい、政府は法科大學出身者以外からでも自由に人物を登用するから、法科大學の教育には何等改革を加ふるの必要なしと言ふ議論を許すものではない。

大學は官吏養成の機關ではないから、國家が高級官吏候補生として如何なる青年を求めてゐるかなどは全く眼中に置くことなしに、大學獨自の立場から其教育內容を決定すべきであると言ふ主張は、理窟としては立派であるが、結局現實を無視した獨善論に過ぎないと思ふ。大學制度改革のことは最近いづれの大學に於ても考究され若くは既に實現せられつゝあるが、私は制度の改革よりは寧ろ教育內容の改革が必要であると思ふ。教科目の改廢はもとより教育方法にも改正を加へる必要がある。そうして今後の官吏として立派に活動し得べき智識と教養とを與へることが法科大學の責任であると私は考へてゐる。

時評　一九四一年三月号（一三巻三号／通巻一三五号）

立法の體系

借地法借家法の改正問題に關して、貴族院の委員會に於て此等の法律が借地人借家人の保護にのみ專念して善良なる地主家主の保護を忘れてゐると言ふ議論が述べられたのに對し、司法當局者から本法は民法の特別法であつて、善良なる地主家主の保護、從つて不良なる借地人借家人に對する制裁のことは民法に十分規定されてゐるから、本法には掲げられてゐないのだと言ふ趣旨の說明が與へられたと傳へられてゐる。理窟は正に其通りであるが、世間の人から見れば如何にも不親切な立法態度であつて、借地法借家法の如く直接世間の人目に觸れ易い法律に付いては、寧ろ借地借家の諸關係を綜合的に規定して、法規の全體を一目瞭然何人にも容易に知り得るやうにする方がいゝのではないかと私は思ふ。司法當局は「假ニ本法ニ於テ民法上ニ與ヘラレテ居リマス保護ノ規定ヲ設ケ得ルト致シマシテモ、多數ノ民法上ノ各條文ニ關係ガアリマスノデ、ソレヲ全部コッチノ方ニ移スト云フコトハ絕對ニ出來マセヌノデ、其ノ中ノ最モ主ナモノダケデモコヽニ移スト云フコトニナリマスト、其ノ點ハ宜イカモ知レマセヌケレドモ、全體ニ於キマシテ法ノ體系ヲ紊スヤウナコトモアリマスシ、又適用ノ上ニ於テモ却テ地主ヤ家主ニ對シテ不利益ナ狀態ニナル處ガアル」と說明したとのことであるが、同じく民法に對する特別法たる形をとるとしてももつと親切な規定の立て方をすることは立法技術上決して不可能ではないと思ふ。とかく職業的法律家は自分等の技術的智識を標準として成るべく簡潔な手際の良い法律を作りたがるけれども、法律の種類に依つては、民衆にも成るべく解り易い法律を作ることが必要であつて、それが爲めには時に「法ノ體系ヲ紊ス」やうなことがあつても已むを得ないと私は考へるのである。

殊に借地借家の法律關係に關しては、本誌に連載されてゐる我妻廣瀨兩氏の「賃貸借判例法」を見ても解る通り既に尨大なる判例法が成り立つてゐるのであつて、今日借地法借家法の改正を企つるとせば、かゝる判例法の內容を參酌して借地借家に關する一切の問題を綜合的に規定した法律を作るべきが當然であつて、それが爲めには自然民法にもつと手を付けねばならないことになる譯で、此事を考へ合はせると司法當局の說明はやゝ素人だましの感を吾々に與へるのである。

試驗制度と試驗方法

高等試驗令が改正されたが、此改正をして多少共所謂官界新體制の實現に役立てしめやうと欲するならば、試驗制度よりは寧ろ試驗方法の改善をも圖らねばならぬと思ふ。

現在のやうに、大學で與へられた智識をそのまゝ反趨しさへすれば容易に合格し得るやうな試驗方法を維持する限り、試驗科目に多少の變更を加へた位のことでは、眞に官吏たるに適する青年を簡拔することは出來ない。國史を必須科目中に加へても、其試驗が在來と同樣の方法で行はれる限り、結局は暗記力の强い試驗勉强の上手な男を利するだけのことに終はるであらう。

試驗方法の改善に關して考ふべきことは色々あるが、先づ第一に大切なことは試驗問題の選擇よろしきを得ることである。例へば、法律科目に付いて言へば法律的に物事を考へる力ありや否やを試驗することを主眼とすべきであつて、單なる記憶力の試驗に終はらないやうにすることが大切である。現在の高等試驗施行要綱に於ても、「試驗ノ目的ハ受驗者ガ必要ナル學識及其ノ應用能力ヲ有スルヤ否ヤヲ考試スルニ在ルニ鑑ミ試驗問題ノ選定及試驗成績ノ考査ニ當リ特殊ノ學說特殊ノ學派ノ見解ニ偏スルコトナク適正ヲ得ルニ努メ又記憶力ニ基ク智識ノ考試ニ偏スルコトナク學理ノ理會及其ノ應用能力ヲ考試スルニ意ヲ用フルモノトス」、「諸法ノ試驗ニ當リテハ啻ニ規定ノ說明論述ニ止マラズ機宜ニ應ジ各規定ノ基ク理由及史實並ニ其ノ實際ニ及ボス效果等ニ付考試ヲ爲シ國內法ニ在リテハ特ニ其ノ我國體國俗等トノ關係ニ付考試ヲ爲スモノトス」等、此點に關して極めて適切なことが規定されてゐるにも拘らず、從來の實際を見ると此趣旨が十分に發揚されてゐるとは思はれない。此故に今後は更に此趣旨を實現すべき方策をもつと具體的に講じて欲しいと思ふ。

第二に、私は試驗成績の考査に付いて現在行つてゐるやうな點數制を廢止することを提案したい。評點の標準は試驗委員の如何によつて一樣なるを期し難い。殊に科目の選擇が許されてゐるから、點數制から生ずる偶然の損徳が甚だしい。故に、私は點數制の代はりに、個々の科目について合格不合格を定め、すべての受驗科目に合格したものをすべて平等に合格者とする制度を提案したい。個々の科目の合格標準も決して高いことは必要なく、これではとても官吏にはなし難いと思はれるやうな特に惡い答案だけを不合格にすればいゝと思ふ。反對者は、恐らくそれでは優劣の區別がはつきりしないから官廳で採用するときに困ると言ふであらうが、一時的の高等試驗を以て人物學識の優劣を考試決定しやうとするのが抑も誤りであつて、其優劣を決める爲めには、大學在學中の學業成績を參考にしたり、又採用試驗の際更に特別の考試を行へばいゝ譯であると私は思ふ。尙かゝる制度をとれば、試驗成績の考査も樂になるから、受驗者の多數であることも苦にならず試驗委員の如何に因る評點の不公平もなくなるから、委員の選定も比較的樂になると思ふ。

第三に、筆記試驗ではなるべく多數のものを合格せしめた上口述試驗を丁寧にして受驗者の人物學識を嚴重に考査すべきである。現在では事が全く反對になつてゐるが、これでは眞に官吏たるに適する資質をもつ人材を簡拔することは出來ない。私は今まで屢々諸官省の採用試驗に立會つたことのある方々から「こんな男がどうして高等試驗に合格したらうかと思ふやうなことがよくある」と言ふ話を聞いたことがあるが現在の筆記試驗偏重の制度の下ではそうした事例が發生するのは當然であると思ふ。今回の改正では口述試驗の科目を三科目に減じてゐるが、私の希望としては個々の科目の委員數を成るべく多數にし出來得れば當該科目の專門學者のみならず各省官吏其他學識經驗者の中から適任者を選んで委員に加へ、合格不合格の決定はそれ等多數者の合議に依つて決することにして欲しいと思ふ。合議の方法は委員の頭數に依る多數決もよろしいが、それよりもつと公平な方法は現在例へば水上競技に於ける飛込の採點に於てとつてゐるやうな方法だと思ふ。其方法に於ては、審判員七名を置き、各員をして豫め一より十までの數字を記した板をもたしめ、一競技者の飛込が終はると同時に審判長の合圖に依つて、總員一整に自己の評點を數字板によつて示す、すると計算員が別にあつて右七名の評點中最高者と最低者とを除き中間者五名の評點を合計平均して其競技者の得點とする。此方法の特徴は鑑賞的評價に依つてのみ優劣を決し得る事項の試驗に於て成るべく多數の人間を成るべく速かに而かも成るべく公平に考査詮衡し得るにあるのであつて、文化的科目の口述試驗には最も適してゐると私は思ふ。これは諸國多年の經驗に依つて案出改良された方法であつて、飛込競技を見物した人は誰でも其特徴と合理性とをよく理解し得るのである。甚だ突飛なことを提案するやうであるが、法制局の人々は是非共一度飛込競技の實際を見學して欲しい、そうして其特徴をとり入れて適當なる考査方法を考案して欲しいと思ふ。

尙行政科と司法科とでは、單に試驗科目のみならず、試驗方法を大に區別する必要があると思ふから、此點も十分考慮に入れて全く從來の因習に捉はるることなく自由に且具體的に試驗方法を考案工風して欲しいと思ふ。

法學志望者の減少

大學に於ける法律學科學生が減少しつゝある。優秀者の司法を志望するものが減少しつゝある。事變の影響として各方面よりの求人が增加した結果に過ぎないと輕々に看逃がし難い重大事であると私は思ふ。大學當局者はもとより、司法當局其他在野法曹等苟も司法のことに關心をもつ人々の均しく力を協はせて、考究せねばならぬ重大事である。愼重に其原因を探究すると同時に一日も速に適當なる對策を講じて欲しい。

時評
一九四一年四月号（一三巻四号／通巻一三六号）

統制法令の周知を計るべし

統制法令違反を罰するは可なり。殊に惡質の違反に對して嚴罰を加ふべきは素より當然、此意味に於て吾々は改正國家總動員法等が罰則を嚴重ならしめたことに對して勿論贊意を表するものである。さりながら、嚴罰を以て違反の防遏を企圖する以上、統制法令に關する知識を民衆の間に行き亙らしめて極力違反の發生を防止すべきは政府當然の義務である。「法律ヲ知ラザルヲ以テ罪ヲ犯ス意ナシト爲スコトヲ得ズ」。しかし、そうであればある程、政府としては法令の周知を計る爲め萬全の努力を爲す義務がある。「法律ヲ知ラザル」者をも亦罰せねばならないのは、蓋し已むを得ざるの處置、理想は寧ろ極力そのことをなからしむるにあること勿論である。

從來とても、法令の內容を成るべく平易ならしむる等法令の周知に力むべしとの論は多數の人々に依つて唱へられたけれども、法令の大部分が單なる裁判規範であるか若くは行政の指針を定むるに過ぎなかつた時代には、かゝる議論も單に理想論として價値をもつに過ぎなかつた。之と異なつて、今日の統制法令は直接民衆に對して正確なる遵奉を要求してゐるのであるから、極力其內容を周知せしめなければ、統制の目的を達成し得ない。法令の周知に力めずして法の不知は言譯にならぬなぞと空嘯いてゐたのでは爲政者の責任は果されないのである。

此時に、吾々は先づ第一に、統制法令を成るべく一般民衆に解り易いやうに規定すべきであることを主張したい。自由經濟の時代には行政法規の多數は主として內部的の行政指針を定むるに過ぎなかつたから、其內容を民衆に知らしめる必要が必ずしも多くなかつたけれども、統制經濟の下に於ては法令を以て直接民衆に臨む、民衆の現實的遵守があつてこそ現實に統制の目的を達成し得るのであるから、民衆をして法令の內容を知らしめることが絕對に必要である。これ吾々が統制法令を成るべく一般民衆に解り易いやうに規定すべしと主張する所以である。此點に於て大に參考となるのは、明治初年の法令である。民衆の記憶に便する爲め法令の後に歌を添附した例さへある。これに比べると、今日の法令は官僚的に形が整つてゐるだけであつて、民衆にとつては甚だ理解し難いものになつてゐる。法制局あたりで此點大に工夫をして欲しいと思ふ。

第二に、吾々は統制法令の周知を計る爲めに、特別の組織を立てることの必要を主張したい。現在でも政府は此點につき出來得る限りの努力をしてゐるやうであるが、民間から見ればまだ〳〵其努力は足りないのである。商業組合工業組合等同業者團體を法令に關する知識傳達の機關として利用するにしても、關係官吏が直接業者に話をするよりは、例へば辯護士を動員して同業者團體に配屬し、彼等を仲介として法令の周知を圖れば、非常に能率がいゝと思ふ。凡そ法令は立案者が一方的に考へてゐるよりは、辯護士其他職業的法律家の手を通すに依つて初めて其活きた實際的の意味が明かになるものである。警察官吏なぞが上司の指示に基いて直接業者に法令の說明を與へても、到底其眞義を完全に傳へることは出來ない。辯護士の如き法律家を介在せしめてこそ初めて法律が實際に運用される具合を具體的に業者に傳へることが出來る。辯護士としても發生した統制違反事件の辯護をするよりは、寧ろ違反の豫防に協力することこそ新時代に卽した彼等の本務であると考ふべきである。辯護士を豫防司法の方面に活用することこそ現在行き詰まりつゝある辯護士職業問題を解決する唯一の道であると私は考へてゐる。

外國語濫用の弊を一掃すべし

我國の法律書には今尚一般に不當且無用に外國語が濫用されてゐる。外國語を說明する場合其他まだ十分國語化されてゐない術語を使ふ場合に、言葉の意味を正確に表はす目的で外國語を使ふのは已むを得ないけれども、例へば「法人」と書いた後に（juristische person）と書き、「物權」と書いた後に（dingliches Recht）と書くやうな例を今尚多くの教科書に見出すのを私は甚だ遺憾とするものである。

此種の學者は自ら使ふ術語に外國語を添へると、何となく意味がハッキリするやうに思つてゐるらしいのであるが、そう言ふ考方をもつてゐる人々は自ら意識せずに今尚外國法學流にしか我國の法律を考へることが出來ないでゐるものである。一見甚だ些細な事柄のやうであるが、こうした考方が學者の頭を支配してゐる限り、我國獨自の法學はいつまでたつても建設される見込みがない。言語は決して單なる道具ではない。魂の表現である。外國法學流にしか物事を考へ得ない人間であればこそ、外國語を使はないと何となく物足りないやうに思ふのであつて、此種の弊風を一掃しない限り、心から日本風に法律を考へる人間を育て上げることは絕對に不可能である。

最近目についた最も甚しい例をあげると、司法協會雜誌の紀元二千六百年記念號に「法律の適用」と題する論文が揭載されてゐるが、此表題には（Die anwendung des Pecht durch die gerichte）なる傍題がついてゐる。無論Die Anwendung des Rechts durch die Gerichteの誤植であらう、誤植そのものは筆者として何等の責任もないに違ひないけれども、一體何の爲めにこうしたドイツ語を傍書しなければ氣がすまないのか、私には失禮ながら狂沙汰としか思はれない。此筆者は更に「文法的」の後に（grammatisch）、「論理的」の後に（logisch）とドイツ語を添へなければ安心出來ないやうな有樣で□こうした物の考方を有してゐる人間が今尚我國の司法官の間にゐるかと思ふと、私は心から悲くなる。教科書ならば比較法的教育の目的から外國術語を使用することも或程度までは許されるし、又場合によつては必要もあらうが、それでさへ一々文法的にgrammatischと言ふやうな具合に譯語をつけることは絶對に許し難い。況んや學術論文に於てをや。一體此筆者は何を考へてゐるのであらうか。

尤も此種の例は決して此筆者にのみ限るのではない。我國の共濟組合制度を説明する論文に於て、例へば「現物給付」に（Prestation en natur）を添書する如く、特に法律術語になつてゐない言葉さへ一々外國語に譯さなければ我慢出來ないやうな大學教授がゐるのだから、特に此筆者だけを取り上げて非難の的にするのはお氣の毒であるが、事の重大さを痛感するの餘り此事を敢てする次第である。

嘗て中華民國の一識者が私に語つた。「日本に留學するのもいいが、日本語を學んだ上更に英語なり獨乙語なりを學ばないと大學教育を受けることは出來ない、その位ならば初めからイギリスなりドイツに行つた方がいい」と。何でもないことのやうであるが、吾々お互の大に反省を要する事柄であると思ふ。私は決して時流に迎合して攘夷的の主張をするのではない。外國法研究の不必要を説くのでもない。唯外國法繼受以來既に六七十年を經過した今日尚外國法學流にしか物事を考へることの出來ない法學が天下に横行してゐるのを日本法學の名譽の爲めに心より遺憾とするものである。

時評

一九四一年五月号（一三巻五号／通巻一三七号）

協力と批判

緊密なる協力と嚴正なる批判とが學問を進めてゆく上に最も大切であることは今更言ふまでもない。然るに、我國の學界には從來一般に協力と批判とが缺乏してゐる。協力がないから大きな仕事が出來ない。批判がないから沈滯するのである。此事は我國の學界一般について感ぜられる所であるが、其弊は特に法學界に於て著しいと私は考へるのである。

協力が最善の能率を擧げる爲には、適正な組織と優秀な指導とが必要である。研究所・委員會・學會等色々の名前で學者の集まりが出來ても、優れた指導の下にすべてのものがそれ〴〵持場を受持ちながら互に緊密に協力する組織が出來なければ到底大きな仕事は出來ない。然るに我國ではとかく小さな個人的の名譽心や感情の爲に眞に能率を擧げるに適する協力組織が出來難い。例へば新に一の共同研究組織を作るにしても、當面の問題に最も堪能な學者を中心としてすべてが緊密に分擔し協力する組織を作ることなしに、只管無難ならんことを望んで長老中心の組織を作るのが一般の例であるが、これでは眞に能率良き協働を實現し得る筈がない。眞に善い大きな仕事をする積りならば年齡や地位などに關係なく眞に有能な學者を中心として其指導に服して協力する仕組みを考へねばならぬ。個人的の因縁や感情・遠慮などから、眞に有能な若い學者を中心とすることが出來ず、結局無難であると言ふ一理由のみで長老を——而かも同時に多數の委員會の——長にして形式的に組織を作つてゐるやうなことでは到底眞に善い大きな仕事は出來ないのである。

嚴正な批判が學問の進步に必要なことも今更言ふまでもない。然るに我國では感情と遠慮との爲にとかく嚴正な批判が行はれ難い。無論批判は極めて愼重でなければならぬ。相手の立場を十分理解せずに漫然批判に名を借りて氣焔を擧げたり、相手の名譽を傷つけることが何やら自分の名を現す所以であるかのやうに考へてゐるらしい感情的若くは利己的の批評は素より絕對に之を排擊せねばならない。さりながら從來我國の實情に於ては、かくの如き批評の弊よりは、寧ろ批判の缺乏若くは個人的遠慮に基く嚴正ならざる批判が多いことを通弊としてゐる。凡そ學者として一の著作を公にした場合に學界からどう言ふ批評を受けるであらうかと言ふ期待位樂しいことはないのである。又骨身に徹する程鋭い而かも成程と思ふ批判を受けた時位、殘念ではあるが又學者として本懷だと思ふことはないのである。然るに我國の學者の中には、一方に於て批評を恐れ若くは批評に憤るものが少くないと同時に、他方には個人的遠慮から嚴正批判を躊躇するものが少くない。これでは學界が沈滯するのは當然であるが、此弊も亦法學界に於て特に著しいと私は考へるのである。

此弊の原因として更に別に考へねばならないのは、我國法學界一般が我國學者の文獻を尊敬しない風潮が今尙相當强いと言ふことである。一時に比べると餘程よくなつてゐるけれども、外國の文獻であれば下らないものでも漏れなく讀み又紹介もするが、我國の文獻は頭から下らないものときめて讀みもしない風潮が今尙相當顯著に認められる。常時外國の文獻に注意せねばならないのは、學者として當然の責務であるけれども、さらばといふて我國の文獻を蔑視するやうなことでは到底我國獨自の法學が生長する筈はない。今日我國の法學界は眞に日本法學の名に相應しい法學を生み出すべき胎動期にある。學者が互に書いたものをよく讀み遠慮なく批判し合つてこそ日本法學は樹立されるのである。其私的態度を以て互に嚴正に批判し合ひながら朗かに協力してこそ初めて我國獨自の法學、而かも眞に學の名に相應しい日本法學が生まれるのである。一方には時流に迎合して無闇に神がゝつた生硬な獨斷を日本的理念の名の下に主張するものがあり、他方には之を冷笑してコスモポリタン的なることが卽ち學的であるかのやうに誤信して高踏的の態度を持し、互に批判もせず、協力もしないやうな現狀が續く限り、眞の日本法學はいつまでたつても樹立される見込みはない。私が今更改めて協力と批判の必要を强調するのは此事を考へるからである。

隣組の法制化

隣組の任務が重要さを加へるにつれて之に法的の基礎と規律とを與ふべしと言ふ議論が段々に盛になりつゝある。現在では組長の權限に法的の根據がないし其責任に付いても何等規定がないから、一面仕事がし憎いと同時に又他面に於ては權限の濫用怠慢等の弊害を生じ易い。從つて今後愈々組長に重い責任を課せんとする以上、此等の點に付いて規定を設けることは是非共必要だと思ふ。しかしさらばと言ふて民間の實情を十分考へずに無闇に劃一的な煩雜嚴格な法規を作つて萬事を窮屈にして仕舞ふと、民間人の創意と自發的協力の精神とが萎靡して恐らくは反つて隣組の作用が十分に發揮されないことになると思ふ。

隣組の長所は民間人の自發心に依つて國家目的に協力せしめる點にあるのであるから、民間の實情を考へずに無闇に上から仕事を押し付けてはならない。地方に依り又住民の種類に依つてそれ〴〵生活上特別の事情をもつてゐるのであるから、自發的に個々の隣組が色々積極的に仕事をしてくれるのは望ましいけれども、すべての隣組に向つて劃一的に餘りに重い任務を課するやうなことは最も之を愼ましねばならぬ。隣組を通して隣保精神を涵養しようと言ふやうなことも理想としては無論大によろしいけれども、實際には事の自ら成るを待つべきであつて、無理な法的强制に依つてイデオロギーを押し付けるやうなことは寧ろ大に愼まねばならぬ所だと私は考へるのである。當局者の愼重なる考慮を希望してやまない。

府縣鎖國主義の弊

經濟統制の爲め何故に現在の如き不合理な府縣鎖國主義を持續せねばならないのであるか、私には其理由が解らないのである。

一昨秋不用意の間に突發した危局に對處する爲め各府縣がそれぞれ保安的見地から鎖國的態度をとつたことは臨機已むを得ざるの處置として何人も是認する所であるが、恒常的の制度としてかくの如き不合理な變態を持續すべからざるは是れ亦何人も均しく認むる所である。經濟統制の理想は決して單に統制の形を整へることにあるのではなくして、經濟の內容を豐富にならしめるにある。全國民を一丸として互に有無相通ぜしむる組織を作つてこそ、乏しい中にも豐富な內容をもつた經濟統制を實現し得る譯であるから、政府としても唯統制がし易いと言ふ手近かな理由だけから、現狀維持を以て滿足すべきではないと思ふ。

現在我國官界の最も大きな弊害は官僚的割據主義である。自己の職域内に不祥事の發生せざらんことにのみ專念して、全體の有機的一部として全體の爲に一身を捧げて積極的に協力する精神が何となく官吏一般の間に缺けてゐる。府縣鎖國主義の如きも此弊の現はれに外ならないのである。行政機構改革のことが當面の問題になつてゐる今日、上層政治家の勇斷を以て此種の積弊を一掃せんことを希望してやまない。

時評

一九四一年六月号（一二巻六号／通巻一三八号）

官界革新の要諦

官界新體制問題の中心は、如何に制度を改革すべきかにあらずして、寧ろ如何にせば改革を斷行し得るかにある、と私は考へてゐる。今日の官吏制度並に行政機構が如何に甚しく行政の能率を阻害してゐるか又制度機構の如何なる點に其原因が伏在してゐるかは、特に外から指摘せずとも、現に行政の局に當つてゐる官吏自らが最もよく之を知つてゐると思ふ。唯官吏自らに之を改むるの精神なく、政治の上層部亦改革を斷行する勇氣をもつてゐない所に、何人も均しく必要としてゐる改革が實行されない最大の原因が存在してゐるのである。

此故に、私は現在の上層政治家の間にせめて一人でもいゝから明治二十年の農商務大臣谷干城將軍程の熱意を以て此問題の解決を企てる人が現はれて欲しいと思ふ。そうして斷乎職を賭してまでも必要なる改革を決行するの勇氣を示して欲しい、官界新體制の成否は實に此一事にかゝつてゐるのだと私は考へてゐる。

子爵谷干城傳に依ると、明治二十年六月外遊より歸つた將軍は翌月「國家の大要」と題する建白書及び條約改正反對意見書を內閣に提出し、その儘に容れられざるを見るや斷乎辭意を決し參內謁見を請ふて奏聞の上□願に依つて其任を解かるに至つてゐるが、其中「國家の大要」の中には行政革新に關し今日から見ても大に參考になると思はれる卓拔な意見が赤誠溢るばかりの言葉を以て述べられてゐるから、以下に其概要を紹介して置きたい。

「國家の大要」は情實の弊、內閣の弊、輕佻の弊、外交上の弊、行政の弊、儉勤、立憲政體の七項に分れてゐる。內行政の弊の項中より主なる論點を摘記すると、先づ第一に「行政の弊中其最大なるものは高等官吏の責任無きに在り。數千萬の國債を起し之を以て築港を企て運輸を助け鐵道を計畫し殖產工業を創設し而して其功擧らず、空しく中止或は廢絕に歸し、數百萬金を消糜せし者實に少しとなさゞるなり。夫政府に要する所の金員は其何費何用たるを論せず、多く細民の風に櫛り雨に沐し酷熱に曝露し終歲田圃に勞働して僅かに獲たる所を納めしむるものにして、卽人民の血涙に外ならず。然り而して今此萬民の血涙を集めて之を功なく益なく影なく形なきものに徒消して而して譴責に遇ふものあるを聞かず。何ぞ官吏の責任なく放恣の甚しきや。凡そ事務の擧ると擧らざるとは責任の如何に在り、既に責任なき事此の如し、事業の成功を望むも豈得可けんや」とて高等官吏の責任感なきを以て行政百弊の根源なりとし之に續いて「夫功を賞して善を勸め、罪を罰して惡を懲すは邦家經倫の大本にして若し之を濫用する時は政事の大本既に紛亂するものなり。然るに上に陳ずる如く懲戒せらるゝもの絕えて無くして稀に有るに過ぎざるは其弊又極れりと謂ふ可し。蓋是又情實の弊より來るものにして其害功を賞し爵位を與ふるに波及し一人の有功者を賞したるが爲に直に情實に牽連せられて他の巧尠き者にも之を與へざるべからざるに至るものあり。是に於てか勳位は官等に隨伴するが如きの狀となり、與ふるに惜まず、受くるに喜ばざるに傾かんと欲す。此弊害豈一洗せざる可けん哉」とて信賞必罰の必要なる所以を力說してゐる。

第二に、「行政の弊は官吏の過多なるに在り。是亦責任なきの致す所に因るもの多しと雖も先きに所謂情實の弊より來るもの最大なりとす。蓋方今行政の狀たる必要の事業あるが爲に官を設け、官を設けたるが爲に人を用ゐるにあらず、却つて人の爲に官を設け官の爲に事業を設くるの風あり。大本の轉倒する亦甚しと謂ふ可し云々。」

第三に、「各省の官吏互に其省の廣大を誇り定額の多少を以て長官の賢不肖を評定し、而して各省互に事務の分畫を爭ひ、協和一致事務を圓滑速成せしむるを務めず、恰も封建の時藩々相對峙するが如し。其弊延いて省中の各局に波及し、爲に大に事務を停滯する事少からず云々」。

第四に、地方行政改革の必要を論じ、(一)「地方政務の擧ると擧らざるとは一に知事其人の賢不肖に關するものなれば之を選む事最肝要なりとす。然れども今や四十有餘の府縣の爲に四十有餘の有爲偉才の知事を求むる事亦甚だ易きに非ず。而して且我國中に四十有餘の府縣を置くは其多きに過ぎ、費用の點よりするも亦然り」との理由によつて「小縣を合して大縣となし方今の半數に減縮」すべきことを主張してゐる。(二)次に地方官吏の人民に對する態度を非難して「方今縣吏郡吏警察吏等の人民を待遇せる實狀を見るに恰も征服したる蕃地を鎭壓するが如く、小吏の威權を弄する事殊に甚しく、己れ人民の租稅に衣食するものなれば、人民の爲に誠實に義務を盡さゞる可からざるものなる事を覺らず、却つて人民を視る事奴僕の如きものあり、是蓋上位に在る者の俑を作るに外ならず、心本然らざるも亦其譏を免るゝ能はざるなり」と說き、(三)更に地方の名望家等を起用して公務を托するに當り特に名譽を重んずべきことを忘れて官等俸給等に關する通則を之に適用せんとする形式主義を難じて、「時に或は地方の名望家、人民の輿望に從ひ力を其地方に盡さんとせば直に附するに官等を以てし、判任に非ざれば等外たるに過ぎしめず。嗚呼衆人の爲に心力を盡さんと欲せば却つて下吏たり小官たるの名を附せらるゝのみならず、往々五斗米の爲に腰を折らざる可からざるの冷遇に逢ふ」と言ひ、其結果「經驗なく資產なく道德なきの靑年輩官名を濫用し、少く文字を解するより徒に法律の文字に拘泥し更に取捨斟酌繁を省き費を減ずるの努むべきを知らず、區々たる細政に人民を勞し威を地方の人民に張る。是を以て中等以下の人猶且官吏の横柄不信切を嘆息せざるなし。況や地方細民に接するの不信切なる知る可きなり」と嘆ぜざるを得ないやうな實情を生じてゐると言つてゐる。

第五に、警察改良の必要を論じて「我が警察の狀を見るに人民の幸福安寧を保全すべき行政警察に力を盡さずして專ら司法警察を務め、罪を未萠に防ぐ事をなさずして罪を現行犯に驅る事を事とするが如し。卽ち細事の爲に人民を召喚し、小故の爲に人民を拘引し、公義心よりするものを處するに連累の如く、未決人を遇する事囚徒の如く過酷奇怪往々見聞するに忍びざるものあり。今や條約改正は我より進んで外人に證するに內地人民の開明進步を以てし、法律規則の改良完全を以てし、以て外人の我が法權の下に立たん事を誘引するものなり。然るに條約改正成るの日、警察の事務今日の如くならば、歐米人の不平不滿を唱へ意想外の難事を生ずるや鏡に掛けて見るが如し。且夫の秘密探偵なるものは殊に人民に害あつて政府に益尠きものなれば宜しく改正せざる可からざるものなり」と主張してゐる。

以上「行政の弊」の項中に論じたる所の外、建白書全體に亙つて今日尙吾人の傾聽に値すべき警世の言頗る多く、時弊を剔抉して餘す所がない。無論今日とは事情が違ふから所說をそのまゝ現在に當てはめて考へることは出來ないけれども、考へやうによつては其餘りにも現在に適切するものゝ多いのを寧ろ驚かねばならぬやうな次第であつて、私は一面に於て官僚政治の現狀前後半世紀の長時間を隔ててゐながら舊態依然として多く改めらるゝ所なきを見出して慨嘆に堪えないと同時に、他面に於ては昭和維新とまで言はれる程諸事について根本的なる革新の斷行が要望せられつゝある今日自ら台閣に立ちながら谷將軍に肩比し得べき勇氣を以て行政改革を主張し斷行せんとする上層政治家の一人をも見出し得ないことを國民の一人として何よりも心淋しく思ふものである。

工場公害紛議

昨年此方「產業福利」誌上に斷續的に掲載されてゐる厚生技師井口幸一氏の「工場公害紛議」なる文章に私は多大の興味を感じてゐる。工場の濫設・地方分散等に伴つて激增しつゝある工場公害の事例が內容的に如何なるものであるか、それに起因する紛議が從來如何なる手段に依つて如何に解決されてゐるか等に付いて兼々關心をもつてゐる私は、同氏に依つて此問題に關する極めて有益なる資料が與へられつゝあることを喜ぶと共に事の極めて重要なるに鑑み政府當局者に於ても一日も速に此種紛議の豫防並に解決の爲め合理的にして且統一的なる方策を考究樹立せんことを希望してやまない。問題は工業と農業水産業公衆衛生等との牴觸に關するが故に、所謂高度國防國家建設の見地から見ても極めて重要であつて、地方廳の個々的解決に放任すべく餘りにも重要である。內務・厚生・商工・農林・司法の諸省及び企畫院等事に關係ある諸官廳の協力に依つて根本的なる豫防並に解決の方途が講ぜられなければならない。

現在では大體災害が發生してから地元民の府縣當局への陳情あるを待つて初めて實情調査が行はれ其上で一面防害設備の改善新設を命ずると同時に、他面調停的に賠償額を決定するが如き方法に依つて、兎も角事實上紛議を解決してゐるらしい。が私の考では先づ第一に工場新設許可の初めに於て工場の位置・施設等に注意して極力災害の豫防に努力すると同時に、一旦災害發生したる後の救濟方法についても——鑛害賠償にも比すべき——一層合理的な方策が講ぜられねばならないと思ふ。敢て政府當局者の注意を要望する所以である。

時評

一九四一年七月号（一三巻七号／通巻一三九号）

判例批評の態度

嘗て故上杉博士が「天皇ノ名ニ於テ」爲されたる裁判を批評することは臣民として愼むべきであると言ふ趣旨を

述べられたことがある。

これは決して判例批評を全的に否定してゐるのではない。平常法律を研究し法律の良き運用に聊かたりとも貢獻したいと念願してゐる法學者が、「天皇ノ名ニ於テ」司法の重責を奉行すべき地位にある裁判官に向つて、學問的立場から忠言を與へ、以て司法をして少しでもより良きものたらしめやうとすることは、學者の臣民として正に盡すべき職域奉公の道であると言はねばならない。故に、判例批評が全的に否定せらるべきでないことは今更言ふを俟たないけれども、批評の態度は飽くまでも愼重でなければならない。判例批評は一面に於ては學的の仕事であるけれども、他面に於ては政治的の仕事である。蓋し裁判なる政治作用に對する批評であり、裁判なる政治作用に影響を與へることを意圖するものであり、現にかゝる影響を與へるものだからである。

裁判官は決して單に學者として學説を述べてゐるのではない。其與へる裁判が當面の事件の法的解決として妥當なりや否や、その一般社會への影響如何等を考へながら、「天皇ノ名ニ於テ」極めて愼重に裁判のことを考へてゐるのである。從つて學者が之を批評するに當つても、裁判官のかくの如き地位乃至態度に對して極力敬意を表すべきが勿論であり、批評がやがて民衆の司法に對する信頼に如何なる影響を及ぼすかを愼重に考慮せねばならない。裁判官は生々しい具體的事件に當面して、多くの場合具體的妥當の要求と法的安定の要求との間に板挾みにされながら、人間としての苦しい惱みを惱みつゝ、如何にせば「天皇ノ名」を恥しめない裁判を與へ得るかにつき日夕苦心してゐるのである。

此故に、學者のこれに對する批判も亦極めて愼重なるを要し言説やゝもすれば司法權の尊嚴を冒瀆するに陷るが如き最も之を愼まねばならない。より良き司法の實現に協力せんとする熱意は大に可なり。さりながら其批評のやがて生ずべき政治的影響を輕視して徒に大言壯語するが如き最も之を戒めねばならぬ。

近時判例批評の名の下に輕擧妄動するものあり。敢て猛省を促す所以である。

特許法改正の根本問題

一昨年來政府は特許法の改正を企て、既に去る七十六議會に改正案を提出するまでの運びとなつてゐた。其中には相當重要な改正諸點が含まれてゐたにも拘らず、當時は結局多く輿論の注意を惹くに至らなかつた。

所が最近起つた二の出來事が人々の注意を特許法に向けしめた。其一は科學新體制要綱が特許權を問題にしてゐることであり、其二は所謂人工ラヂウム問題である。此等の出來事に關聯して、新聞紙雜誌等にも特許法に關する記事論說が少からず現はれた。私は此機會に於て政府當局者が更に一層徹底した氣持で特許法改正のことを見直ほして欲しいと言ふ希望から、今日の情勢の下に於て凡そ特許法の改正に關して考へられねばならぬ根本問題が何であるかについて多少の意見を述べて置きたいと思ふ。

言ふまでもなく、特許法にとつての根本問題はそれが國家產業の發展に如何に貢獻し得るかと言ふことである。一面發明者に特許權を許與するに依つて發明を奬勵しつゝ、他面それを國家產業に役立たしめやうとする所に特許制度の使命がある。發明者の個人的保護は手段であつて、目的ではない。然るに、今まで我國に傳へられてゐる歐米の特許法理論は專ら發明者の個人的保護に專念した時代のそれであつた。それが爲め、特許制度窮局の目的が國家產業の興隆に貢獻するにあることを忘れて、只管發明者の個人的保護にのみ專念するが如き特許法思想が朝野の間に漲つてゐる。無論發明者に保護を與へることがやがて發明の奬勵に役立つことは當然である。しかし發明者の保護は結局國家產業發展の爲めの手段に外ならないのであるから、それが反つて國家產業に阻止的作用を與へるならば其線を局限として發明者の保護は止まらねばならぬ譯である。然るに、從來我國に行はれてゐる特許法思想は一般に個人主義的である。それが發明者個人の爲めに働く辯護士辯理士等の職業的意識と聯關して、特許法改正の大きな妨げを爲してゐる事實を看逃がしてはならない。

次に我國現行の特許制度が明治中期の條約改正問題に關聯して發達したと言ふ事情が今尙多くの禍根をのこして

ゐることを忘れてはならぬ。工業所有權保護同盟條約は各國がそれ〴〵國家的立場から定めてゐる特許制度の國際的妥協から生まれたものである。卽ち各國それ〴〵の國家的立場が元であつて、同盟條約は各國がそれ〴〵妥協を通して相互的に他國の發明者にも保護を與へることが結局自國にとつても利益だと考へる所に其成立する根底を有してゐるのである。然るに、從來我國には反つて同盟條約を出發點として我國の特許制度を考へる思想が橫溢してゐる。同盟條約を神聖視しつゝ只管それに反せざらんことを念願する傾向が極めて強く認められる。それが特許法の運用上にも多くの缺陷を現はしてゐるし、又其合理的改正の妨げにもなつてゐる。發明は人類共通の文化財なるが故に各國はそれ〴〵の國家的利益を超越して超國家的立場から其保護を圖らねばならぬと言ふやうな思想が廣く特許法關係者の頭を支配してゐる。それが爲め、我國現在の特許制度は現實に於て主として外國發明の保護制度たるが如き狀態に陷つてゐる。これは無論我國の科學技術の劣後性に最大の原因をもつ現象ではあるが、特許法關係者一般の間に叙上の如き超國家的思想が行はれてゐることも、此狀態を誘起するにつき相當大きな原因をなしてゐることを看逃がしてはならない、と私は考へる。

終りに、現在では實質的審査に依つて特許權を賦與することが理想であり、當然のことであると考へる思想が一般に行はれてゐるけれども、審査主義と無審査主義との優劣は決して絶對的に決定し得べき事柄ではなくして、特許局の審査能力との關係に於て相對的にのみ考慮せらるべき事柄であることを忘れてはならない。現在でも特許局は審査の局に當るべき技術者を得ることに相當の困難を感じてゐるやうであるが、今後科學と技術との發達に因つて審査の對象が愈々複雜化するに伴ひ、審査の困難は益々增大するばかりであると私は思ふ。此趨勢に對處する爲めには、新しい意味に於てフランスに於けるが如き無審査主義をとるか、若くは現在のやうに特許局內に審査機關を局限することなく、科學乃至技術の各部門每に有力なる委員會を組織し、それをして專門的立場から審査を行はしめるやうな制度を案出すべきであると私は考へてゐる。

政府當局者は此際技術的末梢的の改正を以て滿足することなく、進んで我國產業の獨自的立場から最も理想的な特許制度を樹立することを希望してやまない。それが若しも他國の特許制度と牴觸し、それが爲め反つて我國產業に不利益を及ぼすやうであれば、其時になつて初めて國際的妥協をすればいゝのである。現在のやうに同盟條約を神聖視し、それのみを出發點として凡そ特許法の問題すべてを考へるやうなことでは、我國特許制度の徹底的改正は何時までたつても實現される見込がないと私は考へるのである。

時評

一九四一年八月号（一三巻八号／通巻一四〇号）

法學教育と教授法

教授自由の名の下に大學に於ける教育の內容も教授の方法も各教育者の自由に放任されてゐる。それが現在大學に於ける法學教育の實情である。

私は現在文部省が高等學校以下の教育について制定してゐる教授要目に必ずしも贊成するものではない。それは一面教育內容を基準化する長所をもつてゐるけれども他面に於て教育者の創意を殺す短所をもつてゐる。此意味に於て私は大學教育についてまで教授要目を制定すべしと言ふのでは決してない。しかし現在のやうに大學教授が教育效果の事を無視若くは輕視して各自勝手な方法で教授を行つてゐる、否全く無反省に十年一日の如く傳統的の教授方法を續けてゐる有樣を私は無批判のままに看過し得ないのである。

嘗て我國の法學がまだ十分發達してゐなかつた時代には大學に於ける講義は法學各部門に關する最高智識の表現

であつた。講義の筆記は法學界に於ける最良の參考書であつた。從つて當時の大學教授が講義することと教科書や論文を書くこととの區別を考へずに、初學の學生を相手に無暗に六かしいことを口授し筆記せしめてゐた教授方法も當時としては尙意味をもつてゐたのである。之に反し、今日では各科目についてそれ〴〵立派な教科書參考書が存在してゐるのだから、學生をして自らそれを讀ましめるやうに仕向け、又讀んで理解し得るやうに學力を育成してゆくことこそ講義の任務でなければならない。口による講義には口によると言ふ――他の方法では代へられない――特徵がある、其特徵を活かして相手の能力を考へながら順を追ふて學生の力を伸ばしてゆくやうにしてこそ講義の妙味が發揮されるのである。

嘗て吾々の先生方が外國留學から歸られての話の中で外國の大學に於ける講義が一般に極めて簡短平易であることを語られたのを屢々耳にしたことがあるが、當時既に教科書が十分に備はつてゐた諸外國としてはかゝる講義こそ正に講義として上々のものであつたに違ひないのである。親しく教授の口から深遠な學理を聽き得ることを豫期した吾々の先生方は甚だ失望されたらしいのであるが、それは彼此法學界の進歩程度に著しい差異のあることに氣付かれなかつたために起つた誤解に外ならなかつたのである。

現在我國に於ける法學の講義は一般に詳しきに過ぎる。もつとすつきりと筋を通して樂な氣持で學生が自ら學の道に入つて來るやうに誘導的の態度で講義をせねばならぬ。現在のやうな講義を續ける限り特別に優秀にして且勉強する學生でない限り彼等が講義を通して與へられる智識は高々「木を見て森を知らず」、個々の樹木を見ながらそれ等の樹木から成り立つてゐる森林の全貌を知らない程度の智識に過ぎない。例へば民事訴訟法に關する基礎理論を斷片的に知つてゐながら、凡そ民事訴訟なるものが全體として如何に運行されるかに付いて殆ど何等の智識をもたない。それが嘗て吾吾が學生たりし時代の學生一般の智識であつた。今日の學生も恐らくは一般にその程度の智識しかもつてゐないであらうと想像する。論者或は曰く、講義を簡短にすると學生の學力が低下する、基礎理論をしつかり敎へて置きさへすればあとのことは自ら解つて來る、と。しかし私の考では先づ初めに民事訴訟の動きの全貌を知つてこそ其智識を賴りにして民事訴訟法全體を支配する基礎理論を理解することが出來るやうになり、基礎理論なるものが何故にかくあらねばならぬかを會得することも出來、それに對する批判的意見さへ自ら生まれるやうになるのだと思ふ。このことはひとり民事訴訟法に限らず、他のすべての科目についても同樣に言はれ得ることである。

私は私立大學に講義せらるゝ諸氏から學生の學力が官立大學のそれに比べて一般に低劣であると言ふことを屢々語られるのであるが、私の考では人間生活の才能にそんなに大きい差異がある筈はない。最大の原因は寧ろ今日私立大學一般に行はれてゐる教育計畫と教授方法との缺陷にあるのだと想像してゐる。而して其缺陷の最大なるものは合理的な教育計畫を立て、初學者を逐次學の道に引き込んで來るやうな教授方法をとることなく、徒に目前のことにのみ捉はれて有名な官立大學教授や高等試驗の委員である司法官其他の官吏を招聘して斷片的に六かしい講義をして貰つて居ることにあるのだと思ふ。かゝる有樣だから大多數の學生は初めから講義を通して教へられてゐることに興味を感ぜず、從つて自ら進んで參考書などを讀んで勉强する氣持にもならない。殊に夜學の學生の如き元々最も惠まれない境遇に在るのだから、彼等を教育する爲めには特別の考慮が要るにも拘らず、實際こゝで行はれてゐる教育は最も斷片的であつて全體的計畫的でない。それが爲め學生の大多數は唯大學卒業生であると云ふ資格若くは稱號を得るか、又は高等試驗に合格すると言ふ目先きの目的にのみ捉はれて、極めて不合理な聽講若くは試驗勉强をしてゐるに過ぎない。これでは學生の學力が伸びないのは當然であつて、罪の大半は大學當局者にあるのだと私は考へるのである。

私は文部當局が主催者となつて法學教育會議を開いて欲しいと思つてゐる。現に法學教育に從事してゐる多數の教育者を會同して、現在我國の要求してゐる法學教育が何であるかを根本的に檢討せしめると同時に、官私の諸大學を通じて其教育方法を合理化する方途を研究せしめることを希望してやまない。今大學では一般に在る意味に於ては極めて不十分な、又或る意味に於ては多過ぎる法學教育が無計畫無統制に行はれてゐる。現在我國が必要としてゐる法學智識が何であるかを徹底的に考究して、我國の法學教育を全體的に樹て直ほさねばならぬ時期が今正に吾々の眼前に迫つてゐることを文部當局者も法學教育關係者ももつと切實に考へて欲しいと言ふのが私の念願である。

法令の名稱を簡易化すべし

退職積立金及退職手當法を吾々は一般略稱して退手法と言ふ。官廳の委員會に於てさへ吾々はお互に此略稱を使ふ。

今回公布された國民勞務手帳及國民登錄事務取扱規程第一條に於ては、「國民勞務手帳法」を「手帳法」と略稱する等關係法令の略稱を規定してゐるが、此流儀で其他の法令にも簡短な略稱を作るとい〻と思ふ。長い六かしい法令名の爲めにお互がどの位迷惑をしてゐるか分らない。略稱制定に依つて一般の受ける利益は非常に大きいと思ふ。

此頃の役人はとかく稱呼上の便宜などを考へずに無暗に嚴めしい文字を使用して自分等のイデオロギー的感じを滿足させやうとする傾向がある。例へば素直に勞務手帳法と言ひさへすればい〻ものに、態々國民の二字を冠して事を六かしくする。立案者としては恐らくこれに依つて自分等の抱懷する國民主義的の感じを出さうとするのであらうが、誠に無用にして且有害な企て〻あると私は思ふ。私は從來の「職業紹介所」でさへ長きに過ぎる、「職業所」で充分ではないかと考へてゐる。然るに、今年の初めから厚生省のお役人は態々「國民職業指導所」と言ふ六かしい名稱を發明して在來の「職業紹介所」に代はらしめた。

「職業紹介」に代ふるに「職業指導」を以てした氣持は分らないこともないけれども、何故に此の頭に態々「國民」の二字を冠する必要があるのか。私にはその愚さが可笑しく思はれてならないのである。

時評

一九四一年九月号（一三巻九号／通巻一四一号）

法律學の科學化

科學振興の名の下に自然科學並に技術の振興を圖るべしとの論が大に行はれてゐる。しかし科學にして振興せらるべきは獨り自然科學にのみ限るのではない、社會科學も亦大に振興を要すること素より言ふを俟たない。世人は我國の自然科學が歐米諸國に比べて著しく立ち後れてゐることを知つてゐる。しかし立ち後れてゐるのはひとり自然科學のみではない。政治經濟法律其他社會に關する科學的研究は尙一層後れてゐる。世人が此頃になつて急に科學振興の必要を感ずるに至つた直接の動機は恐らく歐洲戰爭の刺戟に因るものと想像されるが、科學の後れてゐることが戰爭目的達成の障害を爲すと言ふことは決してひとり自然科學についてのみ言はるべきことではなくして、社會科學についても亦同じやうに考へられねばならない。社會科學の成果は直接兵器となつて花々しく人の目に觸れないから、世人はとかく其價値を輕視し勝ちであるが、總力戰の今日に於ては銃後のすべてが科學的に整備されて、あらゆる方面の仕事が完全なる能率を發揮し得るやうに仕組まれねばならぬ。例へば經濟統制を支障なしに實行し得るが爲めには社會各般の事實について十分の統計其他の資料が用意されてゐなければならない。然るに、從來我國の行政は一般に目分量で行はれてゐた。精確な統計其他の資料を用意して科學的に行政する用意が缺けてゐた。このことが經濟統制の實行上如何に多大の支障となつたかは事に關係した人々の均しく痛感した所である。

世人は我國一般の科學常識の水準が低いと言ふ。此の現狀を改める爲めに科學智識の普及を圖り、國民生活を科學化して生活萬事をもつと科學的ならしめる必要があると言ふ。誠にその通りである。しかし其所謂科學化はひとり自然科學についてのみ言はるべきことではない。凡そ萬事を科學的に考へず又行はない。其習慣が自然科學の進まない原因ともなり、又政治經濟その他の仕事が科學的に行はれない原因ともなつてゐるのである。卽ち原因は一であつて其同じ一の原因があらゆる方面に非科學的の實踐を生み出してゐるのである。

我國では嘗て「社會科學」の名の下に唯物論的の考方を以て政治經濟法律その他あらゆる文化現象を解釋捕捉せんとする風潮が一時天下を風靡するの觀を呈したことがあつた。この唯物論的社會科學はひとり自然現象に限らずあらゆる文化現象にもそれを支配する自然法則の存在することを教へた點に於て大なる特色をもつものであるが、其所謂自然法則を發見するに當り唯物論にのみ捉はれて、人の心・精神・人間性等の形而上的要素を計算に入れることを閑却してゐた點に於て救ふべからざる缺陷をもつてゐた。それが爲め其後この種の「社會科學」は其名と共に社會から葬り去られたのであるが、此事の爲めに文化現象一般を科學的に研究する必要を全的に否定すべきでないことは素より言ふを俟たない。嘗ての「社會科學」は唯物論に捉はれ自然科學に模倣して形而上的要素を除外する所にこそ科學の名にふさはしい特質があるやうに妄想したのであるが、凡そ人間の社會的營みである文化の現象を科學的に研究するに當り人の心のことを度外視すべからざるは理の當然である。此故に、吾々社會科學の研究に從事するもの、今後力むべきは、此當然の理に從つて凡そ文化現象の研究に適する獨自の方法を案出して眞に社會科學の名にふさはしい文化現象の科學的研究を行ふことでなければならない。

飜つて我國從來の法律學を見るに、遺憾ながら其研究は上述の意味に於て一般に甚だ非科學的である。學者が科學的に資料を整えて立法することを教へないと同じやうに、實際立法の局に當る人々も統計其他社會調査の資料を整えて科學的に立法することを忘れてゐる。學者も立法者も多くの場合に比較法的方法を用ゐる。しかし諸外國の立法を其文字の上に現はれた形だけを見て研究しても決して眞に價値ある比較法的研究は成り立たないのである。凡そ一國の法律はそれ〴〵の國の社會事情全般との聯關に於てのみ之を正しく理解し得るのであるから、法律の基盤たる社會事情に關する精確な智識なしには決して科學的に價値ある比較法的研究は生まれて來ない。然るに、我國從來の比較法的研究は多くの場合此要點を逸してゐる。

歴史的研究も法律の基盤たる各般の社會事情に關する研究を離れては決して科學的には成り立ち得ない譯である。然るに、我國從來の法律史研究はやゝともすると、社會的基盤から離れて形式的に法律制度を研究するを以て足れりとするが如き弊に陥り勝ちである。

近來判例の研究が盛になつたけれども、判例研究の目的が何であるかを十分科學的に考へてゐない爲めに、研究方法亦自ら適正を缺き、依然として古い「判例批評」の臭味を脱せざるものが非常に多い。それが爲め判例研究が盛である割合に其理論的並に實際的權威が多く認められるに至つてゐない。

之を要するに、我國現在の法律學は遺憾乍ら今尚多く法條註釋の域を脱せず、資料を科學的に整備して法律文化に對する指導原理を樹立することを目指すが如き研究が殆ど行はれてゐない。日本法學の建設を要望する聲のみ徒らに大にして實踐之に伴はざるも亦これが爲めである。眞に日本法學の名にふさはしい法律學を建設せんとするならば、是非共先づ科學的眼光を以て日本的現實を過去に遡り又現在に付いて精確に觀察研究せねばならぬ。科學振興の要望愈々盛なるの今日、學者としての法學者が正に力むべきは此種の仕事でなければならない。

官吏と責任

行政機構改革のことがしきりに問題になつてゐるが、機構の形式を如何に變へやうとも、實際事務に當る官吏の心組みを變へない限り、我國行政の宿弊を徹底的に除去することは出來ない。だから其心組みが變はり得るやうに行政事務の實際の遣り方を變へることが何よりも大事だと私は考へてゐる。

今の官吏は一般に積極的に仕事の能率を擧げることに努力するよりは、寧ろ消極的に責任を負はざらんことに汲々としてゐるやうに見受けられる。責任を負ふ必要がない程過誤なしに立派に仕事をする心掛けは素より大切であるが、責任を恐れるの餘り消極的になつて仕舞つては仕事の能率があがらないのは當然である。自ら善しと信じたことはいざと言ふ場合何所までも責任をとる位の心組みを以て斷行するのでなければ決して善い仕事は出來るものではない。所が從來官吏は一般に出世のことを念頭に置くの餘り、ともかく無難に傷がつかないようにと言ふことばかりに專念してゐるやうに見受けられる。制度の何所かにこうした弊風を惹き起すやうな病根があるのではなからうか。行政機構改革の一項目として是非共此點を考究して欲しいと思ふ。

現在の役所には一般に會議が多過ぎる、それが事務澁滯の一原因をなしてゐるやうに私は考へるのであるが、會議をも少し減すことは出來ないのであらうか。勿論會議には衆知をあつめて獨斷を防ぐとか、意見交換の間に自ら諒解と和協とに到達すると言ふやうな幾多の長所があることは之を認めるけれども、現在多數の會議は果して此等の長所を利用する爲めにのみ行はれてゐるであらうか。會議にかけたと言ふことを責任回避の言譯けにするやうな氣持で無用に會議を開くやうなことが實際に行はれてゐないであらうか。

文書が多過ぎる弊害は現在官吏たる人々も多く之を認めるが、現在のやうな行政事務の仕組みでは一々文書をとつて置かないと後々になつて責任の所在を明かにすることが出來ないから已むを得ないと彼等は言ふのである。至極尤もの言ひ分ではあるが、こうして責任問題の爲めに一々文書をとつて置かなければならないやうな事務の仕組みでは、能率の良い行政が行はれる筈がないと私は思ふのであるが、こうした點にも何か適當な改革を施す餘地があるのではなからうか。

要するに失敗と責任とを恐れるの餘り消極的に働くやうになると、吾々個人の場合に於ても決して事は旨くゆくものではない。其理合は役所の仕事についても全く同じだと思ふのであるが、實際はどんなものであらうか。

時評

一九四一年一〇月号（一三巻一〇号／通巻一四二号）

法人法研究の新なる展開を望む

前號に川島武宜氏が「營團の性格について」なる極めて示唆に富んだ有益な論文を書かれたが、之を讀まれた方々は誰れしも現在の法人制度が如何に時代の進歩に伴はないものであるか、現在法人の基本的分類として絶對動かすべからざるもののやうに考へられてゐる公益法人・營利法人の區別、社團法人・財團法人の區別等が如何に其價値を失ひつゝあるかについて大に考へさせられたことと思ふ。

議會で「營團はいかなる種類の法人であるか」が問題になつた際、政府當局者は財團法人にして社團法人にあらずと說明してゐる。しかし、營團が實質上民法の財團法人と重大なる點に於て異なつてゐることは川島氏の說明した通りであり、而かも尙政府當局者が何故に社團法人なりと答へることに躊躇したかの理由も氏の鋭く指摘してゐる通りである。又政府當局者は營團は公益法人なりと答へてゐるが、其正鵠を缺くものなること正に川島氏の言はれる通りであり、而かも當局者が何故にかゝる答を爲したかの原因も氏の言はれる通り從來學者の通說か營利法人にあらずんば公益法人と言ふようにすべての法人を營利公益のいづれか一に分類し得べきものとしてゐる考へに災ひされてゐることにあるのである。

元來現行法の認めてゐる各種の法人は各種の事業を法人形式に依つて經營せんとするものの爲めに用意された法的技術としての型に外ならないのである。現在法律は特別法に依つて特に規定せられたる特殊法人以外については、民法の社團法人・財團法人、商法の各種會社の如き一般的の法人型を用意し、人々をして各自の必要に應じて其型のいづれかを擇んで利用せしめる仕組にしてゐる。從つて今までも實質は寧ろ公益法人たるべきものが株式會社として法人化されてゐたり、實質は寧ろ財團法人たるべきものが社團法人として法人化されてゐる例は少くないのであつて、利用されてゐる法人型と法人の實質とは必ずしも正確に合致してゐない。唯從來はともかく現在の型だけで一應事が足りてゐたのである。所が社會經濟政治の實情が急激に變化するに伴ひ、今までの型のいづれにも適しない種類の事業にして而かも法人化の需要あるものが急激に增加した爲めに、新に其需要に應じ得べき法人型を作出する必要が生れてゐるのであつて、有限會社や營團の如きも正に此需要を充たす爲めに生まれたものに外ならない。唯營團に付いては今の所、個々の営團につき個々の特別法が制定されてゐるだけで、一般通則が設けられてゐないため、其法律的性質に付いて疑ひを生じ、強いて在來の法人型のいづれかに屬するものと解するによつて其性質を明かにしようとする企てが學者の間にも行はれるやうになつてゐるのである。しかし、在來の型のいづれに入れても不便であればこそ營團なる新しい型が作られたのであるから、それを無理に在來の型のいづれかに屬するものとして理解しようとしてゐる所に抑もの誤りがあるのである。學者の營團の研究上爲すべき仕事は、其實質と之に關する法規と定款との綜合的研究に依つて其すべてに通ずる特質を明かにし、それを規律すべき一般的法則を案出することでなければならぬ。初めから在來の型のいづれかに屬すべきものなることを豫定して□其性質理解し難きを嘆ずるが如きは決して學者の採るべき態度ではない。

現在法律の認めてゐる法人の種類は極めて多いが、民法及び商法が規定してゐる以外のものに付いては、今までの所一般に研究が不足して居り、それ等の分類も十分に行はれて居らず、從つて分類せられたる各種法人に適用せらるべき通則や一般原理も十分理論的に研究されてゐない。此故に、私は此機會に於て學者の間に法人法の全般に亙つて綜合的研究を爲す氣風の大に興らんことを希望し、引いては時代の進運に添ふやう我國の法人制度に劃期的革新を加へ得べき日の一日も速に到らんことを希望して已まない。

今回の川島氏の論文は此種研究の端緒を爲すものとして極めて有意義であり、又此種の研究が法律社會學的方法に依つてのみ可能なることを教へるものとして、學問的にも價値高き論文であると私は考へる。從來我國に於ける法人法の研究には專ら法條について法定の型そのものを究明するを以て足れりとするが如き弊が一般に認められる、もつと法人格付けられる實體を社會の現實に付いて研究し、それとの聯關に於て法のことを考へる風が興らなければ法人法の研究は此上進歩する見込みがないのではあるまいかと私は考へてゐる。

在學引き延ばしの弊と高等試驗

大學法學部、殊に官立大學法學部の學生の間に正規の學科課程三年を四年なり五年に延ばして卒業するものが少くないのは事實である。病氣其他已むを得ざる事故に因るの外此種の行爲の許すべからざるは言ふまでもない。學生自身が自肅以てこのことなからしめるやうに努めねばならないのは言ふまでもないが、學校當局者は勿論、政府に於ても、事の原因を具體的に探究して速に防止の策を講ぜんことを希望する。

事情を知らない一部の人々の間には、この種の行爲を一種の徵兵忌避なりとして指彈する意見が行はれてゐる。結果だけを見ると確にかく考へられても仕方がない行爲であることは吾々も亦之を認める。しかし、學生を誘惑してかゝる行爲を敢てせしめるだけの有力な原因が別に存在するのであるから、其原因を除去することなしに學生だけを責めるのは無理である。其原因の最も主なものは、現在諸官廳が法學士を採用するに當り、殆ど例外なしに在學中高等試驗に合格したことを條件としてゐることである。法學部に學ぶ學生の大多數は官吏を志望する。官吏になる爲めには高等試驗に合格せねばならぬ。而かも、在學中に合格しなければ略採用される見込みがない。其結果、彼等が一回の受驗で失敗すると、在學を更に一年延ばしてまでも飽くまでも卒業前に合格しようと努めることとなるのであるが、官吏採用の方針が現在のやうになつてゐる限り、學生が此種の行爲に出でるのは寧ろ當然で、一概に之を非難するのは無理だと思ふ。

若しも諸官廳に於て、在學中合格者にあらざれば採用しないと言ふ現在の方針を改め、主として大學在學中の成績に全科修了後の成績を學力檢定の資料にして採用を決し、且採用後別に受驗の道を開いてやれば、在學引延ばしの弊風は一掃されると、私は思ふ。

尙私の考へでは更に一步を進めて高等試驗そのものを廢止し採用後それ〴〵の官廳に於て一定の期間敎習を施し考試を行つて高等官たらしめるやうにする方がいゝのではないかと思ふ。現在のやうな制度に依つて形式的な法律知識を試驗し、それに合格したことを採用の條件としてゐては、人物採擇の範圍が狹きに過ぎて多數の有爲なる靑年を官吏として要求する現代の要望に副はない。又高等試驗にさへ合格してゐれば大體自動的に高等官になつてゆける現在の制度が若手官吏の間に多少とも氣のゆるみを生ぜしめる傾向あることを考へ合はせて見ると、採用後の敎習と考試を以て高等試驗に代へる方が優秀な官吏を得る目的に適つてゐるやうに私は思ふ。

高等試驗廢止に伴ふ弊害も無論考へられないではない。殊に採用上公平を缺くの弊は最も之を恐れねばならない。しかし一面詮衡方法を嚴格ならしむると同時に、採用後の敎習及び考試をしつかりやりさへすれば此弊は十分に之を防止し得ると思ふ。

時評

一九四一年一一月号（一三巻一一号／通巻一四三号）

遵法精神昂揚の道

十一月一日の司法記念日を機會に官民協力の下に遵法精神昂揚の運動を起し以て臨戰下經濟態勢の整備に資せんとするの企てあり。吾人も亦双手を擧げて賛成、微力を捧げて此運動に協力せんことを誓ふものである。

經濟統制實施せられてより此方經濟事犯の摘發せられたるもの極めて多く、其原因果していづれにありやは夙に當局としても鋭意其研究に怠りなく、今までにも既に色々對策が講ぜられたに違ひないのであるが、それにも拘らず今尙量的に事犯の件數必ずしも減せざるのみならず、反つて質的に悪質のものが増加する傾向があると傳へられてゐるのは誠に遺憾である。惟ふに、統制法令そのもの丶不備、實施方法の不適正、法令周知方の不足等官廳側にも色々手落ちがあるに違ひない。此點は今後とも大に意を用ゐて逐次改善されねばならぬこと勿論であるが、何と言つても他面國民側にも大に非難せらるべく矯正されねばならぬ態度のあることを否定し得ない。特に國民一般の間に時局に對する深い認識と國法に對する高い遵法精神とが行き亙つてゐさへすれば事犯がかくまで多かるべき筈はないのであるから、今日遲しと雖も遵法精神昂揚の必要が高調せられ、其對策が考究せらる丶に至つたのは誠に結構のことであり又至極尤ものことだと思ふ。

然らば何故に國民一般の間に遵法精神が缺けてゐるか。其原因は極めて複雜であつて、勿論一言には盡し難いが、其中先づ第一に擧ぐべきは我國民一般の間に法的自治の訓練が缺けてゐる事であると思ふ。因習の久しき我國民は今尚一般に永く封建専制の政治下に養はれた法及び政治に對する消極的態度から十分に脱却してゐない。專制治下の人民は「長いものにはまかれろ」を以て最高の人民道徳と考へ、「泣く子と地頭には勝てぬ」を以て生活信條と考へながら、表面上權威者に屈從して只管官の忌憎に觸れざらんことをのみ力める。而かも心から法令の意義と價値とを理解して衷心官の命じ要請する所に協力する精神をもたない。形の上だけを然るべく飾つて實は成るべく自己の欲するがまゝに行動せんとする所謂面從腹背の習癖に陷つた彼等には實質的に全く何等の遵法精神もない。人民がかゝる卑屈な因習的態度に陷るに至つた抑もの原因は專制政治の人民に對する無理押し的態度にあつたのではあるが、事久しきに及んで、卑屈の習ひは終に人民の性とまで化し終つたのである。明治此方我國の政治は漸次に立憲化し、國民の理解と協力との上に政治を行ふことをモットーとする政治が行はれるに至つた。而してそれが國民の政治に對する態度を積極化するに付き相當大きい影響を與へたことは吾々も亦之を否定しないけれども、立憲政治に慣れた諸外國などに比べると其程度は遺憾ながら今尚甚だ低いと言はねばならない。國民の間に今尚面從腹背的の卑屈な心構へが暗く潜んでゐるのは勿論、官吏の人民に對する態度にも專制的な高壓的態度が少からず殘つてゐる。現に經濟統制の實施上最も直接に人民に接觸する各省の下級官吏や警察官の國民に對する態度及び國民の彼等に對する態度の上にはかゝる因習的弊風が明かに認められる。かゝる有樣であるから、國民は初めから統制法令の國家的意義を理解して心から之に服しながら官民協力して統制經濟の圓滿なる運營を圖りたいと言ふ精神をもつことなく、表面の辻褄さへ合へば出來得る限り法を潜つて自分勝手のことをしたいと考へるのは當然であつて、此事が統制法令の實施上遵法精神の缺如として人々一般の眼に映ずるのである。

此故に、統制法令の實施に關し國民の間に遵法精神を昂揚せしめる爲めには、何を措いても先づ國民の政治に對する態度を積極化することが大切であつて、それには全く新しい意味に於て政治を國民化することが必要である。吾々が今茲に政治の國民化と言ふのは決して過去の自由主義的デモクラシーを意味するのではない。少くとも我國に關する限り、過去のデモクラシー政治は決して政治の實質的民衆化ではなかつた。デモクラシーの名の下に實は政黨其他職業的政治家が民衆と國家との間に介在して政治を壟斷したもの、それが自由主義的デモクラシー政治の實相に外ならなかつた。從つて、立憲政治の實施長きに及びたるにも拘らず、國民の政治に對する積極的態度は終に起らなかつたのである。此故に、今日吾々が國民の間に政治に對する積極的態度を興起せしむるが爲めには、例へばヒツトラー總統が吾々の國民社會主義的政治こそ眞のデモクラシー政治であると喝破した其精神を正しく理解することが何よりも大切であると思ふ。ヒツトラー總統は指導者原理に基く政治を、一面自由主義的デモクラシー政治と區別すると同時に、他面ソヴィエト的ディクテーター政治と峻別すべきことを强調する。指導者が心から民衆の福利を考へながら國家永遠の生命を理念として指導者政治を行つてこそ眞に正しいデモクラシー政治が行はれる。それが爲めには、在來の政黨其他職業的政治家は勿論民衆に基礎を置かない傳統的政治勢力の一切を打倒せねばならぬ。かくして政治指導者と民衆との間に介在する一切の傳統的不純物を一掃するとき初めて眞のデモクラシー政治が實現されると言ふのである。

之に比べると、我國今日の政治は著しく非國民的である。嘗ての自由主義的デモクラシーを恐るゝの餘り、指導者的政治の名の下に非國民的な高壓的政治を行はうとする傾向に陷らんとしてゐる。經濟統制の實施に關し國民一般が政府當局者の措置に關して抱いてゐる感じは正に當局者のかゝる傾向を反映するものであつて、今日經濟統制の實施に關して遵法精神の昂揚を圖らんとするならば、何を措いても當局者が指導者的政治の眞義を理解し、それが決して高壓的政治にあらざることを心から考へて、新しい意味に於て國民の理解と自發的協力とを基礎とした國民的政治の實現に努力することが必要であつて、それなき限り國民の間に眞に心よりする遵法精神を昂揚せしむることは絕對的に不可能であると吾々は信ずるのである。我國に於ける政黨政治の積弊は今や殆ど掃滅された。肇國精神に魂の根元を置いて萬民翼贊、眞に國體の本義に徹した政治の精神と形態とが今正に樹立建設されんとしてゐる。此時こそ國民一般の腦裡に潜んでゐる封建的習癖を一掃して今後永きに亙る我國政治の官民協力的基礎を固むべき無二の好機であることを考へて、今日政治の局に當る人々は施政上此點に最も意を用ゐ、指導統制の爲め反つて民心を萎微せしむることなきやう萬全の方策を講ずべきである。かくするとき初めて遵法精神自ら國民すべての心裡に湧き上がつて國民生活と國家的法秩序との完全な合一を實現し得ると吾々は信ずるのである。

例へば經濟統制の實施に關し國民の間に自發的協力の風、即ち遵法の精神を興起せしむるに付いても、統制をして單に上よりする官治統制に終はらしむることなく、上よりする統制と國民の下よりする自治統制とを歸一化し、政府の統制に服することこそ人民自らが自治的に統制して國民經濟の圓滑なる運營に寄與し、國民個々自らがそれに依つて生きることが卽ち直に國家の繁榮隆昌を圖る所以であると言ふ意識を國民一般の腦裡に植え付けることが何よりも大切である。換言すれば、現存の遵法精神に賴つて經濟統制を行はんとするよりは寧ろ逆に經濟統制を方便として遵法精神を涵養せんとする位の心構えを以て統制を行ふべきであると思ふ。勿論統制の必要は眼の前に迫つてゐる。それが爲め、當局者はとかく他のすべてを忘れて統制そのものの功を擧げることにのみ專念する風があるけれども、かくては統制そのものが必ずしも旨く行かないのみならず、反つて國民の遵法精神昂揚を妨げ結局統制の不成功を結果することゝなる虞があると吾々は心配してゐるのである。從來當局者の間にはやゝともすると國民の誠意を疑ひ自治統制を無力なりと考へる傾向があるけれども、吾々の信ずる所では、一面統制に對する理解を國民一般の間に徹底せしむると共に、他面統制に因る被害を國民全體の協力に依つて救濟し、統制經濟こそ吾々國民のすべてが今後生きてゆく經濟の常道たることを悟らせさへすれば、遵法精神も自ら起り、統制を他力と感ぜずして自己のものとする氣風が自ら起つて來ると考へるのである。

時評

一九四一年一二月号（一三巻一二号／通巻一四四号）

入營者職業保障法の精神を尊重すべし

中等學校長の申合はせに依つて今年の大學文學部卒業者の採用を徵兵檢査終了後まで延期することになつたと傳へられてゐる。かくして檢査の結果不合格者のみを採用せんとする魂膽であらうと想像されるのであるが、かくては身體強健なる優秀者が卒業の際就職の機會を得ずして入營すること丶なり、劣弱者が反つて所謂「貴重品」（！）扱ひを受けて奪ひ合ひされると言ふ奇怪千萬なる現象を生ずべきは必至である。學徒鍛錬の必要を強調しつ丶ある文部省は果して此現象を如何に見てゐるのであらうか。之を看過して何等監督權を發動しない所存なのであらうか。敢て當局者の善處を要望する所以である。

入營者職業保障法第一條に曰く「何人ト雖モ被傭者ヲ求メ又ハ求職者ノ採否ヲ決スル場合ニ於テ入營（應召ノ場合ヲ含ム以下同ジ）ヲ命ゼラレタル者又ハ入營ヲ命ゼラルルコトアルベキ者ニ對シ其ノ故ヲ以テ不利益ナル取扱ヲ爲スベカラズ」。中等學校長今回の處置が本條の精神を蹂躙するものなること素より明々白々、軍部としても之を看過すべからざるは當然である。

帝國大學新聞所掲の某高女學校長談に依ると「從來も成績が特別よいとか何かの特別の理由がない限り身體強壯で徵兵檢査に合格しさうな人はどこの學校でも採用しなかつたのではないでせうか、只從來は三月卒業で六月に徵兵檢査があつたので軍隊にゆくと云ふのは決定はしてゐなかつただけでせう、實際十二月に軍隊にゆかれてしまふと留守の間軍隊で貰ふ給料を差し引いた丈その差額は拂はなければならなかつたので成るべく軍隊へ行かない様な人を採用する様に自然なります」云々とあるが、この内前段のやうな事實が從來普通に行はれてゐたとすれば、誠に言語同斷な次第であるが、後段のことは學校としても實際確かに困るに違ひない。事の實質的根源が恐らく此邊にあるのであらうことは私としても想像もし又同情もする次第であるが、不都合は飽くまでも不都合であつて、何としても問題は解決されねばならない。

事變此方使用者が被用者入營中の給料を負擔することは敢て法的强制を俟つことなしに官民を通じて廣く一般に行はれてゐる。事や誠に軍國の美風、人々の均しく國家の爲めに喜ぶ所であるが、事變が永引くにつれて經濟の實情は屢々このことの實行を困難ならしめ、其結果ひとり學校のみに限らず產業各方面からも多少の不平が漏されつゝあるのが現在の實情である。此故に、私は此機會に於て政府が此問題を全體的に取り上げて一日も速に一層合理的な解決策を講じ、以て今回の如き不祥事を拔本塞源的に防止することを要望するものであるが、それはそれとして今回中等學校長等の執りたる處置が飽くまでも許すべからざるものなることは極めて明白である。私は政府が此機會に於て入營者職業保障法の精神を徹底的に實現するやう極力努力されんことを熱望してやまない。

今の學生は一般に兵隊にゆく位のことは何とも思つてはゐない。お召しがあればいつでも身命を君國に捧げるだけの立派な覺悟は出來てゐると思ふ。しかし折角長年かゝつて學業を終へた以上一應將來の職業を決めた上で安心して入營したいと希望するのは彼等としても又彼等の兩親としても誠に當然のことである。此衷情を酌むことなしに無闇に唯彼等の奮起を望むのは政治ではない。敢て政府當局者の速急にして且合理的なる解決を要望する次第である。

行政機構改革上の一問題

勞務配置、勞務動員等のことが刻下の重要事となつてゐる。然るに當面の事務機關たる職業指導所、職業補導所が此必要にも拘らず必ずしも滿足に働いてゐないと傳へられてゐる。政府當局の間にも此缺陷を是正すべく改革の議があるとのことであるが、事は決してひとり職業行政にのみ關することではなく、我國行政機構全般に通ずる缺陷に關聯してゐると考へられるので、以下聊か此問題に關する所懷を述べて置きたい。

我國現在の行政機構に於ては稅務・遞信・鐵道等に關してはそれ〳〵大藏・遞信・鐵道等の各省に直屬した全國的地方組織があつて直接中央官廳の指令の下に迅速に事務を處理し得る仕組みが出來てゐる。之に反し例へば文部省所管の敎育行政、厚生省所管の諸般の厚生行政等は府縣等□地方廳を通して機構が間接的に組織されてゐる爲めや丶ともすると事務處理上敏活を缺くのうらみがあると言はれてゐる。今問題になつてゐる職業行政機構の如きも其一例であつて職業行政の如き事務の性質上全國的組織の下に敏速なる處理を要するものを現在の如く府縣職業課に隷屬せしめてゐるのでは不都合が起るのは寧ろ當然であると吾々は考へるのである。

元來職業行政は最も國民經濟に直接してゐる行政部門の一であるから、普通の地方行政組織とは別に經濟の實情に應じて全國的に組織せらるべき性質をもつてゐる。此故に、大正十年職業紹介法が施行されてから昭和十一年までは中央及び地方の職業紹介事務局網を通して職業紹介事務の全國的聯絡統一が圖られてゐた。然るに昭和十一年職業紹介法改正と同時に此制度を廢止して紹介事務を內務大臣及び地方長官の管掌に移して今日に及んでゐるのである。當時職業紹介の實務に通ずる識者は此改革を改惡なりとし、必ずや將來實際上支障を生ずべきことを豫言したのである。元來職業紹介のことは勞働市場と密接に關係してゐるから、其全國的機構は勞働市場の全國的實情に卽して組織せらる丶を理想とする。例へば、京濱の勞働市場は川口、市川等隣接地區をも含めて一單位を成してゐるのであるから、府縣の區劃を超越した一職業行政機關に依つて統括せらるべきを當然とする。從つて職業紹介所を國營に移した後と雖も、之を全國的に聯絡せしめ統括する爲めには、一般地方行政組織とは別箇の全國的行政機構を置き地方區劃も勞働市場の實情に應じて獨自に之を立てるべきが當然である。然るに昭和十一年の改革は此當然の理を無視して改惡を行つたのである。當時はその改革に依つて職業紹介と失業救濟事業、職業指導、授產並に職業補導事業、移民事業等職業紹介に密接な關係を有する各種の地方行政とを綜合して職業行政の進展を期せんとするのだと言はれてゐたが、今日から見ると此等列擧の如き事務にしても之を地方行政機關に分屬せしむるよりは寧ろ全國的に組織された勞務配置並に職業補導の機關をして直接管掌せしめる方が遙かに能率があがると考へられるのである。

職業行政の重要性が頓に增大した今日、改惡の弊が痛感せられるのは初めから豫測された所なのであるから、政府に於ても此際行き掛りに捉はるゝことなしに一日も速に再改革を斷行せんことを希望してやまない。

ひとり此事に限らず內務省中心の地方行政機構には色々缺點があると言はれて居り、相當徹底した改革論も一部には相當有力に行はれてゐるとのことであるが、職業行政のことも恐らくは此問題の一環として解決せらるべきことのやうに考へられる。敢て政府の勇斷を望む所以である。

穗積博士の法學通論

最近公刊された穗積博士の法學通論は嘗て新法學全集に分載されたものに多少の修補を加へてまとめられたものであつて必ずしも新著とは言ひ難いが、今裝を新にして公にされた一本を手にしてつくぐ〳〵考へさせられることは、世界各國の法律文獻を通じて私の寡聞なる此位法學入門者の手引として優れた內容をもつた著書は他に全く類例がないと言ふことである。此書こそは正に達人の書である。若し人あつて此書の平俗なるを笑ふものありとせば、私は寧ろ其人の未だ「學者」的味噌臭さを脫し得ざる衒學的幼稚を笑ひたいと思ふ。無論學者の著書がすべてかくの如くなければならぬと言ふのではない。しかしいやしくも初學法律の門に入らんとする者を相手とする限り此位まで胸襟を開いて語り敎へる度量がなければならぬ。而かもそのことたる言ふは易くして行ふは難し、獨り達人のみ能し得る所、改めて敬意を表せざるを得ざる所以である。

此書は表面の平易通俗なるに似ず、其內容は法理の蘊奧にまで徹してゐる。今日偉大なる轉換期を前にして說かるべき重要なる法理と法律問題とは巧みに殘りなく說き盡されてゐる。此意味に於て私は獨り入門者に限らず、古く法學を學んで現在實務に在る各方面の方々が讀まれても敎へられる所が非常に多いであらうと考へ敢て味讀を勸める次第である。

複雑系としての末弘厳太郎――時勢のなかのポートレート

東京大学名誉教授　広渡清吾

一　末弘厳太郎への複眼的アプローチ

末弘厳太郎が「法律時報」において一九二九年一二月号から一九五一年一一月号までの間に執筆した「法律時観」・「時評」・「法律時評」・「巻頭言」を通読した。末弘の感度の良いアンテナがキャッチした、様々な社会問題・法律問題が縦横無尽に論じられ、かつ、これが末弘の特徴であるが、一般的抽象的に考え方を示すのではなく、「当局者」に対して実際的な、実務的な解決の処方箋、あるいは改革の方向を提示してみせる。私たちは、末弘によってこの時期の法と社会をめぐる問題のありようを追体験することができる。これらをとりまとめ上梓される二巻の書物は、末弘による昭和期の「法と社会史」といってよい。

筆者は、末弘法学について、すぐあとに述べるように、日本の法学の歴史的展開のなかで、期を画する業績を提示し、現代においてその方法と問題意識が発展的に継承されるべきものと位置づけている。時観・時評・巻頭言においても、しばしば日本法学のあり方が論じられ、末弘の期すべき法学の構想が説かれる。法学の構想は、法学教育のあり方に直接におよび、毎年の新入生や卒業生への贈ることばのなかにも、末弘の法学教育にかける情熱を明確にうかがうことができる。末弘の終始変わらぬアドバイスは、法学教育の要諦が「法的に考える能力を鍛えること」だった。

時観・時評・巻頭言の枠組みで問題と処方箋を端的に記述するスタイルは、学術論文のように対象との距離をたもち、結論の妥当性を熟考するという「間」をあたえずに、勢いにまかせて展開するといった傾向を伴うかもしれない。末弘のときどきの法と社会の問題の切り方と評価のし方にも、こうした弊がないとはいえない。まことに小さな、気になった例を一つあげよう。

「婦人弁護士」（一九三八年一二月号）のタイトルで、末弘は日本ではじめて女性弁護士が誕生する問題をとりあげた。一八九三年の弁護士法は、男性のみに資格を与え、この性別要件が一九三三年に廃止され、一九四〇年にはじめて女性弁護士が三名、実現した。末弘は、この意義について「婦人の社会的地位の向上と言うような狭い観点からのみ考え」ると、弁護士の過剰が問題となっているご時世において「弁護士になれる人間の範囲が拡大された」ことは「決して喜ぶべきことではない」のであり、それゆえ女性弁護士の誕生が「従来男子の弁護士に依っては到底与えられなかった何物かが特に彼女等に依って与えられること」になることにおいてみるべきだとし、具体的に「婦人弁護士」に希望したいのが「無料もしくは低廉な料金を以てする法律相談事業の経営」だと述べている。これは、「婦人弁護士」への期待・督励とも受け止めうるが、しかし、無料法律相談事業の経営など（採算にあわずと）「到底」関与しない男性弁護士に対して片手落ちの議論と思われる。

一九二九年から一九五一年の歴史的時期は、平坦な二〇年余ではなく、日本の軍国主義化、日中戦争から日米開戦と世界大戦への突入、広島・長崎への原爆投下、敗戦と占領、新憲法制定と戦後国家の再出発と、激動の時期であった。末弘は、この激動にどのように向き合い、日本国家のあり様と行く末をどのようにみたか。このことは私たちの関心事となる。

激動の時期を通じて末弘の時勢観をみるとき、末弘はどのような顔を見せているだろうか。末弘は、政府当局者、司法・文部官僚、議会や政党、企業家（資本家）など、ときどきの問題に応じて、その誤りや懈怠、認識の不十分さ、議論の不徹底さなどを小気味よく明らかにし、簡明なアドバイスを行う。とりわけ社会政策立法（小作法案、労働組合法案、社会保障制度）の実現に関する政府と議会の及び腰、企業・資本家の頑迷な態度は、末弘が一貫して批判してやまない問題であり、他方で労働組合運動や農民運動の要求に対する末弘の基本的支持はこれも一貫していた。

一九三一年一月号の法律時評で末弘は「資本家及び地主の政府」と題して次のように皮肉たっぷりに述べている。「左翼の社会運動者は現政府を批評して『資本家及び地主の政府』だと言ふ。そうして政府自らはかく評されることを非常に嫌っている。公開の演説会でそんなことを言はうものなら直に『中止』を喰う程である。しかし、現在の実際は果たしてどうか？　政府は労働組合法案の提案に躊躇し、小作法案の提案に躊躇するのみならず、救護法すら実施する勇気をもたない。それにも拘わらず抵当証券法案その他の資本家的法案はドシ〳〵提案されそうな情勢である。政府は口に『資本家及び地主の政府』と批評されることを嫌ひつゝ、行に於て正に『資本家及び地主の政府』らしく立派に振舞っている。」

このような末弘の基本的立場について、筆者は、国家が資本家・地主と労働者・農民の階級対立のなかにあり、そのなかで右をとるか左をとるかの選択が迫られているという「大状況」認識に由来するものというより、日本国家が内部的な矛盾に適切に対応し、正しい秩序をたもって発展していくことを自ら先導すること（すくなくとも法学者として）という使命感に基礎づけられ、労働者や農民の要求に耳を傾けるべきことこそ、その要諦と位置づけられていたと考える。

国家的に正しい秩序をつくりだしていくこと、正しい国家的統合秩序をつくりだしていくという末弘の基本的立場は、日本が戦時体制に入っていくと、戦争目的遂行の国家体制をいかに適切に構築すべきかに向く。一九三八年四月に制定された国家総動員法は、戦後の法学研究によれば、戦前日本のファシズム的法体制の成立の画期とも位置づけられる。一九三九年の年頭に末弘は、「国家総動員法の全面的発動」を位置づけて「昭和一四年は愈々我国の大陸政策が建設的方面に向かって其第一歩を進める年」であり、「戦時的統制体系」を「戦時的一時的なものから移して漸次恒常的なものとする必要」があり、この「長期建設の事業」が「安定した国民生活」の上にのみ築きうるものと述べた（一九三九年一月号）。末弘にとって日本国家の危急存亡への対応は否応のないものであるが、その際の統制経済の効果的な実施のために国民の生活を慮るべきことが肝要だとされた。これは、末弘のいだく国家統合秩序観（国民統合あってこその国家）をよく示しており、以降も、末弘は統制経済にとって政府の他律強制ではなく、国民の自律納得の方法が重要であることを繰り返し論点としている（一九四〇年一月号「法律時評・統制強化の対策――他律より自律へ」など）。

敗戦は、末弘にとってどのように受け止められたか。一九四五年一〇月号の巻頭言（法律時報における敗戦後はじめての末弘のメッセージ）で、末弘は、「『道理』を重んずる気風を興すことが此際の我国にとって何よりも大事」であると切り出している。「我国同胞」も従来国際社会を支配するものが「力」であり「道理」ではないと考えがちであった。今後の国際社会に「道理」が完全に支配するという甘い考えはもつわけではないが、「今や完全に『力』を奪われた我国にとっては少なくとも今までよりもっと『道理』の力を信じ『道理』を主張する勇気をもつのでなければ、国際的に立つ瀬は全くないと思ふ。」末弘は、さらに続けて国内において「道理」でなく「力」が支配したことが「我国宿弊の最大のもの」であり、立憲政治の不全、政党の信用の失墜もここに由来するから、いまこそ「『道理』の支配する政治を実現すべく時」であるという。そして、この「道理」の何たるかを政治家などに教えることこそ、「政治法律の学問」の使命であると結んでいる。

ここでは敗戦国家日本のもっとも基本的な教訓として「力」ではなく「道理」が国内外の政治において決定的に重要であり、そのゆえに、あらためて「道理」を政治家に教えることが「政治法律の学問」の使命であるとされる。戦中を生きた「当事者」の一人である末弘は、なぜ日本において「道理」ではなく「力」が支配したのか、その歴史的責任がどこにあるのか、「政治法律の学問」が「力」の支配に対してよく「道理」を貫きえたのか、を考えたことであろう。「道理」に基礎づけられた戦後新国家形成は、日本国憲法制定とそれにともなう一連の法改革に示される。末弘は、どのようにこの新国家形成について評価し、批判し、リードしようとしたのであったか。

以下では、第一の柱として、末弘法学について筆者なりの従来の検討に基づいて、その本質的要素をとりだし、末弘法学が日本の法学に何を寄与したか、継承すべきその核心について論じてみよう。第二の柱は、二〇年余を通じた時観・時評・巻頭言という記述スタイルによって示された末弘の時勢観を通じて、末弘において変化するものとそのなかで一貫するものについて考えてみたい。

二　総合法学としての末弘法学と法社会学

法律時報創刊七〇年の特集「法律時報七〇年と末弘法学・民主主義法学」（一九九八年一一月号）において、筆者は、はじめて末弘法学の本格的な検討を試み、その現代的継承について考える機会をもった（「末弘法学から学びつつ、現代の法律学を考える——法律学論としての末弘法学の継承と発展」同一七—二二頁）。これを出発点にして、筆者は、現代の法と社会の分析の方法として「比較法社会論」という構想に行き着いた（以下について『比較法社会論研究』（日本評論社、二〇〇九年）とくに第1部参照）。

筆者の理解によれば、末弘法学は、ドイツの自由法論やアメリカのリアリズム法学などにみられた一九世紀的法律学から二〇世紀的法律学への推転を、それらの影響を受けつつ日本的条件の下で先導したもの、と歴史的に位置づけられる。日本法学は、明治期における法典としてのドイツ法継受に続いてそのマネージのためのドイツ法学継受によりその圧倒的影響力の下に形成されるが、末弘は、世界の法学の趨勢をとらえつつ、継受法学としての明治期日本法学の変革を期して論陣を張ったのである。その徹底した批判は、一方で国家制定法を論理と概念の操作によって法体系としてつくりあげ、他方で争訟の裁定のための決定規範をくまなくその体系からの演繹によって導くことを教義とする「法解釈学」に法学の地平が閉塞されることに対して向けられた。

末弘法学は、実践的に日本社会において「正しき法」を実現することを目指して——末弘によれば正しき法の実現は法学の究極の目的である――、そのために「法政策学としての実用法学」および「法に関する事実学」としての法社会学、比較法学そして法史学が必要とされ、また、法に関する事実学が事実の整理学にとどまるのではなく、法を政治経済の基礎過程から分析する学であることを要求するものであった。末弘によれば、一国の社会における正しき法の実現は、その社会とはなんであるか、その社会の人々を実際の法行動に導いているのはなにか、その社会の固有の法のあり方の研究と分析なしには、成功しえない。筆者は、末弘法学の構成を「末弘法学のトリアーデ」として、第一に「日本社会の法」の固有性を包括的に把握することを目指して世界的連関のなかで社会と法をとらえること（比較法的アプローチ）、第二に法を政治的経済的社会構造との関連においてとらえること（法社会学的アプローチ）、そして第三にこれらを基礎に「正しい法」の実現を政策的、法実践的に追究すること（法解釈学的アプローチ）にまとめ、このトリアーデを現代日本における法と社会の分析のために発展させるものとして比較法社会論を構想したのであった。

　末弘法学はこのようにいわば総合法学的な内容をもつのであるが、とりわけその中でも、末弘には、第二次世界大戦後にはじめて興隆する「日本の法社会学の始祖」という地位が与えられている（六本佳平・吉田勇編『末弘厳太郎と日本の法社会学』（東京大学出版会、二〇〇七年）六本による「はしがき」）。末弘の遺稿となった一九五一年一一月の法律時評のタイトルが「法社会学の目的」であるのは偶然ではない。一九四七年には法学分野の嚆矢として日本法社会学会が創設され、学会誌「法社会学」が創刊されたのが一九五一年のことであった。この遺稿のなかで末弘は、「一九四七年の秋に若い同好の方々の希望によって法社会学序説と題する四回の連続講義を行った機会に、……若い方々のお考えも聞くことができた」ことを喜んでいる。この四回の連続講義を丹念な確認補正の作業を経てはじめて六〇年ぶりに収録刊行したのが上記の六本・吉田編の著作である。

　末弘は、「法社会学の目的」においてこれを端的に「法学の科学化」であると提示する。それは、法の正しさが「神の思召し」によるものという神学的法観から離れ法学が独立した学問として自らを主張するときにすでに始まった動きである。それゆえ、末弘によれば、法学を神学から引き離して人間の理性の仕事にした最初の人々は自然法学者である。自然法学者は、個人単位の人間社会を仮説としたが、この議論が法学の科学化として十分な展開をみないまま、法の正しさが神による権威から国家による権威へと移行し、法学の科学化は中断された。ここでいう法の正しさが国家の権力と結びついた法学こそ、一九世紀的法律学であり、継受法学としての明治期日本法学であり、末弘は、これらに対していまや「法学の科学化」を推進するものこそ法社会学であると位置づけた。

ここでも末弘は明確に「法学究極の目的が、なにが正しい法であるかを決定する原理を探究すること」であり、この原理の探究こそ法学の科学化の目指すところであると述べている。末弘法学の根本にすわるこの「正しい法」の探究は、じつのところ、「法学の科学化」としての「科学」の意義の理解に関わる方法論上の本質的な論点であり、筆者の比較法社会論にとっても同様である。つまり、科学は、なにが正しい法であるかを科学的に証明できるようなものとしてワークするものであるかという問題である。「科学」として、とりわけ自然科学をモデルに考えて「科学化」を進めようとすれば、「正しさ」が意識から独立した対象存在の認識ではなく、対象存在に対する意識による評価であるという隘路に出会うからである。戦後日本の法社会学のメインストリームが「法の正しさ」を観察するが決定しない（観察できるが決定できない）という方向性（より厳格な科学性）をとったとすれば、この点に逆に末弘法学の個性が現れる。末弘は、民法学者として出発し、法学の総合性を主張し展開したが、その根本は法学者としての実践において、つまりその判断において正しき法を主張し、実現することであった。法学の総合的構築は、そのためのものであり、ここに社会を先導する法学者末弘の使命感があった。

末弘法学の総合性は、一方で日本法の固有性をさぐり、他方でこれを世界的な関連において位置付けること、つまり、法史学的かつ法社会学的な日本固有法の探究と並んで普遍的意義をもつ比較法・外国法研究をもって、不可欠の両輪とする。この両者の関連は、戦時中において「日本的なるもの」への偏執的傾斜が論壇や人文社会系の学問の世界に広がる中で、微妙な論点となりえたと思われる。

一九四〇年一一月号の「時評」は、「日本法理研究会」のタイトルの下、この論点に及んでいる。末弘は、この研究会の結成の最大の動因が司法実務において「個々の事件の取扱上日本人的道義観と法的要請との板挟みとなって矛盾を感ずる場合が極めて多い」ことにあると推測する。ここには、「我国法学において最大の弊」、すなわち「欧米の歴史を背景として生まれた法律制度及びそれに関する理論的体系をそのまま模倣的に受け入れて而かも自ら其の模倣的なる所以を悟らず、濫りにそれを人間普遍のものと考えて自ら深く反省する所なきの点」が真の問題として存在する。そこで末弘は、なるほど世界的法理念の生成の傾向や世界的普遍的技術の多くの存在を認めつつも「法理念の世界的なるものを認める前に先ず日本的法理念が一般に依って承認されねばならぬ特殊として学的に其価値を主張しうべきであること」を確信するという。他方で、日本的法理念を「特殊」として主張するためには、その特殊の内的根拠を探索することはもちろんとして、「歴史的若しくは比較的考察を通して自己の特殊性の世界史的意義を明らかにする」必要があり、「**法に関して日本的なるもの・何たるかを求めるに付いても法史的乃至比較法的に古今東西の事実に関する精確な知識をもつことが絶対に必要であって、それなしに只管日本的なるものを求めようとすれば結局世界史的に全く価値のない、従って凡そ理性を持つ人間を納得せしめるに足りない独善的なものが生まれるだけ**」と世界に目を向けることを強調している（ゴチは引用者）。末弘の議論は、戦時中の条件に規定された法学の（一面的）改革論議に対して、それを自らの従来の法学改革論の筋に置きなおして応じるという形が特徴的である。

一九四三年五月号の「時評」は「法学及び法学教育の刷新」と題して「ここらで一つ新たに……日本の国体に即し日本の国土社会の実情に適合した真の日本法学と法学教育を建設すべ」きことを高尚する。ここで展開される法学改革論は、「日本の国体に即し」という羊頭をかかげているが上掲と同趣旨であり、末弘法学の基本構図に依るものである。第一の課題は、古い解釈法学の殻に閉じこもる法学の弊を打破し、解釈法学を根本的に刷新することであり、そのための一つが「法史学若しくは比較法学的智識を豊富ならし」め、二つが「我国社会関係の実情を法律社会学的に調査してそこに行われている『活きた法律』を研究し、それに基づいて日本的なる法的技術を構想し、之を現実的に活用する」ことである。第二の課題は、従来の法学に「法の社会への働きかけと政治・経済其他の社会的要素から法に与えられる制約とを考え合わせながら法を考える態度」が欠けているがゆえにこの弊をはらって「政治・経済・社会」と「法との相互関係を具体的に科学的に考察する」法学を構築することであり、そのためになんといっても「法律社会学の研究」を興隆させ、比較法学及び法史学にもこの研究方法を進展させるべきである。

これらによれば、末弘法学の構図は、戦時中の改革案としてもよく主張されているとみることができる。とはいえ、「聖戦完遂」を目的とする戦時下において、「正しい法」の実現のための法学は、そこに留まりきることが難しかった。一九四一年九月号の「時評」は「法律学の科学化」を表題とするが、そこでは科学振興の政策のなかで、社会科学に陽があたらないことを難じつつ、次のように戦争と科学の関係が述べられている。「科学の後れていることが戦争目的達成の障害を為すということは決してひとり自然科学についてのみ言われるべきことではなくして、社会科学についても亦同じように考えられねばならない。社会科学の成果は直接兵器となって花々しく人の目に触れないから、世人はとかく其価値を軽視しがちであるが、総力戦の今日に於いては銃後のすべてが科学的に整備されて、あらゆる方面の仕事が完全なる能率を発揮し得るやうに仕組まれねばならぬ。」このように「法学の科学化」は、総力戦における学問の「銃後」の課題として位置づけられた。一九四四年九月の時評は「学術研究会議の建議」をとりあげ、軍需生産に関わる自然科学のみならず、広く文化諸科学の活用を指摘し「皇国の興廃を決する決戦を前にして学者はすべて覚悟を固めている。政府当局者よ、よろしく彼等の科学力を一刻も速に戦力化すべき万全の方途を講ずべし」と叱咤した。

末弘は、総力戦のなかで否応なく法学という学問に戦争目的達成に奉仕すべきものとして位置取りさせた。他方で、末弘法学の一九世紀的解釈法学批判と二〇世紀的総合法学構築の見取り図は、その学問的貢献として本質的である。筆者にとっての問題は、「法学の科学化」が「正しい法の実現」の手段であるという論理が、「戦争目的達成」の手段という論理と共軛可能であったのかどうかということである。

三　末弘厳太郎における「個人と国家」

一九八九年に逝去した昭和天皇は戦前と戦後を通じて「天皇」の地位にあったが、「統治権の総覧者」と「国民の象徴」として「一身にして二生」を生きたと評された。天皇の法的地位としては、文字通り革命的変化であり、他方で、天皇の「赤子」としての「臣民」から「主権者」としての「国民」となった労働者や農民などにとっても同様に原理的変化が生じた。

一八八八年（明治二一年）生まれの末弘厳太郎は、昭和天皇より年長であり、青少年期を明治時代に過ごしている。その明治期が作り出した国家制度・法制度に対して、第一次世界大戦後の欧米の新思潮を吸収しながら批判を加え改革を提案し続けたのが、壮年期の末弘であった。末弘の旺盛な政府や議会批判は、国家総動員法体制の構築から対米開戦（一九四一年一二月）を経て、しだいに日本国家の戦争勝利を目的とする大政翼賛の言説に変じていくかにみえる。そして、一九四五年八月の敗戦は、あらためて末弘を日本の戦後新国家の建設の課題の前に立たせた。

筆者は敗戦の年末に生まれたぎりぎりの「戦後っ子」であり、大日本帝国憲法下の生存期間は一年あまりにすぎず、日本国憲法とともに育ち、あえて国家的アイデンティティを問えば、それは日本国憲法の理念と価値の共有となろう。こうした意味で筆者には、「戦前社会」から断絶した「戦後社会」日本のみがアイデンティファイの対象である。そのかぎりで筆者の個人と国家の関係は、すこぶる単純である。このような立ち位置の筆者から、末弘を理解しようとすれば、次のようになる。

末弘にとって、自ら改革を迫った明治国家体制、聖戦必勝を期した軍国主義日本、そして彼自身が十分にその展開をみることができなかった新憲法下の戦後日本、これらの国家は、等しくかれにとっての日本国家であった。このようにいうためには、個人としての末弘と「日本国家」の関係についての補助線が必要である。時観・時評・巻頭言を通じての末弘の絶えることのない、疲れをしらない、国政のあれこれにわたる批評的考察と実際的提言は、末弘がそのときどきの国家の課題（と彼自身が同定する）の解決を自らが責任を負うかのように感じることができるという、かれの国家に対する関係から生み出されるものであったと思われる。簡単にいえば、かれは、国家の直面する課題を「他人事」としてはすかいに見ることがないし、おそらく見ることができない。

ここにおける国家とは、万世一系の日本的皇国やあるいは社会契約論的に構成される普遍的理念としての近代国家のような抽象的理念ではない。それは、現実に生起する様々な課題と困難をかかえ、国民諸階層が苦しみ悩み、万全を期すことのできない政治・行政が展開する、そのような現実態としての社会であり、社会を構成する労働者・農民・都市住民であり、そしてまた学生たちであった。その渦中の中で末弘は、問題をとらえ、考察し、批判し、とにかくも解決の処方箋を提示しようとするのである。このことを自ら積極的に引き受けることは、本人のなかにある使命感に由来するとしかいいようがない。そして、テーマは大小に拘わらず、そしてアプローチは、いつも具体的であった。

開戦の翌月、一九四二年一月号の「時評」は、「異民族に接するの用意」と題して、早速に新たな研究課題としての「異民族の『人』」の研究を次のように提案する。「戦争の順調なる進展は吾々をして……政治的若くは経済的に広大なる南方諸地域を支配して幾多の異民族と接するの日近かるべきことを期待せしめる。……我国は日清戦争後台湾領有に依って土着の支那民族統治の機会を得、更に日露戦争後朝鮮併合によって半島民族に接し……異民族統治に付いては既に相当の経験を得た筈であるにも拘わらず、満州事変此方我国当局の異民族に対してとった態度には相当批議すべきものが少なくなかった……其主なる原因は一には我国民一般に自ら善しと信じる所を無用に他人に無理強いする独善的性格……二には異民族の『人』の研究を怠ったこと」。

末弘は、こうした大テーマを論じながら、他方で、国内の学徒勤労動員の強化に対して、学生の処遇を擁護すべく文部省と地方当局にことこまかな注文をつけている。末弘によれば、学徒の「労力資源としての長所」は「彼らが学徒として特別の矜持を持つこと及び教育の効果として時局に関し格段の認識をもっていること」であるがゆえに、これを活かすために「作業の選択、受入れ側の態度に留意して彼等の勤労に対する熱意を多少共減殺するが如き一切の因素を一掃すること」が要求される（一九四四年四月号時評「学徒動員の強化」）。また、当局の動員方針に関し、理系と文系の区別の適否を論じ、授業と動員の組み合わせ方について注文している（一九四四年七月時評「学徒勤労と学業――特に法経学部の学生について」）。さらにこの問題への論及は、「学徒勤労の能率を更に向上せしむるの途」（一九四五年一月号時評）、「『根こそぎ動員』の前に予め考えてほしい事共」（一九四五年二月号時評）、「授業停止と教育」（一九四五年四月号時評）と続く。末弘は、授業停止の政府方針に異をとなえることなく、むしろそれを積極的に意義づける。

末弘によれば、授業停止は、学校閉鎖ではなく、学徒はあくまで学徒として勤労に従事するのであり、「此際学徒をして一切の私事を放擲して一意専心君国に奉仕せしむることこそ教育者としての責任」である。「授業を通して学術を教育することのみが学校教育の目的ではなくして、一旦緩急あれば義勇公に報ずべき国民としての資質を実践的に錬成することこそ教育目的の重要な半面」であり、学徒のすべてを勤労に専念せしむるこの機会こそ教育者にとって「その責任を果たすべき絶好の機会」である。末弘は、最後に「好奇心さへ弛緩しなければ、学力向上の一時的停止は必ずしも恐るゝに足りない」と述べている。自分自身がおそらく無力感をいだきつつ、もはや内実のないこのような議論をたてながら、末弘はなお、国家に対してなすべきことを説き続けたのである。

敗戦後、一九四六年から一九四七年にかけて末弘は、憲法改正問題と国家体制の改革問題を論じている。末弘がなによりも重要で肯定すべきこととしているのは、憲法改正議論が政治家と専門家の手にとどまるのではなく、広く国民的問題となりつつあることである。末弘の議論は、これまで憲法事項でなかった教育について規定すること、官吏制度ならびに行政制度改革、司法制度改革、選挙制度改革、法文の口語化、農地制度改革、民法改正、議員立法制度の改革などに及んでいる。末弘の慧眼は、いたるところにうかがえる。たとえば、最高裁裁判官の国民審査制度が国民の裁判官への関心のまったくの希薄さ（個人性を重んじない判決書様式はそれに輪をかける）によって挫折しないか、違憲立法審査権が保守的裁判官による進歩的法律の阻止に使われるのではないかなどはかれのアメリカ法の経験によるコメントである（一九四六年四月号法律時評）。ユニークなのは、選挙改革であり「全国一区の比例代表選挙」を提案している。その理由は言うまでもなく政党本位・政策本位、そして金のかからない選挙とするためである（一九四六年五月号法律時評）。末弘は、議員の立法機能の強化、つまり、根本において民主主義の強化のために、具体的に国会図書館の充実（一九四六年一二月号法律時評）や国会に「立法事務局」設置の提案などを行っている（一九四六年一二月法律時評）。

現在から振り返れば、憲法原理の転換として象徴天皇制と九条平和主義が関心の焦点にあってもよいと思われるが、末弘は、時評の中でこれらに直接ふれることがない。とはいえ、間接的なしかたで、その立場を表明している。一九四六年四月戦後初めての衆議院議員選挙に際して、これは帝国議会最後の選挙でもあったが、末弘は、選挙法改正による選挙権年齢の引き下げ（二五歳から二〇歳へ）と女性参政権の実現にもかかわらず、相変わらずの選挙制度の欠陥によって「政治を保守的旧勢力の手から引き離すことに成功せずに終わるのではないか」と危惧している。くわえて、選挙戦の争点として、多くの政党候補者が天皇制の維持か否かをもちだしたことを論じて、天皇制維持をいう候補者は共産党の天皇制打倒論に民衆の反感が強く、それに便乗しようとするのみで政治の徹底的民主化と天皇制維持の関係を合理的に考えたものとは思えないと批判する。末弘によれば、「天皇制の問題は……政治問題として最も重要」だが「天皇制さへ維持すれば他のことはどうなっても言い訳ではないのは勿論、天皇制を廃止しなければ政治の民主化は絶対に不可能な訳でもない。……政治の徹底的民主化を図るについて考がふべき

ことは天皇制の外に数多くある。」（一九四六年五月法律時評）

平和主義について、末弘は、一九四八年一一月の極東国際軍事裁判の終局判決（二五名に有罪判決、うち七名死刑宣告）を「戦争放棄の誓い」を確認すべきものとして受け止めている。一九四九年一月号の法律時評は「東京裁判」と題する。ここには、末弘の個人的感懐が強くでていると思われるので、全文を引用しておこう。

「東京裁判終に下る。国民均しく襟を正してこの世界的批判の前に謹んで頭を下げねばならない。われ〳〵はこの際終戦時に見られたような国民総ざんげ的の説法や反省だけで満足していてはならない。戦争の放棄を単なる言葉の上の誓に止まらしめないためには、これに経済的政治的乃至社会的の裏付けをしなければならない。終戦この方すでに3年を経過した今日、われ〳〵お互いがこの面において果たしてどれだけの成果を挙げているか、又少なくともどれだけ真剣に努力しているであろうか。このことを考えてみると、遺憾ながらわれわれの前途は遼遠にして尚おおいに暗いという感じを禁じ得ない。」

戦後において末弘がもっともエネルギーと時間を費やしたのは、中央労働委員会の仕事であった。一九四六年三月の労働組合法施行にともない、公益委員・会長代理となり、のち会長を務め（一九四七年二月—一九五〇年四月）、戦後労使関係秩序の形成に献身した。この間、アメリカ労働省の招請により、アメリカ労働事情の視察も行った。法律時報にもその見聞等が報告されている（一九五〇年二—四月号）（「労働法学者としての末弘厳太郎」については、石田眞教授の解題別稿を参照）。他方、末弘は、一九四六年九月三〇日文部省より「教職追放」の指定をうけ、東大構内への立ち入りも禁止されるなどの状況に置かれた（教職追放の解除は一九五一年九月一〇日、逝去の前日）。

こうした事情は、末弘の学問的な研究の自由で十分な展開を許さなかったと思われるが、一九五〇年一月号の法律時評は「新法学問答——一九五〇年を迎えるに当たって」と題して、「日本法学の前途」について末弘らしい闊達な議論をみることができる。論点の中心は、これまで大陸法、とくにドイツ法学の影響のもとに発展してきた日本の法学と法実務が米軍占領下での憲法領域を含めた法制改革によるアメリカ化にどのように対応するか、である。末弘によれば「考えてみると実に面白い問題が多い。」

第一に、歴史上戦争、征服、占領が原因となって一国一民族の法律文化が他国若しくは他民族に影響した事例は多いが、今次の日米間の特殊性は、日本が相当に法律文化的に発展した国であることであり、四〜五年くらいの占領で敗戦国の法律文化がどの程度まで影響をうけるかが興味深い研究課題である。

第二に、日米には法律文化的に「法律万能」という共通性があり、アメリカの万能の根拠が輿論の支持、つまりデモクラシーにあるところ、日本の場合は究極において「ミコトノリ」思想にある。この日米の共通性はじつは近年法社会学に対する関心がたかまるという共通の現象を生んでいる。日米双方における法社会学への関心の増大の理由と内容の研究が重要である。

第三に、このようにみれば、「今度の戦争の結果日米の間に起った法律文化の交流現象は世界の法律史上非常に面白い実験で、この実験の結果を最もよく捉えて今後の世界の法学に貢献してゆくことこそ、日本法学に課せられた最大の課題だと僕は考えている。」

末弘法学は、日本国家の敗戦と米軍による占領、その下での法改革を対象化し、法学研究の課題としてこのように設定した。末弘法学の面目躍如といいうる。日本国家への一体性を使命感としてたえず情熱をもってなにをなすべきかを説き続けた末弘の真骨頂は、世界を大きく見渡して日本とはなんぞやという課題を考察することにあったと筆者は考える。

末弘嚴太郎（すえひろ・いずたろう）

1888年　山口県に生まれる
1912年　東京帝国大学法学部卒業
東京帝国大学教授、中央労働委員会会長等を歴任
1951年没
主著：『債権各論』（有斐閣、1918年）、『物権法　上巻／下巻』（有斐閣、1921年／1922年）、『労働法研究』（改造社、1926年）、『民法講話　上巻／下巻』（岩波書店、1926年／1927年）など。

日本評論社創業100年記念出版

末弘嚴太郎《すえひろいずたろう》　法律時観《ほうりつじかん》・時評《じひょう》・法律時評集《ほうりつじひょうしゅう》　上《じょう》
――法律時報創刊《ほうりつじほうそうかん》から太平洋戦争前夜《たいへいようせんそうぜんや》　1929-1941

2018年5月3日　第1版第1刷発行

編　者――日本評論社《にほんひょうろんしゃ》
発行者――串崎　浩
発行所――株式会社　日本評論社
〒170-8474 東京都豊島区南大塚3-12-4
電話　03-3987-8621（販売）03-3987-8592（編集）
FAX　03-3987-8590（販売）03-3987-8596（編集）
https://www.nippyo.co.jp/　振替　00100-3-16
印　刷――精文堂印刷株式会社
製　本――牧製本印刷株式会社
装　丁――桂川　潤

検印省略
ISBN978-4-535-52274-9　Printed in Japan